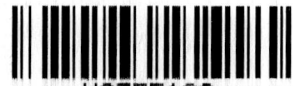

江苏档案精品选编纂委员会

江苏省明清以来档案精品选

南通卷

江苏人民出版社

《江苏省明清以来档案精品选》

编 委 会

总 目

序

谢　波

档案馆作为永久保管档案的基地，是人类文化传承的重要载体和思想文化创新的重要源泉。

编纂《江苏省明清以来档案精品选》，是全省档案系统共同开展的一项档案文化建设重点工程，是我省档案部门履行“为党管档、为国守史、为民服务”使命要求，围绕中心、服务大局的一项重要举措，根本目的是整合全省档案精品资源，集中公布江苏档案资源建设的丰硕成果，展示江苏历史、人文的丰厚底蕴，服务社会主义文化大发展大繁荣。

江苏物华天宝，人杰地灵，养育了一代又一代勤劳智慧、心灵手巧的人民，创造出了辉煌灿烂的物质文明和精神文明。自明清以来，江苏的综合实力在中国的省级政区中就一直居于前列。新中国成立后特别是改革开放以来，江苏各项事业高速发展，在经济、政治、社会、文化等各方面均处于全国领先位置，积累了雄厚的经济文化实力。这一领先的进程，真实地定格于档案中，保存于全省各级各类档案馆里。

这些档案，浩如烟海。丰富翔实的档案史料，客观记载了江苏各项事业发展演化的脉络，反映了历史发展变化的内在规律，是我们今天多角度深入了解和研究明清以来江苏政治、经济、军事、文化以及社会情况的第一手珍贵资料。特别是中国共产党成立以来形成和保存下来的大量珍贵档案，再现了江苏人民在党的领导下开展革命斗争、社会主义建设和改革开放，全面建设小康社会、建设美丽江苏的光辉历程，这是国家珍贵的文化财富、民族的宝贵遗产，是我们今天开展党史研究的宝贵资源和党史教育的重要素材。

前事不忘，后事之师。记载着历史真实面貌的档案资料，是续写江苏更加辉煌灿烂历史新篇章的重要参考和借鉴。编纂档案文献资料，留存社会发展的足迹，服务今天的经济社会各项事业，是我国档案界、史学界的优秀传统，是中华文明生生不息、不断进步的重要源泉。也正是这一优秀传统，使得中华文明能够随着历史的发展、社会的进步而不断充实新的内容。通过档案工作者有选择地编纂加工，使海量的档案资源更加有序化，为党和政府重大决策提供参考，为人民群众接触档案、了解档案、利用档案提供便利，是档案工作者的职责所在。正是基于这一要求，全省档案部门集中力量，对各级档案馆中的档案进行梳理，编辑出版了《江苏省明清以来档案精品选》。通过本书的编纂出版，整合全省档案精品资源，发挥规模效应，使江苏历史、人文的丰厚底蕴得到集中展示，使档案存史、资政、育人功能得到更好的发挥，同时为我们大力开展爱党、爱国、爱家乡教育提供丰富的第一手教材。这是我省档案部门围绕中心、服务大局的一项重要工作创新，也是档案部门贯彻落实党的十八大精神、服务文化强省建设的具体举措。同时，《江苏省明清以来档案精品选》的编纂出版，定能为学术界开发利用档案创造便利的条件。通过对明清以来历史档案的开发利用，探寻我省近代以来各项事业发展演化的脉络，把握历史发展变化的内在规律，为当代经济社会各项事业发展服务，为建设美丽江苏书写更加辉煌灿烂的新篇章。

2013年7月

《江苏省明清以来档案精品选·南通卷》

编 委 会

前言

南通濒江临海，历史悠久，5000多年前就有先民在这块土地上生息。从新石器时代开始，南通的发展缓慢而平静，波澜不惊。

南通的剧变始于晚清，在张謇的推动和着力下，以大生纱厂的创办为标志，南通开始了早期现代化的探索。南通逐步发展起现代的工业、农垦、交通、邮电、商业、外贸、金融等经济事业，同时建立起较为完善的教育体系和其他社会事业，成为中外关注的焦点。当时的南通城，不同于租界、商埠或列强占领下发展起来的城市，是中国人基于自己的理念，比较自觉地、有一定创造性地、通过较为全面的规划而建设、经营的第一个有代表性的城市。

实业和教育的兴起，客观上为社会主义学说的传播提供了土壤。南通是中国共产党在江苏建立组织较早的地区之一。南通最早的共产党组织，即是1926年在大生一厂建立的中共南通独立支部。抗战时期，在中国共产党的领导下，南通军民取得了艰苦卓绝的"反清乡"斗争的胜利，写下了抗战史上光辉的一页。1949年，人民解放军进入南通城，宣告南通解放，彻底改变了南通的社会形态。

值得庆幸的是，历史在书写这段波澜壮阔的篇章时，也为后人留下了它的衍生物——档案。南通市各级各类档案馆以及部分档案室，保存着晚清以来的大量档案。其中张謇与大生档案是研究中国民族资本兴起和发展的详实的资料，"大生纱厂早期档案"因而被列入首批《中国档案文献遗产名录》。南通各地还典藏着丰富的民国时期政府档案。这些档案从整体看，基本反映了晚清至民国时期南通历史发展的脉络，是今天的人们探索历史规律的重要依据。

除少量以外，《江苏省明清以来档案精品选·南通卷》荟萃了晚清至1949年有代表性的南通档案精品。这些珍贵的档案，既是南通历史的记载物，也是精美的艺术品。既可以供读者欣赏，更为研究者提供深入探究的线索。作为档案文化传播的一个新的形式，希望这种探索能够发挥其应有的作用。

编　者

2013年7月

凡例

一、本书所收录的档案，来源于南通市档案馆、海安县档案馆、如皋市档案馆、如东县档案馆、海门市档案馆、启东市档案馆、通州区档案馆、港闸区档案馆和南通市第一人民医院档案室。

二、本书所收录的档案，为尊重历史、保持历史原貌，均根据原文照录。

三、本书所公布的档案，原文为繁体字改为简体字，竖排改为横排，同时对原文进行必要的分段、标点和加注。

四、本书公布的档案原文，凡有题名的，一般照录，无题名或题名不能揭示原文内容的，由编者自拟。

五、本书所涉时间均以公元纪年。

六、本书档案依据所反映的内容作大致的归集，分为大生档案、民国档案、革命历史档案、人物档案和书报典籍。

目录

Contents

大生档案
Archives of Dah Sung Cotton Mill

民国档案
Archives of the Republic of China

革命历史档案
Archives of the Revolutionary History

人物档案
Celebrity Archives

书报典籍
Newspapers and Ancient Books

Archival Undertaking in Jiangsu
档
中国·江苏

大生档案

大生纱厂创办初期的档案

保管单位： 南通市档案馆

内容及评价：

大生纱厂是张謇最早创办的企业，也是近代南通第一家现代工厂。大生纱厂的成功，不仅带动了南通相关产业的起步，也为该地区社会事业的发展提供了资助，是南通地区早期现代化的基石。该档案文献是大生纱厂创办初期形成的，记载了中国民族资产阶级的代表人物、近代著名实业家张謇在高中状元后弃官还乡办实业、办教育的艰难历程。档案全面、系统地反映了大生纱厂从1895年筹办、集股到1899年开车、盈利，直到1907年召开第一次股东会议的全过程，也揭示了大生企业集团所涉及的工业、交通、垦牧、教育、慈善等诸多事业的创办、发展过程。该档案是研究张謇与大生企业、研究中国民族资产阶级、研究中国近现代经济发展史不可多得的第一手资料。

大生纱厂码头

全文：

厂 约

1899年10月13日

通州之设纱厂，为通州民生计，亦即为中国利源计。通产之棉，力韧丝长，冠绝亚洲，为日厂之所必需，花往纱来，日盛一日。捐我之产以资人，人即用资于我之货以售我，无异沥血肥虎，而袒肉以继之。利之不保，我民日贫，国于何赖？下走寸心不死，稍有知觉，不忍并蹈于沦胥。是以二十一年冬，南皮督部既奏以下走经理其事，不自量度，冒昧肩承，中更人情久乖，益以商市之变，千磨百折，忍侮蒙讥，首尾五载，幸未终溃。是以下走才力智计之所能，盖大府矜谅于上，有司玉成于下，而二三同志君子贤人勋勤而提挈之力多也。今厂工已毕，纱机已开，凡我共事之人，既各任一事以专责成，事有权限，无溢于权限之外，无歉于权限之内，事庶举乎。谨即大端与诸君约：

通官商之情，规便益之利，去妨碍之弊，酌定章程，举错董事，稽察进退，考核功过，等差赏罚，下走之事也。章程未善，举错不当，进退未公，功过未确，赏罚未平，诸君皆可随时见教，下走当拜闻过之赐。惟前章已定，后议未施，诸君不得以己意遽改；议论标异，而势有格碍，下走一时亦不能尽从。诸君谅之。

察岁收，权市价，审栈厂磅秤之出入，较花衣干湿之盈亏，慎防火险，稽查偷弊，进货出货董事之事也。进货出货各执事之功过，皆其功过。董事、执事皆住行。每月月终，考记执事一月之功过。每四礼拜，考记进出货盈亏之细数单，报总帐房。

考机器之坚窳滑涩，纠人工之勤惰精粗，审储备煤油物料之缓急多寡，明匀整棉卷纱绞之得失轻重，慎防火险，稽查偷弊，厂工董事之事也。厂工执事之功过，皆其功过。董事、执事皆住厂执事楼。每月月终，考记执事一月之功过。每四礼拜，考记工料花纱盈亏之细数单，报总帐房。

理行厂房屋、船车桥路、港岸门栅之工程，督厂行昼夜巡防火险争斗之警察，以及一切支分酬应，杂务董事之事也。杂务执事之功过，皆其功过。董事、执事择便住。每月月终，考记执事一月之功过。每四礼拜，汇一月支用之细数单，报总帐房。

入储卖纱之款，出供买花之款，备给工料，备支杂务，筹调汇画，稽查报单，考核用度，管理股票公文函牍，接应宾客，银钱帐目董事之事也。银钱帐目执事之功过，皆其功过。董事、执事皆住总办事处。每月

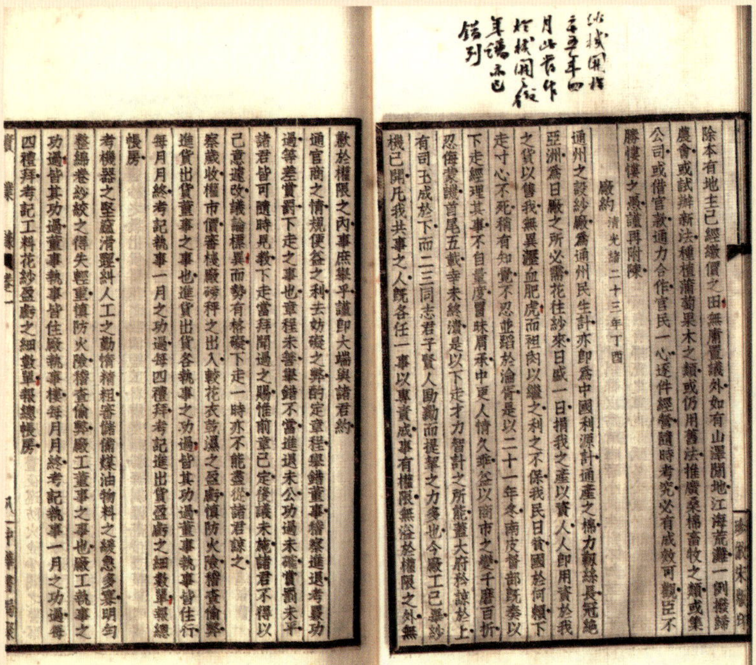
除本有地主已經繳價之田無庸置議外如有山澤閒地江海荒灘一例撥歸農會或試辦新法種植蒲葦果木之類或仍用舊法推廣桑棉畜牧之類或集公司或借官款通力合作官民一心逐件經營隨時考究必有成效可覩臣不勝僂僂之愚謹再附陳

廠約 清光緒二十三年丁酉

通州之設紗廠爲通州民生計亦卽爲中國利源計通產之棉力韌絲長冠絕亞洲爲日廠之所必需花往紗來日盛一日捐我之產以資人人卽用資於我之貨以售我無異瀝血肥虎而袒肉以繼之利之不保我民日貧國於何賴下走寸心不死稍有知覺不忍並蹈於淪胥是以二十一年冬南皮督部旣奏以下走經理其事不自量度冒昧肩承中更人情久乖益以商市之變千磨百折忍侮蒙譏首尾五載幸未終潰是以下走才力智計之所能蓋大府矜諒於上有司玉成於下而二三同志君子賢人勛勸而提挈之力多也今廠工已畢紗機已開凡我共事之人旣各任一事以專責成事有權限無溢於權限之外無歉於權限之內事庶舉乎謹卽大端與諸君約

通官商之情規便益之利去妨礙之弊酌定章程舉錯董事稽察進退考覈功過等差賞罰下走之事也章程未善舉錯不當進退未公功過未確賞罰未平諸君皆可隨時見教下走當拜聞過之賜惟前章已定後議未施諸君不得以己意遽改議論標異而勢有格礙下走一時亦不能盡從諸君諒之

察歲收權市價審棧廠磅秤之出入較花衣乾濕之盈虧愼防火險稽查偷弊進貨出貨董事之事也進貨出貨各執事之功過皆其功過董事執事皆住行每月月終考記執事一月之功過每四禮拜考記進出貨盈虧之細數單報總帳房

考機器之堅窳滑澀糾人工之勤惰精粗審儲備煤油物料之緩急多寡明勻整綿卷紗絞之得失輕重愼防火險稽查偷弊廠工董事之事也廠工執事之功過皆其功過董事執事皆住廠執事樓每月月終考記執事一月之功過每四禮拜考記工料花紗盈虧之細數單報總帳房

厂约

月终，汇记各执事之功过。每四礼拜，汇记花纱出入盈亏之细数单。年终核明结总，开具清折，另刊帐略，分别咨商务局寄各股东。进货出货，有通有沪，事重而繁，举正董一人，驻沪帮董一人，厂工杂务银钱帐目各举董一人。可省之日，酌量省并。

凡行厂及各帐房栈所应如何明定章程，便于办事，便于查察，由各董详思博采，与各执事约，各执事详思博采自为约。拟约核定，书揭于版，悬各处所，此后或有续议变通更改之条，随时拟开核定再行。

行厂执事，由董协同慎举熟手及性情勤谨、声名素好之人。除一二真知灼见、共信不疑之人无须保荐外，皆须取保荐书。如有私弊亏空，惟各董向原保荐人追理。至某事应用几人，某人经办某事，酌定后书于版，悬各处所，以便稽察。

各董各执事，或以经理不善辞，或意见不合，自愿引退，皆须将经手事件，一一理清，方为交割。至平常办事，或被外人疑议，所用之人，或有意外过差，各董休戚相关，即直言举告，即执事人等有所抨弹，果不为私，亦所乐闻。各董亦宜随时采听，以资省察。臧孙有言：美疢不如恶石。

公费薪水开车日起支，未开车以先，各执事均酌量津贴。

公费薪水以所任为等差，花红以所效为等差。经理公费每月一百五十圆，各正董薪水每月一百圆，银钱帐目董每月八十圆，杂务帮董每月五十圆，各执事至多者四十圆，至少者四圆，试用三圆，学徒之长二圆，历一年者一圆。均按月遇闰加算。学徒给月费，以后加减公议。减随时，加期须至开车日起满二十个月。

每年余利，除提保险公积外，分十三股，以十股归股东，三股作在事人花红。三股中两股归绅董，一股归各执事。绅董之两股，作十成分派，绅得一成半，杂务帮董得一成半，行厂银钱董各得二成，余一成提充善举(若杂务帮董中省去一人，则杂务得一成，其半并充善举)。各执事之一股，亦作十成分派：行厂各得三成半，银钱所得二，杂务得一。由总帐年终汇齐各功过单，核分三等酬给：功大者，月薪四圆之人，可得上等；功小者，月薪四十圆之人，只给中等；若上班而乘除功过，仅宜得下等花红。当公同察议去留，公过多者不给，私过轻者罚薪(花红中或酌提一成，给奖机匠)。

一年进花，衣分斤重，有赢无绌。一年出纱，磅数成色，有赢无绌。一年考工精进，备料应需，调款便宜，及弭险勤勇，利益全局者，为上等功。一年办事平稳者次之。得失并见者又次之。无心之错，牵连之咎，及求好而反坏者为公过；营私舞弊，亏空犯规，及偷惰误事者为私过。

每日两下钟，各董集总办事处，考论花纱工料出入利弊得失，酌定因革损益，由总帐房撮记大略，编为厂要日记，以备存核。有事不到，上班执事代之。

翻译事简，设译学堂，选教学徒中聪颖者。其附学之同事子弟，另送束脩，在厂借住，另贴伙食。

平常执事饭菜二腥蔬，休息日加四碟，酒二斤。茶房人等月两犒。三节及客至，五簋、八碟、四小碗、一点，不得逾此。

右约十六条，略以己意裁定，不尽合于他厂。通厂之艰苦，亦他厂所必无之境也。下走处群喙摧撼之中，风气盲塞之地，拮据卒瘏，屡进屡穷而成此举，其非为一身一家之计，诸君之所知也。坚苦奋励，则虽败可成；侈怠任私，则虽成可败。其成其败，岂惟下走一人之荣辱，绳以大义，即执事百工与有责矣。同志君子，尚慎旃哉。

早期的大生纱厂码头

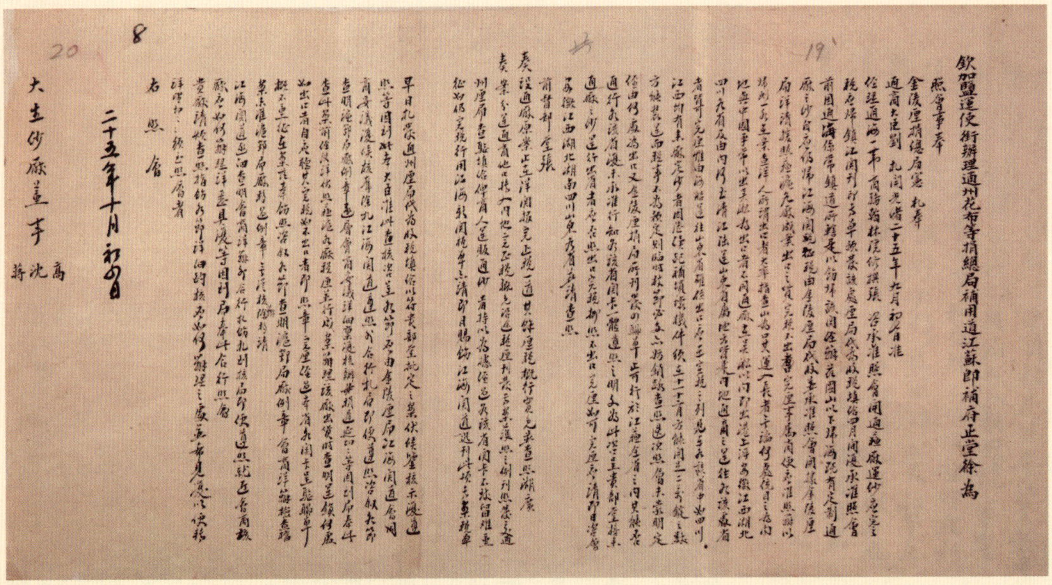

欽加鹽運使銜辦理通州花布等捐總局補用道江蘇即補府正堂徐 為

照會事奉

金陵厘捐總局憲 札奉

右 照 會

大生紗廠董事 蔣 沈 高

二十五年十月初四日

1899年通州府为大生纱厂纱货运销完纳税厘事给纱厂董事的照会

大生纱厂厂房雪景

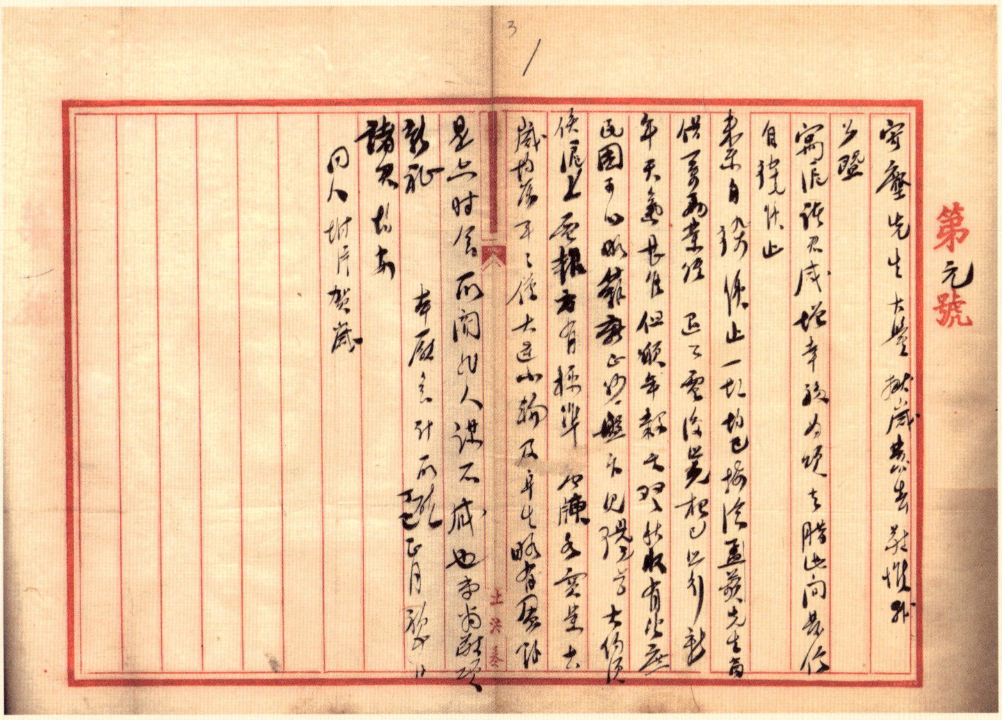

第元號

寄塵先生大鑒

1917年通州大生纱厂致大生沪所吴寄尘号信

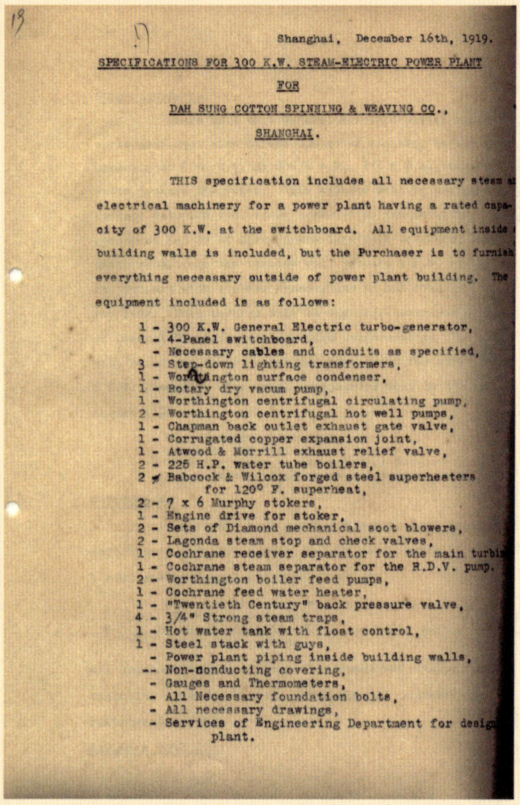

13 17

Shanghai, December 16th, 1919.

SPECIFICATIONS FOR 300 K.W. STEAM-ELECTRIC POWER PLANT

FOR

DAH SUNG COTTON SPINNING & WEAVING CO.,

SHANGHAI.

THIS specification includes all necessary steam a electrical machinery for a power plant having a rated capacity of 300 K.W. at the switchboard. All equipment inside building walls is included, but the Purchaser is to furnish everything necessary outside of power plant building. The equipment included is as follows:

1 - 300 K.W. General Electric turbo-generator,
1 - 4-Panel switchboard,
- Necessary cables and conduits as specified,
3 - Step-down lighting transformers,
1 - Worthington surface condenser,
1 - Rotary dry vacum pump,
1 - Worthington centrifugal circulating pump,
2 - Worthington centrifugal hot well pumps,
1 - Chapman back outlet exhaust gate valve,
1 - Corrugated copper expansion joint,
1 - Atwood & Morrill exhaust relief valve,
2 - 225 H.P. water tube boilers,
2 - Babcock & Wilcox forged steel superheaters for 120° F. superheat,
2 - 7 x 6 Murphy stokers,
1 - Engine drive for stoker,
2 - Sets of Diamond mechanical soot blowers,
2 - Lagonda steam stop and check valves,
1 - Cochrane receiver separator for the main turbi
1 - Cochrane steam separator for the R.D.V. pump.
2 - Worthington boiler feed pumps,
1 - Cochrane feed water heater,
1 - "Twentieth Century" back pressure valve,
4 - 3/4" Strong steam traps,
1 - Hot water tank with float control,
1 - Steel stack with guys,
- Power plant piping inside building walls,
-- Non-conducting covering,
- Gauges and Thermometers,
- All Necessary foundation bolts,
- All necessary drawings,
- Services of Engineering Department for desig plant.

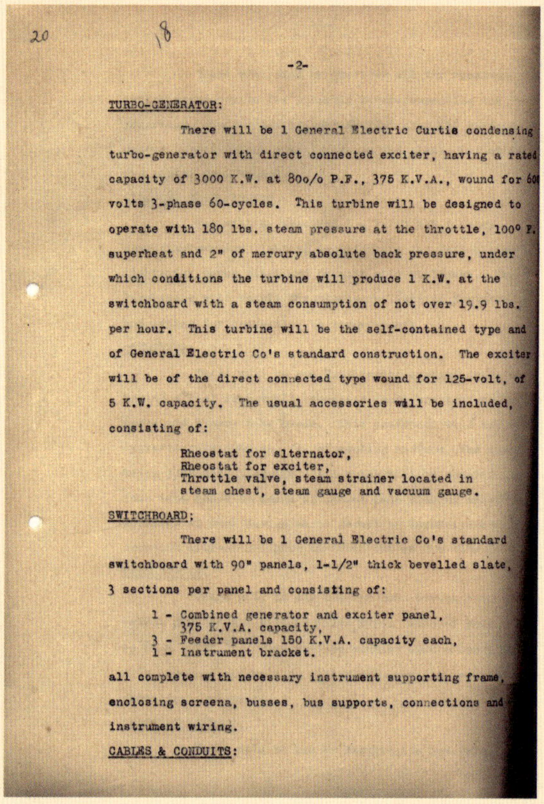

20 18

-2-

TURBO-GENERATOR:

There will be 1 General Electric Curtis condensing turbo-generator with direct connected exciter, having a rated capacity of 3000 K.W. at 80o/o P.F., 375 K.V.A., wound for 60 volts 3-phase 60-cycles. This turbine will be designed to operate with 180 lbs. steam pressure at the throttle, 100° F. superheat and 2" of mercury absolute back pressure, under which conditions the turbine will produce 1 K.W. at the switchboard with a steam consumption of not over 19.9 lbs. per hour. This turbine will be the self-contained type and of General Electric Co's standard construction. The exciter will be of the direct connected type wound for 125-volt, of 5 K.W. capacity. The usual accessories will be included, consisting of:

Rheostat for alternator,
Rheostat for exciter,
Throttle valve, steam strainer located in steam chest, steam gauge and vacuum gauge.

SWITCHBOARD:

There will be 1 General Electric Co's standard switchboard with 90" panels, 1-1/2" thick bevelled slate, 3 sections per panel and consisting of:

1 - Combined generator and exciter panel, 375 K.V.A. capacity,
3 - Feeder panels 150 K.V.A. capacity each,
1 - Instrument bracket.

all complete with necessary instrument supporting frame, enclosing screens, busses, bus supports, connections and instrument wiring.

CABLES & CONDUITS:

28 26

vices of
the plant
throughou
the plant
will be c
class and

1919年大生纱厂向上海慎昌洋行购货合同

...tment for the design of
... be properly designed
...ll be properly adapted to
...he plant when completed
...te character and of high

...MEYER & CO. LTD.,

...ower Engineer.

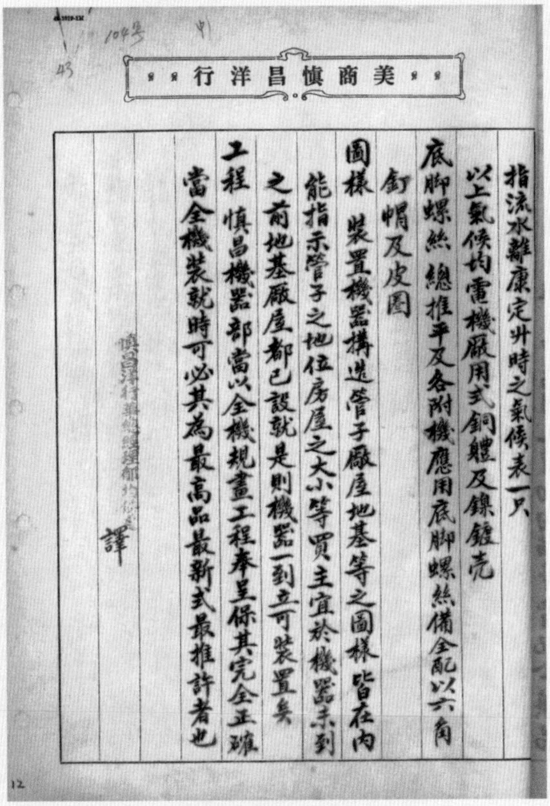

美商慎昌洋行

指流水離康定升時之氣候表一只
以上氣候均電機廠用式銅體及鎳鍍壳
底脚螺絲 總推平及各附機應用底脚螺絲備全配以六角
釘帽及皮圈
圖樣 裝置機器構造管子廠屋地基等之圖樣皆在內
能指示管子之地位房屋之大小等買主宜於機器未到
之前地基廠屋都已設就是則機器一到立可裝置矣
工程 慎昌機器部當以全機規畫工程奉呈保其完全正確
當全機裝就時可必其為最高品最新式最推許者也

慎昌洋行……譯

12

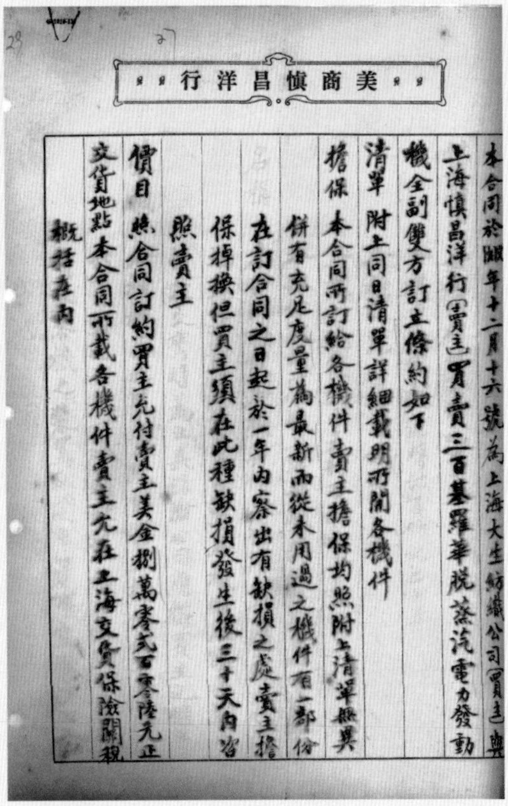

美商慎昌洋行

本合同於㽚年十二月十六號為上海大生紡織公司(買主)與
上海慎昌洋行(賣主)買賣三百基羅華脫蒸汽電力發動
機全副雙方訂立條約如下
清單 附上同日清單詳細載明所開各機件
擔保 本合同所訂給各機件賣主擔保均照附上清單無異
併有充足度量為最新而從未用過之機件有一部份
在訂合同之日起於一年內察出有缺損之處賣主擔
保掉換但買主須在此種缺損發生後三十天內咨
照賣主
價目 照合同訂約買主允付賣主美金捌萬零弍百零陸元正
交貨地點 本合同所載各機件賣主允在上海交貨保險關稅
概括在內

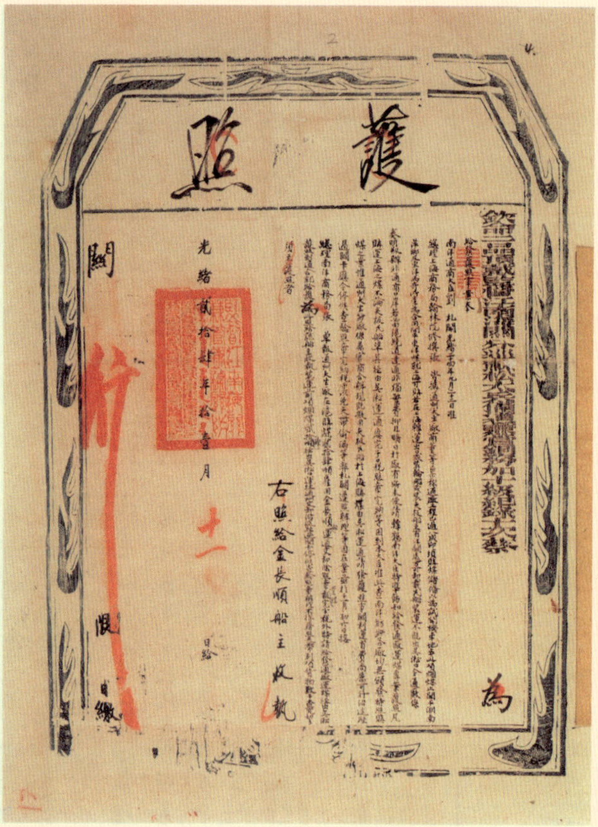

1898年江南海关颁发给为大生纱厂运输煤炭船主的护照

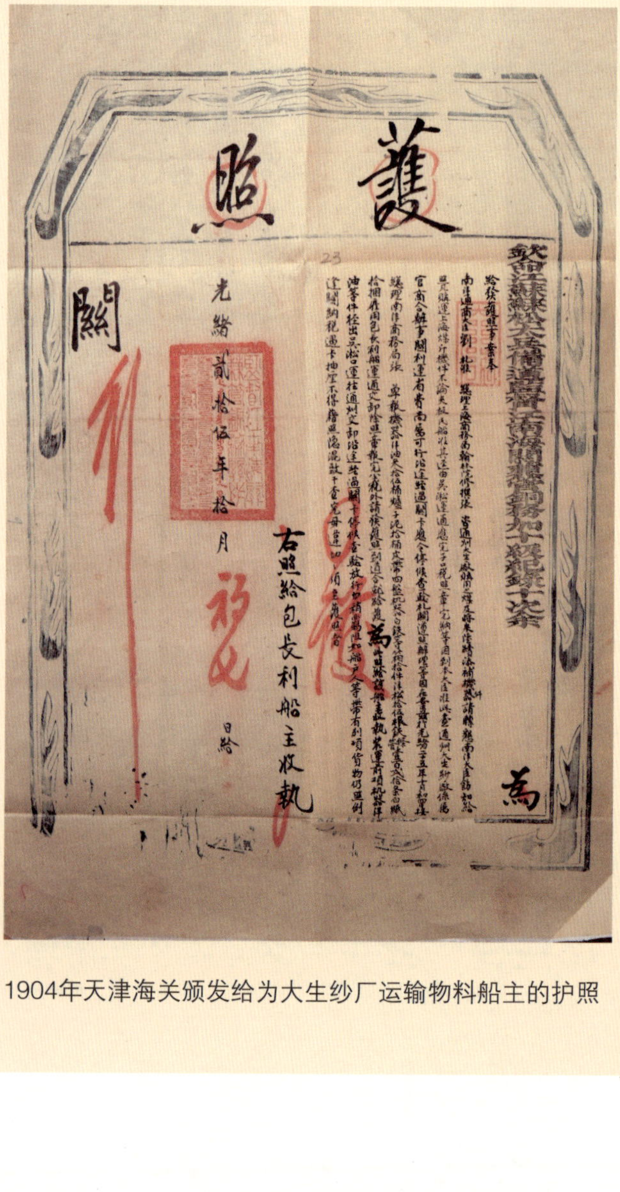

1904年天津海关颁发给为大生纱厂运输物料船主的护照

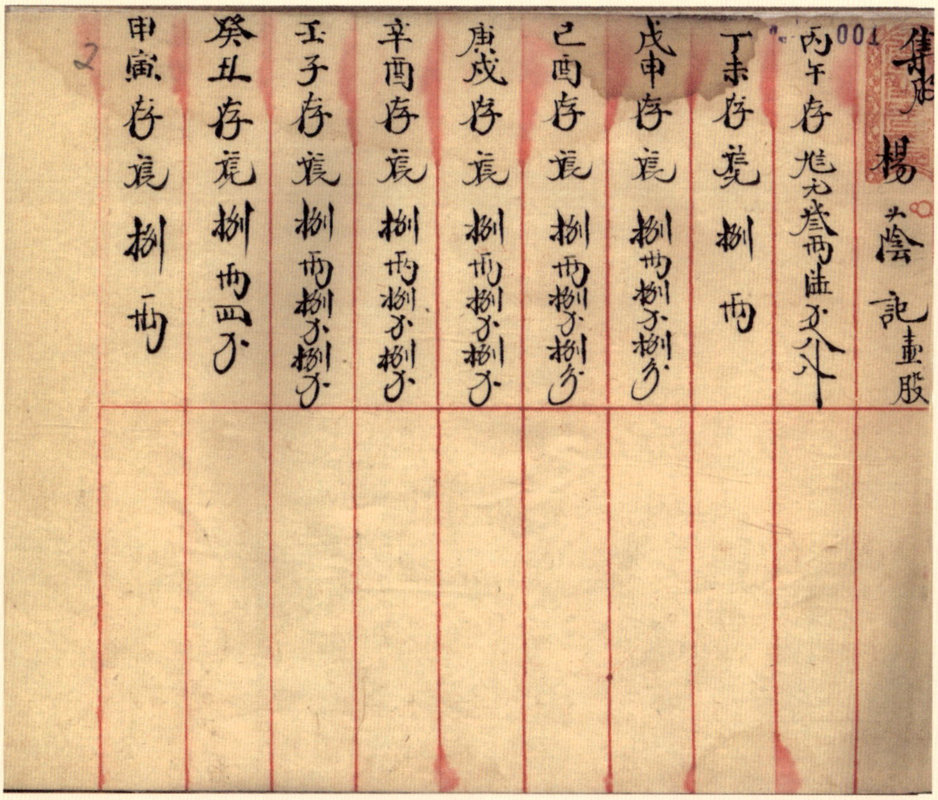

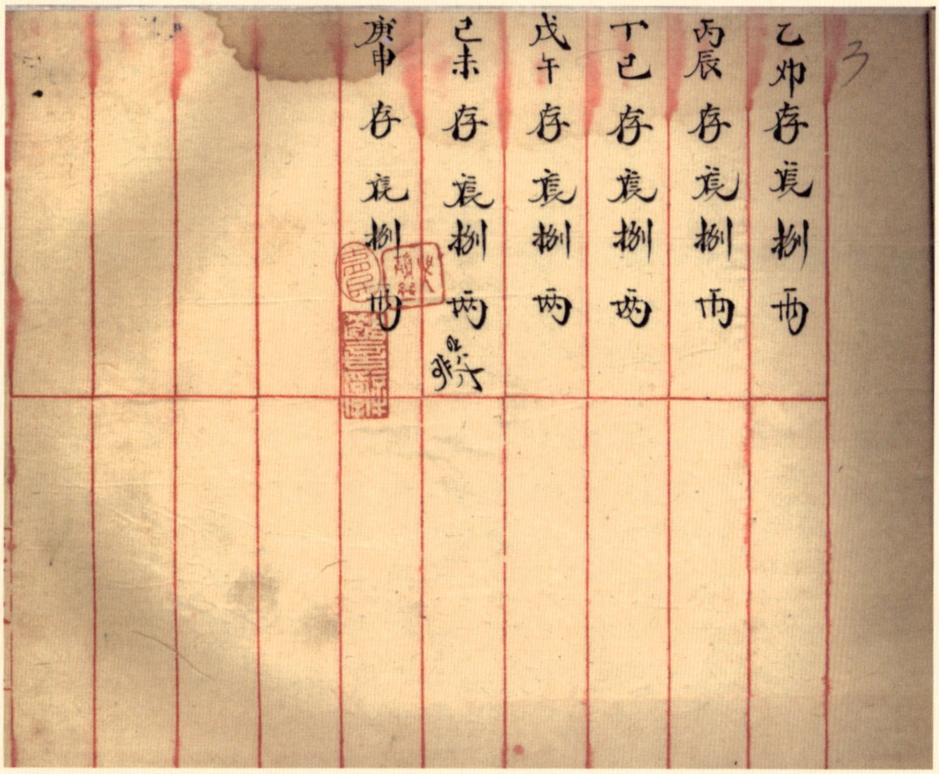

1906年股息汇存

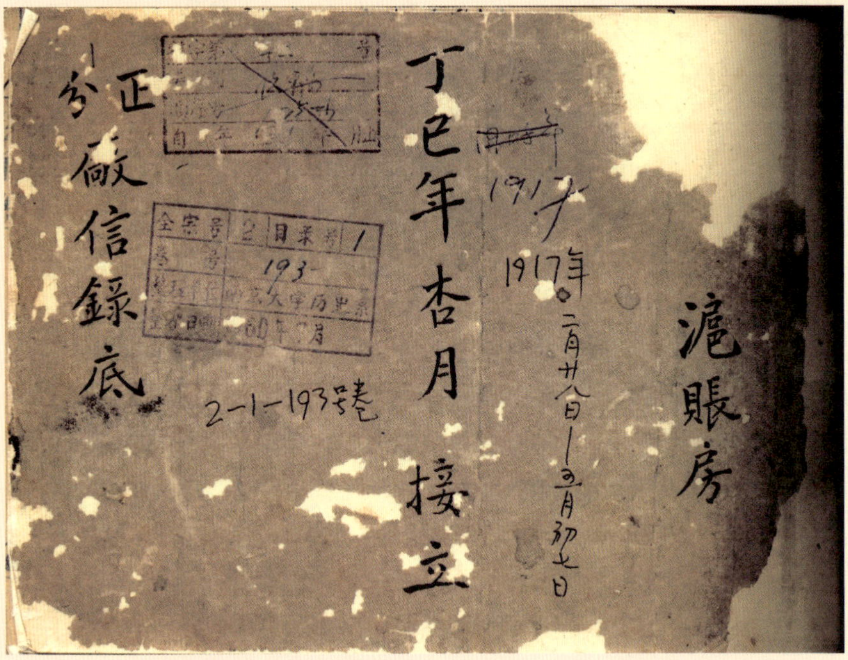

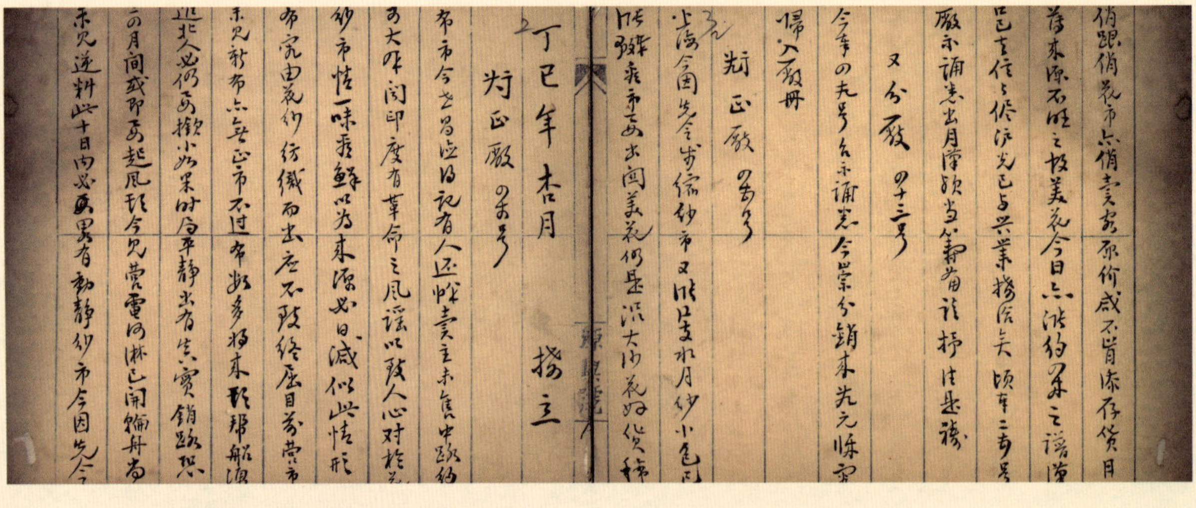

1917年正、分厂信录底

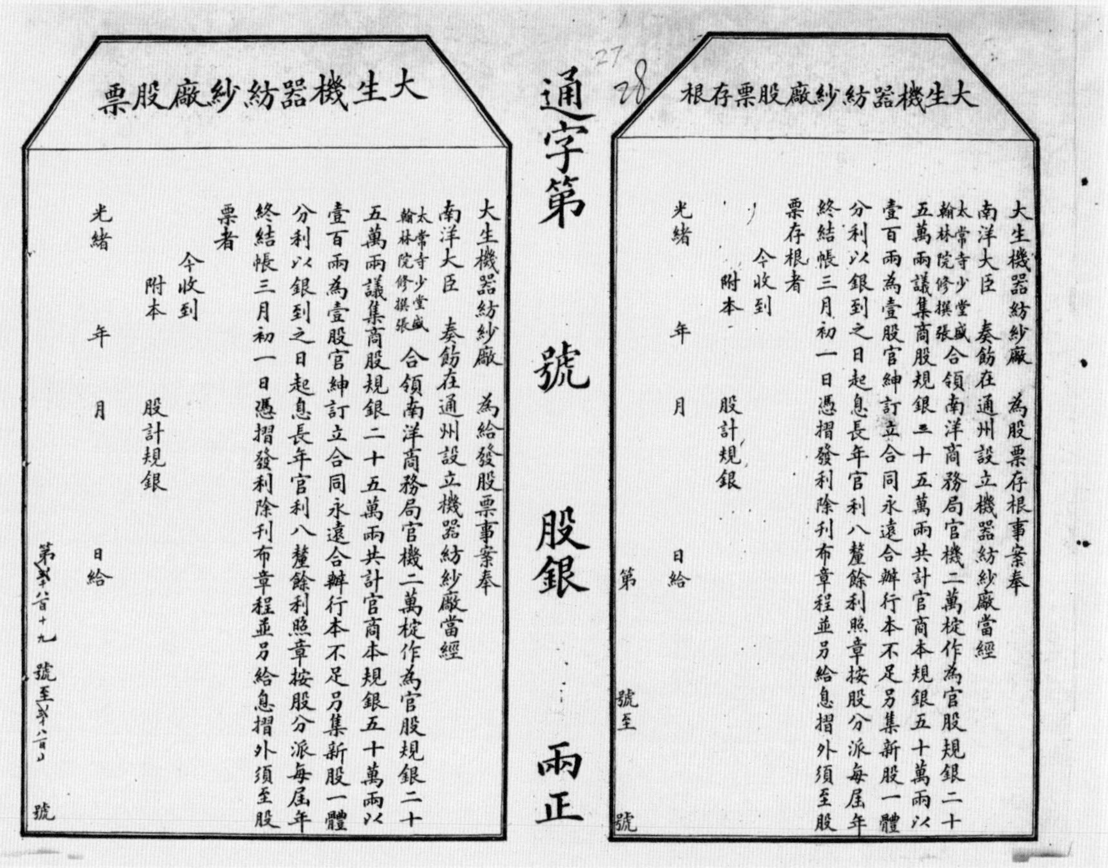

大生機器紡紗廠股票
大生機器紡紗廠　為給發股票事案奉
南洋大臣　奏飭在通州設立機器紡紗廠當經
太常寺少堂盛 翰林院修撰張　合領南洋商務局官機二萬錠作為官股規銀二十
五萬兩議集商股規銀二十五萬兩共計官商本規銀五十萬兩以
壹百兩為壹股官紳訂立合同永遠合辦行本不足另集新股一體
分利以銀到之日起息長年官利八釐餘利照章按股分派每屆年
終結帳三月初一日憑摺發利除刊布章程並另給息摺外須至股
票者
今收到
附本　股計規銀
光緒　年　月　日給
第　號至　號
通字第　號　股銀　兩正
大生機器紡紗廠股票存根
大生機器紡紗廠　為股票存根事案奉
南洋大臣　奏飭在通州設立機器紡紗廠當經
太常寺少堂盛 翰林院修撰張　合領南洋商務局官機二萬錠作為官股規銀二十
五萬兩議集商股規銀二十五萬兩共計官商本規銀五十萬兩以
壹百兩為壹股官紳訂立合同永遠合辦行本不足另集新股一體
分利以銀到之日起息長年官利八釐餘利照章按股分派每屆年
終結帳三月初一日憑摺發利除刊布章程並另給息摺外須至股
票存根者
今收到
附本　股計規銀
光緒　年　月　日給
第　號至　號

大生纱厂创办初期向社会募集资金发行的股票及其存根（编号为2819至2820号）

大生沪事务所

保管单位：南通市档案馆

内容及评价：

大生纱厂筹办于1895年，为购买机器、采办原料、筹集资金以及日后产品销售，于1897年冬在上海设立“大生上海公所”。以后名称、驻地屡有变动。1907年大生纺织公司成立，“通州大生纱厂沪帐房”更名为“大生沪事务所”。1918年大生纱厂在上海九江路自建四层大楼，命名“南通大厦”。1922年后，大生盐垦、纺织先后失利，大生集团本身陷入债海。1936年“大生沪事务所”更名为“大生总管理处”，1946年“大生总管理处”更名为“大生上海联合事务所”，为了便于纱布南运，争取外销，联合事务所派人员在香港筹备成立“南生行”，同时在广州、台湾等地设分销处。1951年“大生上海联合事务所”改称“大生一、三纺织公司上海联合事务所”。1953年大生沪事务所撤销。

大生沪事务所档案起于1893年，止于1953年，共有3676卷。其中，文书档案1036卷，主要内容有：1. 各厂号讯；2. 大生沪所关于职工管理的规章制度、职工福利、薪金方面的文件；3. 关于购置棉、煤、机器、产品销售、运输方面的文件；4. 与有关钱庄、洋行、银团之间来往函件、合同票据；5. 张謇与大生沪所负责人吴寄尘等关于经营方面的来往函件；6. 有关理事会、董事会会议文件。会计档案2640卷，主要有登记簿、统计表、年报表、日记帐、总帐等。

大生沪事务所是大生企业集团驻上海的办事机构，更是其管理中枢，承担着采办原料、购买机器、筹集资金、销售产品等项业务。现在南通市档案馆所藏张謇与大生档案，主体部分系大生沪事务所保存。

上海九江路南通大厦

全文：

大生纺织公司驻沪事务所办事细则

1930年

第一章　总则

第一条　本所依本公司章程第二十八条之规定，由董事会聘任所长一人，直隶于经理，主持全所事务，副所长一人，帮同办理。所长有事外出时，副所长代行其职权。其职掌如下：

（一）关于筹调金融事项；

（二）关于观察市面盈虚消长，确定营业方针事项；

（三）关于买卖花纱布匹及订购大宗机件、煤料事项；

（四）关于上海对外交涉事项；

（五）关于官商股东咨商事项；

（六）关于开会应行报告事项。

第二条　本所分为会计、营业、物料、文书四股，各设职员若干人，受所长之指挥，分股任事，各专责成。

第二章　会计股

第三条　凡收解款项随时由本股登载流水，当日分户誊清，一面于号函内报厂核转。

第四条　支付股息或存款息金，月终汇齐，报厂转册。

第五条　每日现金支出余数，当晚点查清楚存柜。

第六条　凡有大宗支解款项，应即陈明所长核示办理。

第七条　每月月终造具收支月报，送由所长核阅，寄厂转账，如有不符，随即更正。

第八条　本所薪水工资按月之　日发给，平时非遇婚丧大故经所长之核准者，一概不得透支。

第九条　本厂一切有价证券及其他产业契据，凡系寄存沪所者，均归本股妥慎保管，其有作为抵押之品，应立簿详细登录备查，俟收回再行销册。

第十条　本所福食及一应庶务附隶于本股，派员专管之。

第十一条　钥匙由会计员随身佩带，不得轻于委托他人代管。

第三章　营业股

第十二条　本股每日探听行市涨跌，报告所长，并将行情单寄厂。如遇市面涨跌剧烈时，并以电报报厂忝酌。

第十三条　厂内如需就沪购进原棉或出售纱布，应照厂函所示标准，秉承所长办理。

第十四条　购进原棉价格、数量随时登记簿册，具函报厂，俟货物到厂验收无讹，方准付款。其由经理自己在沪会商所长采办者不在此例。

第十五条　售出纱布订期交货、收款、解货，随交会计股，照入厂账。

第四章　物料股

第十六条　物料股对于厂用物料，应择货物道地、价格便宜者购办。

第十七条　本股订立办货簿，书明每次厂办物料各项名目，一经购就，包扎标签，开单具函，交轮寄厂，即在簿上注明寄厂日期，如有短少，随即追查。其大件物料直接送轮，亦应上轮亲自查点，函厂派员验收。如货不合用，应退换或另购之。

第十八条　本股所办物料，随将名目、价格登入流水，分类誊清，俟至月终或节下分户开列应付货款，送由会计股如数照解，按付厂账。

第十九条　如厂内知照购办大宗物料或机器配件，应商承所长办理。

第五章　文书股

第二十条　文书股秉承所长意旨，撰拟公牍函稿，誊清封发后，并留稿备查。

第二十一条　公牍函扎由股分类，编成卷宗，毋缺毋漏，以便查考。

第二十二条　每年举行股东会或开董事会，由本股调制各项报告，并分任临时速记之事。

第六章　附则

第二十三条　关于二、三、副厂银钱买卖进出应各立簿记，指定专员办理，不得混淆。

第二十四条　凡涉及一、二、三、副厂共同事务，由所长酌定，知照办理。

第二十五条　本所经常用费及特种开支由一、二、三、副厂依实开纱锭比例分担，每布机一架照纱厂联合会办法作十二锭计。

第二十六条　本所视事务之必要，得酌用练习生，帮办一切。

第二十七条　本所职员每年依照厂例给假六十日，不足者计日升薪，逾期者按日扣给。

第二十八条　本所除星期日外，每日上午　时到所办公，下午　时晚饭后休息。

第二十九条　本所立签到簿，各职员准时签到，如迟不到所工作者，扣除薪金。

第三十条　星期日除练习生不得假出外，其他职员由所长排定先后次序，轮流值日，办理必要之公务。

第三十一条　各职员因事请假，应先陈明所长核准，方得离职，星期值日尤不得无故自由缺席。

第三十二条　职员办事勤惰及功过，所长得分别奖惩之。

第三十三条　职员除住所之外，其有眷属住沪，得酌贴车力、房租，其住在寄宿舍者，只贴车力。

第三十四条　寄宿舍及茶房规则另订之。

第三十五条　本细则如有未尽事宜，得随时修订之。

第三十六条　本细则经董事会核准施行。

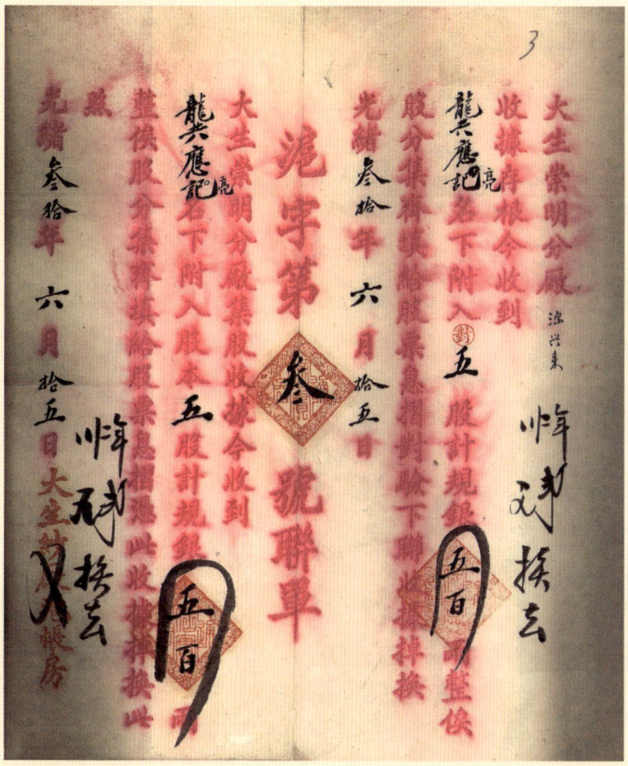

3

大生崇明分廠收據存根今收到
龔應記（亮）名下附入五股計規銀五百兩整俟
股分集齊填給股票息摺對驗下聯收據掉換
光緒叁拾年六月拾五日

滬字第叁號聯單

大生崇明分廠集股收據今收到
龔應記（亮）名下附入股本五股計規銀五百兩
整俟股分集齊填給股票息摺憑此收據掉換此照
光緒叁拾年六月拾五日

大生崇明分厂1904年集股收据

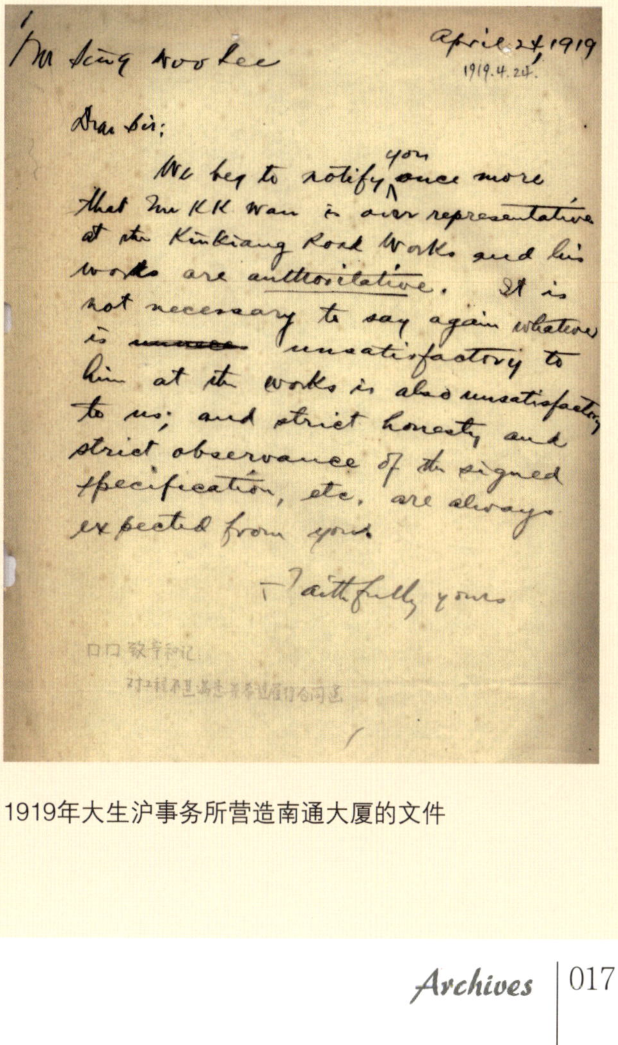

Mr Seng Woo Lee

April 24, 1919
1919.4.24.

Dear Sir:

We beg to notify you once more that Mr K.K. Wan is our representative at the Kiukiang Road Works and his words are authoritative. It is not necessary to say again whatever is ~~unsat~~ unsatisfactory to him at the works is also unsatisfactory to us; and strict honesty and strict observance of the signed specification, etc. are always expected from you.

Faithfully yours

1919年大生沪事务所营造南通大厦的文件

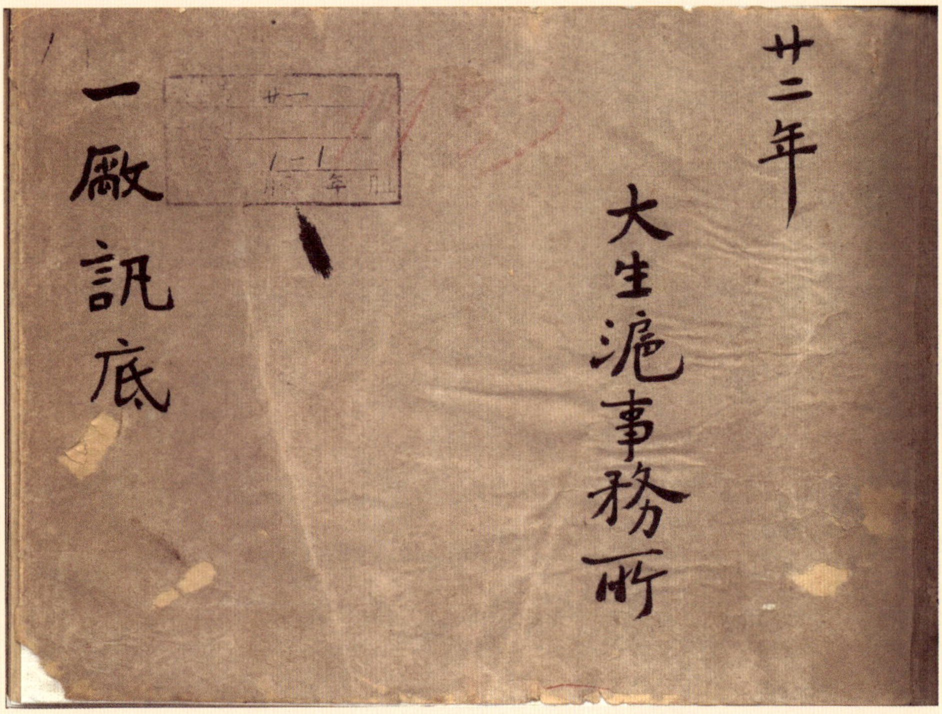
廿二年
大生滬事務所
一廠訊底

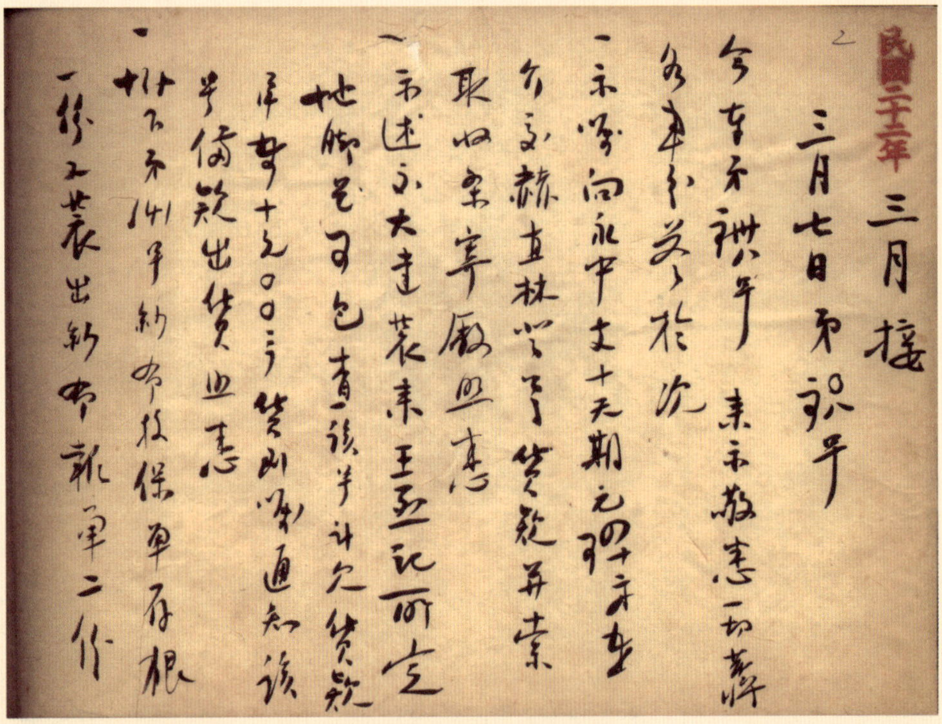
民國二十二年
三月
三月七日 接

1933年大生一厂讯底

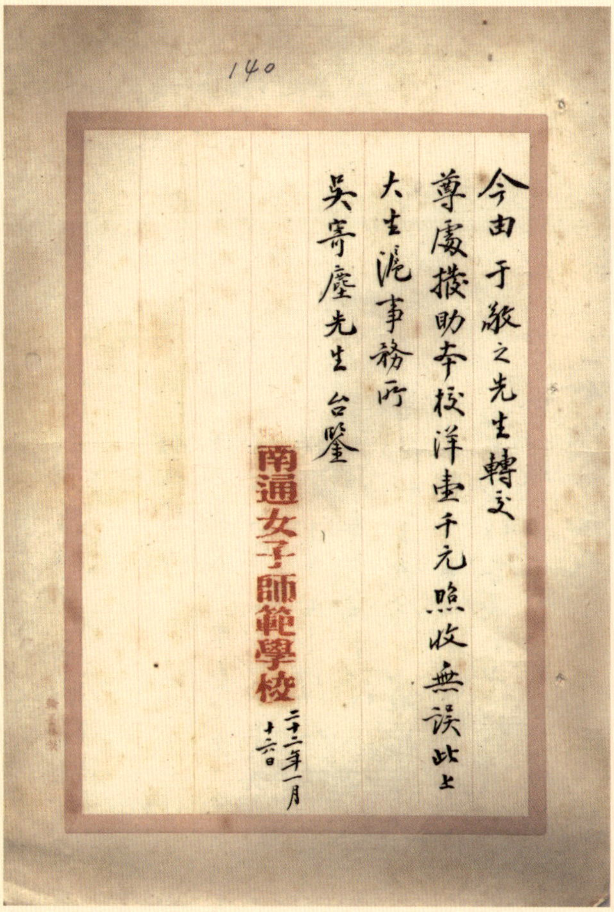
140

今由于敬之先生轉交
尊處撥助本校洋壹千元照收無誤此上
大生滬事務所
吴寄塵先生台鑒
南通女子師範學校 二十二年一月十六日

1933年大生沪所资助南通女子师范学校的收据

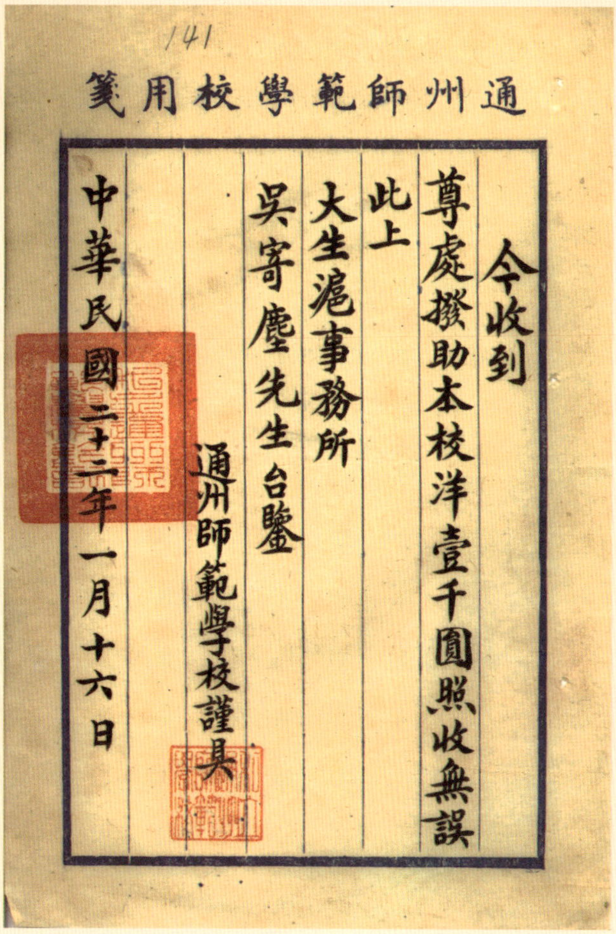
141

通州師範學校用箋

令收到
尊處撥助本校洋壹千圓照收無誤
此上
大生滬事務所
吴寄塵先生台鑒
通州師範學校謹具
中華民國二十二年一月十六日

1933年大生沪所资助通州师范学校的收据

1949年大生沪所工会会议记录

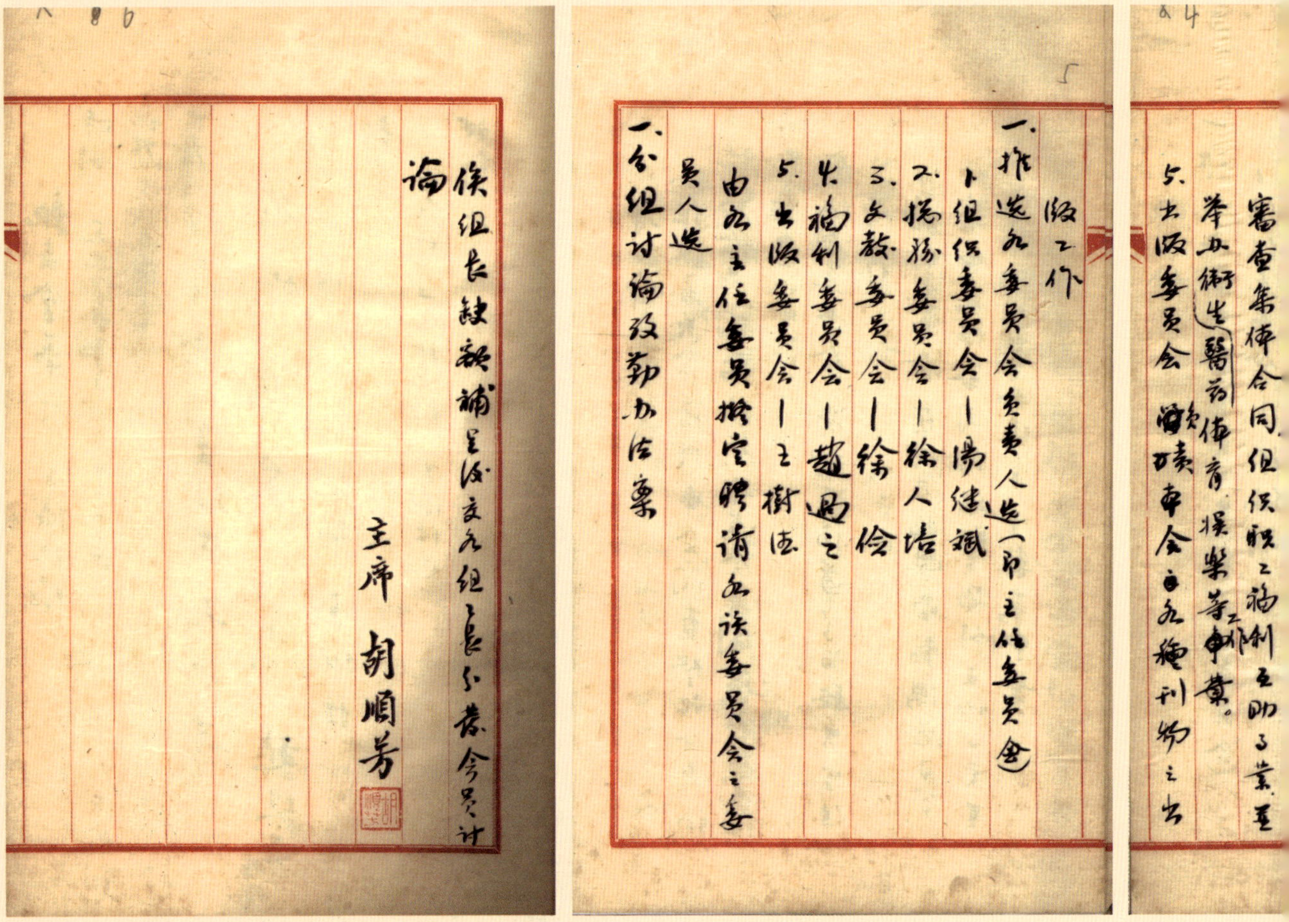

执委会第一次会议

时间　一九四九年十月廿六日中午十二时

地点　本公司会议室

出席　胡顺芳　冯泉　杨雅斌　徐俭　孙人佶　王梓庄　赵过之

主席　胡顺芳　　记录　赵过之

讨论事件

3

一、推胡顺芳为执行委员会主席　全体同意通过

一、补选会员小组正副组长缺额　议决：由原组长分别召集各组推选之

一、公布成立大会费用报告帐目　议决：请会计刘庭谟整理公布

一、工会公务科工作　议决：设立接济组、文教、福利、合作、出版、编辑五个委员会否谈会工作到后　小搭救委员会　容理事会文书、会计及干务

等工作

二、组织委员会掌理本会调查登记会员，新的会费，调整组织，推进会员团结及有关组……

1952年大生第一纺织公司股权分类表

大生第二纺织公司

保管单位：南通市档案馆

内容及评价：

1904年张謇招股筹建大生分厂，1907年在崇明外沙落成投产。1907年，大生纺织股份有限公司成立，统一管理正厂与分厂。1922年大生纺织公司受股东督促，以分厂为基础，建立大生第二纺织公司。公司成立后，实行董事会负责制。后因经营不善，大生第二纺织公司债台高筑，1934年10月被迫解散职工。1935年决定清算，由银行进行拍卖，标价200万元，因无人投标，最后只得以40万元折售给扬子纺织公司。

大生第二纺织公司文书档案主要包括董事会议记录，股东会议记录，公司章程，工作计划、总结，帐略，号信留底，股东名册，股票存根，有关生产、销售、保险、金融等方面的来往函件。会计档案主要包含定、来、出货登记簿，日记账，总账，统计表，年报表，往来账单。

档案反映了大生第二纺织公司生产、经营、管理等方面的基本情况，其从兴盛到衰亡的发展史是中国近代民族工业艰难发展的一个缩影。

大生二厂全景

全文：

通州大生纱厂、通海实业公司、崇明大生分厂
开股东常会广告

1908年8月24日

迳启者：

大生纱厂自去秋股东会议定常年开股东会一次。今择定八月十八日午后一点，召开通州大生纱厂股东常会。会毕接开实业公司股东会。八月二十日午后一点钟，开崇明大生分厂股东常会。届期务望早临，以便会议选举稽查一切。倘诸君适因他事羁绊不便抽身，请举语习商理人代表，并请寄证委托书到会。会所在上海泥城桥商学公会。

特此布告。

总理　张謇　谨白

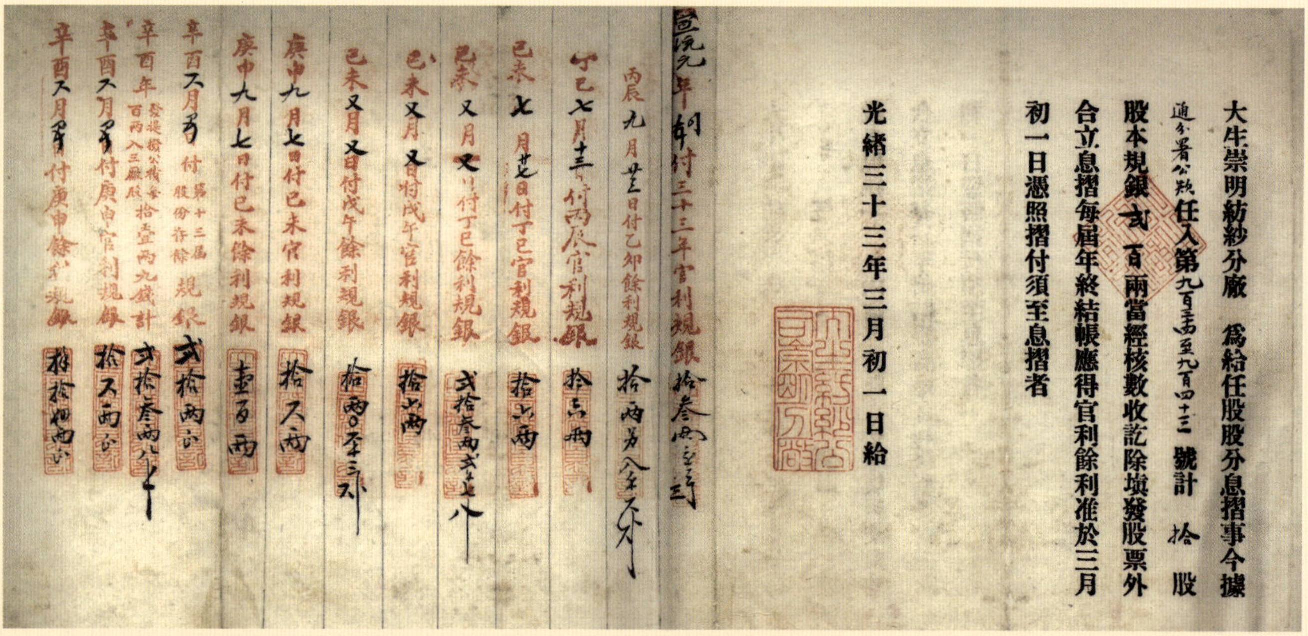
大生崇明紡紗分廠　爲給任股股分息摺事今據
通分署公款任入第九百五十至九百四十三號計　拾　股
股本規銀　貳　百兩當經核數收訖除填發股票外
合立息摺每屆年終結帳應得官利餘利准於三月
初一日憑照摺付須至息摺者
光緒三十三年三月初一日給

1907年大生崇明纺纱分厂息折

崇明大生紡紗分廠股票

江蘇崇明大生機器紡紗分廠　爲填給任股股票事竊照本
分廠原議共集股本銀八十萬兩內以六十萬兩另刊股票聽
人附入其餘二十萬兩則先儘通廠舊新股東任入茲擬以舊
新股份甲辰乙巳兩年之餘利分年撥入除官機股本餘利爲
江甯省城工藝局專款未便任股外其商集舊新各股計共六
千三百股每股應任入銀三十兩即於本年應付甲辰餘利內
扣銀十兩付給股票一紙明年應付乙巳餘利扣銀二十兩付
給股票一紙以三月初一日付利之期爲入貲之期常年八厘
起息餘利照章按股分派每屆年終結帳三月初一日憑摺付
息並另給息摺外須至股票者

今收到

通分署公款任入拾股計規銀弍百兩整

光緒三十三年三月初一日給

第九百三十四至九百四十三號

1907年崇明大生纺纱分厂股票

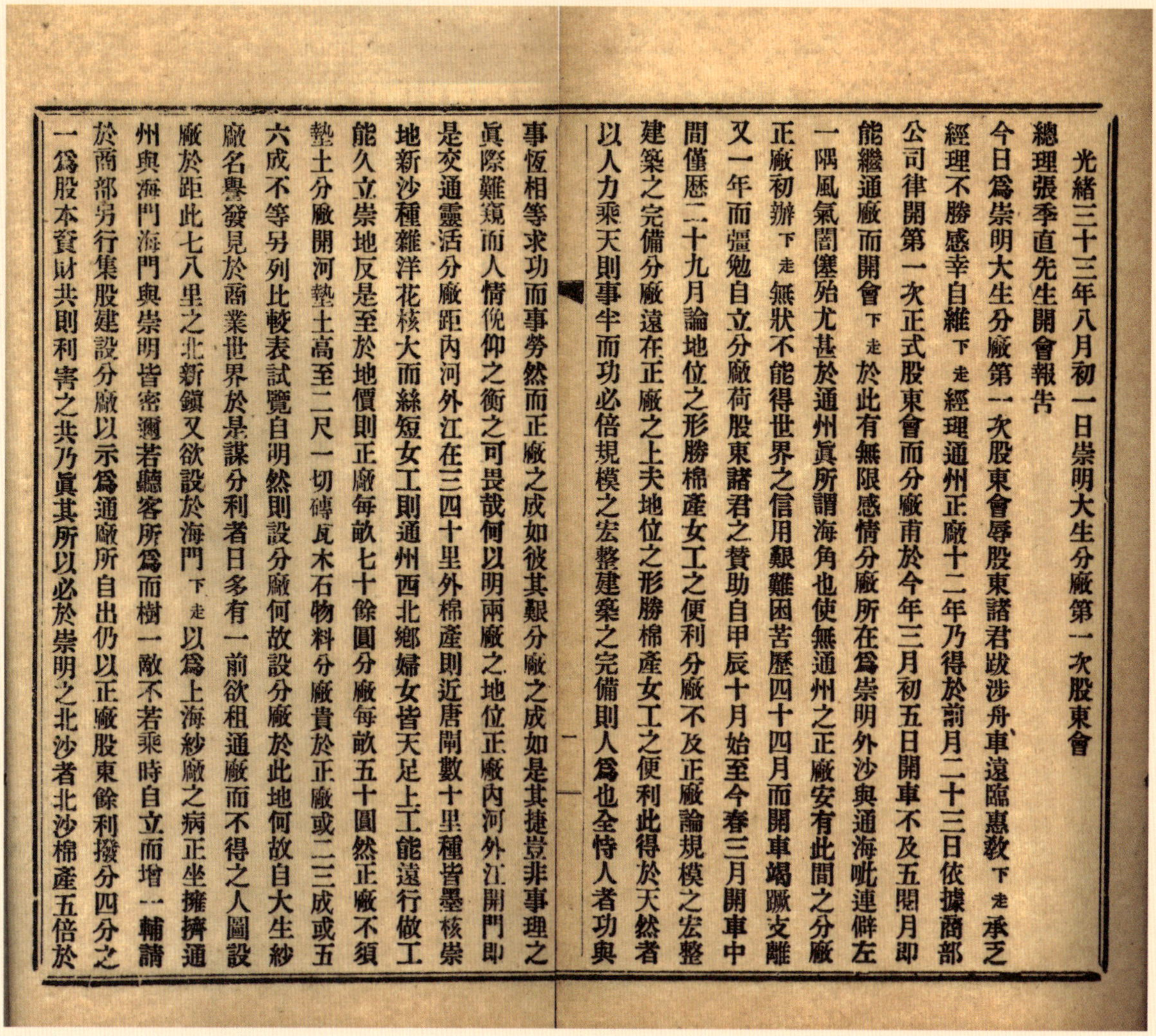
光緒三十三年八月初一日崇明大生分廠第一次股東會
總理張季直先生開會報告
今日爲崇明大生分廠第一次股東會辱股東諸君跋涉舟車遠臨惠教下走承乏經理不勝感幸自維下走經理通州正廠十二年乃得於前月二十三日依據商部公司律開第一次正式股東會而分廠甫於今年三月初五日開車不及五閱月即能繼通廠而開會下走於此有無限感情分廠所在爲崇明外沙與通海毗連僻左一隅風氣闇僿殆尤甚於通州眞所謂海角也使無通州之正廠安有此間之分廠正廠初辦下走無狀不能得世界之信用艱難困苦歷四十四月而開車竭蹶支離又一年而彊勉自立分廠荷股東諸君之贊助自甲辰十月始至今春三月開車中間僅歷二十九月論地位之形勝棉產女工之便利分廠不及正廠論規模之宏整建築之完備分廠遠在正廠之上夫地位之形勝棉產女工之便利此得於天然者以人力乘天則事半而功必倍規模之宏整建築之完備則人爲也全恃人者功與事恆相等求功而事勞然而正廠之成如彼其艱分廠之成如是其捷豈非事理之眞際難窺而人情俛仰之衡之可畏哉何以明兩廠之地位正廠內河外江開門即是交通靈活分廠距內河外江在三四十里外棉產則近唐閘數十里種皆墨核崇地新沙種雜洋花核大而絲短女工則通州西北鄉婦女皆天足上工能遠行做工能久立崇地反是至於地價則正廠每畝七十餘圓分廠每畝五十圓然正廠不須墊土分廠開河墊土高至二尺一切磚瓦木石物料分廠貴於正廠或二三成或五六成不等另列比較表試覽自明然則設分廠何故設分廠於此地何故自大生紗廠名譽發見於商業世界於是謀分利者日多有一前欲租通廠而不得之人圖設廠於距此七八里之北新鎮又欲設於海門下走以爲上海紗廠之病正坐擁擠通州與海門海門與崇明皆密邇若聽客所爲而樹一敵不若乘時自立而增一輔請於商部另行集股建設分廠以示爲通廠所自出仍以正廠股東餘利撥分四分之一爲股本資財共則利害之共乃眞其所以必於崇明之北沙者北沙棉產五倍於

1907年崇明大生分厂第一次股东会议事录

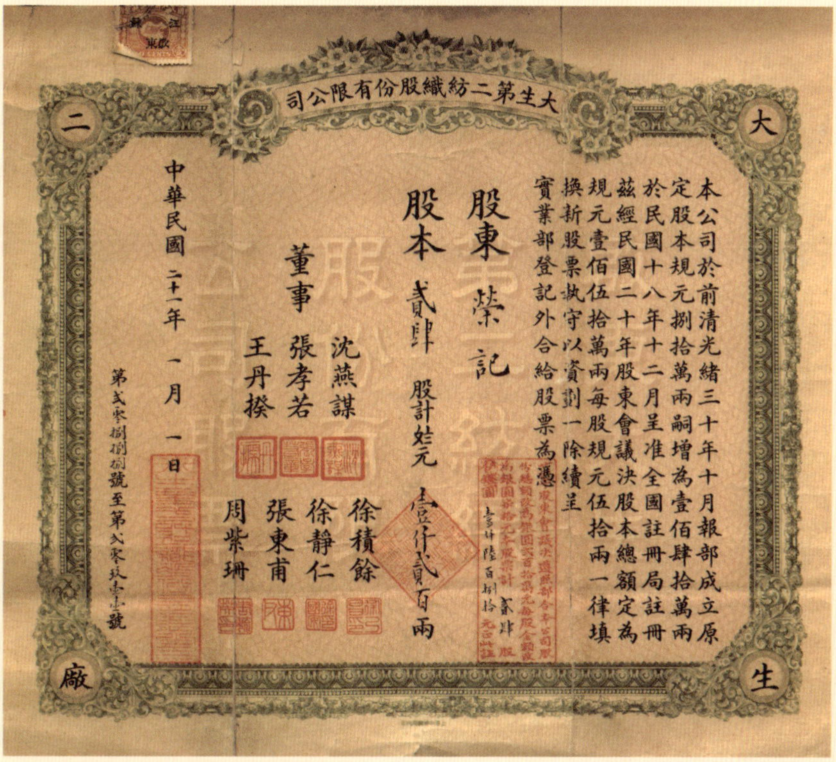

1932年大生第二纺织股份有限公司股票正面

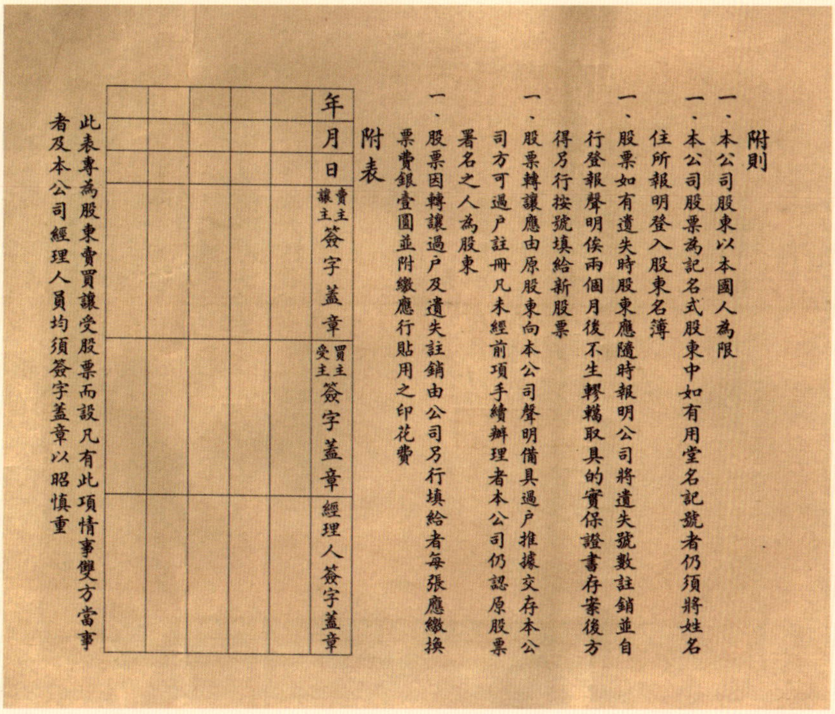

1932年大生第二纺织股份有限公司股票背面

大生第三纺织公司

保管单位：南通市档案馆

内容及评价：

1914年，张謇在海门常乐镇南筹建大生三厂。1915年设立监工账房，开始兴建三厂。1921年10月10日开车。1922年大生纺织公司受股东督促，以三厂为基础，建立大生第三纺织公司。公司成立后，实行董事会负责制。1952年确定为公私合营，8月1日启用“公私合营大生第三纺织公司”条戳。

大生第三纺织公司档案主要记载了该公司召开董事会、股东会，制定公司章程，草拟工作计划、工作总结，组织生产、销售等方面的情况。文书档案主要包括董事会议记录，股东会议记录，公司章程，工作计划、总结，帐略，号信留底，股东名册，股票存根，为生产、销售、保险、金融等事宜与吴寄尘、沈燕谋等人的来往函件。会计档案主要包含定、来、出货登记簿，日记账，总账，统计表，年报表，往来账单。

档案反映了大生第三纺织公司生产、经营、管理等方面的基本情况，是研究三厂地区经济、社会发展的重要史料。

大生三厂俯瞰图

全文：

海门大生第三纺织公司第一届说略

1921年

自大生增设第三纺织厂之议定，甲寅购地，乙卯定机，未几而欧战日剧，机器不能来华，进行中辍。迨至己未欧战终，乃兴工建筑，工食物料较战前已昂，机价亦重议增加。去年冬，各项工程渐次告竣，而英伦罢工未宁，机器之来仍极迟缓。经屡次商催，仅于本年九月，运到八九千锭，勉能开始试纺。然前一二年之良好机会，已过去尽矣。此未开车前所受世界之影响也。九月十日开车后，值交易所事发生，纱市为其操纵而抑，夏秋风潮为患，棉收大减，价格飞腾，货愈稀罕，则营业之困难也。自秋入冬，金融恐慌叠起，沪上交易所纷纷失败。京津中交挤兑，银根奇紧，调汇顿艰，拆息之大，从来所未闻，则会计之困难也。既蒙巨大之影响于先，复遭种种之困难于后，益以机锭未全，成纱数少，每箱工料所需及外用，平均其价，合计而多，遂无余地可以求利。虽有进花出纱、房地租息，各余凑入，仍不免于亏耗。凡本届经过之情形，大概如此。

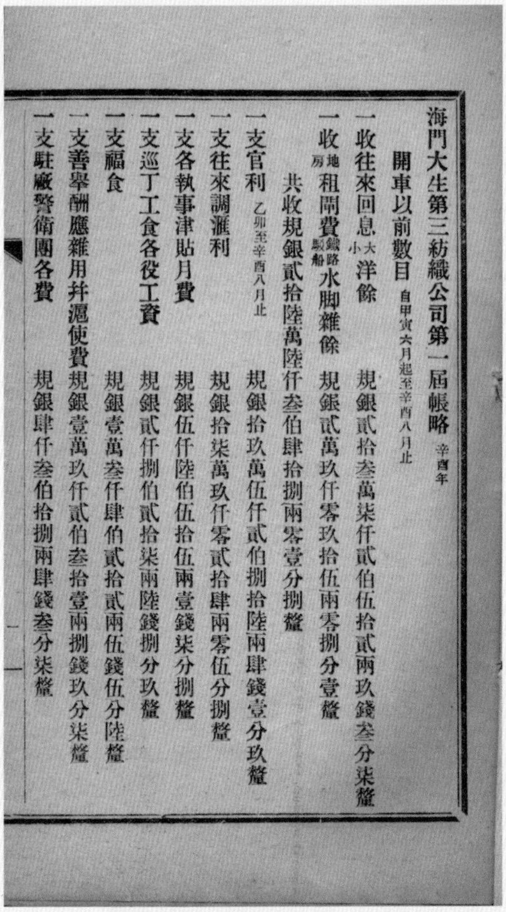
海門大生第三紡織公司第一屆帳略 辛酉年
開車以前數目 自甲寅六月起至辛酉八月止
一收往來回息大小洋餘 規銀貳拾叁萬柒仟貳伯伍拾貳兩玖錢叁分柒釐
一收地房租鬧費鐵路駁船水脚雜餘 規銀貳萬玖仟零玖拾伍兩零捌分壹釐
共收規銀貳拾陸萬陸仟叁伯肆拾捌兩零壹分捌釐
一支官利 乙卯至辛酉八月止 規銀拾玖萬伍仟貳伯捌拾陸兩肆錢壹分玖釐
一支往來調滙利 規銀拾柒萬玖仟零貳拾肆兩零伍分捌釐
一支各執事津貼月費 規銀伍仟陸伯伍拾伍兩壹錢柒分捌釐
一支巡丁工食各役工資 規銀貳仟捌伯貳拾柒兩陸錢捌分玖釐
一支福食 規銀壹萬叁仟肆伯貳拾貳兩伍錢伍分陸釐
一支善舉酬應雜用并滬使費 規銀壹萬玖仟貳伯叁拾壹兩捌錢玖分柒釐
一支駐廠警衛團各費 規銀肆仟叁伯拾捌兩肆錢叁分柒釐

1921年海门大生第三纺织公司第一届帐略

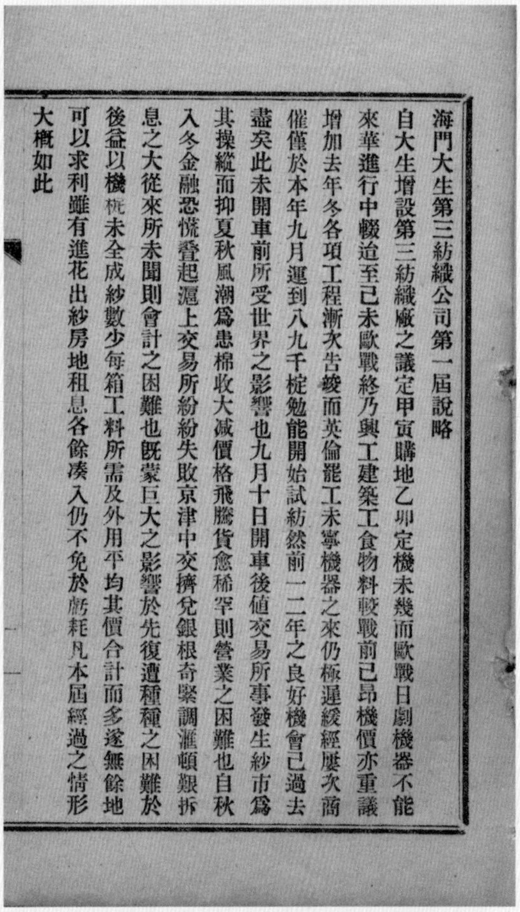
海門大生第三紡織公司第一屆說略
自大生增設第三紡織廠之議定甲寅購地乙卯定機未幾而歐戰日劇機器不能來華進行中輟迨至己未歐戰終乃興工建築工食物料較戰前已昂機價亦重議增加去年冬各項工程漸次告竣而英倫罷工未寧機器之來仍極遲緩經屢次商催僅於本年九月運到八九千錠勉能開始試紡然前一二年之良好機會已過去盡矣此未開車前所受世界之影響也九月十日開車後值交易所事發生紗市爲其操縱而抑夏秋風潮爲患棉收大減價格飛騰貨愈稀罕則營業之困難也自秋入冬金融恐慌疊起滬上交易所紛紛失敗京津中交擠兌銀根奇緊調滙頓艱拆息之大從來所未聞則會計之困難也既蒙巨大之影響於先復遭種種之困難於後益以機梳未全成紗數少每箱工料所需及外用平均其價合計而多遂無餘地可以求利雖有進花出紗房地租息各餘湊入仍不免於虧耗凡本屆經過之情形大概如此

1921年海门大生第三纺织公司第一届说略

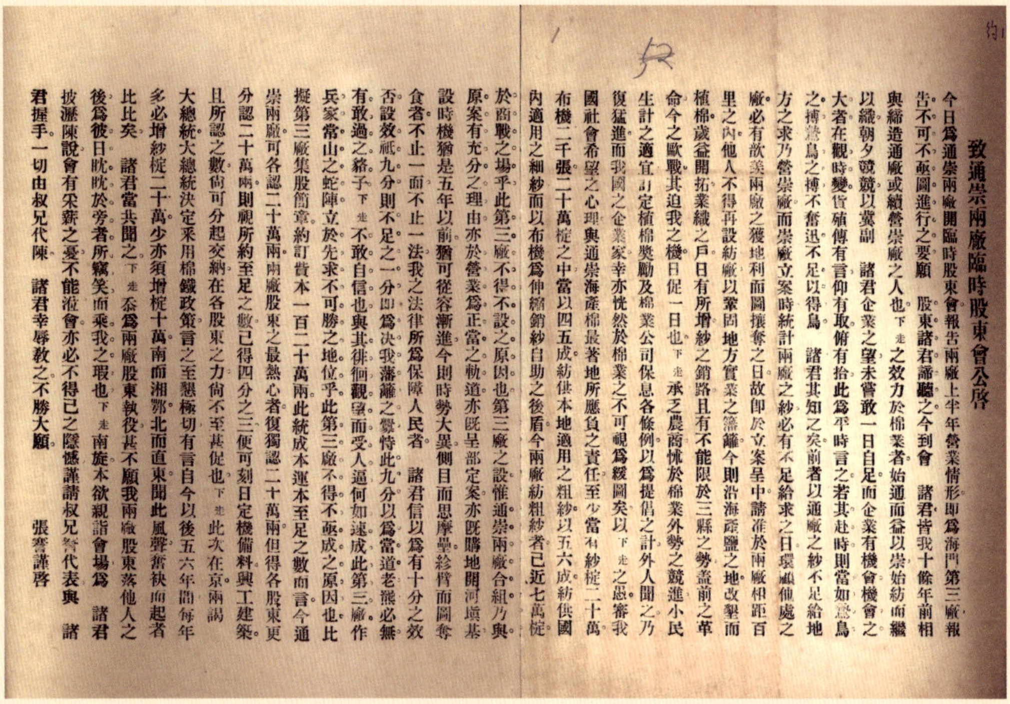

致通崇兩廠臨時股東會公啓

今日爲通崇兩廠開臨時股東會報告兩廠上半年營業情形即爲海門第三廠報告不可不亟圖進行之要願　股東諸君諦聽之今到會　諸君皆我十餘年前相與締造通廠或續營崇廠之人也下走之效力於棉業者始通而益以崇始紡而繼以織朝夕競競以冀副　諸君企業之望未嘗敢一日自足而企業有機會機會之大者在覩時變貨殖傳有言仰有取俯有拾此爲平時言之若其赴時則當如鷙鳥之搏鷙鳥之搏不奮迅不足以得鳥　諸君其知之矣前者以通廠之紗不足給地方之求乃營崇廠而崇廠立案時統計兩廠之紗必有不足給求之日環顧他處之廠必有歆羨兩廠之獲地利而圖攘奪之日故即於立案呈中請准於兩廠相距百里之內他人不得再設紡廠以鞏固地方實業之籓籬今則沿海産鹽之地改墾而植棉歲益開拓業織之戶日有所增紗之銷路且有不能限於三縣之勢蓋前之革命今之歐戰其迫我之機日促一日也下走承乏農商怵於棉業外勢之競進小民生計之適宜訂定植棉獎勵及棉業公司保息各條例以爲提倡之計外人聞之乃復猛進而我國之企業家幸亦怳然於棉業之不可視爲緩圖矣以下走之愚審我國社會希望之心理與通崇海産棉最著地所應負之責任至少當有紗椗二十萬布機二千張二十萬椗之中當以四五成紡供本地適用之粗紗以五六成紡供國內適用之細紗而以布機爲伸縮銷紗自助之後盾今兩廠紡粗紗者已近七萬椗於商戰之場乎此第三廠不得不設之原因也第三廠之設惟通崇兩廠合組乃與原案有充分之理由亦於營業爲正當之軌道亦既呈部定案亦既購地開河墳基設時機猶是五年以前猶可從容漸進今則時勢大異側目而思摩壘紾臂而圖奪食者不止一而不止一法我之法律所爲保障人民者　諸君信以爲有十分之效否設效祇九分則不足之一分即爲決我藩籬之釁恃此九分以爲當道老羆必無有敢過之貉子下走不敢自信也與其徘徊觀望而受人逼何如速成此第三廠作兵家常山之蛇陣立於先求不可勝之地位乎此第三廠不得不亟成之原因也比擬第三廠集股簡章約訂資本一百二十萬兩此統成本運本至足之數而言今通崇兩廠可各認二十萬兩兩廠股東之最熱心者復獨認二十萬兩但得各股東更分認二十萬兩則視所約至足之數已得四分之三便可刻日定機備料興工建築且所認之數尚可分起交納在各股東之力尚不至甚促也下走此次在京兩謁大總統大總統決定采用棉鐵政策言之至懇極切有言自今以後五六年間每年多必增紗椗二十萬少亦須增椗十萬南而湘鄂北而直東聞此風聲奮袂而起者比比矣　諸君當共聞之下走忝爲兩廠股東執役甚不願我兩廠股東落他人之後爲彼日眈眈於旁者所竊笑而乘我之瑕也下走南旋本欲親詣會場爲　諸君披瀝陳說會有采薪之憂不能涖會亦必不得已之隱憾謹請叔兄詧代表與　諸君握手一切由叔兄代陳　諸君幸辱教之不勝大願

張謇謹啓

张謇致通崇两厂临时股东会公启

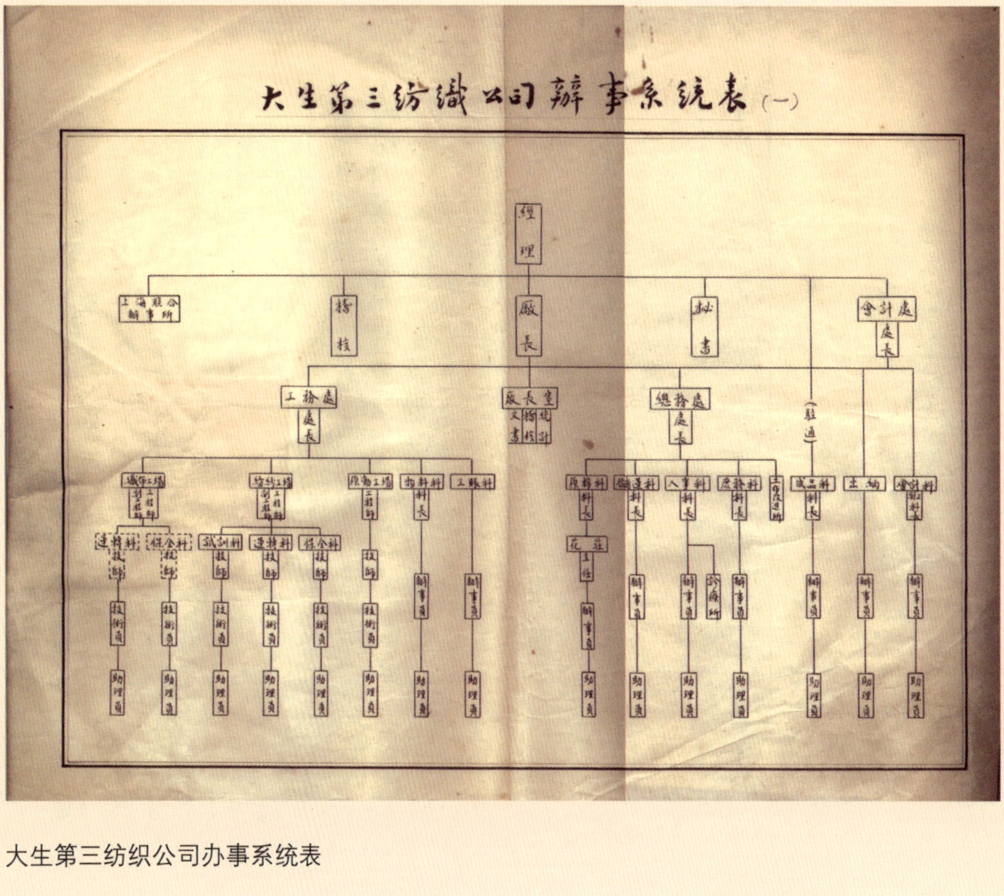

大生第三纺织公司办事系统表

大生第三纺织公司全图

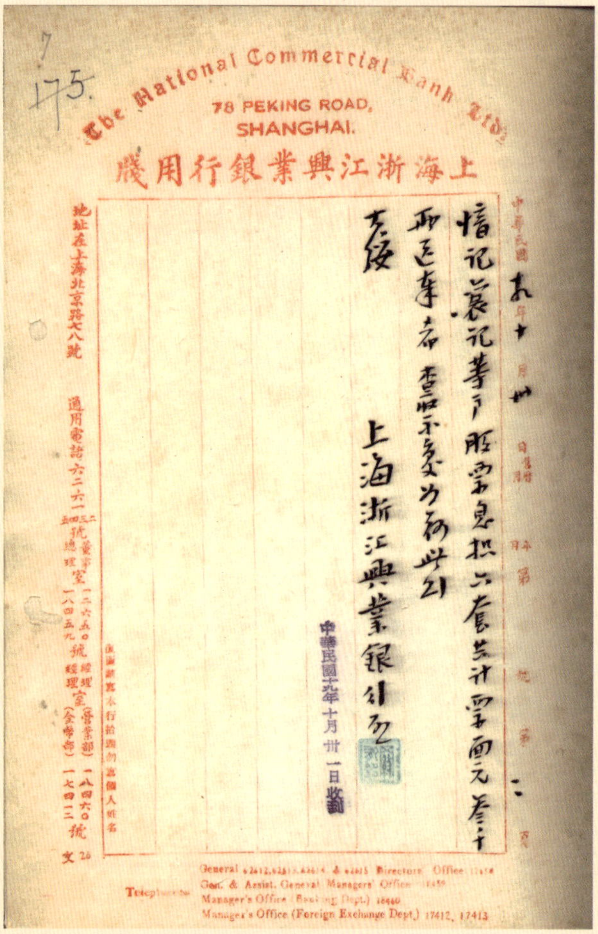
The National Commercial Bank Ltd.
78 PEKING ROAD, SHANGHAI.
上海浙江興業銀行用箋

愔記、葆記等戶股票息摺六套，共計票面元叁千兩正，奉上，查收賜復為荷。此致
吳府
上海浙江興業銀行啟

中華民國十九年十月卅一日收到

地址在上海北京路七八號

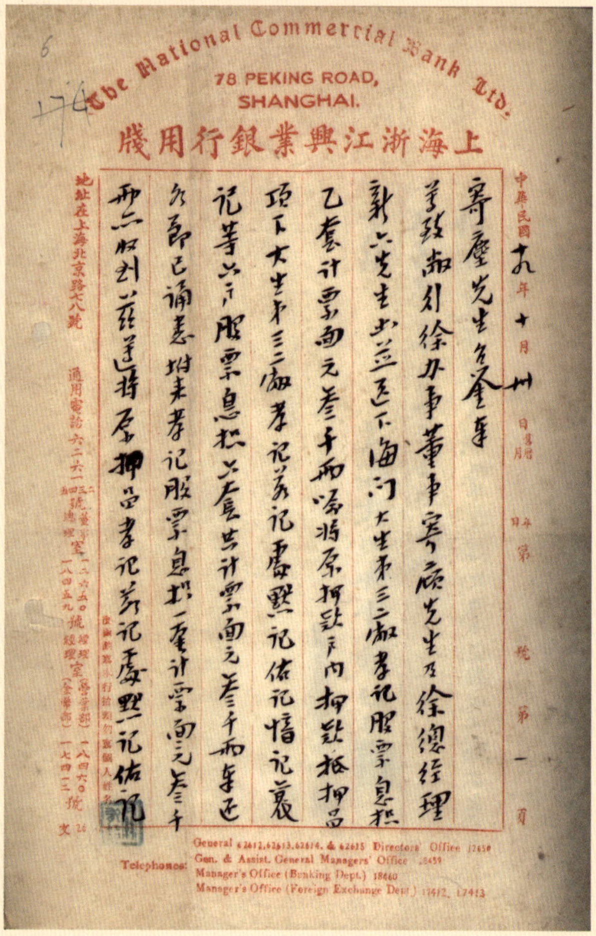
The National Commercial Bank Ltd.
78 PEKING ROAD, SHANGHAI.
上海浙江興業銀行用箋

地址在上海北京路七八號

1930年上海浙江兴业银行致吴寄尘函

契 紙 執 照

海門縣人民政府

1951年大生三厂购施成相土地的契纸

收 款 聯

海門縣人民政府

1951年大生三厂购施成相土地的收款联

敬啟者南通大學校董會組織成立後即呈請
教育部准予立案旋經派員視察學校各科尚稱合格惟以大學名
稱須具備三學院之組合而南通大學中紡織科不能單獨成一學
院准先以南通學院名義立案俟具備三學院後再恢復舊稱現以
學校進行發展待決事多特定於二月八日下午二時起在上海南京路
保安坊大生紡織公司滬事務所開校董會議至祈
惠臨預識共策校務無任企禱敬致
寄塵先生
　　　　　南通學院校董會　主席　褚民誼
　　　　　　　　　　　　　副主席　何玉書　同啟
年　月　日
江蘇南通大學用箋

第頁

南通学院请吴寄尘出席校董会的函

三厂人民庆祝三厂解放的喜庆场景

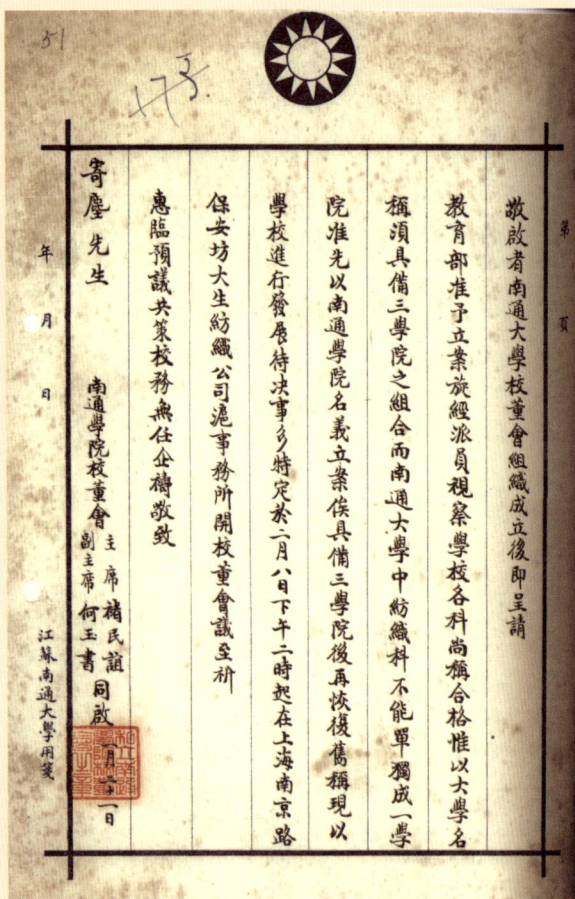

淮海实业银行

保管单位：南通市档案馆

内容及评价：

1919年，大生股东常会通过议决，"提资组织银行，以为金融活动机关，现已筹备就绪，命名淮海实业银行。所有股款，拟遵照七届议案，在本厂股东应得余利项下，提出十分之一入淮海股份，另给收据"。截至1919年底，实收106万元（其中大生一厂拨入65万元，二厂5万余元）。1920年1月，南通淮海实业银行正式成立。总经理为张孝若，协理为陈端，行长为徐赓起，职员基本上是张謇办的银行专修科和甲种商校的毕业生。总行设在南通濠阳路，主要业务为存款、放款、汇兑、贴现、押汇、受抵有价证券及代理南通地方公债。1921年淮海实业银行设分行于海门、扬州、南京、汉口、上海、镇江、苏州，又在盐城、阜宁、东台各垦区遍设分理处。1922年，淮海银行存款日少，提存日多，营业萎缩。1923年以后，工商业方面是放款难收，盐垦方面不但放款利息无法结清，对濒于破产的公司还须输救。董事会鉴于业务情况不佳，遂议决于1924年起总行对外不做营业，并将各分支行号先后结束。此后长期停留于清理阶段。1952年11月召开股东会，组织临时管理委员会着手清理。1953年1月20日淮海实业银行清理工作结束。

淮海实业银行是南通历史上本土创立的最早的银行，民国期间对于南通各项实业的发展起到了极大的推动作用。

淮海实业银行

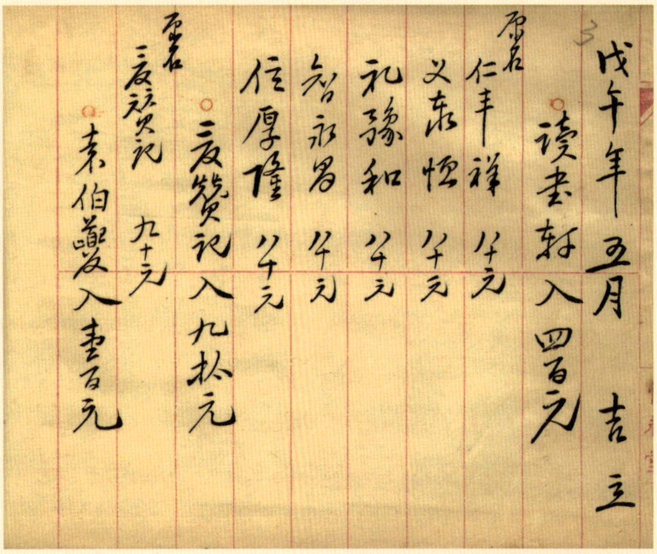
戊午年五月 吉立
读書軒入四百元
原名仁丰祥 八十元
义泰恒 八十元
礼豫和 八十元
启永昌 八十元
信厚隆 八十元
三友贷记入九拾元
原名三友贷记 九十元
袁伯夔入壹百元

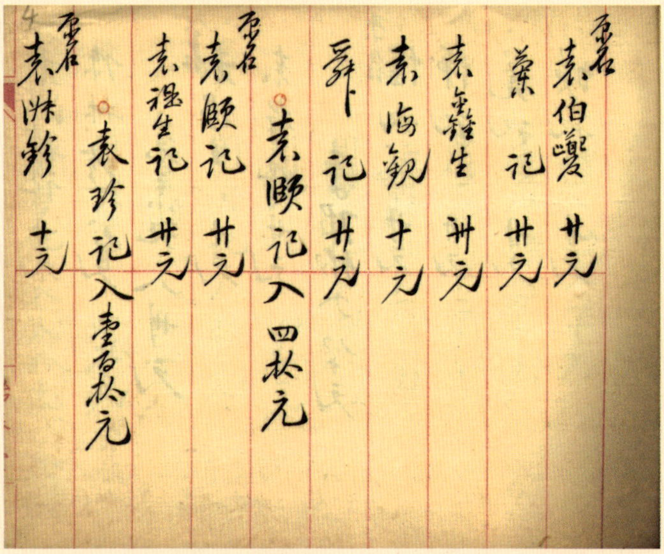
原名袁伯夔 廿元
藻记 廿元
袁鑫生 卅元
袁海钧 十元
彝卜记 廿元
袁颐记入四拾元
原名袁颐记 廿元
袁福生记 廿元
袁珍记入壹百拾元
原名袁琳铨 十元

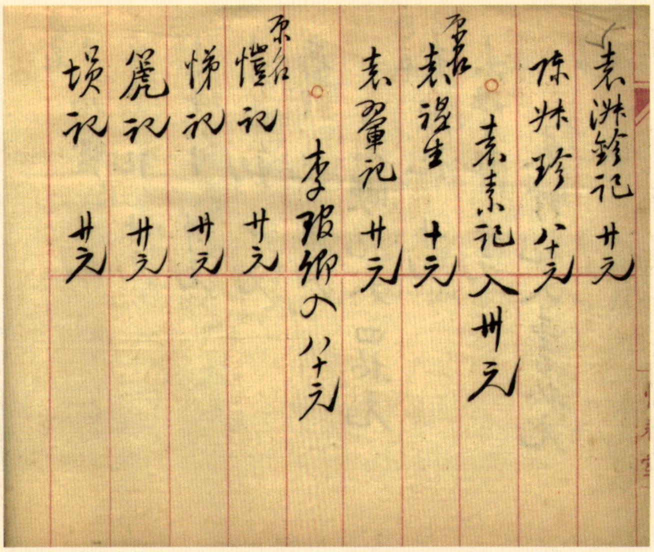
袁琳铨记 廿元
陈琳珍 八十元
袁素记入卅元
原名袁福生 十元
袁翼记 廿元
李琅卿入八十元
原名憕记 廿元
悌记 廿元
麗记 廿元
埙记 廿元

1918年淮海实业银行股东名册

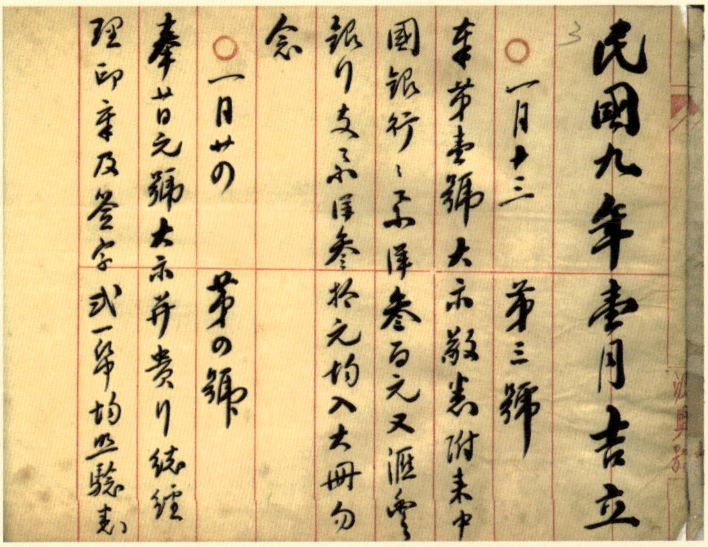
民国九年壹月吉立

○一月十三　第三号

本第壹号大示敬悉附来中国银行[illegible]洋叁百元又汇丰银行支票洋叁拾元均入大册勿念

○一月廿四　第四号

奉廿元号大示并贵行总经理印章及签字式一纸均照验悉

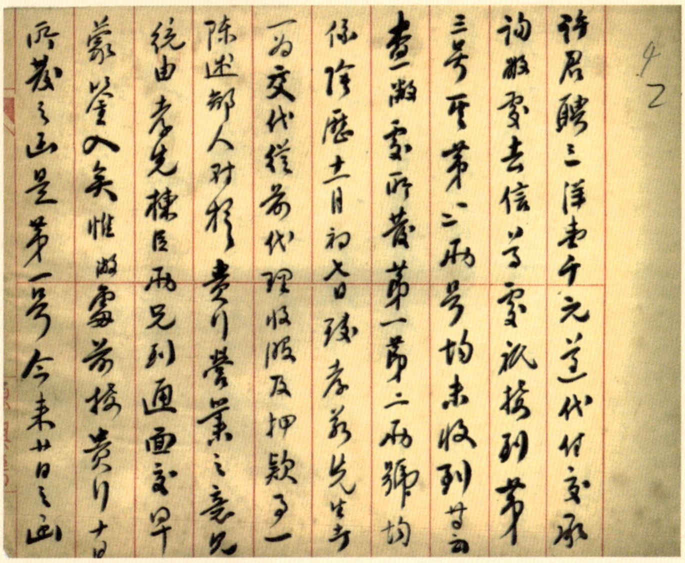

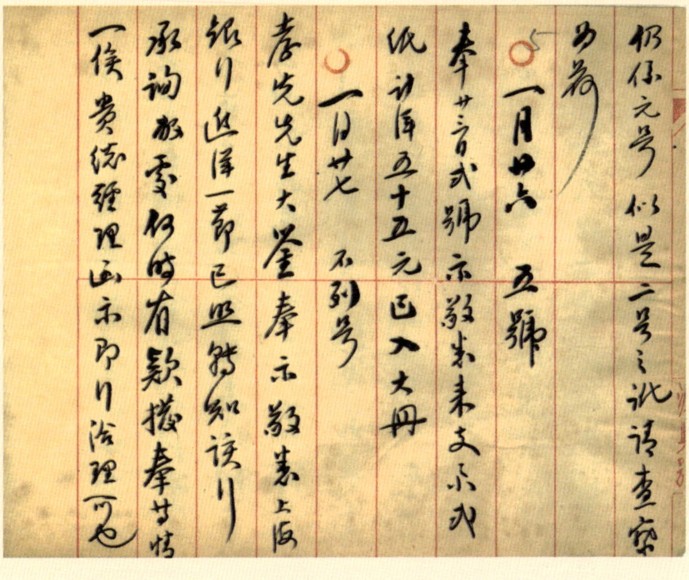

1920年淮海实业银行信底

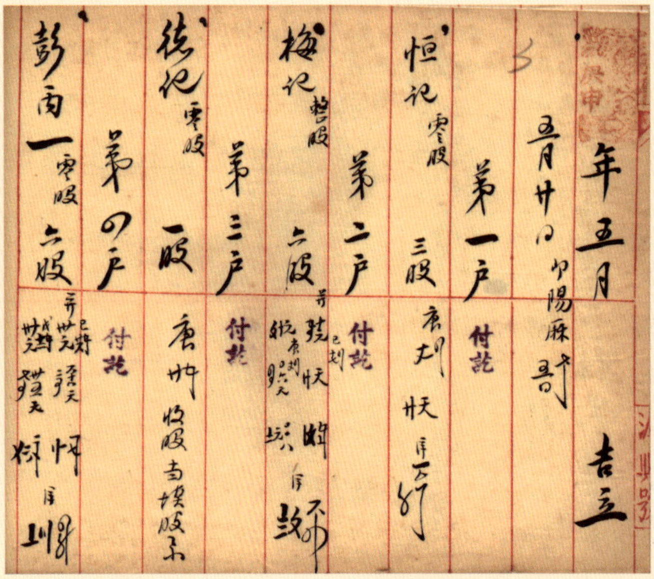

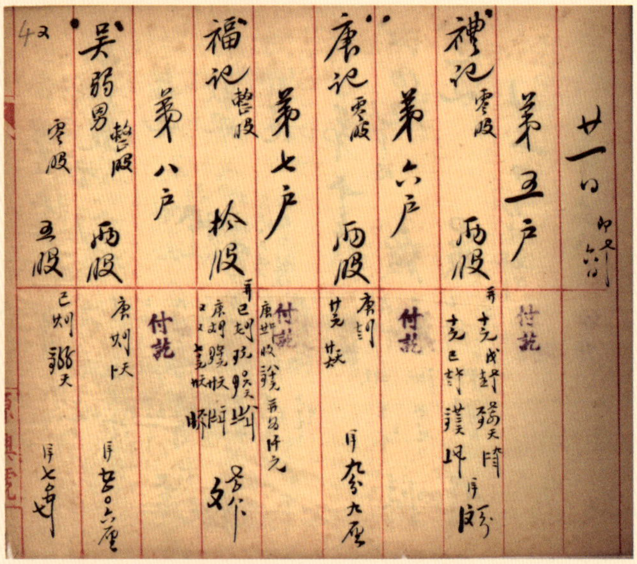

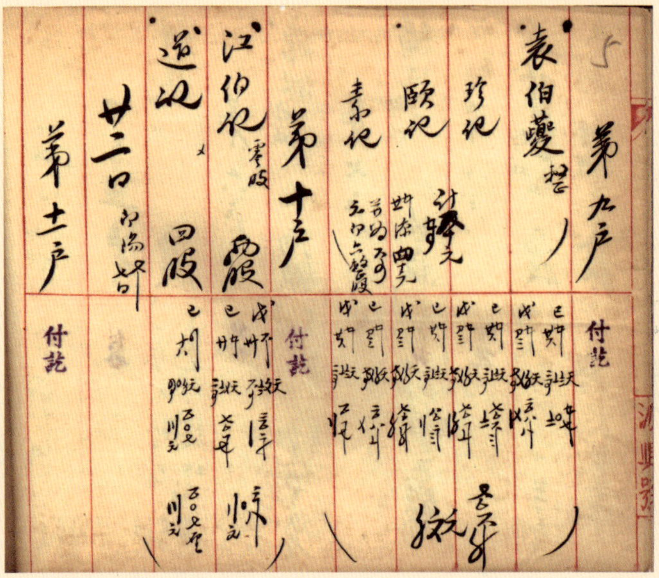

1920年淮海实业银行换股票发息账册

有斐馆

保管单位：南通市档案馆

内容及评价：

南通自大生纱厂创立后，经济渐见繁荣，张詧、张謇为适应商旅需要，于1914年招集股本成立“南通有斐旅馆合资有限公司”，在模范路购地建屋，开办旅馆，定名“有斐馆”，于4月9日开业，这是南通首家集旅馆、浴室、酒菜、弹子房经营于一体的商业单位。第一任经理为胡荣生。1950年2月，与职工签订生产自救合同，为期3年，一切营业收支统由职工自理。1952年7月10日，召开临时股东大会，议决组织股东整理委员会，后决定将房地产全部出售，议定售价为3.9亿人民币，由政府接收使用。

南通有斐馆是南通商业史上著名的商号，是近代南通经济发展到一定阶段的产物，是民国南通历史的一个缩影。

1914年开业的有斐馆，为南通最早的新式旅馆，位于南通城南。

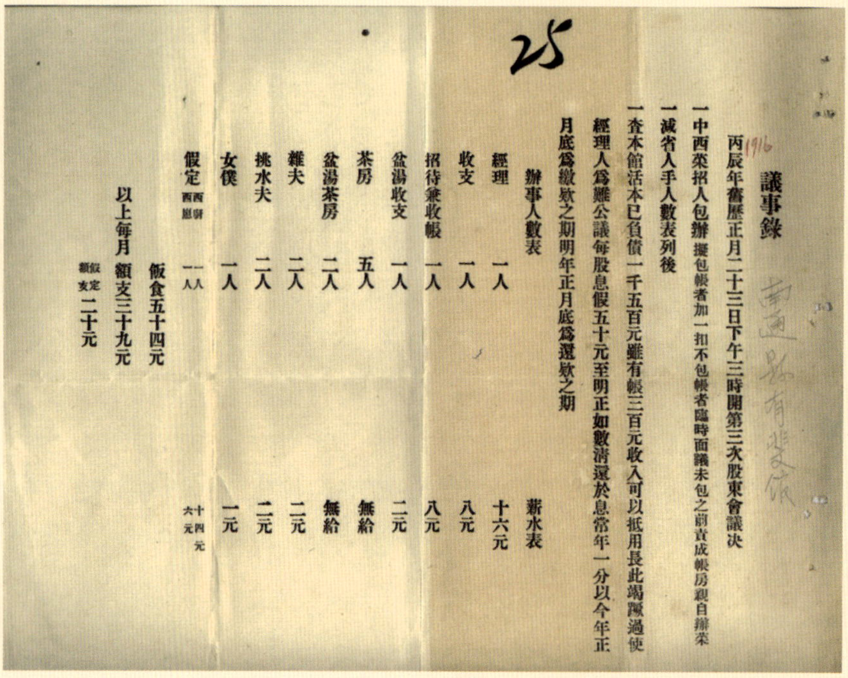

議事錄

丙辰年舊歷正月二十三日下午三時開第三次股東會議決

一中西菜招人包辦 擬包帳者加一扣不包帳者臨時面議未包之前責成帳房親自辦菜

一減省人手人數表列後

一查本館活本已負債一千五百元雖有帳三百元收入可以抵用長此竭蹶過使經理人爲難公議每股息假五十元至明正如數清還於息常年一分以今年正月底爲繳款之期明年正月底爲還款之期

辦事人數表		薪水表
經理	一人	十六元
收支	一人	八元
招待兼收帳	一人	八元
盆湯收支	一人	二元
茶房	五人	無給
盆湯茶房	二人	無給
雜夫	二人	二元
挑水夫	二人	二元
女僕	一人	一元
假定 西厨 西崽	一人 一人	十四元 六元

飯食五十四元

以上每月額支三十九元

假定 額支 二十元

1916年有斐馆议事录

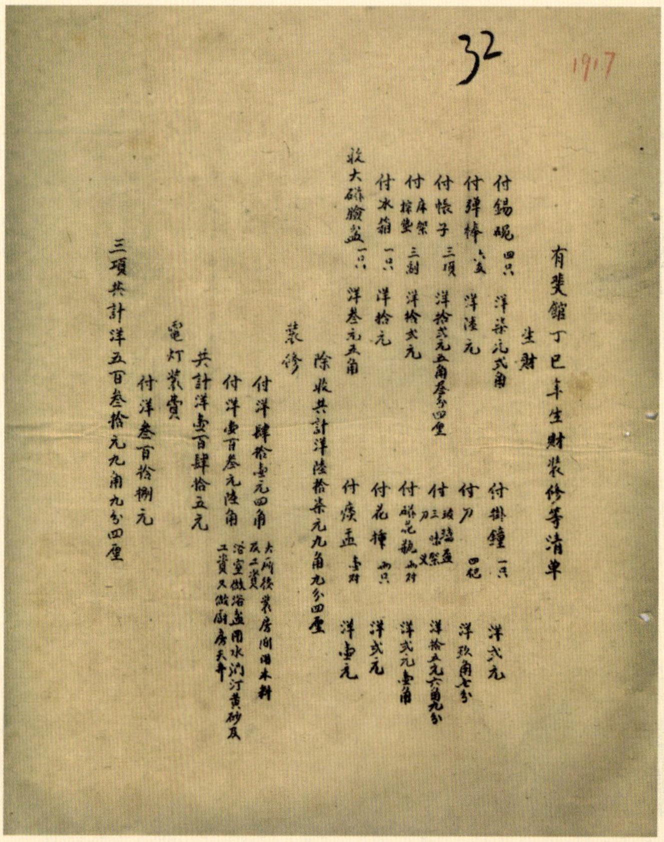

有斐館丁巳年生財裝修等清單

生財

付錫碗 四只 洋柒元弍角

付彈棒 六支 洋陸元

付帳子 三頂 洋拾弍元五角叁分四厘

付床架 捺凳 三副 洋拾弍元

付冰箱 一只 洋拾元

收大磁臉盆 一只 洋叁元五角

付掛鐘 一只 洋弍元

付刀 四把 洋玖角七分

付刀叉 玻璃盃 碟 洋拾五元六角九分

付磁花瓶 兩对 洋弍元壹角

付花插 兩只 洋弍元

付痰盂 壹对 洋壹元

除收共計洋陸拾柒元九角九分四厘

裝修

付洋肆拾壹元四角 大廁後裝房間用木料及工資

付洋壹百叁元陸角 浴室做浴盆用水泥汀黃砂及工資又做廚房天井

共計洋壹百肆拾五元

電灯裝費

付洋叁百拾捌元

三項共計洋五百叁拾元九角九分四厘

1917年有斐馆生财装修等清单

◎ 有斐館庚申年統年營業收支清單

收西菜　洋一千八百二十一元八角三分六釐
收盆湯　洋九百二十元五分七釐
收房金　洋八千一百十四元二角
收中菜回扣　洋一千一百十九元零四分
收茶　洋七十八元三角九分
收彈子　洋一百八十四元六分三釐
收洋酒餘　洋三百二十四元四角二分六釐
收香烟餘　洋二百十四元三角
收頤生酒餘　洋三十八元六角四分
共收洋一萬二千八百十六元五角五分二釐
付西菜　洋一千三百五十三元一角六分八釐

付盆湯　洋七百五十五元一角八分八釐
付雜支　洋二千零十三元二角八分六釐
付電燈　洋一千四百二十三元三角四分
付薪工　洋七百六十七元
付伙食　洋九百九十元
付借款息　洋三百六十一元五角
共付洋七千六百六十三元四角八分二釐
付官利　洋二千零三十四元九角
收支兩抵結存洋五千一百五十三元零七分
除付淨餘洋三千一百十八元一角七分
一、存股本　洋二萬四千元
一、存又　洋七千八百五十元

有斐馆庚申年统年营业收支清单

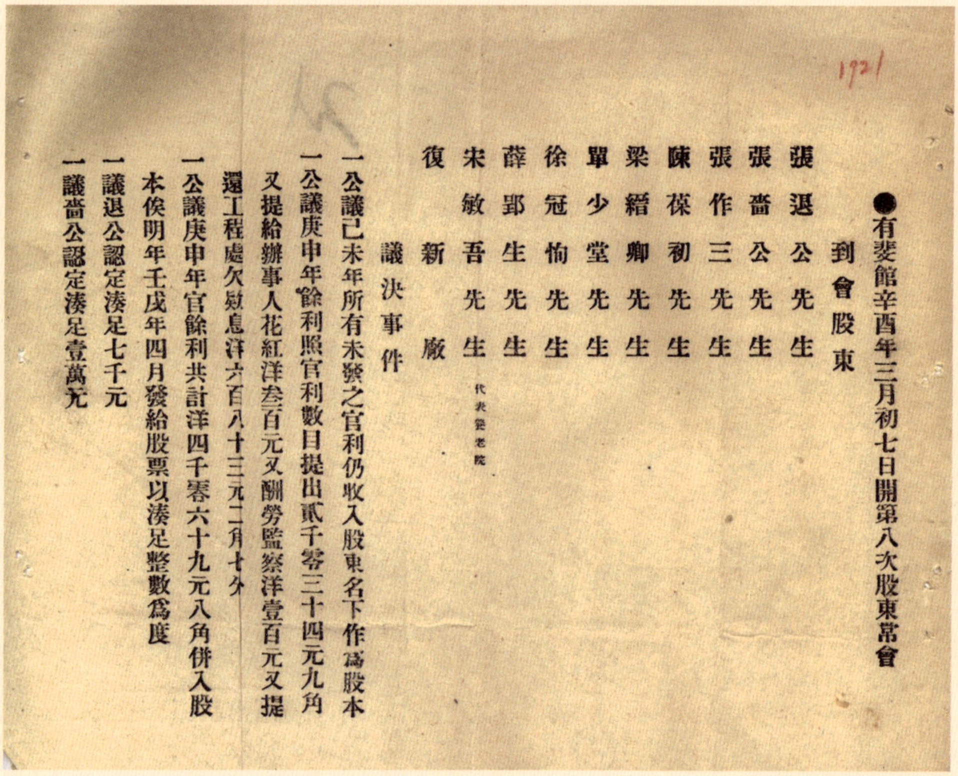

1921

有斐館辛酉年三月初七日開第八次股東常會

到會股東

張退公先生

張嗇公先生

張作三先生

陳葆初先生

梁縉卿先生

單少堂先生

徐冠愉先生

薛郢生先生

宋敏吾先生　代表養老院

復新廠

議決事件

一公議己未年所有未發之官利仍收入股東名下作為股本

一公議庚申年餘利照官利數目提出貳千零三十四元九角又提給辦事人花紅洋叁百元又酬勞監察洋壹百元又提還工程處欠款息洋六百八十三元二角七分

一公議庚申年官餘利共計洋四千零六十九元八角併入股本俟明年壬戌年四月發給股票以湊足整數為度

一議退公認定湊足七千元

一議嗇公認定湊足壹萬元

1921年有斐馆第八次股东常会议事录

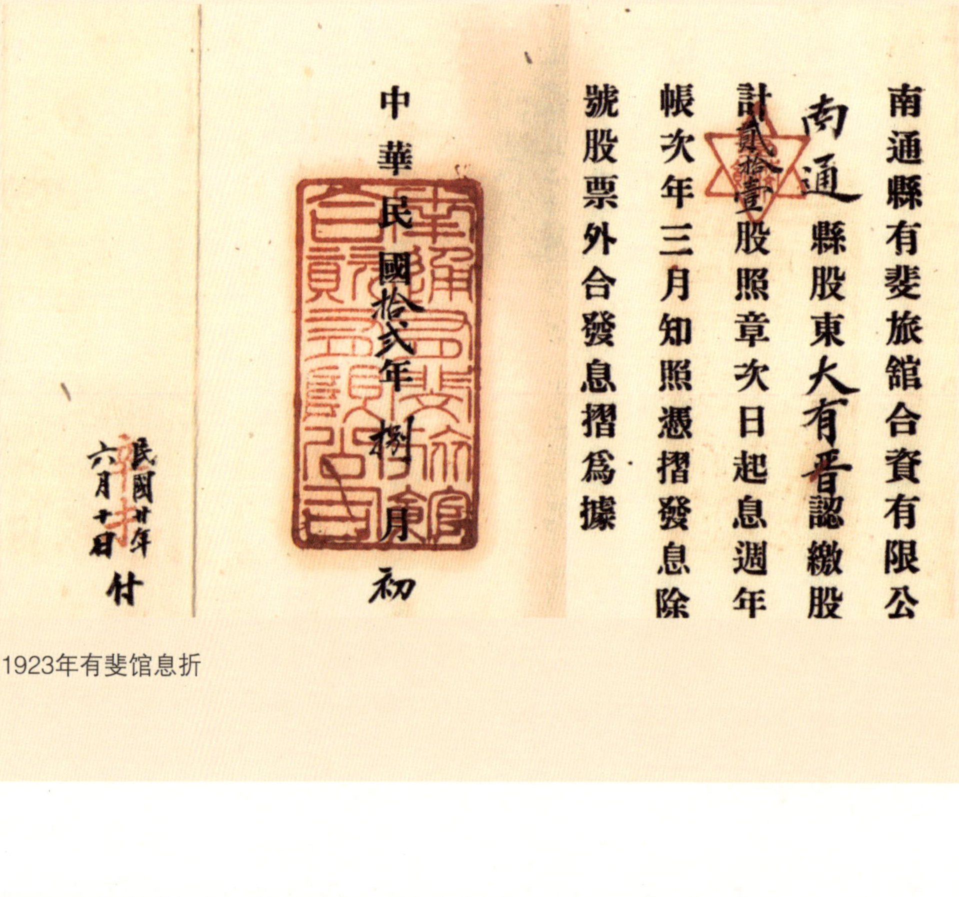

南通縣有斐旅館合資有限公

南通縣股東大有晋認繳股

計貳拾壹股照章次日起息週年

帳次年三月知照憑摺發息除

號股票外合發息摺為據

中華民國拾弍年捌月初

民國廿年六月十日付

1923年有斐馆息折

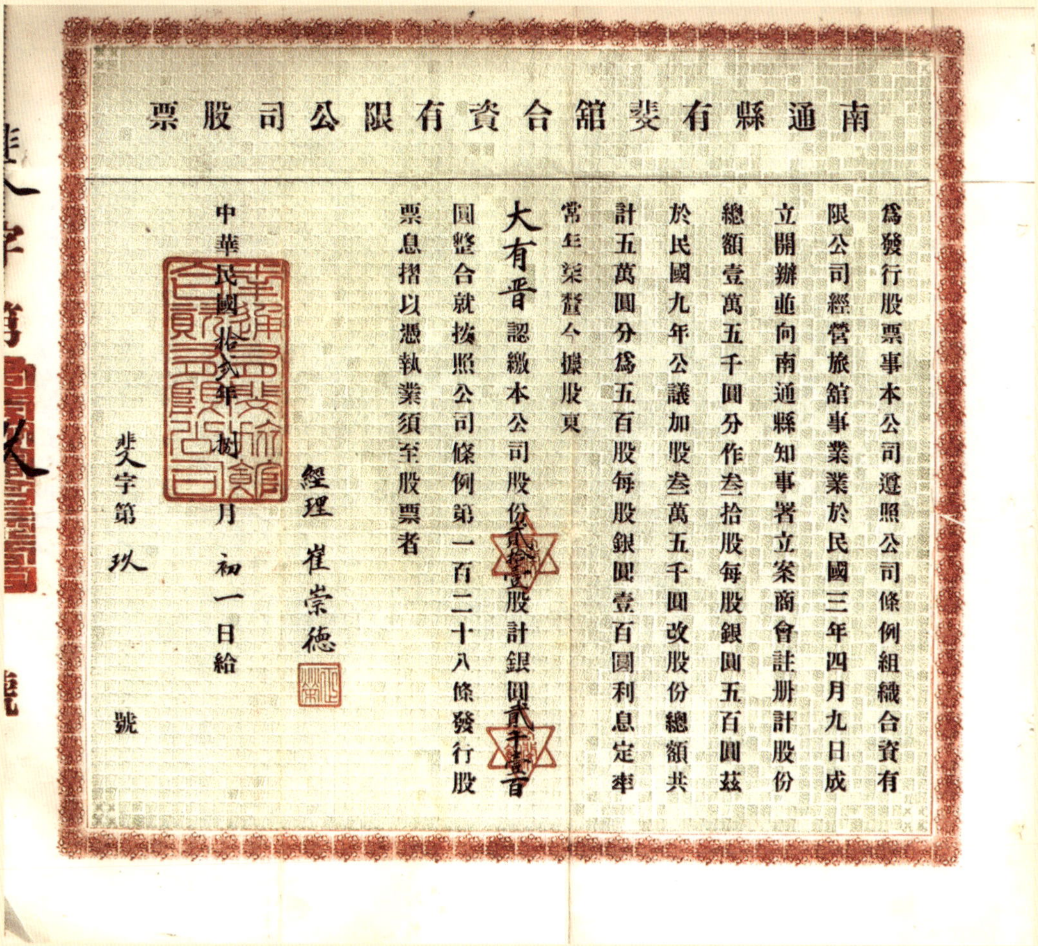

南通縣有斐館合資有限公司股票

為發行股票事本公司遵照公司條例組織合資有限公司經營旅館事業業於民國三年四月九日成立開辦並向南通縣知事署立案商會註册計股份總額壹萬五千圓分作叁拾股每股銀圓五百圓茲於民國九年公議加股叁萬五千圓改股份總額共計五萬圓分為五百股每股銀圓壹百圓利息定率常年柒釐今據股東

大有晉 認繳本公司股份貳拾壹股計銀圓貳千壹百圓整合就按照公司條例第一百二十八條發行股票息摺以憑執業須至股票者

經理 崔崇德

中華民國拾貳年 捌 月 初一日給

斐字第 玖 號

1923年有斐馆合资有限公司股票

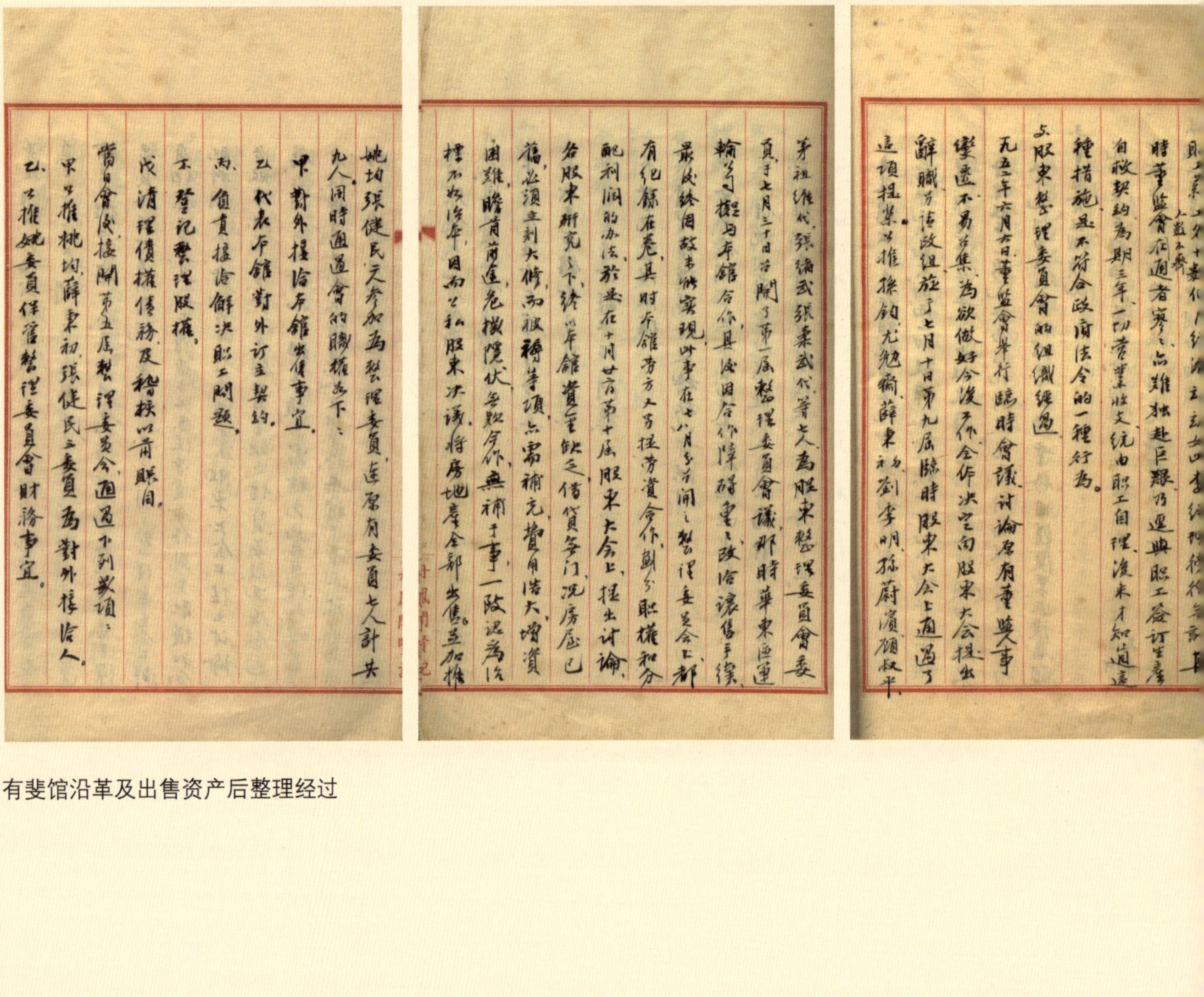

有斐馆沿革及出售资产后整理经过

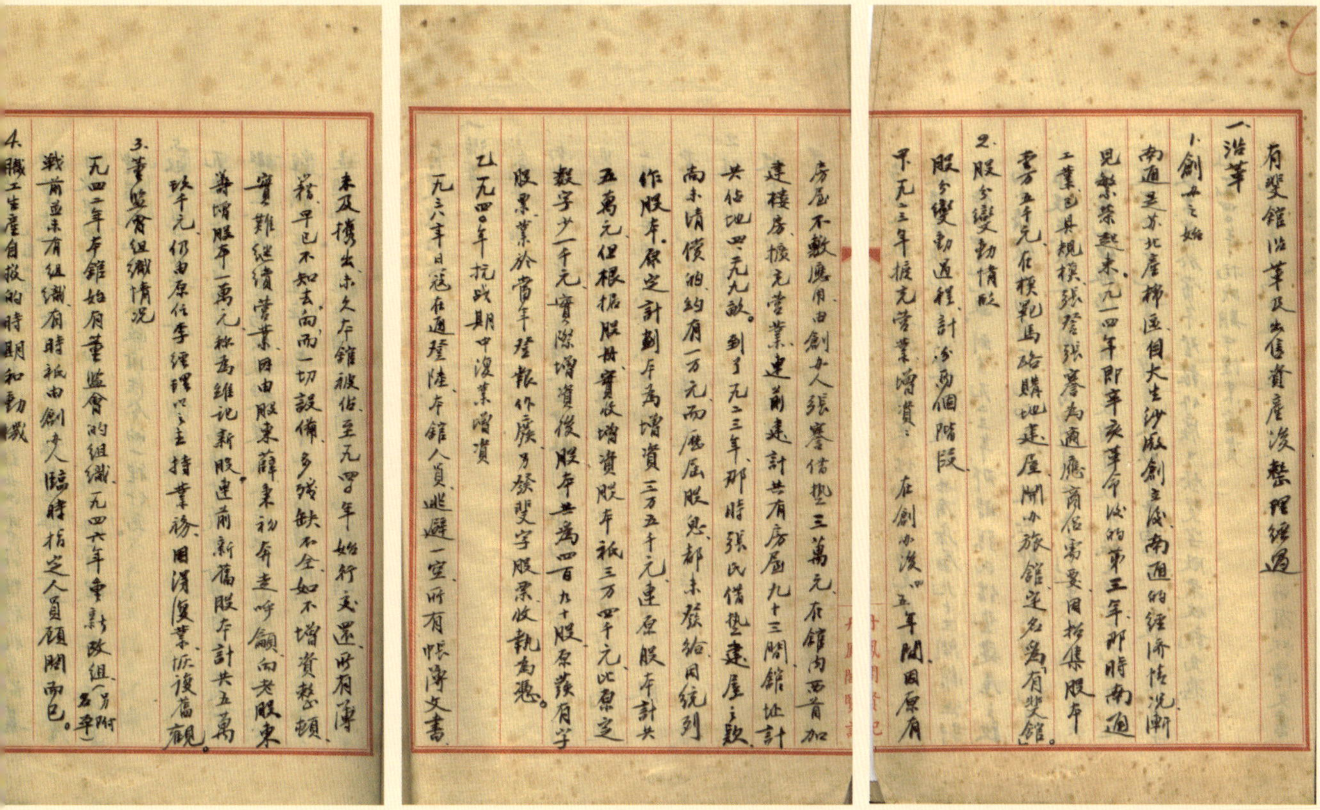
有斐館沿革及出售資產後整理經過
一、沿革
1. 創辦之始
南通是蘇北產棉區，自大生紗廠創立後，南通的經濟情況漸見繁榮起來，一九一四年即辛亥革命後的第三年，那時南通工業已具規模，張詧、張謇為適應商旅需要，因招集股本壹萬五千元，在模範馬路購地建屋，開辦旅館，定名為「有斐館」。
2. 股分變動情況
股分變動過程，計分兩個階段
一九二三年擴充營業增資：在創辦後四五年間，因原有房屋不敷應用，由創辦人張謇借墊三萬元，在館內西首加建樓房，擴充營業。建前建計共有房屋九十三間，館址計共佔地四元九畝。到了一九二三年，那時張氏借墊建屋之款，尚未清償，利息約有一万元，而應屆股息都未發給，因統列作股本。原定計劃本為增資三万五千元，連原股本計共五萬元，但根據股册實收增資股本祇三万四千元，比原定數字少一千元，實際增資後股本共為四百九十股，原發有字股票，業於當年登報作廢，另發斐字股票收執為憑。
乙、一九四〇年抗戰期中復業增資
一九三八年日寇在通登陸，本館人員逃避一空，所有帳簿文書、未及攜出，本館被佔，至一九四〇年始行交還，所有簿籍早已不知去向，而一切設備多殘缺不全，如不增資整頓，實難繼續營業，因由股東薛秉初奔走呼籲，向老股東募增股本一萬元，稱為維記新股，連前新舊股本計共五萬玖千元，仍由原任李經理以之主持業務，因得復業恢復舊觀。
3. 董監會組織情況
一九四二年本館始有董監會的組織，一九四六年重新改組（另附名單）
戰前並未有組織，有時祇由創辦人臨時指定人員顧問而已。
4. 職工生產自救的時期和動機

天生港电厂

保管单位：南通市档案馆

内容及评价：

1920年由大生一厂投资72700两，张謇、张詧、徐静仁各投资50000两，向德国订购3000千瓦汽轮发电机2台，向英国订购水管锅炉4座。1921年，开始动工兴建，后因当年遭受水灾，次年大生企业转入逆境，电厂厂房被迫停建。银团接管了大生一厂之后，为了节约燃料，又提出建立电厂的计划。1931年大生董事会和银团协议，由一、副两厂筹垫资金17.95万元，不足之数另向银团筹借，在天生港重新规建大生电厂。1933年，购天生港通靖码头西首空地30亩作厂址，开始填泥打桩，费时半年，进而建造厂房，外用砖墙，内用铁架梁柱。1934年10月，进水室与主厂房同时完成。最初用户为大生一厂、副厂，继有通明电气公司、复新面厂等，天生镇、平潮镇、芦泾港、姚港、陈家桥等处亦先后通电。至1936年已达满载运行。1948年底，全厂有职工80人，装机总容量5000千瓦，供南通城区、港闸区、平潮区用电。1952年实行公私合营。

天生港电厂的建成，是民国时期南通经济发展的结果，给南通的各项事业和人民生活带来了极大的便利。天生港电厂历经风雨，今天依然还在南通的经济建设中发挥作用，是南通近代沧桑历史的缩影。

天生港电厂远眺

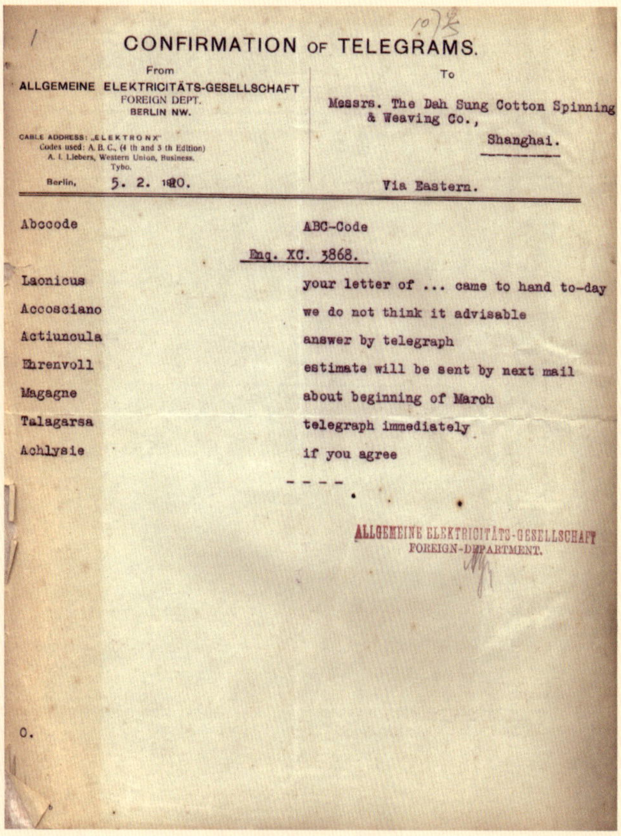

CONFIRMATION OF TELEGRAMS.

From
ALLGEMEINE ELEKTRICITÄTS-GESELLSCHAFT
FOREIGN DEPT.
BERLIN NW.

CABLE ADDRESS: „ELEKTRONX"
Codes used: A. B. C., (4 th and 5 th Edition)
A. I. Liebers, Western Union, Business.
Tybo.

Berlin, 5. 2. 1920.

To
Messrs. The Dah Sung Cotton Spinning & Weaving Co.,
Shanghai.

Via Eastern.

Abccode	ABC-Code
	Enq. XC. 3868.
Laonicus	your letter of ... came to hand to-day
Accosciano	we do not think it advisable
Actiuncula	answer by telegraph
Ehrenvoll	estimate will be sent by next mail
Magagne	about beginning of March
Talagarsa	telegraph immediately
Achlysie	if you agree

ALLGEMEINE ELEKTRICITÄTS-GESELLSCHAFT
FOREIGN-DEPARTMENT.

1920年蔼益吉电机公司给大生纺织公司的电报稿

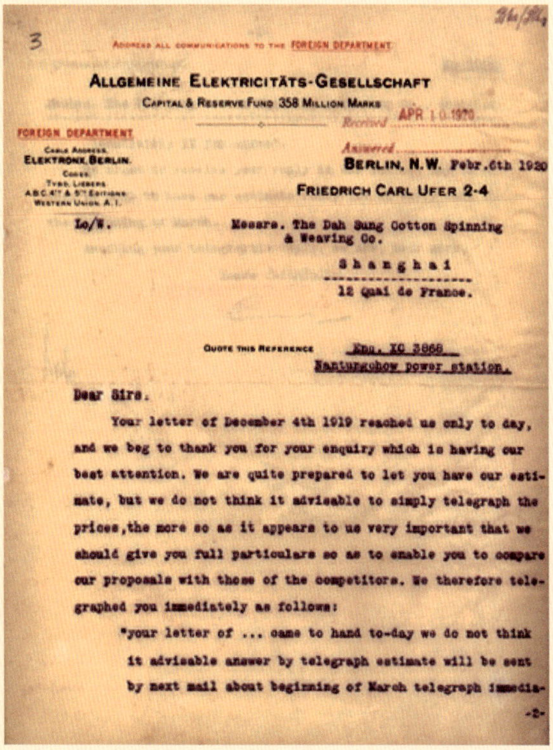

ADDRESS ALL COMMUNICATIONS TO THE FOREIGN DEPARTMENT

ALLGEMEINE ELEKTRICITÄTS-GESELLSCHAFT
CAPITAL & RESERVE FUND 358 MILLION MARKS

Received APR 10 1920
Answered

FOREIGN DEPARTMENT
CABLE ADDRESS
ELEKTRONX, BERLIN.
CODES
TYBO, LIEBERS
ABC 4TH & 5TH EDITIONS
WESTERN UNION A. I.

BERLIN, N.W. Febr.6th 1920
FRIEDRICH CARL UFER 2-4

Lo/W.

Messrs. The Dah Sung Cotton Spinning & Weaving Co.
Shanghai
12 Quai de France.

QUOTE THIS REFERENCE Enq. XC 3868
Nantungchow power station.

Dear Sirs.

Your letter of December 4th 1919 reached us only to day, and we beg to thank you for your enquiry which is having our best attention. We are quite prepared to let you have our estimate, but we do not think it adviseable to simply telegraph the prices, the more so as it appears to us very important that we should give you full particulars so as to enable you to compare our proposals with those of the competitors. We therefore telegraphed you immediately as follows:

"your letter of ... came to hand to-day we do not think it advisable answer by telegraph estimate will be sent by next mail about beginning of March telegraph immedia-

-2-

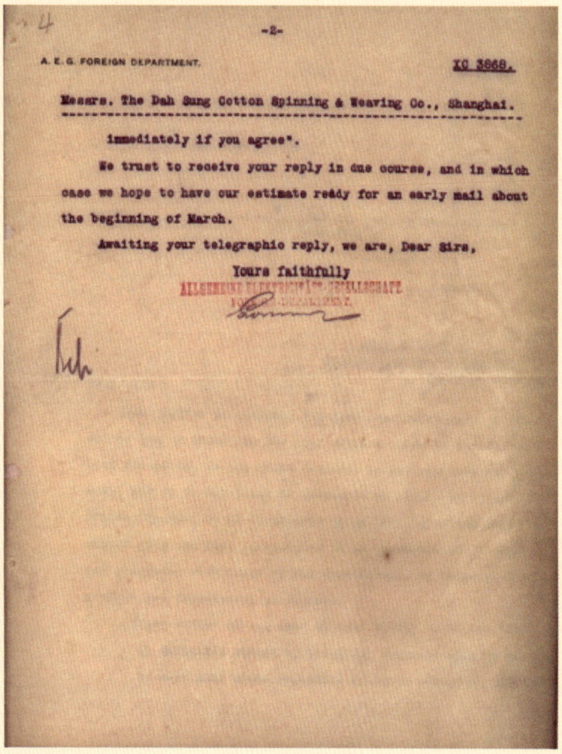

-2-

A. E. G. FOREIGN DEPARTMENT.　　XC 3868.

Messrs. The Dah Sung Cotton Spinning & Weaving Co., Shanghai.

immediately if you agree".

We trust to receive your reply in due course, and in which case we hope to have our estimate ready for an early mail about the beginning of March.

Awaiting your telegraphic reply, we are, Dear Sirs,

Yours faithfully
ALLGEMEINE ELEKTRICITÄTS-GESELLSCHAFT

1920年2月6日蔼益吉电机公司给大生纺织公司的回信

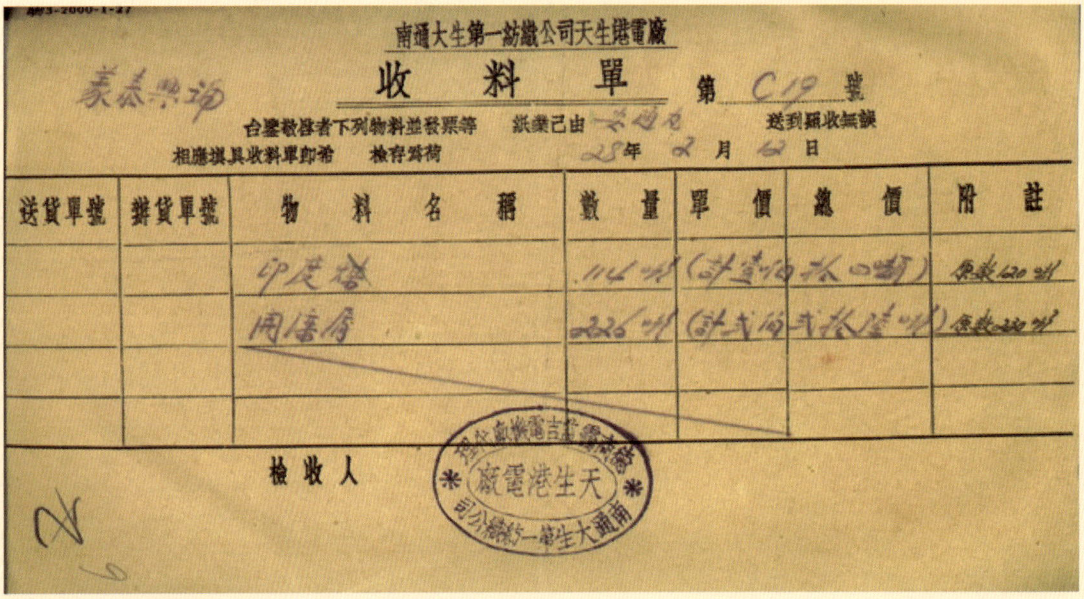
南通大生第一紡織公司天生港電廠

收料單 第 C19 號

台鑒敬啓者下列物料並發票等 紙業已由 送到照收無誤

相應填具收料單即希 檢存爲荷

年 月 日

送貨單號	辦貨單號	物料名稱	數量	單價	總價	附註

檢收人

南通大生第一紡織公司 天生港電廠

天生港电厂购煤收料单

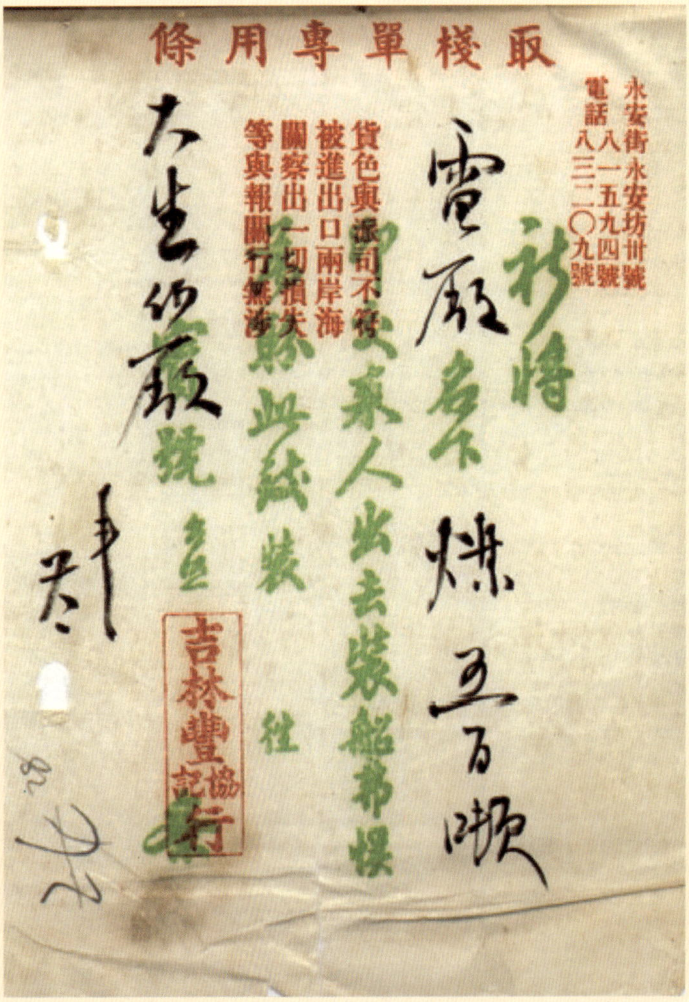
取棧單專用條

永安街永安坊卅號

電話 八一五九四號 八三二〇九號

貨色與派司不符被進出口兩岸海關察出一切損失等與報關行無涉

吉林豐協記行

天生港电厂取栈单专用条

電廠車間年工程材料攤器及各項開銷銀錢帳器

收欵

一收自治會營業股
一收真會工程股
一收淮海銀行
一收黃久翁手
一收黃久翁手
一收大生二廠
一收大生一廠
一收大生號帳房
一收帳退記
一收評餘

收欵 橫

共收

存欵

一收羌橫

共收

一存南通路工程厰
一存大生庄稽所
一存璋生公司
一存大達輪步
一存達通公司
一存大出砂后門
一存振大公司
一存王桂建

1921年天生港电厂建筑材料及银钱账略

大达内河轮船公司

保管单位：南通市档案馆

内容及评价：

1903年，张謇与沙元炳创办大达内河轮船股份有限公司，设总办事处于南通唐闸，购置轮船、拖轮，专营江苏境内里下河运河至镇江一带客货运输，公司总理为张謇，经理沙元炳。公司成立后，正式开辟通吕航线，1904年又开辟通州至海安航线，后又开辟通扬航线，全盛时期有小轮20艘，拖轮14艘，航线10条，沿途有56个局（码头），年营业收入达20余万元。1927年以后，客货运量锐减，财务入不敷出。抗日战争期间，大达内河轮船公司的船只大部分损失。抗日战争胜利后，公司将所余三四只小轮与镇江的镇通、镇泰两家小轮公司联合经营。1956年，镇江市18个私营轮船公司并入公营的中华营运社，大达内河轮船公司宣告结束。

大达内河轮船公司档案起于1902年，止于1954年，共计133卷。主要有公司申请注册函稿、公司章程、说略、账略、董监会名册、股东会议记录、电文合同等。

大达内河轮船公司是南通较早规模运营的股份制民营航运企业，档案真实记录公司创办过程及运营情况，对研究中国内河航运史具有重要的价值。

大达内河轮船公司

全文：

通州大达小轮公司扬通一带内河行轮章程

—本公司先备轮船三只，以二只专行通州、如皋、泰州、扬州一路，以一只专行通州、金沙、余西、余东、吕四一路，嗣后再议扩充。

—无论客船或货船，均可拖带。惟被拖之船只，其船户、水手人等，均应由本公司认可、挂号后，方准充当。

—受雇拖价值以路之远近、载之轻重为准，开办时另行详订章程。

—无论轮船及被拖之船，凡阻碍捐章及违禁之货物一律不准装运，如违报官议罚。

—除上条所指之货物如有装运，驶过关卡即应停验，照章报捐，如违报官议罚。

—轮船经过应验关卡，在一里外先放长声气筒数次，关卡闻声即应放关，随到随验。如夹带私货，照正捐加三倍罚。倘各捐卡有意留难，每一点钟应由该局卡任赔煤费洋五元。

—除中国邮政局之信件、包裹照章运寄外，凡人民或行铺之信件亦准带寄。

—轮船停泊码头，不得有阻水道，亦不得碍船只通行之路。

—轮船应用之诸色灯旗及各项号令，均应照各国译送通行章程办理。

—轮船雇用管驾，无论本国人或洋人，均应遵照各国管驾章程办理。

—扬州以东，夏秋水涨，河流湍急；如皋一带，河道弯环，应采各国轮船避险免碰章程办理。

—无论何项船只，经过河流湍急处所，或河水中分及河道浅狭与转弯处所，或市镇夹河，均应一律鸣锣。夜间行驶，无论阴晴，应于船头点灯一盏（如何式样，听各船自备，总以明亮为主）。

—轮船气筒若有损坏，无论昼夜，不准行驶。其别项船只及木排、竹筏，如未载有铜锣，亦不准行。若小船及装运柴草等船，单只行走，许用号筒（竹角均可用），惟须声闻二百丈外，始准代用。

—凡经过市镇夹河（两岸有屋之河名夹河）或有桥梁处所，或河道浅狭及转弯处所，大帮盐船及木排、竹筏各项重大船只，皆应驶过上指各处，始能停泊。其别项船只，不准两船在一岸并泊，或两岸对泊，亦不准将船头挺岸直泊，致生阻碍。

—凡行船要路之中泓，无论何项船只，一律不准暂行停泊，应择靠岸之处下锚。

—凡无论何项船只，不准逼近轮船停泊之处下锚，以致轮船往来扰岸，彼此妨碍。

—凡装运柴草、糠皮、稻谷等船，惟就本船装载，不准两船联帮并进，亦不准将各件货物绑附船外，致船身笨滞，无从避让。

—木排、竹筏经过市镇、夹河，或有桥梁处所，或河道浅狭处所，均应逐段拆解，不得前后衔接长至十二丈以外。

—木排、竹筏夜间停泊时，无论阴晴，亦应一律点灯。

—无论何项船只停泊下锚以后，必应在下锚地方拴系锚桴。

—无论何项船只，若用牵引船，止应靠下牵一边，傍岸行走，不得在两岸分用双牵。

—经过低下活式桥梁须拽去者，轮船在二里外，先放长声气筒数次，桥夫闻声将桥梁拽去后，即吹号筒答之。轮船闻答号之声，再行驶进，无论何项船只，均应避让。

—高竿昼悬白球，夜悬一灯以为标记。轮船行进该处，在二里外，先放长声气筒数次，渡船闻声，应即止渡。若对岸引绳之渡船，概不许设。

—轮船不遵各项号令及管驾免碰章程，因而致误者，自应由轮船主照章认罚。若别项船只，无论停泊行驶，不遵照以上所指各节办理，如被轮船碰损，概不赔偿。如碰损轮船各件，仍须照样赔补。

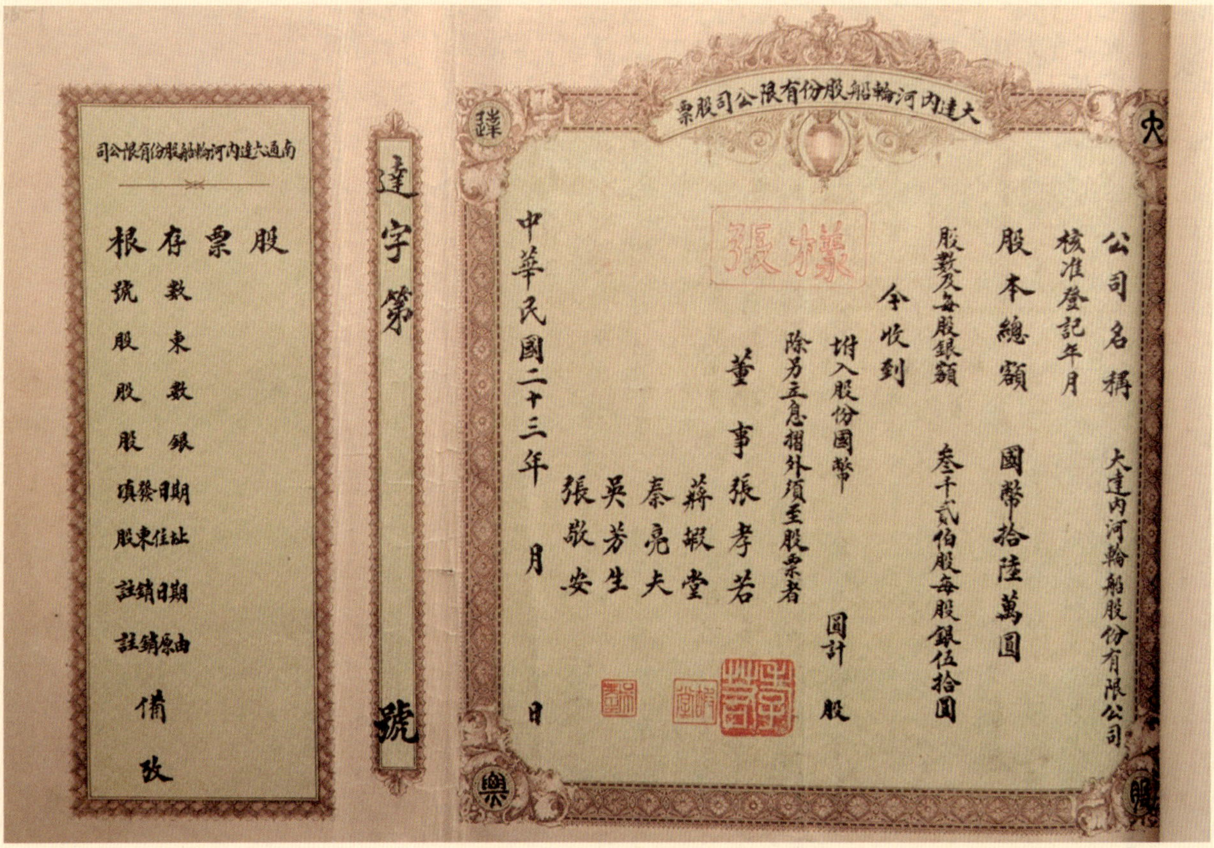
南通大達內河輪船股份有限公司
股票存根
數 號
東 股
數 股
銀 股
日期 塡發
住址 股東
日期 註銷
原由 註銷
備攷
達字第 號
大達內河輪船股份有限公司股票
公司名稱 大達內河輪船股份有限公司
核准登記年月
股本總額 國幣拾陸萬圓
股數及每股銀額 叁千貳伯股每股銀伍拾圓
全收到
塡入股份國幣 圓計 股
除另立息摺外須至股票者
董事 張孝若 蔣敏堂 秦亮夫 吳芳生 張敬安
中華民國二十三年 月 日

1934年大达内河轮船公司股票

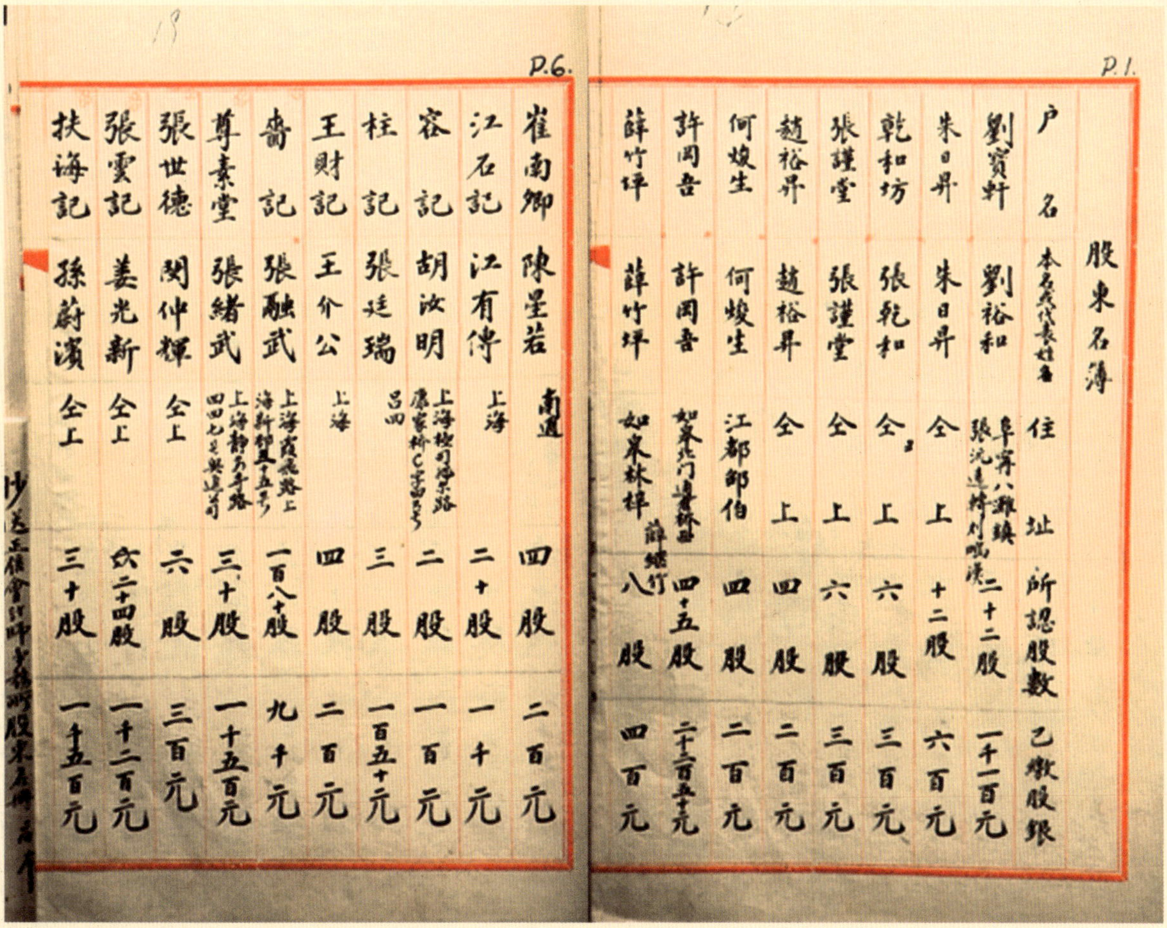

P.1.

股東名簿

户名	本名或代表姓名	住址	所認股數	已繳股銀
劉寶軒	劉裕和	阜寧八灘鎮 張沇[illegible]	二十二股	一千一百元
朱日昇	朱日昇	仝上	十二股	六百元
乾和坊	張乾和	仝上	六股	三百元
張謹堂	張謹堂	仝上	六股	三百元
趙裕昇	趙裕昇	仝上	四股	二百元
何焌生	何焌生	江都邵伯	四股	二百元
許同音	許同音	如皋北門[illegible]	四十五股	二千二百五十元
薛竹坪	薛竹坪	如皋林梓	薛繼竹 八股	四百元

P.6.

户名	本名或代表姓名	住址	所認股數	已繳股銀
崔南鄉	陳星若	南通	四股	二百元
江石記	江有傳	上海	二十股	一千元
容記	胡汝明	上海[illegible]	二股	一百元
柱記	張廷瑞	呂四	三股	一百五十元
王財記	王介公	上海	四股	二百元
壽記	張融武	上海[illegible]	一百八十股	九千元
尊素堂	張緒武	上海[illegible]	三十股	一千五百元
張世德	閔仲輝	仝上	六股	三百元
張雲記	姜光新	仝上	二十四股	一千二百元
扶海記	孫蔚濱	仝上	三十股	一千五百元

大达内河轮船公司股东名簿

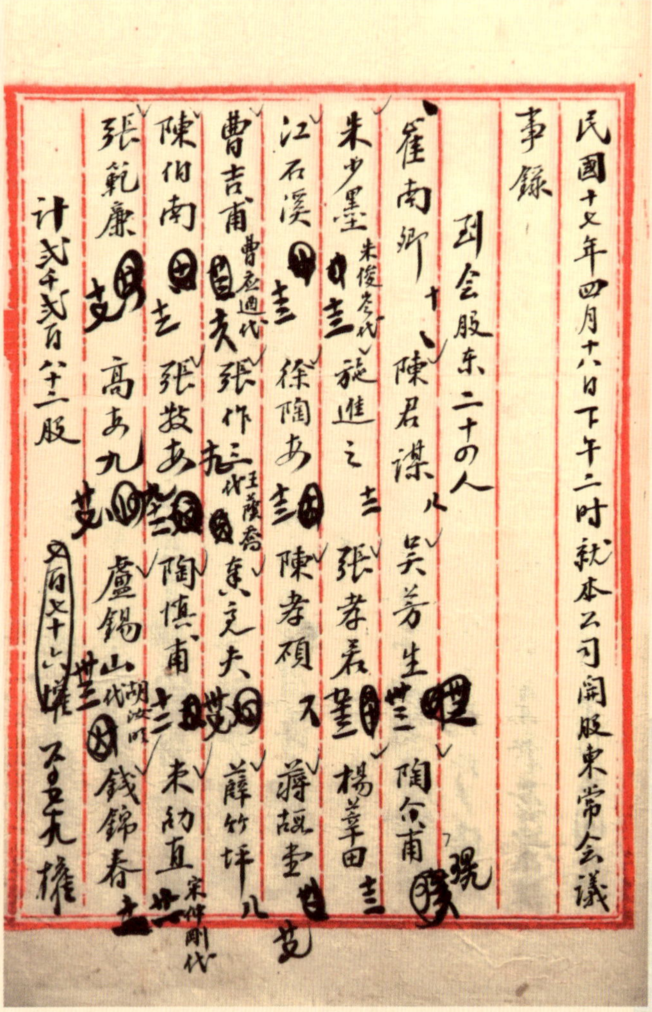

民國十七年四月十六日下午二時就本公司開股東常会議

事錄

到会股东二十の人

崔南卿 陳君謀 吳芳生 陶介甫

朱少墨 張孝若 楊葦田

江石溪 徐陶安 陳孝碩 蔣頌豊

曹吉甫 張作三 薛竹坪

陳伯南 張妝安 陶慎甫 朱幼直

張乾康 高安九 盧錫山 錢錦春

計弍千弍百八十二股

1928年大达内河轮船公司股东常会议事录

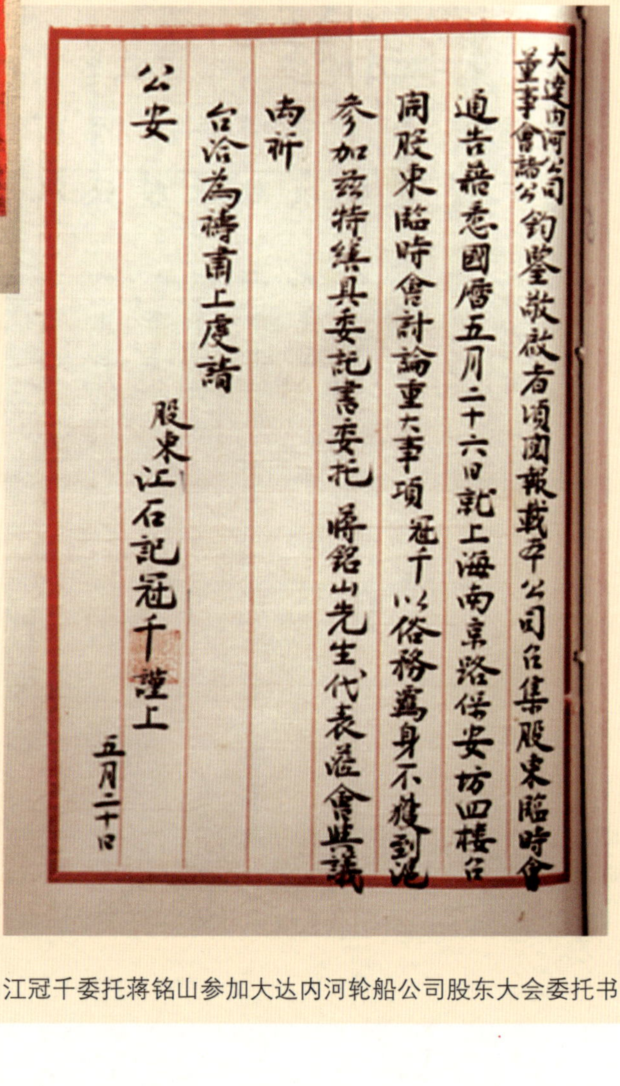

大達內河公司董事會諸公鈞鑒敬啟者頃閱報載本公司召集股東臨時會通告藉悉國曆五月二十六日就上海南京路保安坊四樓召開股東臨時會討論重大事項冠千以俗務羈身不獲到滬參加茲特繕具委託書委託蔣銘山先生代表蒞會與議

內祈

台洽為禱肅上虔請

公安

股東江石記冠千謹上

五月二十日

江冠千委托蒋铭山参加大达内河轮船公司股东大会委托书

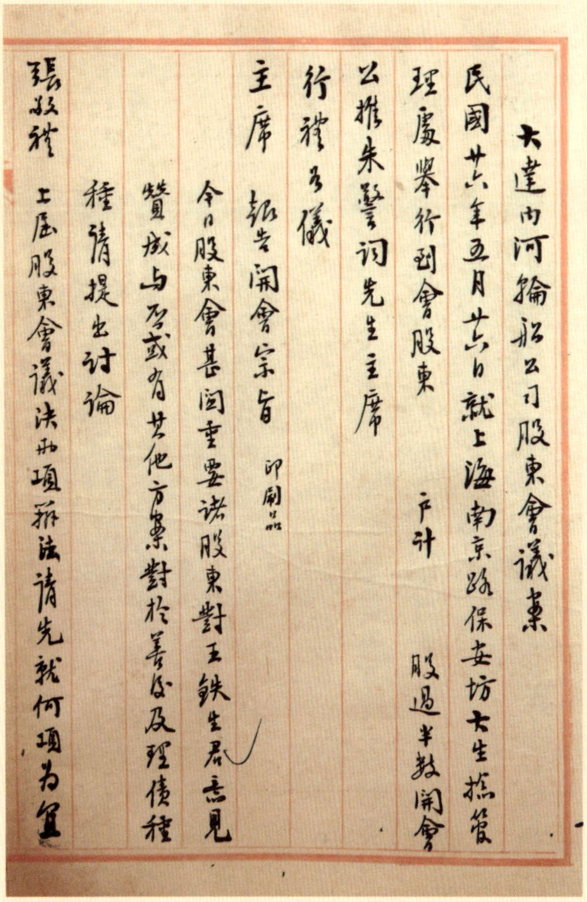

大達內河輪船公司股東會議案

民國廿六年五月廿六日就上海南京路保安坊大生拡管理處舉行到會股東 户計 股過半數開會

公推朱警詞先生主席

行禮如儀

主席 報告開會宗旨 印刷品

今日股東會甚関重要諸股東對王鉄生君意見贊成与否或有其他方案對於善後及理債種種請提出討論

張敬禮 上屆股東會議決與項辦法請先就何項為宜

大达内河轮船公司股东会议案

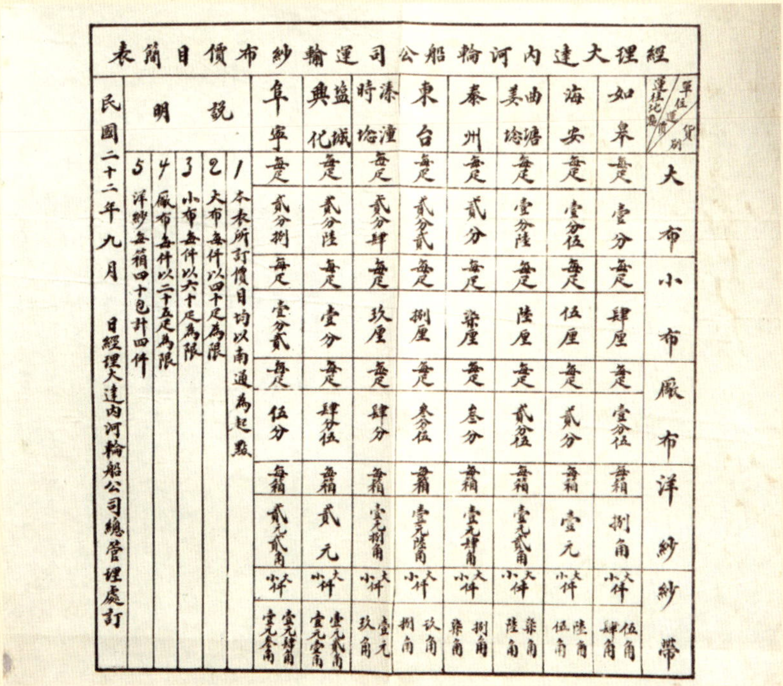

經理大達內河輪船公司運輸紗布價目簡表

貨別 / 單位運價 / 運往地點	如皋	海安	曲塘姜埝	泰州	東台	溱潼時埝	鹽城興化	阜寧
大布	每疋	每疋	每疋	每疋	每疋	每疋	每疋	每疋
	壹分	壹分伍	壹分陸	貳分	貳分貳	貳分肆	貳分陸	貳分捌
小布	每疋	每疋	每疋	每疋	每疋	每疋	每疋	每疋
	肆厘	伍厘	陸厘	柒厘	捌厘	玖厘	壹分	壹分貳
廠布	每疋	每疋	每疋	每疋	每疋	每疋	每疋	每疋
	壹分伍	貳分	貳分伍	叁分	叁分伍	肆分	肆分伍	伍分
洋紗	每箱	每箱	每箱	每箱	每箱	每箱	每箱	每箱
	捌角	壹元	壹元貳角	壹元肆角	壹元陸角	壹元捌角	貳元	貳元貳角
紗帶	大件 小件	大件 小件	大件 小件	大件 小件	大件 小件	大件 小件	大件 小件	大件 小件
	伍角 肆角	陸角 伍角	柒角 陸角	捌角 柒角	玖角 捌角	壹元 玖角	壹元貳角 壹元壹角	壹元肆角 壹元叁角

說明

1 本表所訂價目均以南通為起點
2 大布每件以四十疋為限
3 小布每件以六十疋為限
4 廠布每件以二十五疋為限
5 洋紗每箱四十包計四件

民國二十二年九月 日經理大達內河輪船公司總管理處訂

1933年大达内河轮船公司运输纱布价目简表

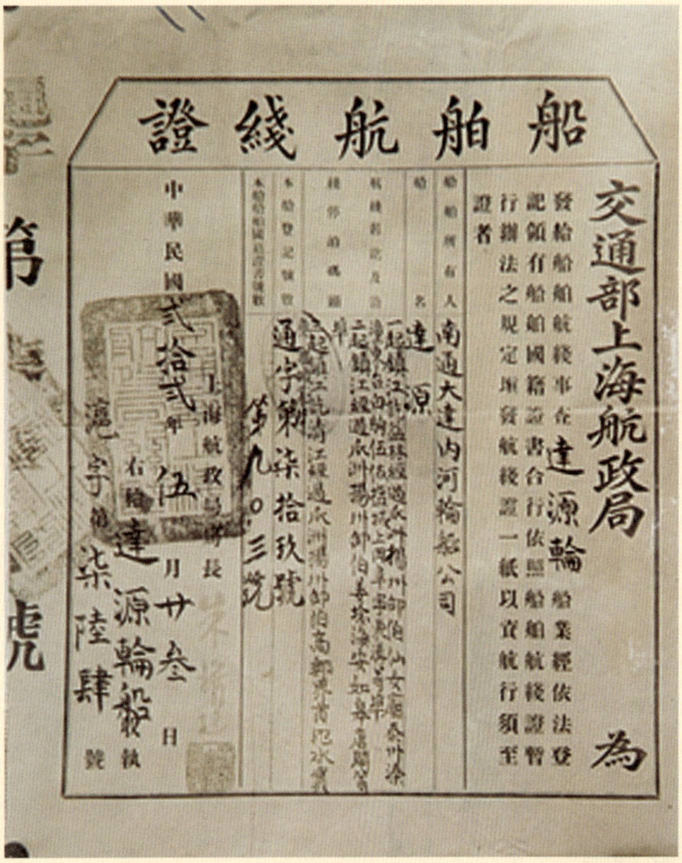

船舶航綫證

交通部上海航政局　為

發給船舶航綫事查達源輪船業經依法登記領有船舶國籍證書合行依照船舶航綫證暫行辦法之規定填發航綫證一紙以資航行須至證者

船舶所有人　南通大達内河輪船公司

船名　達源

中華民國式拾式年伍月廿叁日

上海航政局局長

右給達源輪船收執

滬字第柒陸肆號

1933年大达内河轮船公司船舶航线证

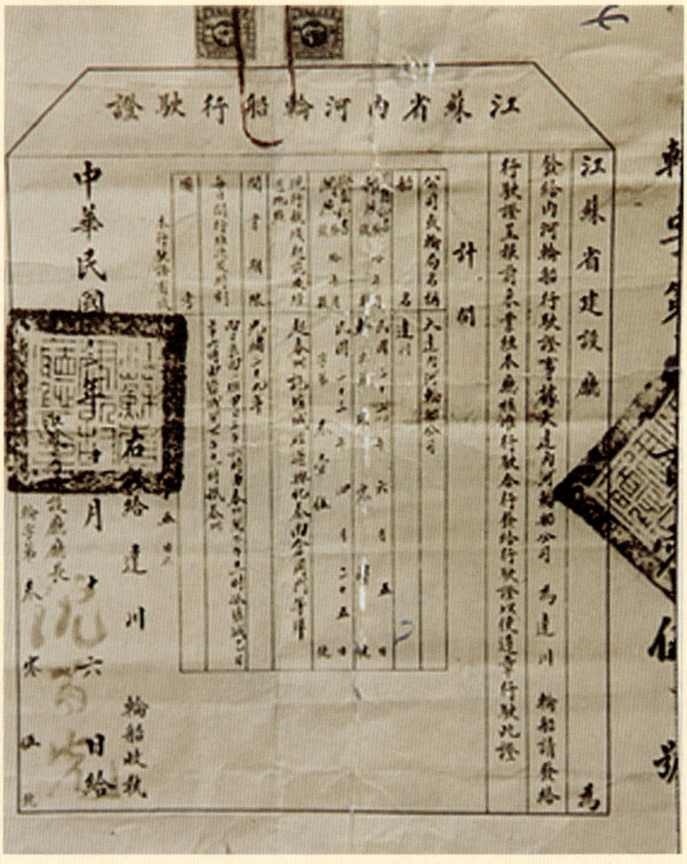

江蘇省内河輪船行駛證

江蘇省建設廳　為

中華民國　年　月　日給

1934年大达内河轮船公司内河轮船行驶证

通海垦牧公司

保管单位： 南通市档案馆

内容及评价：

1901年，张謇“仿泰西公司集资”，以股份公司形式在通州、海门濒临黄海的12万亩滩涂上建立了中国历史上第一个农业企业——通海垦牧公司，张謇任总理。通海垦区地跨南通、海门两县，北自南通吕四丁荡起，南至海门小安沙川流港止，总面积12.3万多亩。通海垦牧公司从1911年开始有盈利，分发股息及花红。1925年获利最多，达12.4万余两。1911至1925年的15年中，所获纯利达84万余两，几为实际原始投资的3倍。公司于1946年因土地改革而终结。

通海垦牧公司全宗共有档案179卷，其中文书档案166卷，会计档案13卷。档案主要内容有：股东会议案、会议记录；招股章程、股东名册、股息簿；地契及土地产权纠纷问题的文件；部分划款转账来往函件；说略、帐略；月报、年报、统计表，收、支款登记簿等。

通海垦牧公司的档案，是近代中国经济档案之瑰宝。它除了和大生各厂档案一样比较丰富完整外，还是国内唯一的研究从传统的小农经营向农业企业化经营的宝贵资料。通海垦牧公司档案是研究淮南盐垦史乃至中国盐垦史的第一手资料。

甲种农业学校学生在通海垦牧公司前合影

全文：

通海垦牧股份有限公司章程

1928年10月

第一条　本公司定名为通海垦牧股份有限公司。

第二条　本公司遵照法令专营垦荒事业，务使旷土生财，齐民扩业，为国家增岁入之资，收本富之利。

第三条　本公司承领官荒，依法缴价领照为凭，并给价收买民荒，税契执业，施工放垦。

第四条　本公司股本总额计规银四十万两，每股一百两，分为四千股。

第五条　本公司于收清股款后，填发股票及息折，交股东存执。

第六条　本公司兴垦地段在江苏省南通县东境之南部及海门县东境之北部，北起通境丁荡与三补分界河，南至海境川流南港，西至与老圩各业分界河，东至海滨，凡十二万三千二百七十九亩。

第七条　本公司总办事处设南通县垦牧乡，分办事处设南通县城南及上海九江路二十二号。

第八条　本公司设董事会，由股东互选董事七人、监察二人组织之，处理公司一切事件，对于股东负完全责任。其职务权限，另订董事会章程俾资遵守。

第九条　凡股东非执有十股以上，不得当选为董事及监察人。

第十条　股东常会每一年举行一次，其日期由董事会择定。如有紧急事件，或有股份总数二十分之一以上股东请求，得由董事会召集临时会。

第十一条　凡举行股东常会或临时会，应先期由董事会按各股东通信处专函通知，一面于一个月以前登报公告，以期遍及。

第十二条　凡股东会讨论事件及选举董事、监察人等，以股权数目之多寡决定之。其权数之计算，每一股东在十股以下者，每一股一权；十股以上者，每两股一权；百股以上者，每三股一权。

第十三条　本公司账目每年结算一次，经监察人审查，报告于股东常会核定。

第十四条　本公司遇有重大事件，应候股东会解决。但事机急迫，碍难延缓者，董事会或负责在事人得相机处置，报告于股东会追认。

第十五条　本公司每年分派赢余，按公司条例第一百八十三四两条之规定，由股东会议决支配之。

第十六条　本公司垦地成熟后，应如何按股派分，并酌提红地分给在事人，由股东会议决支配之。

第十七条　本公司地亩面积以营造尺计算。

第十八条　本公司施垦范围内之左列各项建设，碍于事实，不能随地分给各股东：一外堤、里堤及岸台；二沟渠；三道路；四小学校；五其他公共建设。

第十九条　凡股东有以股份移转他人者，须向公司声明过户，其一切权利即归受移转之人享受。

第二十条　本章程有未尽事宜，悉遵照现行法令办理。

第二十一条　本章程经本公司股东总会议决，官厅核准后发生效力。

通海垦牧公司第一届股东合影

通海垦牧公司辟渠修堤图

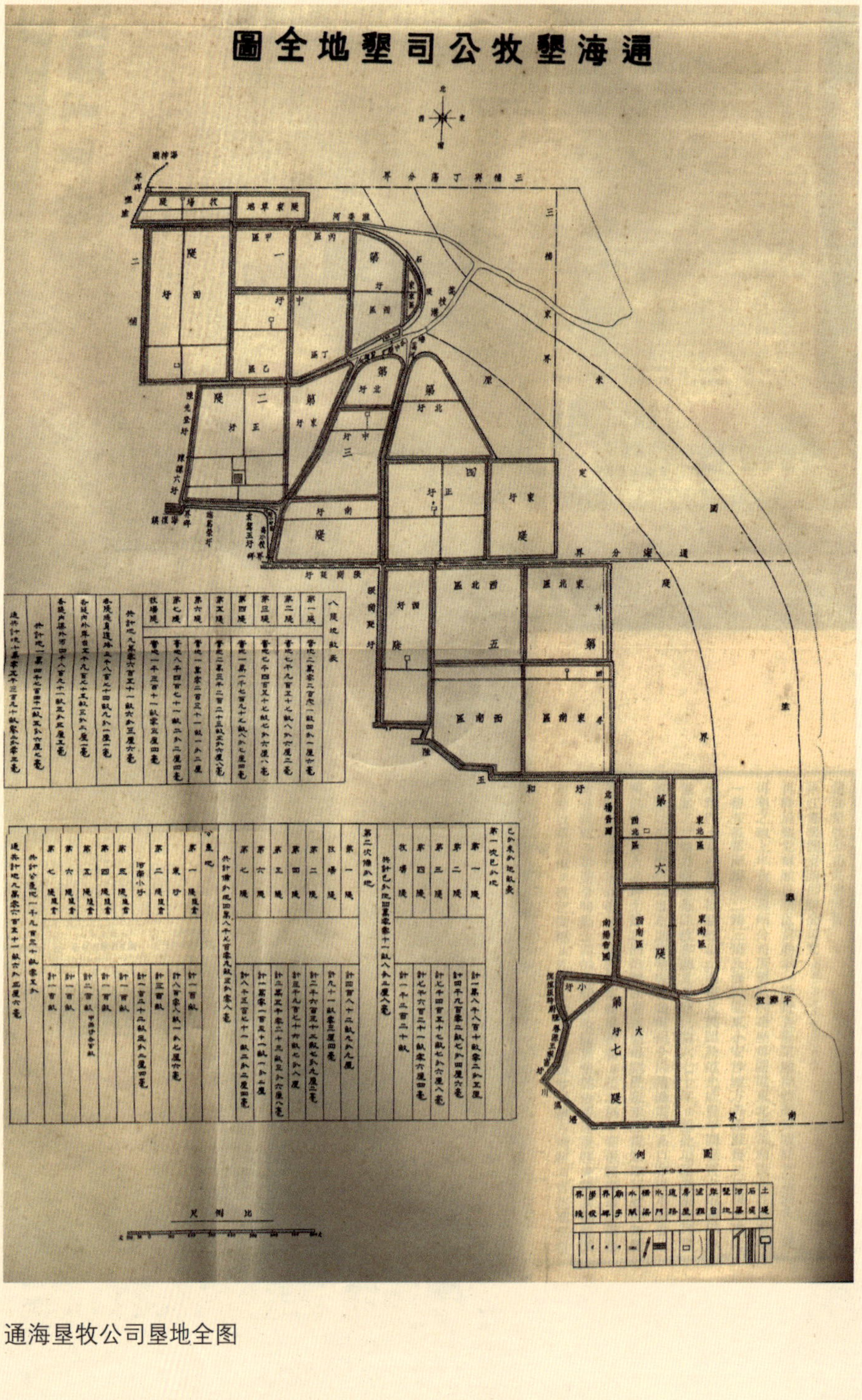

通海垦牧公司垦地全图

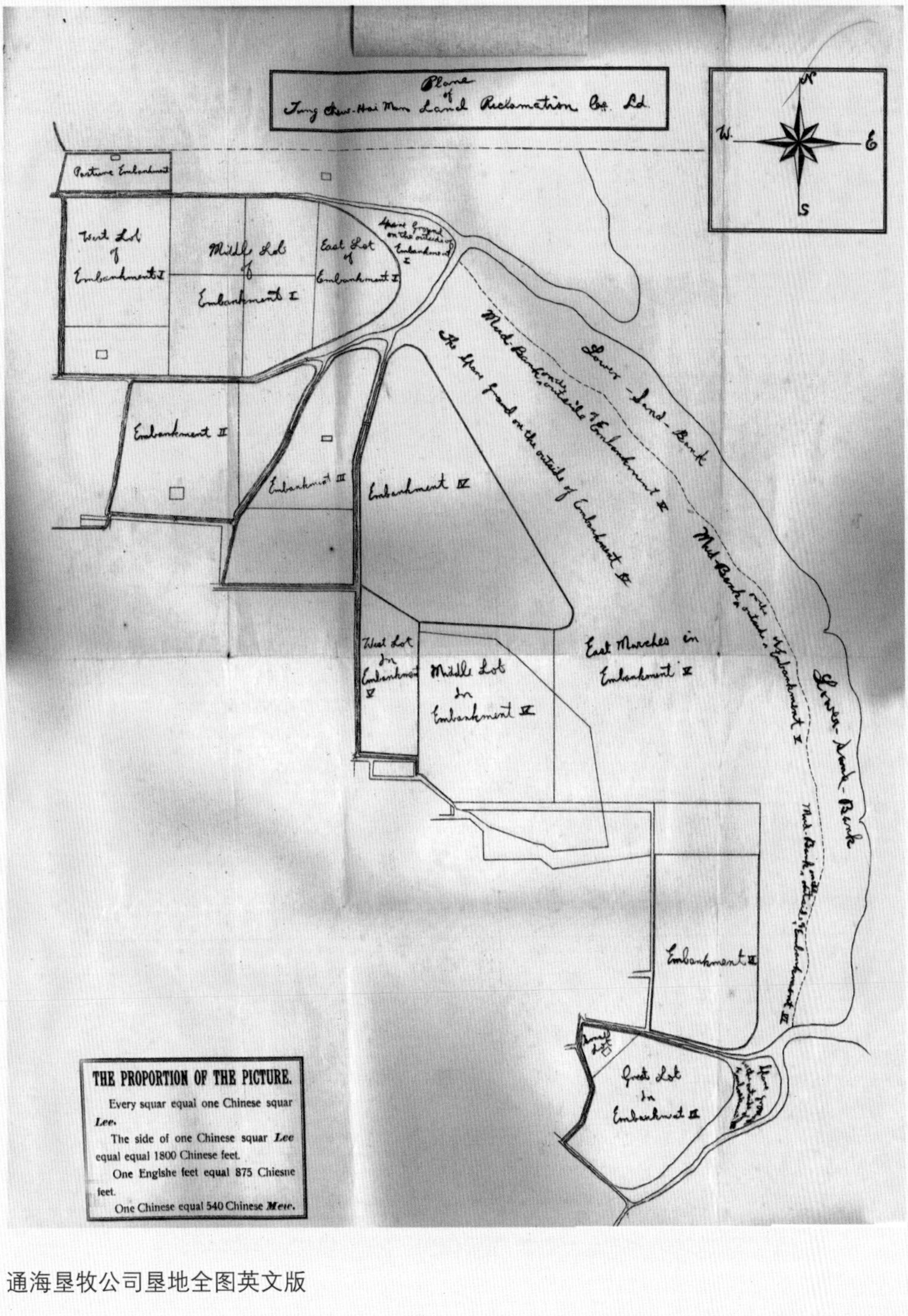

通海垦牧公司垦地全图英文版

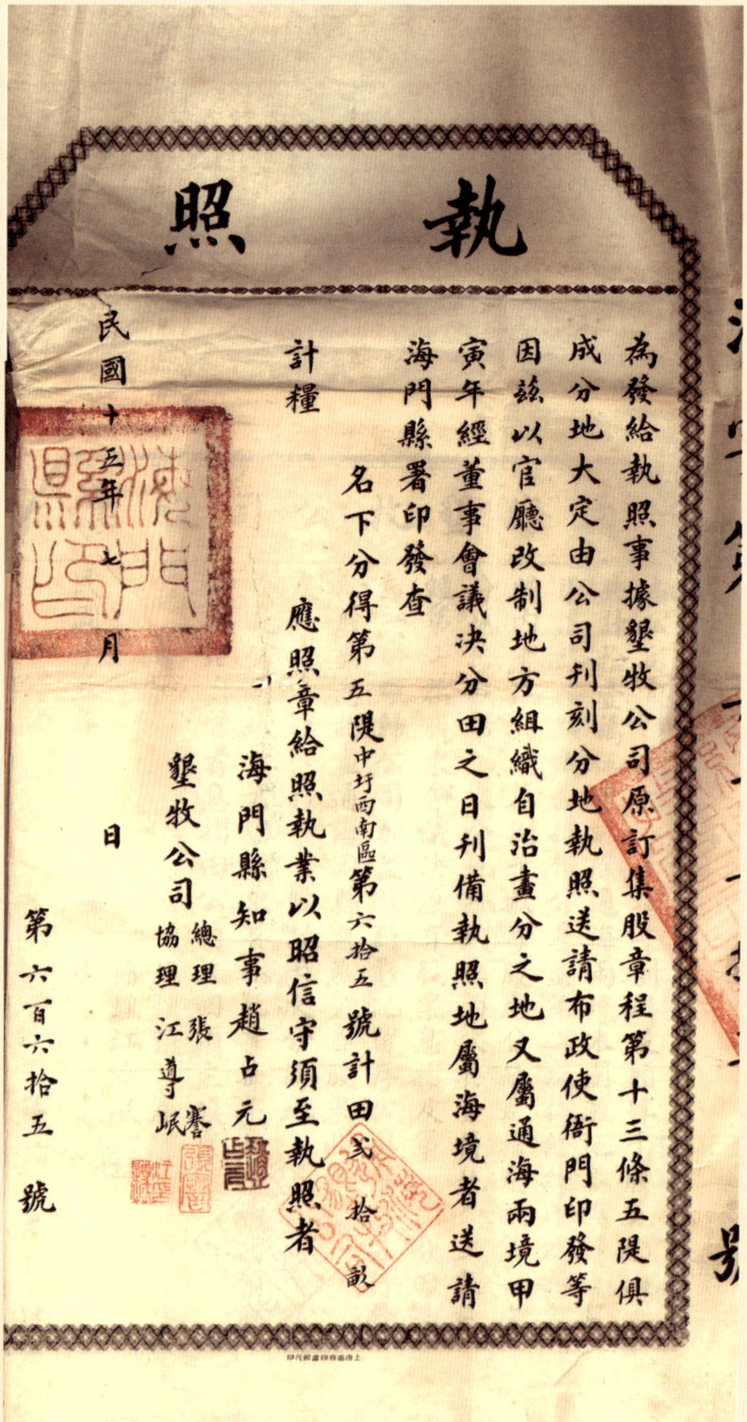

執照

為發給執照事據墾牧公司原訂集股章程第十三條五隄俱成分地大定由公司刊刻分地執照送請布政使衙門印發等因茲以官廳改制地方組織自治畫分之地又屬通海兩境甲寅年經董事會議決分田之日刊備執照地屬海境者送請海門縣署印發查

名下分得第五隄中圩西南區第六拾五號計田弍拾畝

計糧

應照章給照執業以照信守須至執照者

海門縣知事趙占元

墾牧公司 總理張謇 協理江導岷

民國十五年七月 日

第六百六拾五號

1924年分地执照

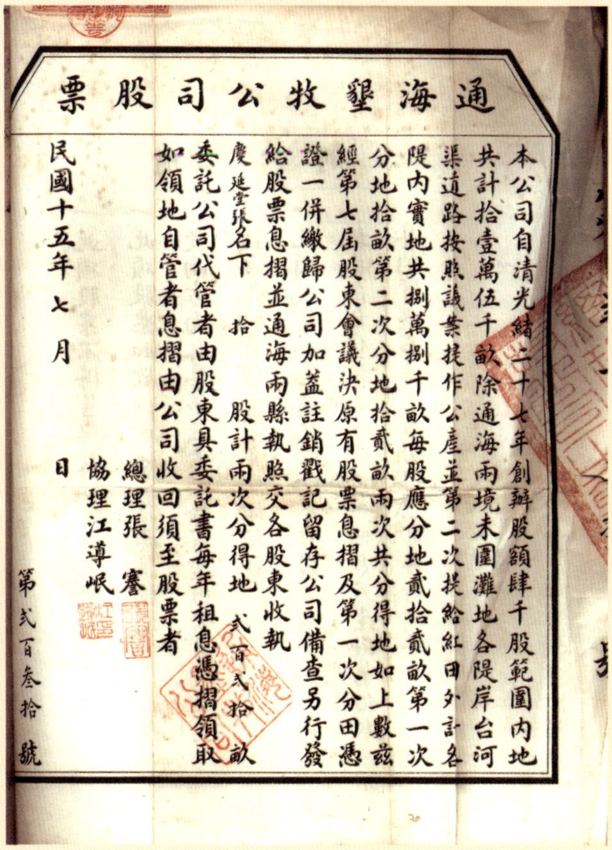

通海墾牧公司股票

本公司自清光緒二十七年創辦股額肆千股範圍內地共計拾壹萬伍千畝除通海兩境未圍灘地各隄岸台河渠道路按照議案提作公產並第二次提給紅田外計各隄內實地共捌萬捌千畝每股應分地貳拾貳畝第一次分地拾畝第二次分地拾貳畝兩次共分得地如上數茲經第七屆股東會議決原有股票息摺及第一次分田憑證一併繳歸公司加蓋註銷戳記留存公司備查另行發給股票息摺並通海兩縣執照交各股東收執

慶延堂張名下 拾 股計兩次分得地 弍百弍拾 畝

委託公司代管者由股東具委託書每年租息憑摺領取如領地自管者息摺由公司收回須至股票者

總理張 謇

協理江導岷

民國十五年七月 日

第弍百叁拾號

1926年通海垦牧公司股票正面

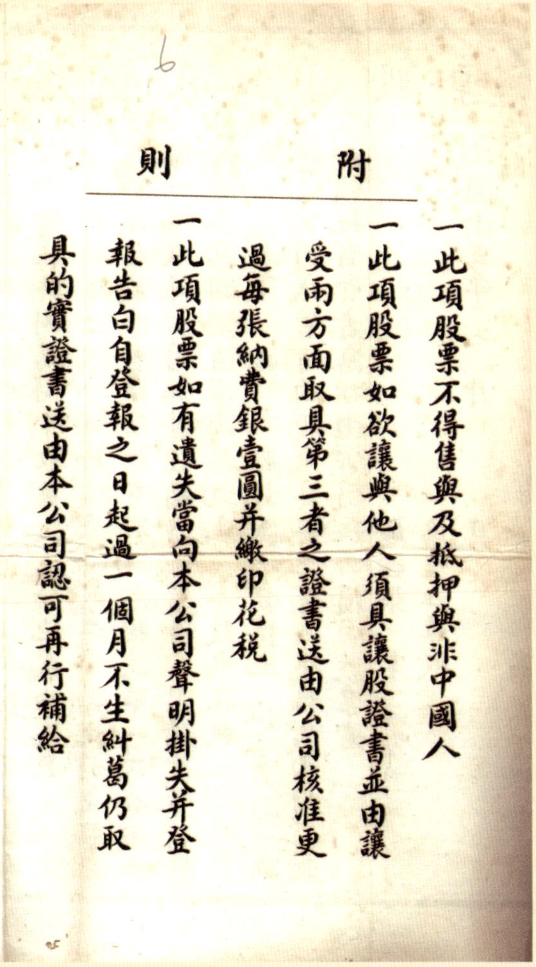

附則

一此項股票不得售與及抵押與非中國人

一此項股票如欲讓與他人須具讓股證書並由讓受兩方面取具第三者之證書送由公司核准更過每張納費銀壹圓并繳印花稅

一此項股票如有遺失當向本公司聲明掛失并登報告白自登報之日起過一個月不生糾葛仍取具的實證書送由本公司認可再行補給

1926年通海垦牧公司股票背面

大有晋盐垦公司

保管单位：南通市档案馆

内容及评价：

大有晋盐垦公司是继通海垦牧公司后在我国南黄海滩涂建立的第二个现代农业股份制企业。该公司位于南通县，包括余东、余中、余西三场，由张督发起，于1913年3月成立，原规划垦地为27万亩，股本90万元。董事长为钱新之，总管理处理事为钱新之、李亦卿，常务董事为张敬礼、章静轩，经理为朱可亲。垦区内共划分为13个区，垦民7000户。大有晋盐垦公司于1948年因土地改革而终结。

大有晋全宗共有档案188卷，其中文书档案122卷，会计档案66卷。有往来信函、帐册帐略、规章制度、会议记录、提案底本、合同协约、公文广告、电文留底、统计报表、股东名册、地亩图、设计图、执照、商标，以及大量的股票、息折、股东会入场证、选票等。

大有晋盐垦公司和张謇所创办的其他企事业一样，留存了相当全面的档案，大有晋公司30多年的发展史，折射出我国现代农业股份制企业发展的艰难历程。研究大有晋盐垦公司的兴衰史对研究三余地区的发展史，研究中国现代农业股份制的运作，研究中国南黄海滩涂的开发史，有着重要的历史意义。

大有晋盐垦公司

全文：

通泰盐垦五公司债票合同

立合同通泰盐垦（大有晋、大豫、大赉、大丰、华成）五公司（以下称甲方）经募通泰盐垦五公司债票银团（以下称乙方）

今因甲方需要资金，经股东会议决，发行公司债票定名通泰盐垦五公司债票，由乙方担任发售。双方订立合同，其条件如左：

第一条　甲方根据民国十年五月间股东会议决，发行公司债票，总额通用银元五百万元，定名通泰盐垦五公司债票，全数由乙方担任分两期发售。第一期发行三百万元，第二期发行二百万元；自十年七月一日起至十月三十一日止为第一期发行期间，第二期发行日期由公司与银团商定之。

在发行期间内认购债票者自缴款之日起至发行截止之日止按照日数预付利息。

第二条　此项公司债票款项专充公司清还旧欠及推广工垦之用，其分配数目由五公司自行支配，报告银团得其同意，彼此以信面声明作为附件。

第三条　此项公司债票分五年还清，每年还五分之一。第一期三百万元，自十年十一月一日起计算，满一年开始还本；第二期二百万元，自发行截止之翌日计算之。

第四条　此项公司债票利息常年八厘，每半年付一次。

第五条　此项公司债票第一期发行之三百万元，以五公司未经分派股东之地产划出五分之三计一百零四万八千二百亩作为担保，其划定区域应用信面声明作为附件。

第六条　五公司未分地租及公司其他收入，当尽先充此项公司债票还本付息之用，设有不敷，应以已分地亩之收入补足之，再有余款听凭公司支配。

第七条　每届还本付息时应在一个月前由公司如数筹备，于期前息存银团，以备应付。设遇青黄不济或有不敷，得由公司商请银团暂时接济。公司有款，即先清还，如为数过多得由银团会同公司处分一部分之担保品，其银团垫款利息随市定之。

第八条　各公司除第七条规定应付本息于一个月前交存银行外，所有款项出入至少应以半数分存银团内之各行，利息随时定之。

第九条　在此项公司债票未经还清期内，公司如有分地与股东之举，以未经指充担保之地亩及因债本减少解除担保之地亩为限。

第十条　此项公司债票末期还清时，每债额千元得分酬奖红地十二亩。此项地亩大段工程归公司围筑，地质以可垦草地为度，并由五公司在任何一公司境内划一大整区，请银团派员检定后仍由五公司管理，至第五年还清，方交由银团自行支配。

第十一条　银团公推稽核五员，分驻五公司监察账目，所有五公司款项出入应由稽核员审查，其稽核之薪水归公司银团各半支给。

第十二条　此项公司债票应由甲方印就交与乙方。所有乙方发售此项公司债票之一切费用，如电报、告白、邮票以及其他各费，概由乙方担任，但甲方按照此项公司债票总额给予手续费百分之五。

第十三条　此项公司债票由各公司总理及董事会各推一人代表全体董事签字，并由银团代表在债票上签字以证明其为发售此项债票之经理人。

第十四条　此项草约业经甲方董事联合会审议通过，各公司董事会各推一人代表全体董事会同总理与乙方代表订此正式合同，并由甲方将股东会及联合董事会议案抄送乙方作为附件。

第十五条　此项正式合同缮写二份双方各执一份。

草堰大丰公司全体董事代表　张作三

余中大有晋公司全体董事代表　徐静仁

通泰盐垦掘港大豫公司全体董事代表　沙健庵

角富大赉公司全体董事代表　周宋丞

庙湾华成公司全体董事代表　韩奉持

草堰大丰公司　余中大有晋公司　通泰盐垦掘港大豫公司　角富大赉公司　庙湾华成公司

总理　张退庵　张啬庵

经募通泰盐垦五公司债票银团代表　宋汉章　田祈原

中华民国十年七月一日

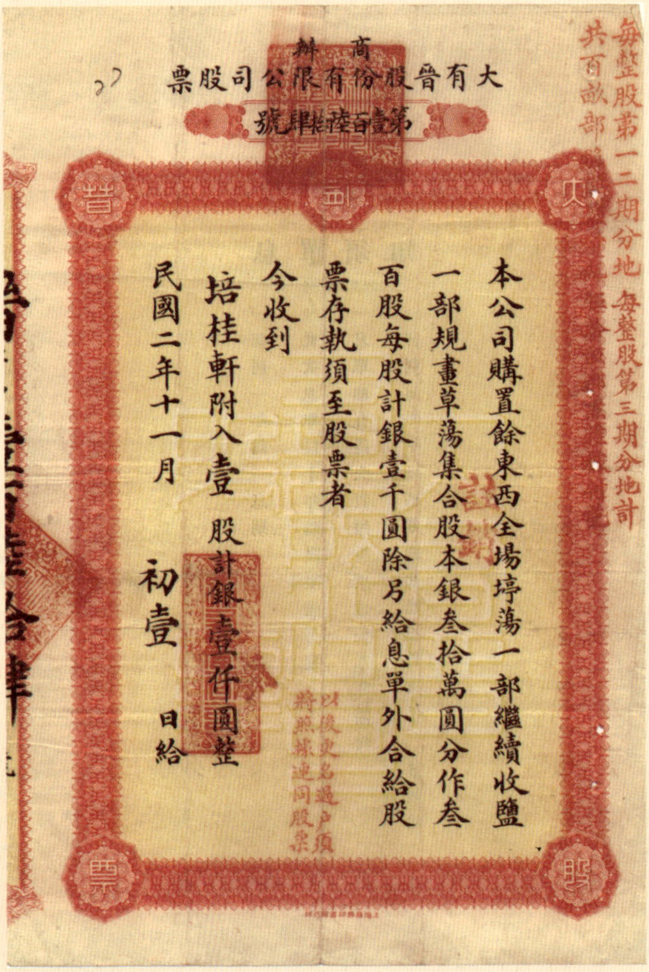
商辦
大有晉股份有限公司股票
本公司購置餘東西全場𠺶蕩一部繼續收鹽
一部規畫草蕩集合股本銀叁拾萬圓分作叁
百股每股計銀壹千圓除另給息單外合給股
票存執須至股票者
今收到
培桂軒附入壹股計銀壹仟圓整
民國二年十一月初壹日給

1913年大有晋盐垦公司股票

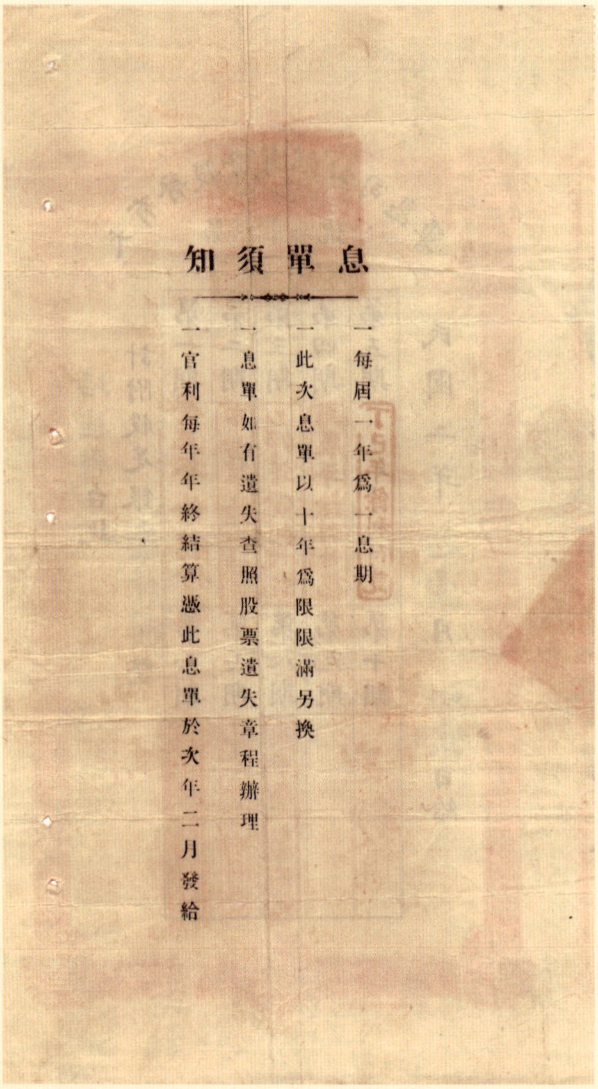

息單須知

一每屆一年爲一息期

一此次息單以十年爲限限滿另換

一息單如有遺失查照股票遺失章程辦理

一官利每年年終結算憑此息單於次年二月發給

1913年大有晋盐垦公司息单背面

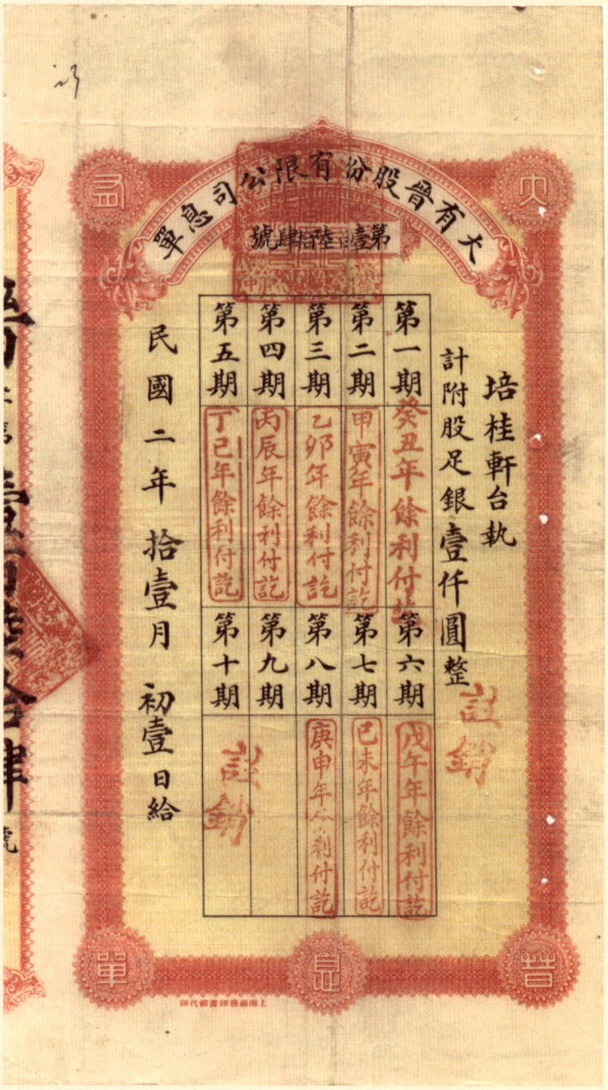

大有晉股份有限公司息單

第壹□□肆號

培桂軒台執

計附股足銀壹仟圓整

第一期 癸丑年餘利付訖

第二期 甲寅年餘利付訖

第三期 乙卯年餘利付訖

第四期 丙辰年餘利付訖

第五期 丁巳年餘利付訖

第六期 戊午年餘利付訖

第七期 己未年餘利付訖

第八期 庚申年餘利付訖

第九期

第十期

民國二年拾壹月初壹日給

1913年大有晋盐垦公司息单正面

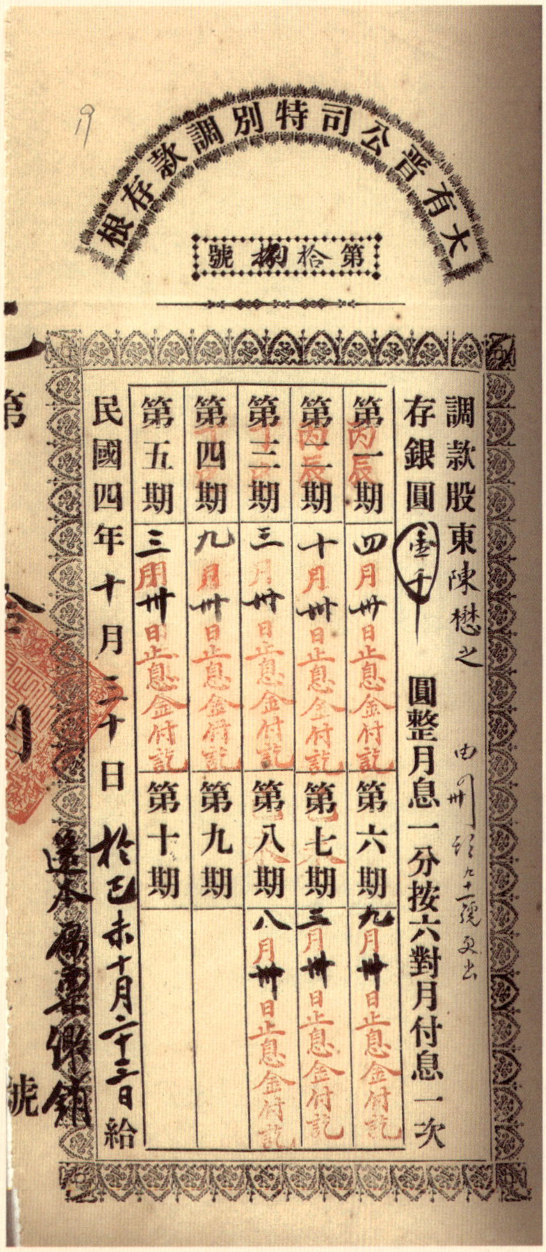

大有晉公司特別調款存根

第拾捌號

調款股東陳樾之

存銀圓壹千圓整 月息一分按六對月付息一次

第一期 丙辰 四月卅日止息金付訖

第二期 丙辰 十月卅日止息金付訖

第三期 三月卅日止息金付訖

第四期 九月卅日止息金付訖

第五期 三月卅日止息金付訖

第六期 九月卅日止息金付訖

第七期 三月卅日止息金付訖

第八期 八月卅日止息金付訖

第九期

第十期

民國四年十月三十日給

1915年大有晋盐垦公司特别调款存根

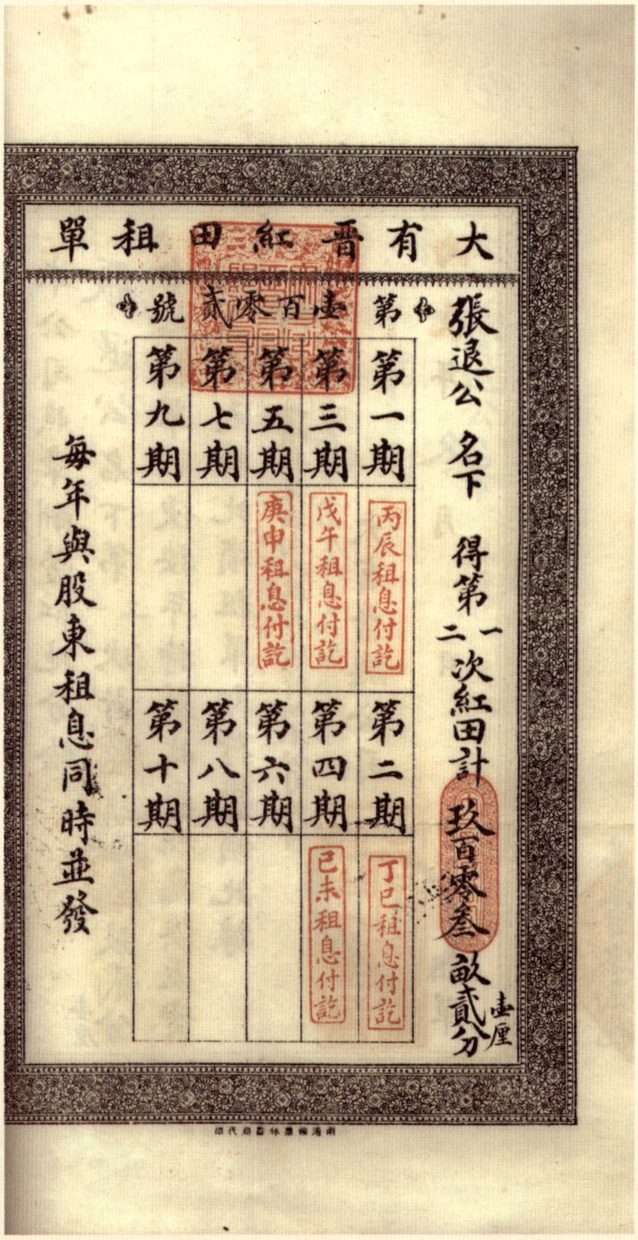

大有晉紅田租單

第壹百零貳號

張退公名下 得第一二次紅田計玖百零叁畝貳分壹厘

第一期 丙辰租息付訖

第二期 丁巳租息付訖

第三期 戊午租息付訖

第四期 己未租息付訖

第五期 庚申租息付訖

第六期

第七期

第八期

第九期

第十期

每年與股東租息同時並發

大有晋盐垦公司红田租单

1919年大有晋盐垦公司制盐特许证券

1934年大有晋盐垦公司实业部执照

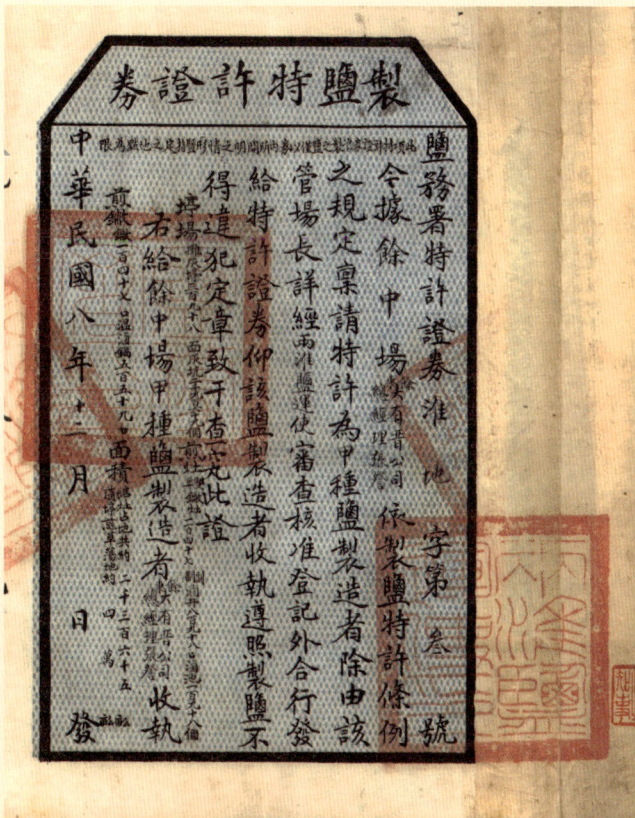

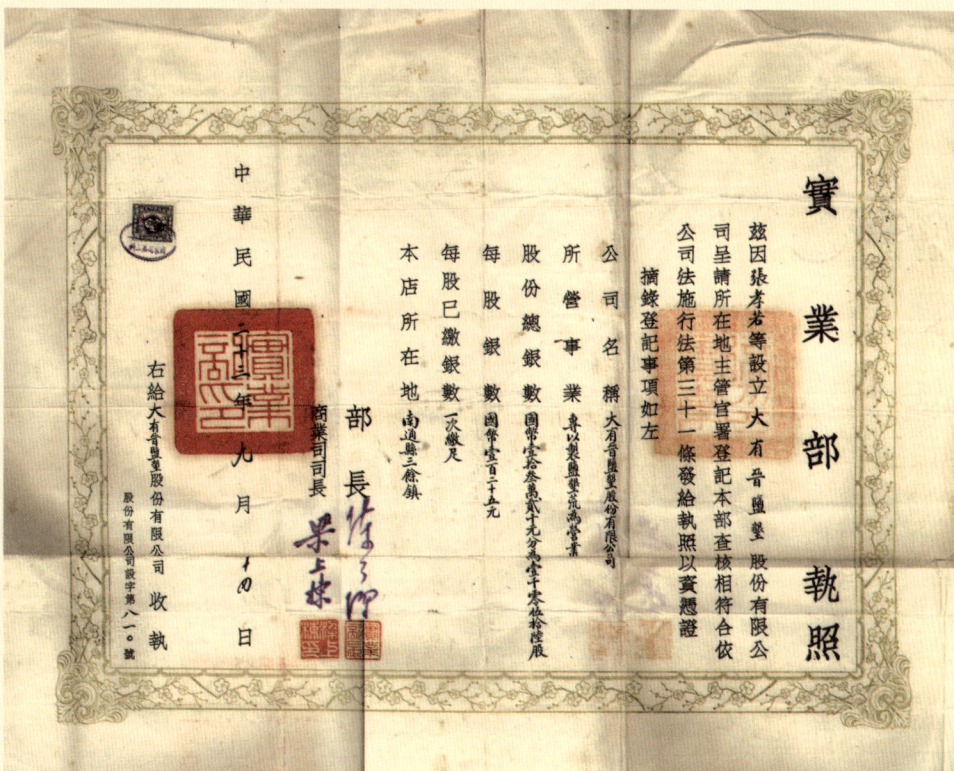

1928年上海商业储蓄银行押件收条

1933年上海商业储蓄银行往来存款透支契约

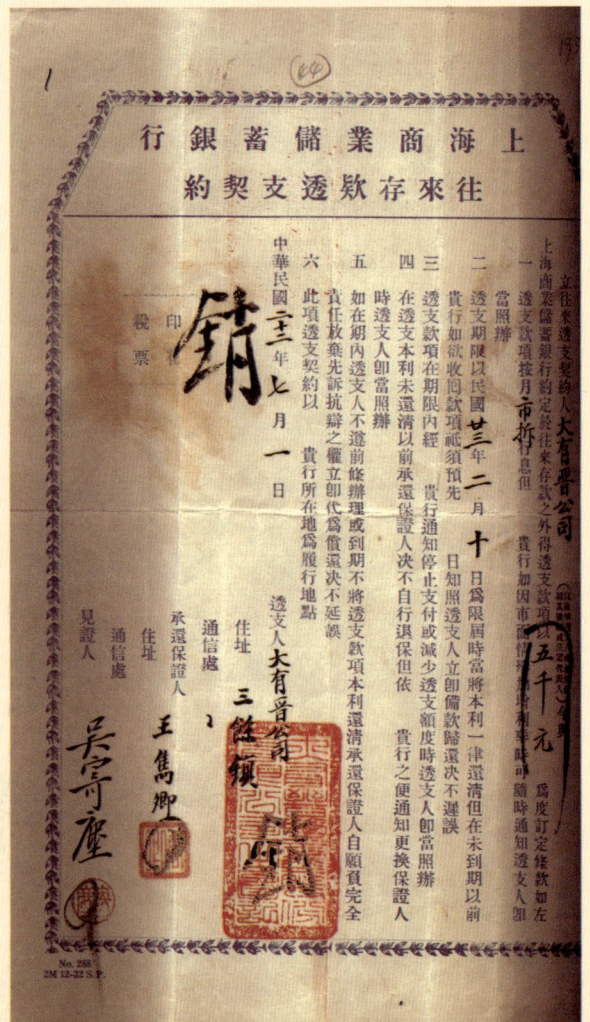

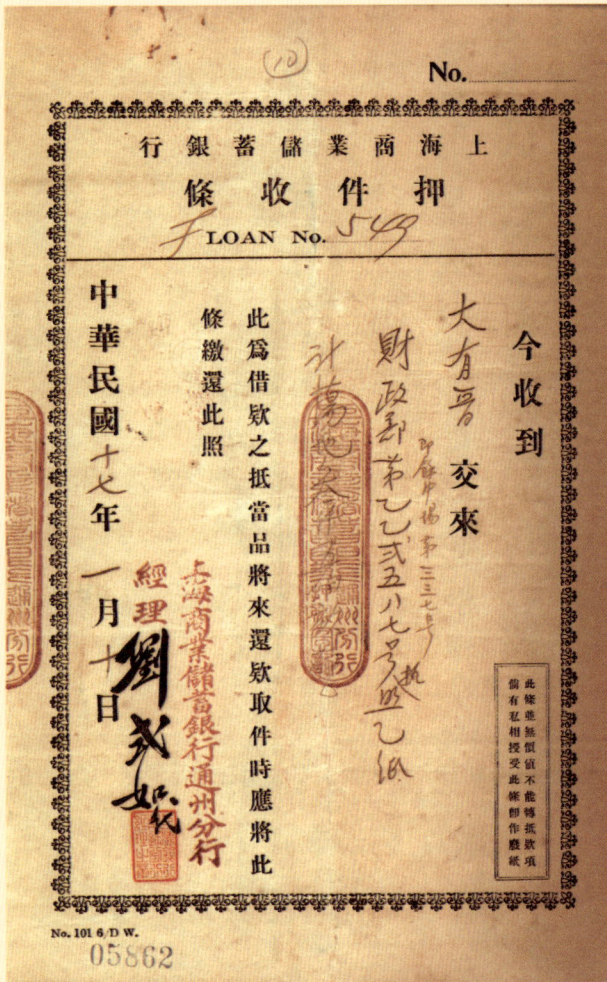

大丰盐垦公司

保管单位：南通市档案馆

内容及评价：

大丰盐垦公司位于东台新丰集草埝场，为张詧、张謇于1918年11月成立，资本总额200万元。原领地112万亩，后售与裕华垦植公司22.2万亩。董事长为陈霭士，经理为林华石。中心镇为新丰镇。大丰盐垦公司是淮南垦区内规模最大的公司。

大丰公司初创时所收股本不足，用于购地及收买盐垣亭场等费已无多余，因此仍凭仗大生厂出面向外挪借来维持各项用途。大丰公司因地大、资金短少，工程用款以负债为之。大丰公司所开之河，不论地之高低，深度均是6尺，由于地势中高于西，致使1921年和1922年雨水宣泄不及，棉田尽遭淹没，且所开子午河均在龟背上，其出海之水，仍汇并于斗龙港，而卯西河容量本狭，且未开通，故一遇骤雨即被淹没，因水利工程简陋，不能抵御自然灾害，以致收成浅薄。

大丰盐垦公司全宗共有档案410卷，其中文书档案362卷，会计档案48卷。档案主要内容有：往来信函、帐册帐略、规章制度、会议记录、提案底本、合同协约、公文广告、电文留底、统计报表、股东名册、地亩图、设计图、执照，以及大量的股票、息折、分田凭单、股东会入场证、选票等。还存有一部分公司佃农要求减租事件的档案，以及有关佃农纠纷的诉讼案件档案等。

大丰盐垦公司是淮南垦区内规模最大的公司，留存下来的档案资料相当丰富。大丰盐垦公司档案对研究中国盐垦史具有重要的历史价值。

大丰盐垦公司德丰区三涵洞

№ 000051

大豐鹽墾公司

股東會

會場 上海南京路保安坊四樓

優先

股東入場證

會期 年 七月 日下午 時

大丰盐垦公司股东会入场证

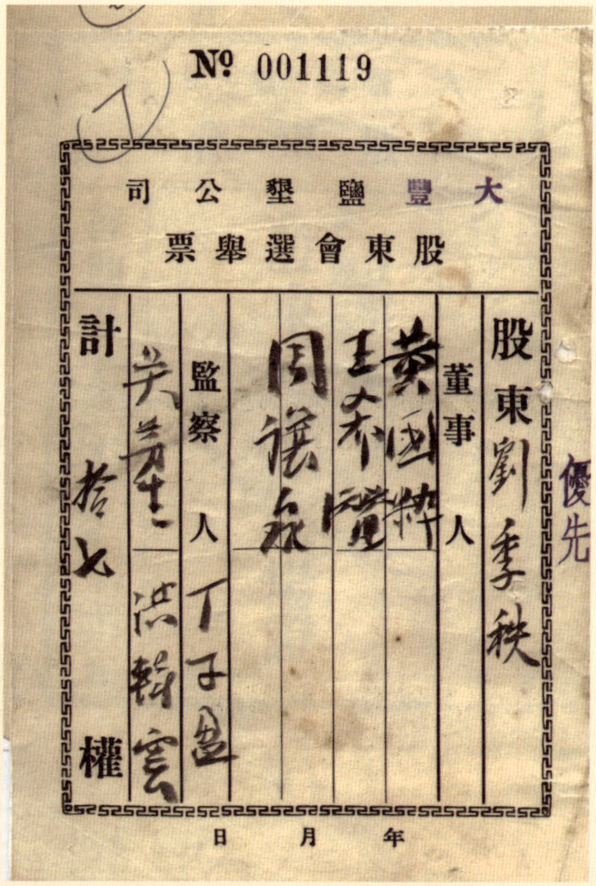
№ 001119

大豐鹽墾公司

股東會選舉票

股東

優先

董事 人

監察 人

計 權

年 月 日

大丰盐垦公司股东会选举票

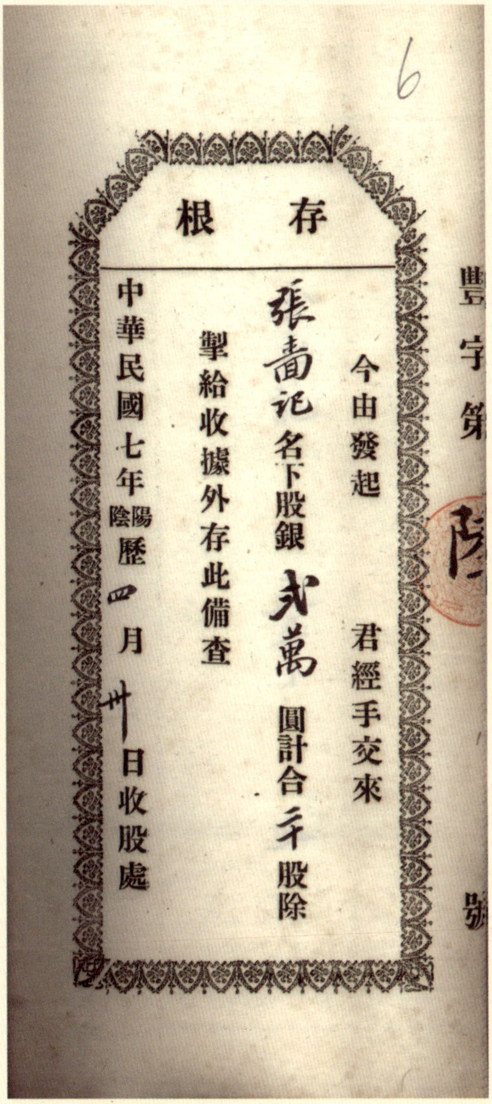
存根

今由發起　　君經手交來
張嗇記名下股銀貳萬圓計合千股除
掣給收據外存此備查
中華民國七年陽陰歷四月卅日收股處

豐字第陸號

1918年大丰盐垦公司股票存根

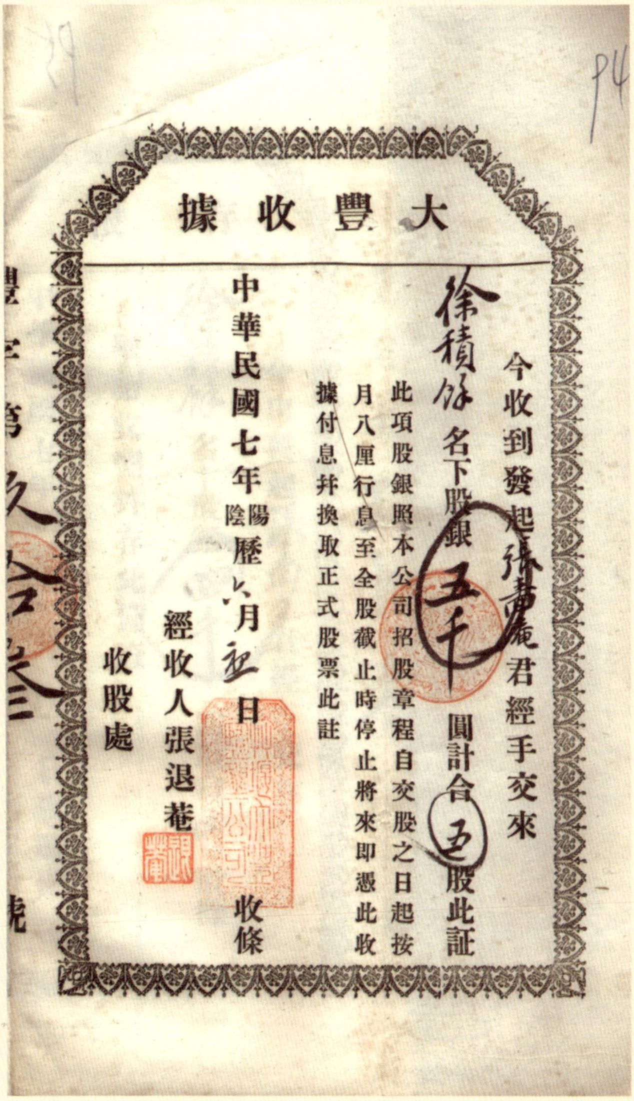
大豐收據

今收到發起張嗇庵君經手交來
徐積餘名下股銀五千圓計合五〇股此証
此項股銀照本公司招股章程自交股之日起按
月八厘行息至全股截止時停止將來即憑此收
據付息并換取正式股票此註
中華民國七年陽陰歷六月五日
經收人張退菴
收股處
收條

1918年大丰盐垦公司收据

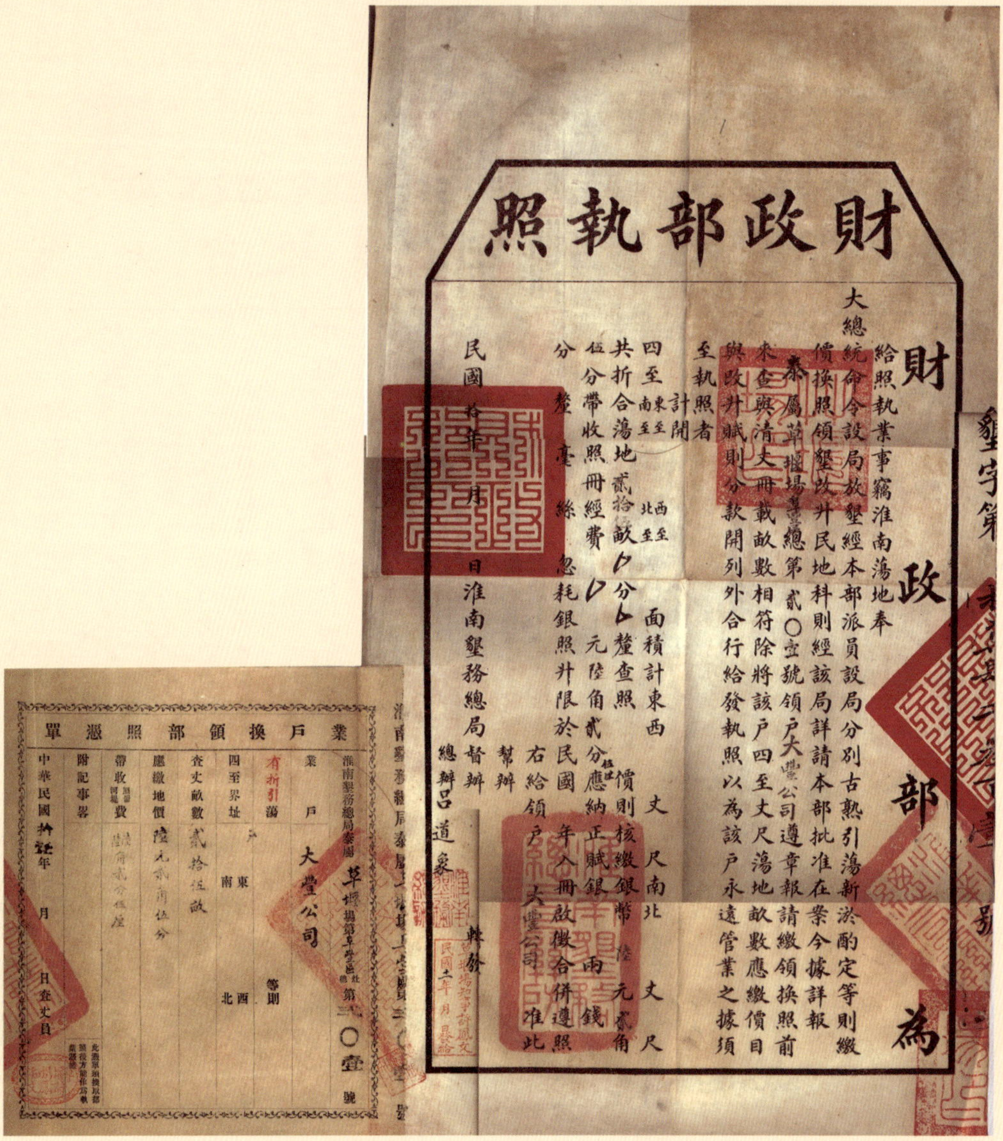

1922年大丰盐垦公司土地执照

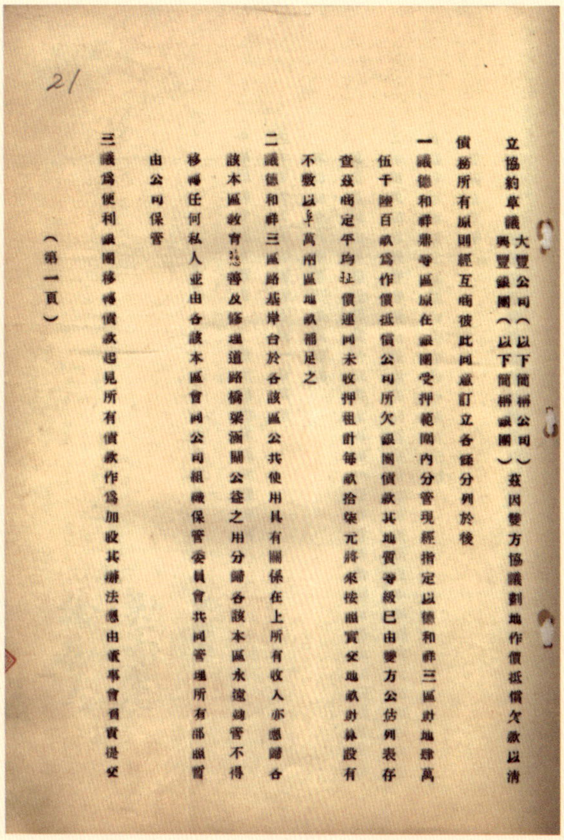
立協約章議大豐公司（以下簡稱公司）興豐銀團（以下簡稱銀團）茲因雙方協議劃地作價抵償欠款以清
債務所有原則經互商彼此同意訂立各條分列於後
一議德和群平等區原在銀團受押範圍內分管現經指定以德和群三區計地肆萬
伍千陸百貳爲作價抵償公司所欠銀團債款其地質等級已由雙方公估列表存
查茲商定平均扯價連同未收押租計每畝拾柒元將來按照實交地畝計算設有
不敷以平萬兩區地畝補足之
二議德和群三區路基岸台於各該區公共使用具有關係在上所有收入亦應歸各
該本區教育慈善及修理道路橋梁等關公益之用分歸各該本區永遠經管不得
移轉任何私人並由各該本區會同公司組織保管委員會共同管理所有部照暫
由公司保管
三議為便利銀團移轉債款起見所有債款作為加股其辦法應由董事會負責提交
（第一頁）

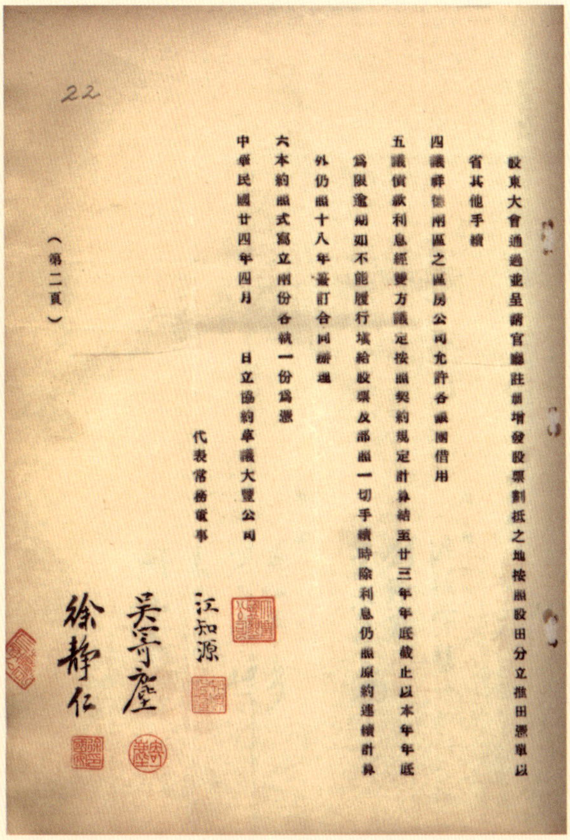
股東大會通過並呈請官廳註冊增發股票劃抵之地按照股田分立推田票單以
省其他手續
四議群德兩區之區房公司允許各銀團借用
五議債款利息經雙方議定按照契約規定計算結至廿三年年底截止以本年年底
為限逾期如不能履行填給股票及部照一切手續時除利息仍照原約連續計算
外仍照十八年簽訂合同辦理
六本約照式寫立兩份各執一份為憑
中華民國廿四年四月　日立協約章議大豐公司
代表常務董事　江知源　吳寄塵　徐靜仁
（第二頁）

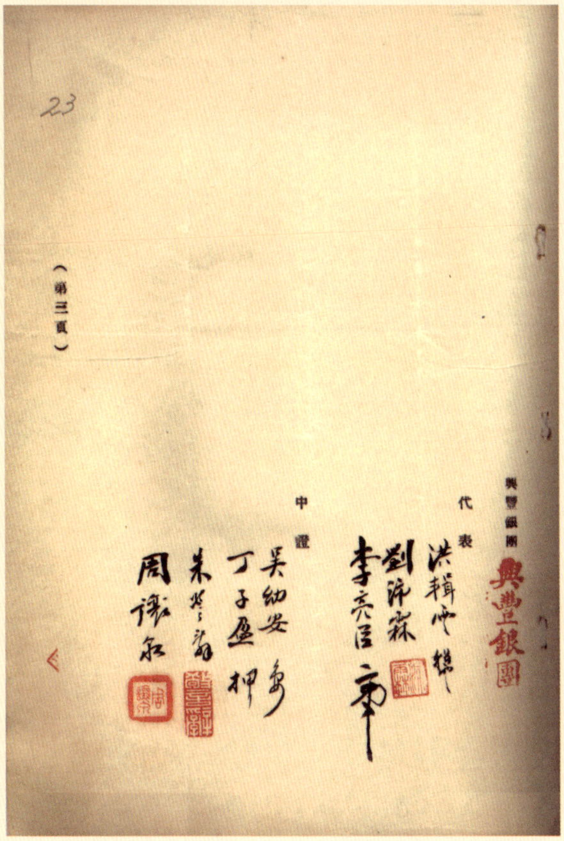
（第三頁）
興豐銀團
代表　洪輯卿　劉柏森　李亮臣
中證　吳幼安　丁子盈　朱榮翁　周識和

1935年4月大丰公司、银团双方协约划地作价抵偿欠款以清债务协约

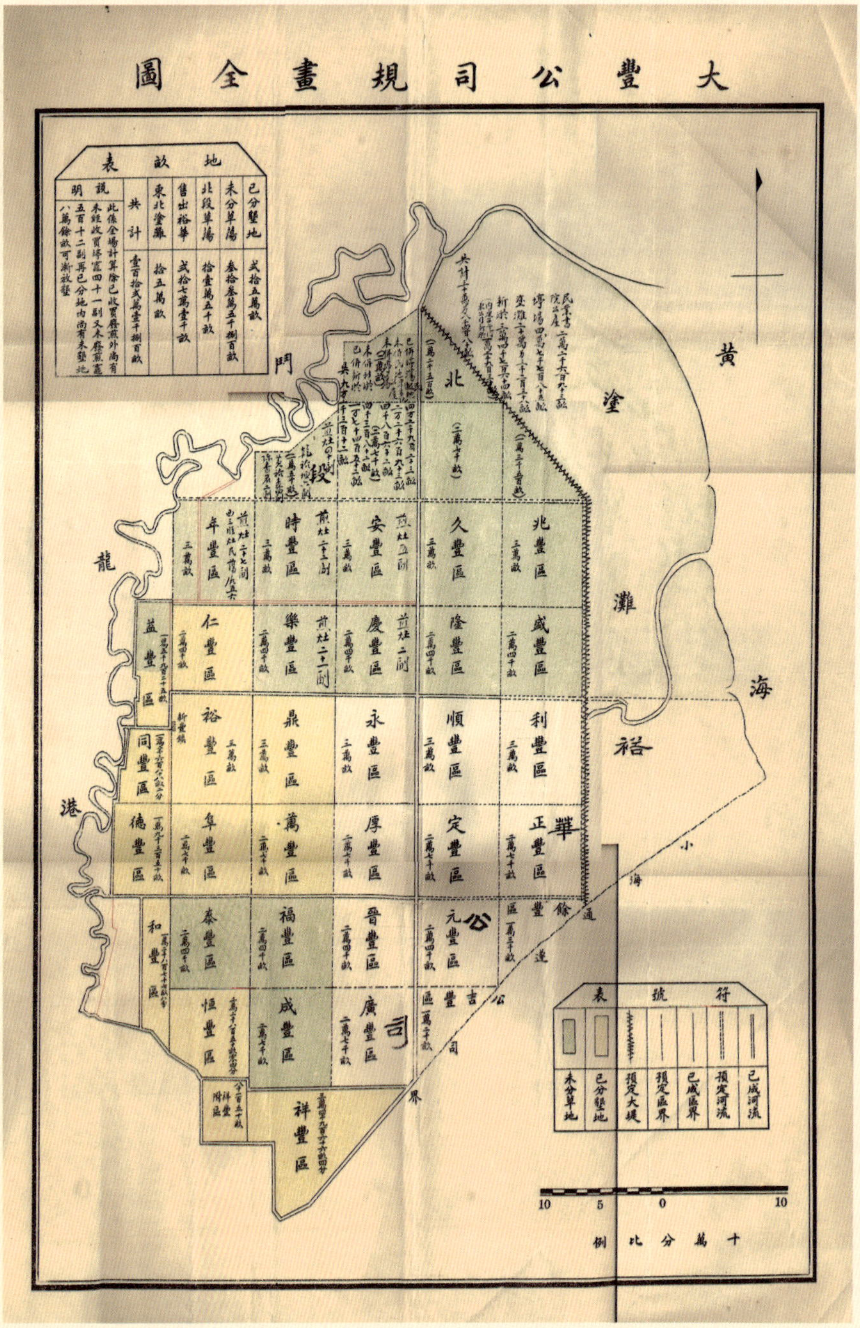
大豐公司規畫全圖
地畝表
黃
塗
灘
海
裕
華
公
司
龍
港
門
北
段
兆豐區
久豐區
安豐區
時豐區
年豐區
咸豐區
隆豐區
慶豐區
樂豐區
仁豐區
益豐區
利豐區
順豐區
永豐區
鼎豐區
裕豐區
同豐區
正豐區
定豐區
厚豐區
萬豐區
阜豐區
德豐區
元豐區
晉豐區
福豐區
泰豐區
和豐區
廣豐區
成豐區
恒豐區
祥豐區
符號表
已成河流
預定河流
已成區界
預定區界
預定大堤
已分墾地
未分草地
10 5 0 10
十萬分比例

大丰盐垦公司规划全图

大豫盐垦公司

保管单位：南通市档案馆

内容及评价：

大豫盐垦公司在如皋掘港东部，1917年6月注册立案，缴价领部照开垦。资本总额150万元，规划地亩31万亩。

大豫垦区中心镇为大豫镇，垦民8000户，人口约2万。中一、中二、南一、南附四个区已垦熟地分与股东，北一、北附、南二、南三四个区已垦熟地出售抵债，未熟地迫于经济无从发展。大豫公司面积较大，资金薄弱，水利建设方面照原来规划应建五闸，但至1923年止仅建二闸，其他闸因无款而停顿，故一遇大水，无从宣泄，因而不能抵御自然灾害。据1924年前后的统计，大豫公司年产籽棉16万担，豆、麦、玉米2.2万担，盐20万担，有织布机1400台、蜂群60箱，养猪500头、牛500头、羊600只、鸡鸭1万只。

大豫盐垦公司存有文书档案31卷。档案主要内容有：往来信函、帐册帐略、规章、会议记录、协议、股东名册、地亩图、分灶图、执照以及股票、分田凭单等。

1921年，大豫与大丰、大有晋、大赉、华成等五家盐垦公司，共同委托上海方面的银团，发行通泰盐垦五公司债票，这是中国历史上第一家企业债。通泰盐垦五公司债票的存续历史，固然是中国金融史的重要内容，对于今天如何控制金融风险依然有借鉴作用。

大豫盐垦公司

全文：

掘港大豫公司创立会报告书

1916年

张謇

盐垦公司者，导脉于盐而归源于垦者也。掘港盐场也，兴垦之说垂二十年矣，而迄无人实行议垦者，曰维全场盐垦不能一系之故。均之草荡也，为公荡，为灶业，为埻地，错杂纠纷则垦之系不一。均之盐垣也，为本商，为典商，为租附，漫涣拘牵则盐之系不一。盐之系不一，盐无改革之可言；盐与垦之系不一，垦无区画之可言。盐场之地莫不然，而掘港其尤著者也。清季江督派员清理公荡之风潮，民国纪元宁军界垦植协会之虚耗，往者无论矣。近如华丰领购四、七总，展转抵债之公荡，主之者财部也，予之者垦局也，宜若可言垦矣。而至于今事犹未理掘垦之难，即其明证。

顺成公司者，以垦务为帜志者也，犯难蒙冲不为退馁，纠纷理复不畏繁难。穷两年之力，于东南灶购地滋多，且部案已定，将实行营垦矣，乃堤工未竟而已树敌于盐。盐商争之，双方诉部，案牍累纸。时适商界中明于趋势之人厌倦累讼而习闻乎余吕前事者，提倡售垣并垦。首以七垣联合示意。此去冬十月盐垦合系之动机也。

謇与同志诸人迎机而起，为发起公司之议。先之以调解，使双方相融和；重之以感情，与双方相联络。一面叙定公裕、吉和祥等七盐垣，一面商购顺成、东灶地十七万余亩以立基础，以树风声。于是，养和公等垣继起赞成，或并股，或售价展转相引，而掘场十八盐垣遂得有并属一系之机。此今春二月之集合也。同人等乃公同讨论为集股之通告，以謇首先发起，推属暂领其事。默察时势，虽几臬靡常，而企业家投资观念未尝因之或沮。因又虑夫盐利之微与夫东灶垦地之利之不能速，无以保股息而昭信用，则更分立机关，直接收购草地。联络顺成创办人并各小团体，并合经营半载以来得地甚多。最近且购顺成南灶地而有之，而华丰之七总公荡亦有让渡之提议，亦皆可垦地也。而掘场数十万可垦之地，遂亦得有并属一系之机。盐垦之权统于一系，于是乎盐之整顿之区域可预指而定也，垦之筹备之工程可择要而施也。

同人等以秋爽宜于工作，方于无室于盐之二、三区先为营垦固本之计，而根本工作尤莫要于先开干河，亦既择日兴工矣。适第一次收股如额，照章有创立会之规定。謇与同人等与海内企业家晋接一堂，从容讨论。此今日报告成立所宜为诸君详陈者也。

夫事业莫难于创始，亦莫难于观成。一事之成也，不先立法无以集事，不先得人无以行法；一业之创也，不知已往之事实无以策将来，不为未来之筹备无以言现在。今幸规画地亩，确定范围，程序经营，列有图说，伏望与股诸君详审抉核，进而教之。

查原章本有地亩溢出假定数再议扩充之声明，今地数增多，应如何议定扩充股额，以及若何选举、若何议章，统希公决，俾有遵循。区区私臆，惟愿本公司之实利得达于永久坚固之域，且使当世之有志盐垦者恍然于纷庞之掘港，犹得收合一之效，其他或不难闻风而兴。庶几淮海奥区利源展辟，斯又发起同人最初之观念也，度亦诸君所为乐许者欤。

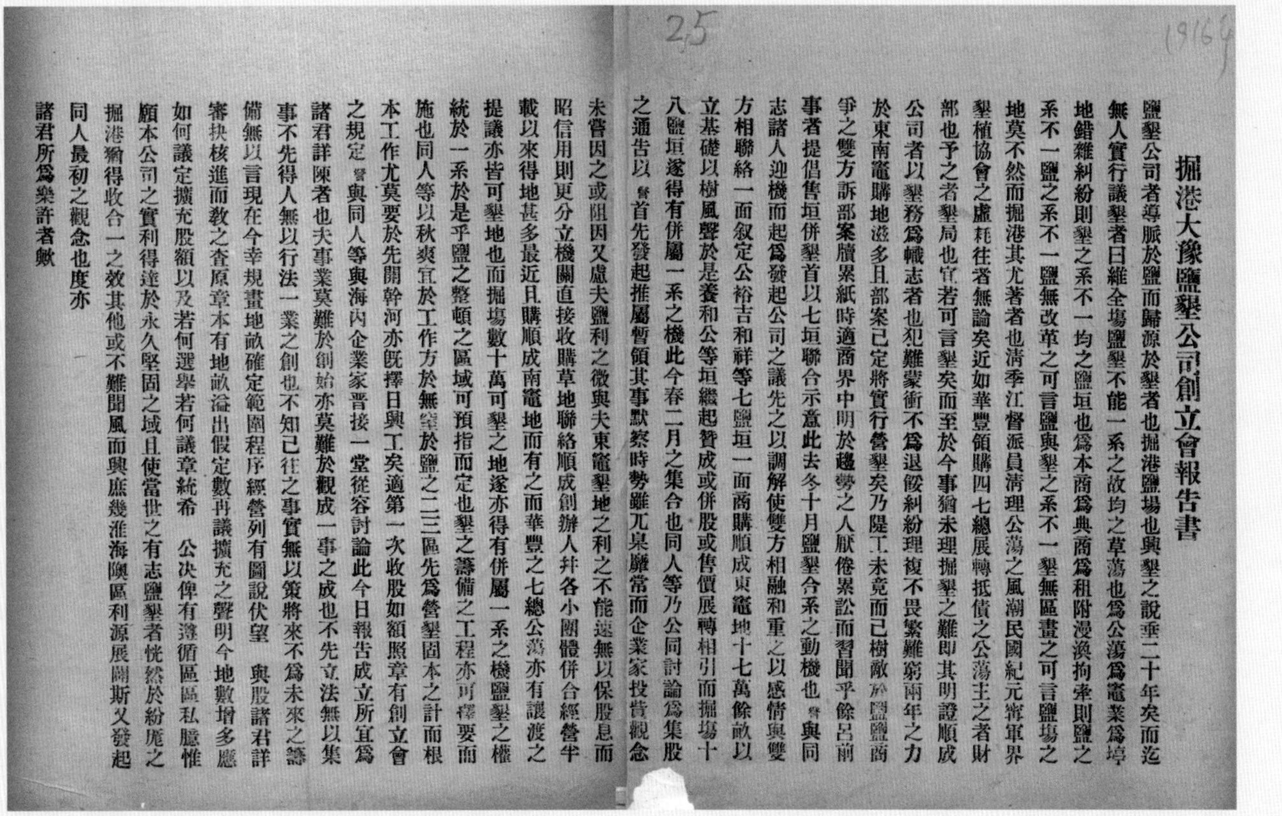

掘港大豫鹽墾公司創立會報告書

鹽墾公司者導脈於鹽而歸源於墾者也掘港鹽場也興墾之說垂二十年矣而迄
無人實行議墾者曰維全場鹽墾不能一系之故均之草蕩也爲公蕩爲竈業爲埣
地錯雜糾紛則墾之系不一均之鹽垣也爲本商爲典商爲租附漫渙拘牽則鹽之
系不一鹽之系不一鹽無改革之可言鹽與墾之系不一墾無區畫之可言鹽場之
地莫不然而掘港其尤著者也清季江督派員清理公蕩之風潮民國紀元甯軍界
墾植協會之虛耗往者無論矣近如華豐領購四七總展轉抵債之公蕩主之者財
部也予之者墾局也宜若可言墾矣而至於今事猶未理掘墾之難即其明證順成
公司者以墾務爲幟志者也犯難蒙銜不爲退餒糾紛理複不畏繁難窮兩年之力
於東南竈購地滋多且部案已定將實行營墾矣乃隄工未竟而已樹敵於鹽鹽商
爭之雙方訴部案牘累紙時適商界中明於趨勢之人厭倦累訟而習聞乎餘呂前
事者提倡售垣併墾首以七垣聯合示意此去冬十月鹽墾合系之動機也謇與同
志諸人迎機而起爲發起公司之議先之以調解使雙方相融和重之以感情與雙
方相聯絡一面叙定公裕吉和祥等七鹽垣一面商購順成東竈地十七萬餘畝以
立基礎以樹風聲於是養和公等垣繼起贊成或併股或售價展轉相引而掘場十
八鹽垣遂得有併屬一系之機此今春二月之集合也同人等乃公同討論爲集股
之通告以謇首先發起推屬暫領其事默察時勢雖兀臬靡常而企業家投資觀念
未嘗因之或阻因又慮夫鹽利之微與夫東竈墾地之利之不能速無以保股息而
昭信用則更分立機關直接收購草地聯絡順成創辦人并各小團體併合經營半
載以來得地甚多最近且購順成南竈地而有之而華豐之七總公蕩亦有讓渡之
提議亦皆可墾地也而掘場數十萬可墾之地遂亦得有併屬一系之機鹽墾之權
統於一系於是乎鹽之整頓之區域可預指而定也墾之籌備之工程亦可擇要而
施也同人等以秋爽宜於工作方於無窒於鹽之二三區先爲營墾固本之計而根
本工作尤莫要於先開幹河亦既擇日興工矣適第一次收股如額照章有創立會
之規定謇與同人等與海內企業家晉接一堂從容討論此今日報告成立所宜爲
諸君詳陳者也夫事業莫難於創始亦莫難於觀成一事之成也不先立法無以集
事不先得人無以行法一業之創也不知已往之事實無以策將來不爲未來之籌
備無以言現在今幸規畫地畝確定範圍程序經營列有圖說伏望 與股諸君詳
審抉核進而教之查原章本有地畝溢出假定數再議擴充之聲明今地數增多應
如何議定擴充股額以及若何選舉若何議章統希 公決俾有遵循區區私臆惟
願本公司之實利得達於永久堅固之域且使當世之有志鹽墾者恍然於紛厖之
掘港猶得收合一之效其他或不難聞風而興庶幾淮海隩區利源展闢斯又發起
同人最初之觀念也度亦
諸君所爲樂許者歟

1916年大豫盐垦公司创立会报告书

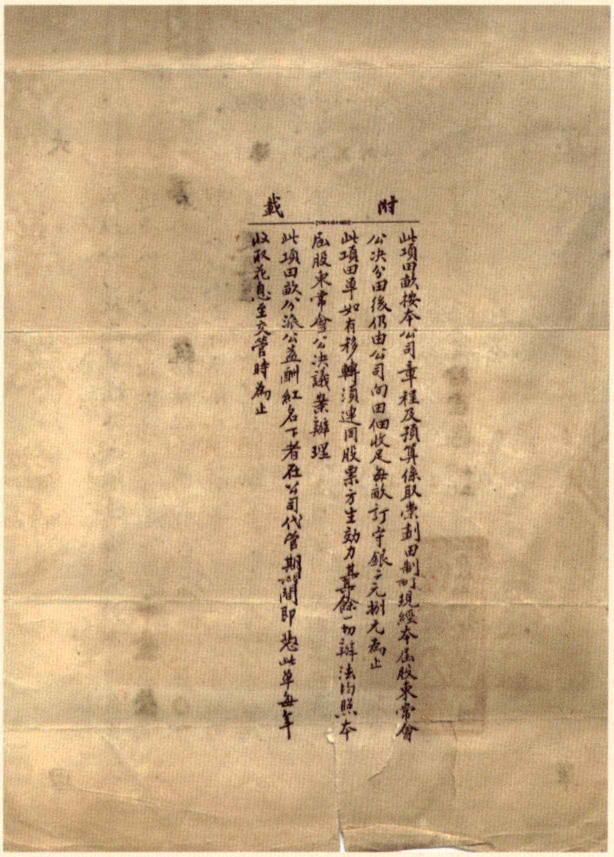

附載

此項田畝按本公司章程及預算係取票劃田制，現經本屆股東常會
公決分田後仍由公司向田佃收足每畝訂守銀二元捌元為止
此項田單如有移轉須連同股票方生効力，其餘一切辦法均照本
屆股東常會公決議案辦理
此項田畝所派公益酬紅名下者在公司代管期間即照此單每年
收取花息至交管時為止

1919年大豫盐垦公司分田凭证（反面）

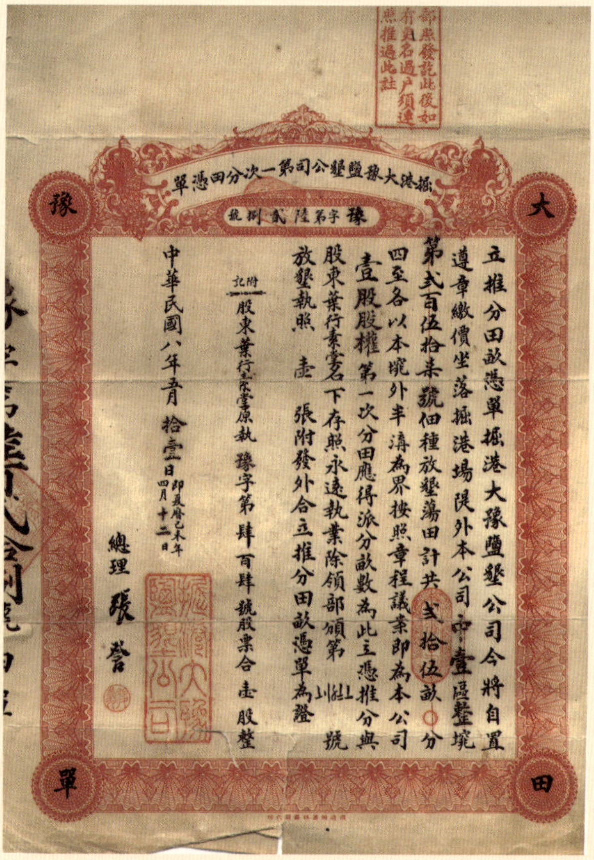

部照發訖此後如有另名過户須連照推過此註

掘港大豫鹽墾公司第一次分田憑單

豫字第陸貳捌號

立推分田畝憑單掘港大豫鹽墾公司今將自置
遵章繳價坐落掘港場隄外本公司中壹區墾墒
第貳百伍拾柒號佃種放墾蕩田計共貳拾伍畝〇分
四至各以本墒外半漕為界按照章程議案即為本公司
壹股股權第一次分田應得派分畝數為此立憑推分與
股東葉行素堂名下存照永遠執業除領部頒第　號
放墾執照　壹　張附發外合立推分田畝憑單為證

附記
股東葉行素堂原執豫字第肆百肆號股票合壹股整

中華民國八年五月拾壹日 即夏曆己未年四月十二日

總理 張謇

大　豫　田　單

1919年大豫盐垦公司分田凭证（正面）

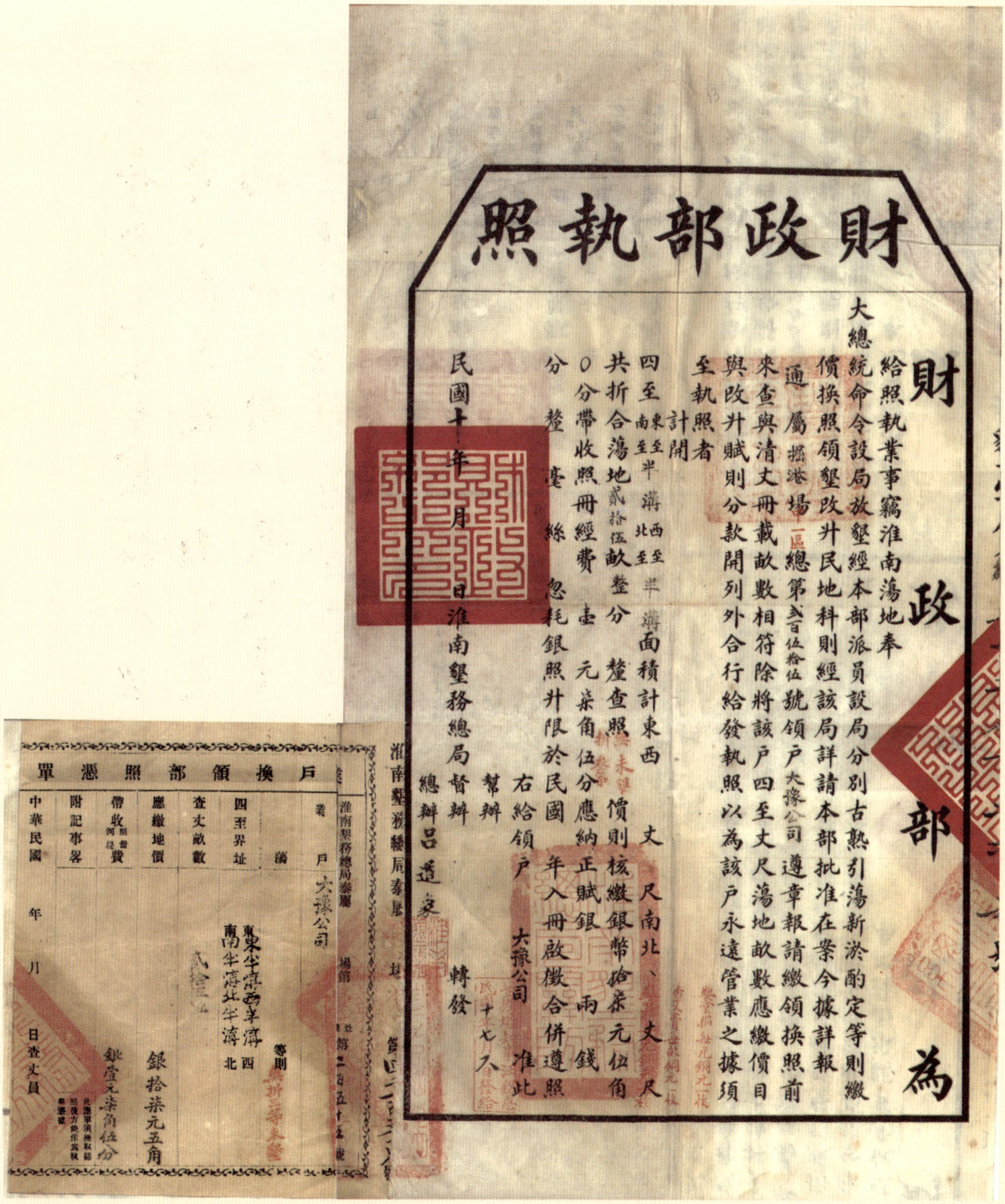
財政部執照

財政部為
給照執業事竊淮南蕩地奉
大總統命令設局放墾經本部派員設局分別古熟引蕩新淤酌定等則繳
價換照領墾改升民地科則經該局詳請本部批准在案今據詳報
通屬掘港場第一區總第二百伍拾伍號領戶大豫公司遵章報請繳領換照前
來查與清丈冊載畝數相符除將該戶四至丈尺蕩地畝數應繳價目
與改升賦則分款開列外合行給發執照以為該戶永遠管業之據須
至執照者
計開
四至 東至半溝 西至半溝 南至半溝 北至半溝 面積計東西 丈 尺南北 丈 尺
共折合蕩地貳拾伍畝整分 釐查照未墾價則核繳銀幣拾柒元伍角
〇分帶收照冊經費壹元柒角伍分應納正賦銀 兩 錢
分 釐 毫 絲 忽耗銀照升限於民國 年入冊啟徵合併遵照
右給領戶 大豫公司 准此
幫辦
總辦呂道象 轉發
民國十 年 月 日淮南墾務總局督辦

戶換領部照憑單
業戶 大豫公司
蕩
四至界址 東至半溝 西至半溝 南至半溝 北至半溝
查丈畝數 貳拾伍畝
應繳地價 銀拾柒元五角
帶收照費 銀壹元柒角伍分
附記事略
中華民國 年 月 日查丈員

大豫盐垦公司财政部执照

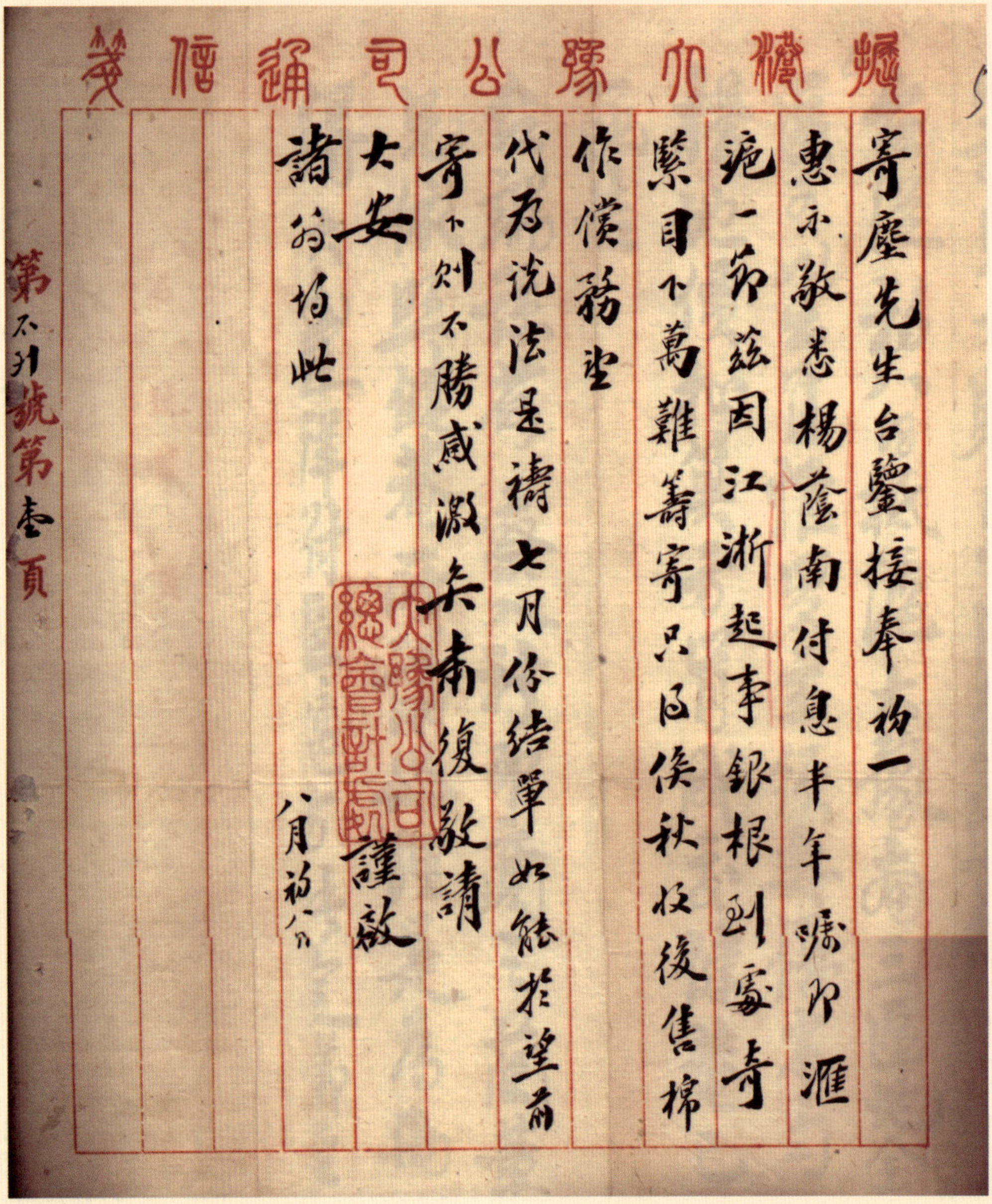
鹽墾大豫公司通信箋

寄塵先生台鑒：接奉初一
惠示，敬悉楊蔭南付息半年，囑即匯
竑一節。茲因江浙起事，銀根到處奇
緊，目下萬難籌寄，只得俟秋收後售棉
作償，務望
代爲說法，是禱。七月份結單如能於望前
寄下，則不勝感激矣。肅復，敬請
大安
諸翁均此
謹啟
八月初八日

第不列號第壹頁

大豫盐垦公司致吴寄尘信函

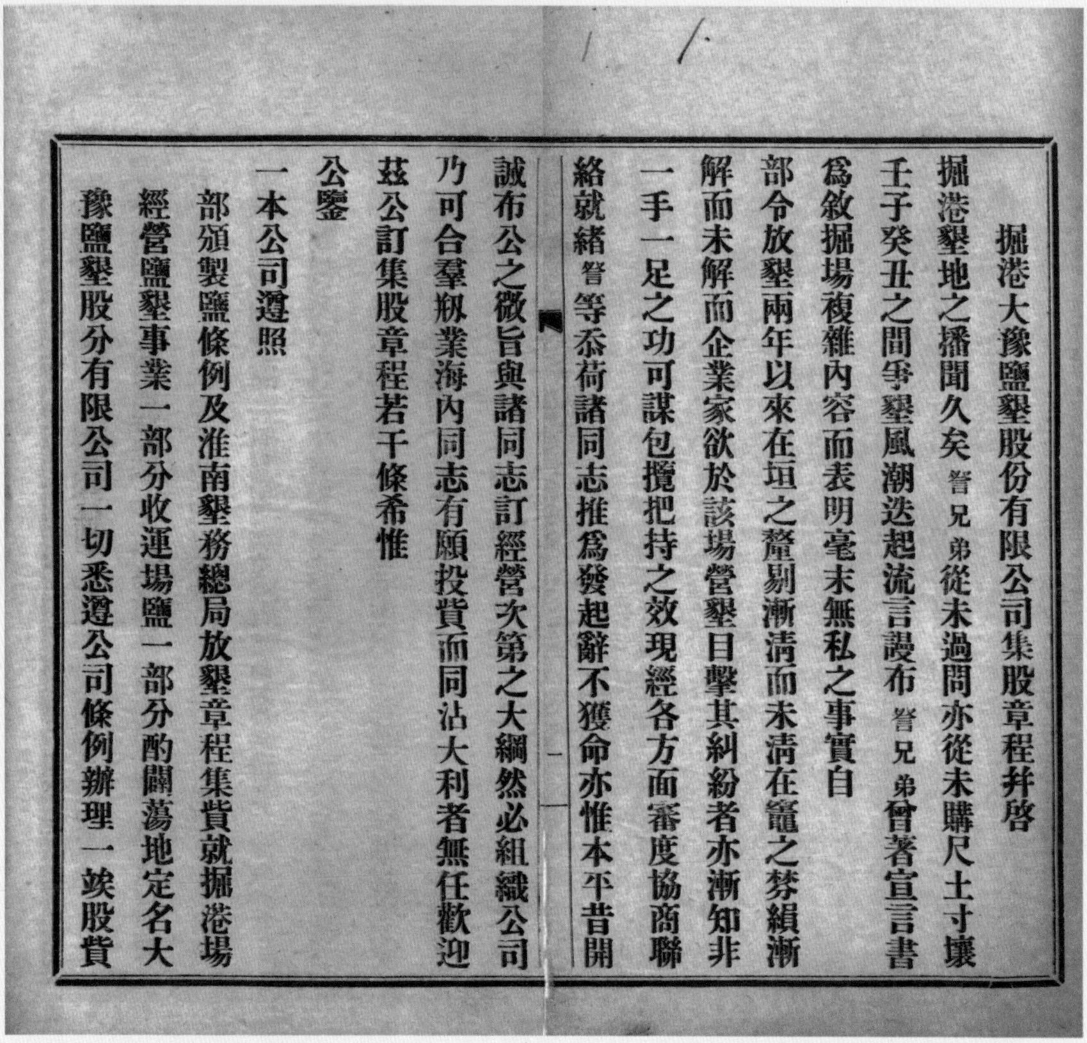

掘港大豫鹽墾股份有限公司集股章程幷啓

掘港墾地之播聞久矣謇兄弟從未過問亦從未購尺土寸壤壬子癸丑之間爭墾風潮迭起流言謾布謇兄弟曾著宣言書爲敘掘場複雜內容而表明毫末無私之事實自部令放墾兩年以來在垣之釐剔漸清而未清在竈之棼緝漸解而未解而企業家欲於該場營墾目擊其糾紛者亦漸知非一手一足之功可謀包攬把持之效現經各方面審度協商聯絡就緒謇等忝荷諸同志推爲發起辭不獲命亦惟本平昔開誠布公之微旨與諸同志訂經營次第之大綱然必組織公司乃可合羣刱業海內同志有願投貲而同沾大利者無任歡迎茲公訂集股章程若干條希惟

公鑒

一本公司遵照

部頒製鹽條例及淮南墾務總局放墾章程集貲就掘港場經營鹽墾事業一部分收運場鹽一部分酌劃蕩地定名大豫鹽墾股分有限公司一切悉遵公司條例辦理一 俟股貲

1916年大豫盐垦公司集股章程

大豫盐垦公司全图

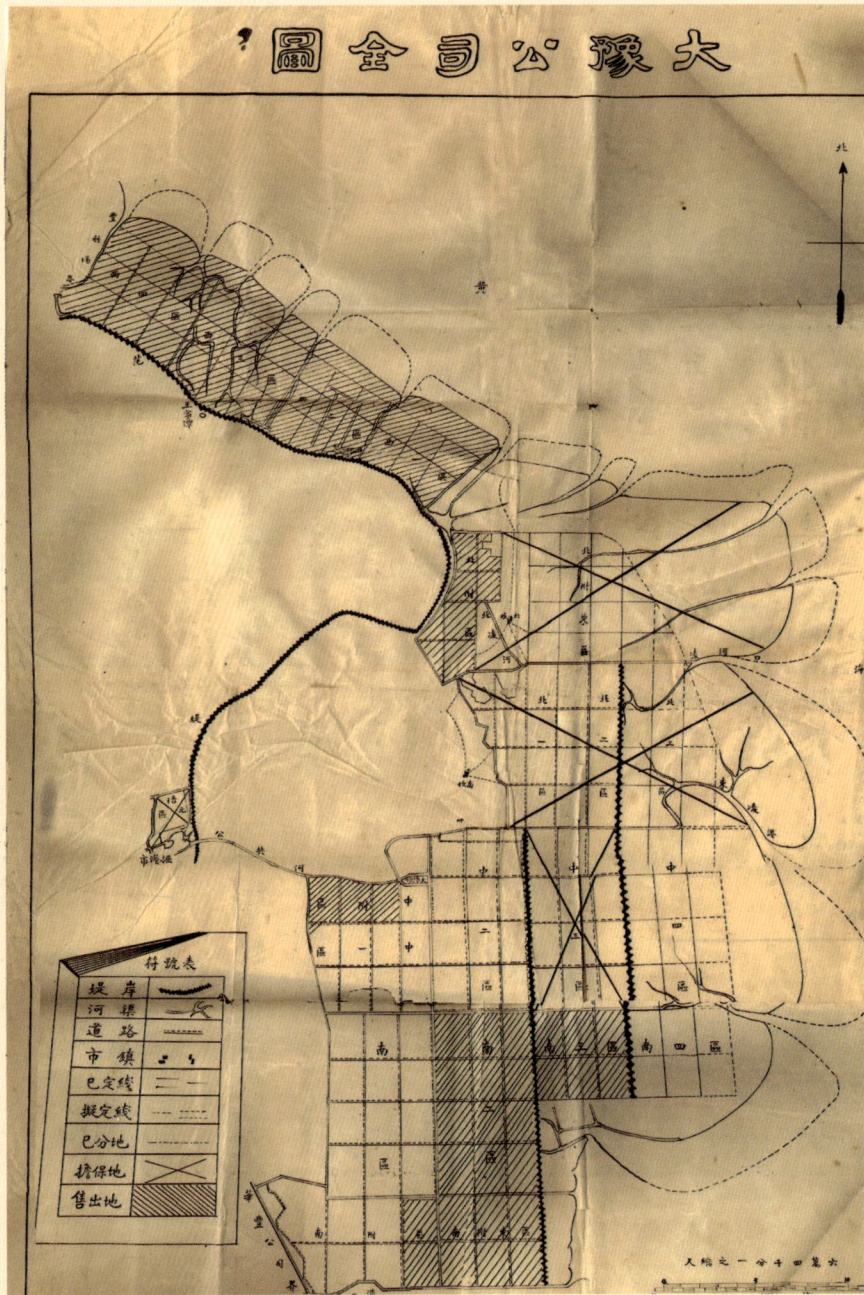

南通绣织局

保管单位：南通市档案馆

内容及评价：

南通绣织局创始于1920年，是从事绣品生产和出口的机构，由沈寿任局长。清末民初，刺绣艺术大师沈寿创新了仿真绣，将刺绣艺术提高到一个崭新的阶段。沈寿曾口述刺绣艺术，由张謇笔录整理编为《雪宧绣谱》，这是我国第一部系统总结刺绣艺术经验的专门著作。沈寿于1914年应张謇之聘到南通任女工传习所所长，招收专门学生学习刺绣艺术。1920年在传习所之外设立公司，还在美国纽约第五大道设分公司，对美经营绣品。南通绣织局除了供应绣品外，还向苏州、浦东等地收购发网、花边等。1922年因美销呆滞，资金搁在成品上，无力缴纳美国所征收的关税，南通绣织局被迫停业。

南通绣织局是南通对外输出工艺美术品、传播中华文明的一个创举。

南通绣织局外景

美国纽约第五大道南通绣织局

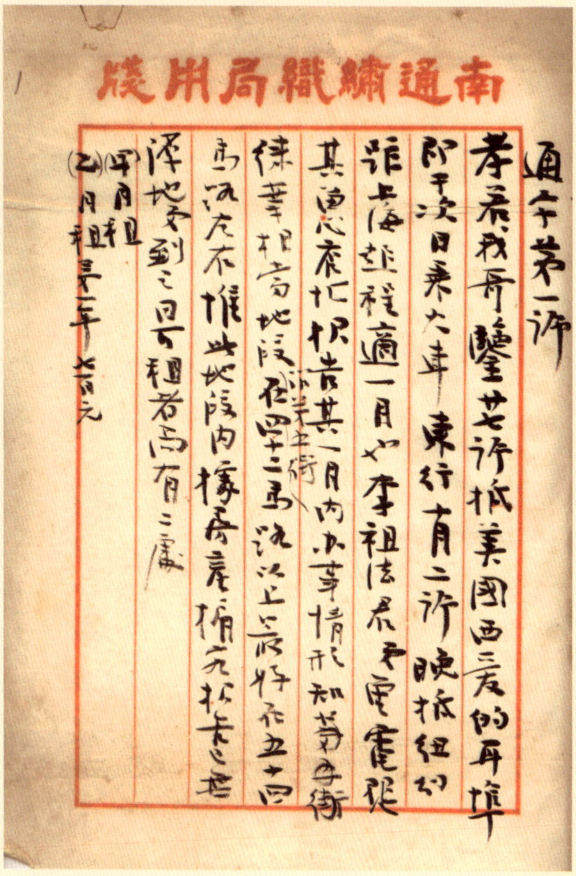

南通繡織局用牋

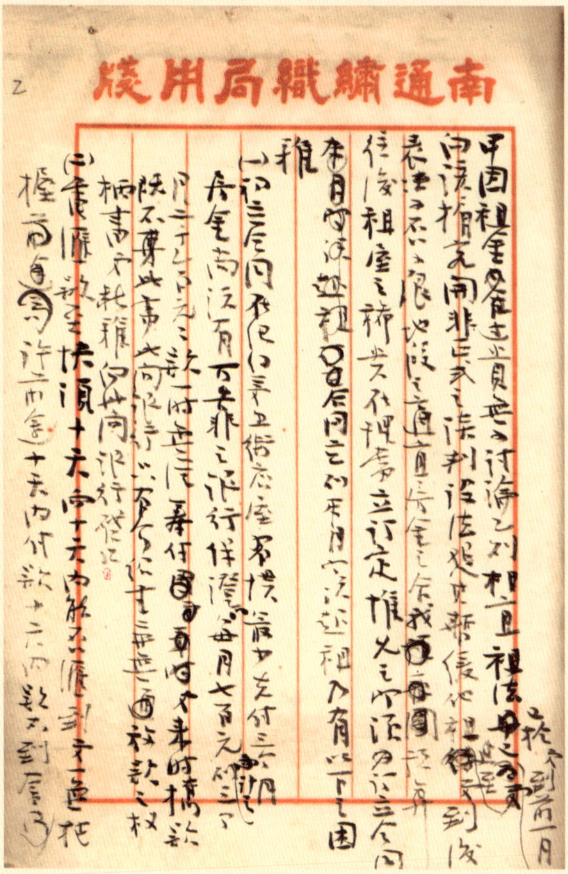

南通繡織局用牋

陈仲元致张孝若关于抵美开办绣织局的函

张謇于1914年创设女工传习所，聘沈寿任所长。1920年增设南通绣织局。

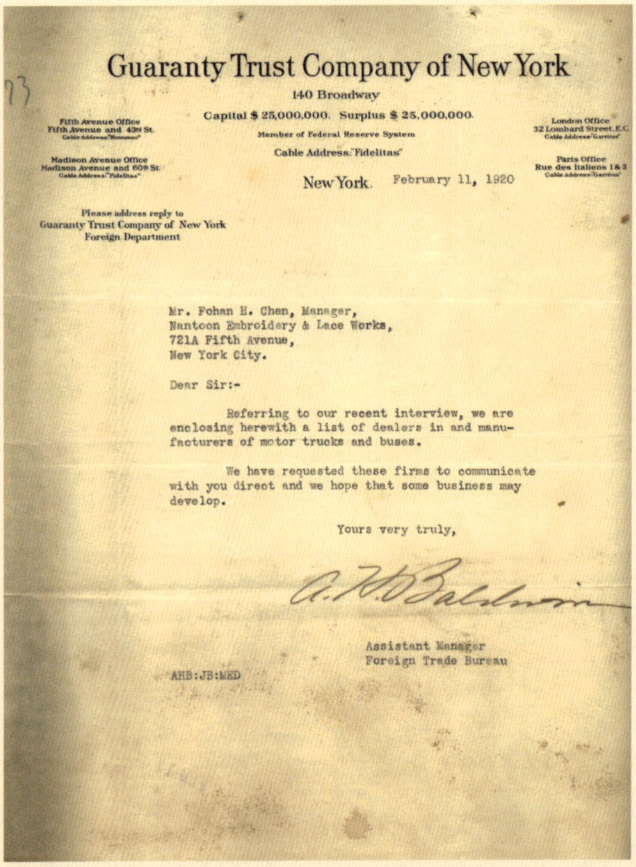

73

Guaranty Trust Company of New York
140 Broadway
Capital $ 25,000,000. Surplus $ 25,000,000.
Member of Federal Reserve System
Cable Address: "Fidelitas"

Fifth Avenue Office
Fifth Avenue and 43rd St.

Madison Avenue Office
Madison Avenue and 60th St.
Cable Address: "Fidelitas"

London Office
32 Lombard Street, E.C.
Cable Address: "Garritus"

Paris Office
Rue des Italiens 1 & 3
Cable Address: "Garritus"

New York. February 11, 1920

Please address reply to
Guaranty Trust Company of New York
Foreign Department

Mr. Fohan H. Chen, Manager,
Nantoon Embroidery & Lace Works,
721A Fifth Avenue,
New York City.

Dear Sir:-

Referring to our recent interview, we are enclosing herewith a list of dealers in and manufacturers of motor trucks and buses.

We have requested these firms to communicate with you direct and we hope that some business may develop.

Yours very truly,

A. H. B. Baldwin

Assistant Manager
Foreign Trade Bureau

AHB:JB:MED

1920年纽约Guaranty信用公司致绣织局提供客户名单的函

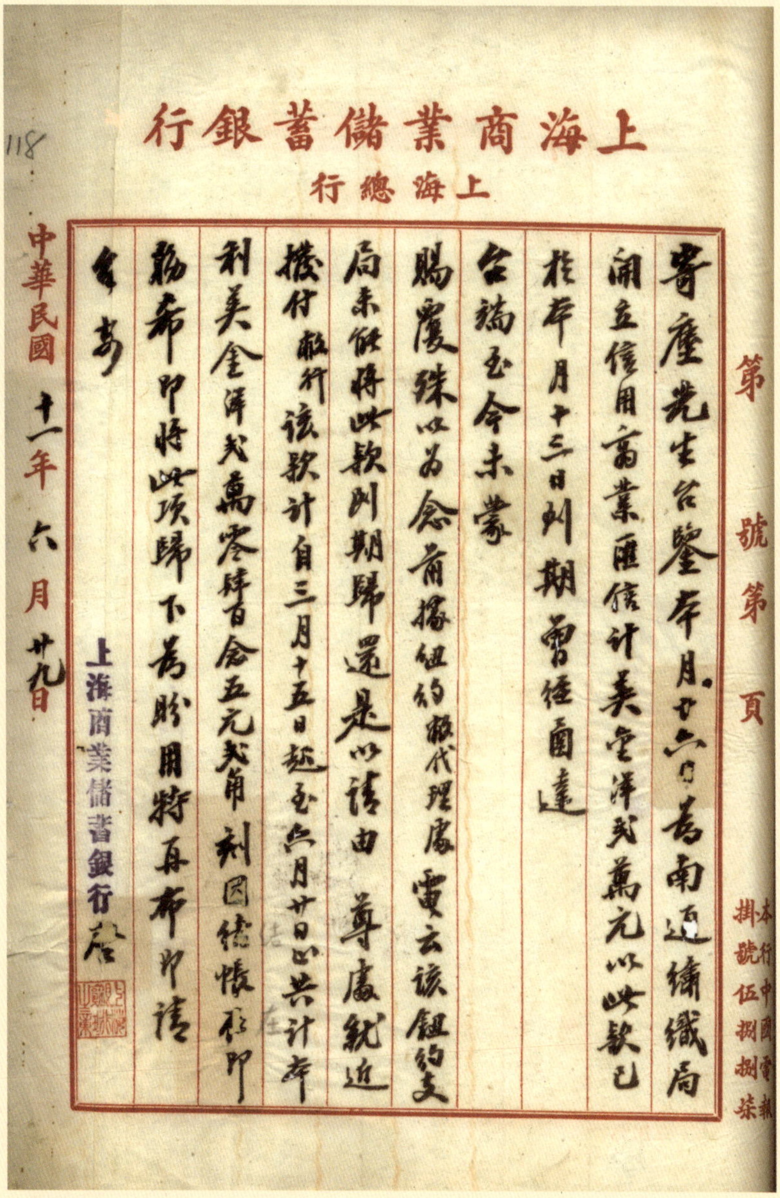

118

上海商業儲蓄銀行

上海總行

第　號第　頁

寄塵先生台鑒本年一月十六日爲南通繡織局開立信用商業匯信計美金洋弍萬元以此款已於本年月十三日到期曾經函達台端並今未蒙賜覆殊以爲念前據紐約敝代理處電云該紐約友局未能將此款到期歸還是以請由尊處就近撥付敝行該款計自三月十五日起至六月廿日止共計本利美金洋弍萬零肆百念五元弍角 利息續帳於即撥希即將此項歸下為盼用特再布即請

台安

上海商業儲蓄銀行啓

中華民國十一年六月廿九日

本行中國電報掛號伍捌捌柒

1922年上海商业储蓄银行致吴寄尘关于催还绣织局贷款的函

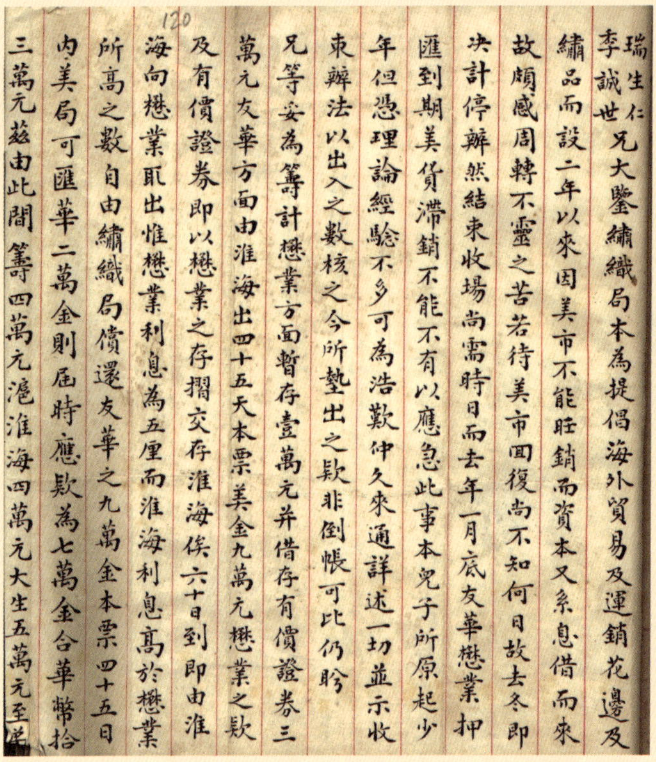

120

瑞生仁 季誠世兄大鑒繡織局本為提倡海外貿易及運銷花邊及
繡品而設二年以來因美市不能暢銷而資本又系息借而來
故頗感周轉不靈之苦若待美市回復尚不知何日故去冬即
決計停辦然結束收場尚需時日而去年一月底友華懋業押
匯到期美貨滯銷不能不有以應急此事本兒子所原起少
年但憑理論經驗不多可為浩歎仲久來通詳述一切並示收
束辦法以出入之數核之今所墊出之款非倒帳可比仍盼
兄等妥為籌計懋業方面暫存壹萬元并借存有價證券三
萬元友華方面由淮海出四十五天本票美金九萬元懋業之款
及有價證券即以懋業之存摺交存淮海俟六十日到即由淮
海向懋業取出惟懋業利息為五厘而淮海利息高於懋業
所高之數自由繡織局償還友華之九萬金本票四十五日
內美局可匯華二萬金則屆時應歇為七萬金合華幣拾
三萬元茲由此間籌四萬元滬淮海四萬元大生五萬元至

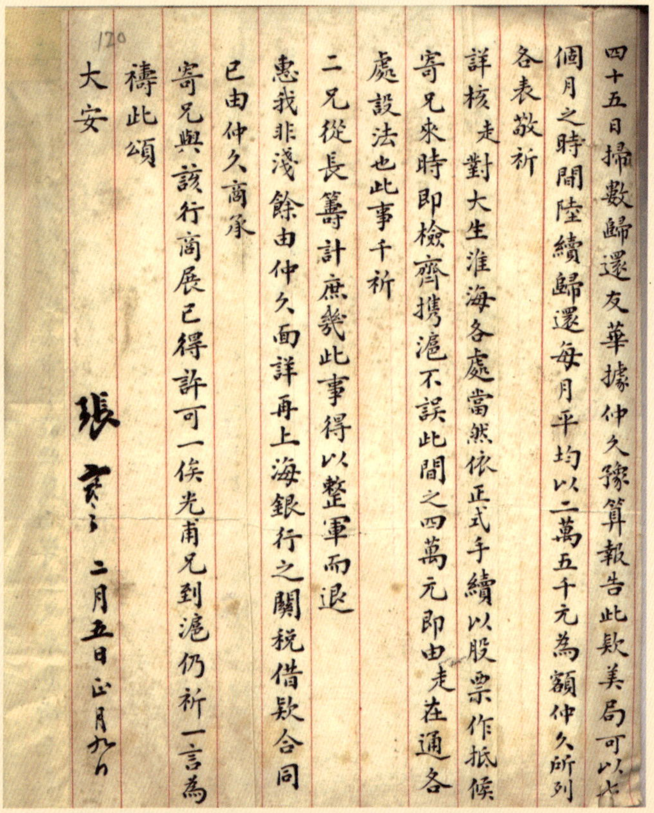

四十五日掃數歸還友華據仲久豫算報告此款美局可以六
個月之時間陸續歸還每月平均以二萬五千元為額仲久所列
各表敬祈
詳核走對大生淮海各處當然依正式手續以股票作抵候
寄兄來時即檢齊携滬不誤此間之四萬元即由走在通各
處設法也此事千祈
二兄從長籌計庶幾此事得以整軍而退
惠我非淺餘由仲久面詳再上海銀行之關稅借款合同
已由仲久商承
寄兄與該行商辰已得許可一俟光甫兄到滬仍祈一言為
禱此頌
大安

120

張謇 二月五日 正月初六

张謇致瑞生、季诚关于绣织局停办事宜的函

民国档案

民国南通县政府

保管单位：南通市档案馆

内容及评价：

1927年，国民革命军抵南通，推翻北洋政府南通县知事公署，成立国民党南通县政府，县知事改称县长。县政府下设4科，分管民政、财政、教育、建设事宜。后将警察局改为公安局，市设公安分局，乡设公安支局。1928年，撤销乡董事办事处，建立行政局。次年，将21个市、乡划并为18个区，行政局改为区公所，建立乡、镇公所。1931年，县政府奉令推行地方自治，实行“训政”。1934年，县政府下令停办自治，全县18个区并为13个区，实行保甲制度。撤销公安分局、支局，有关“违禁”事宜，统由区公所兼管。1938年3月，日军侵占南通城，国民党南通县级机关撤至金沙镇，再迁北兴桥。1945年8月，日军投降。9月，国民党专署委派县长接管汪伪南通县特别区公署，重建南通县政府，下设民政、财政、建设、教育、军事、社会等科。1949年2月，国民党县政府随军南遁，旋即解体。

南通市档案馆保存的民国南通县政府档案有9768卷，绝大部分系抗战胜利至南通解放期间形成。这些档案是民国南通县政府在其职能活动中直接形成的历史记录，为后人研究民国县级政府的内部结构、机构运行提供了详实的原始材料。这些档案还反映了抗战时期受难民众损失情况、国共在南通地区政治军事斗争情况。

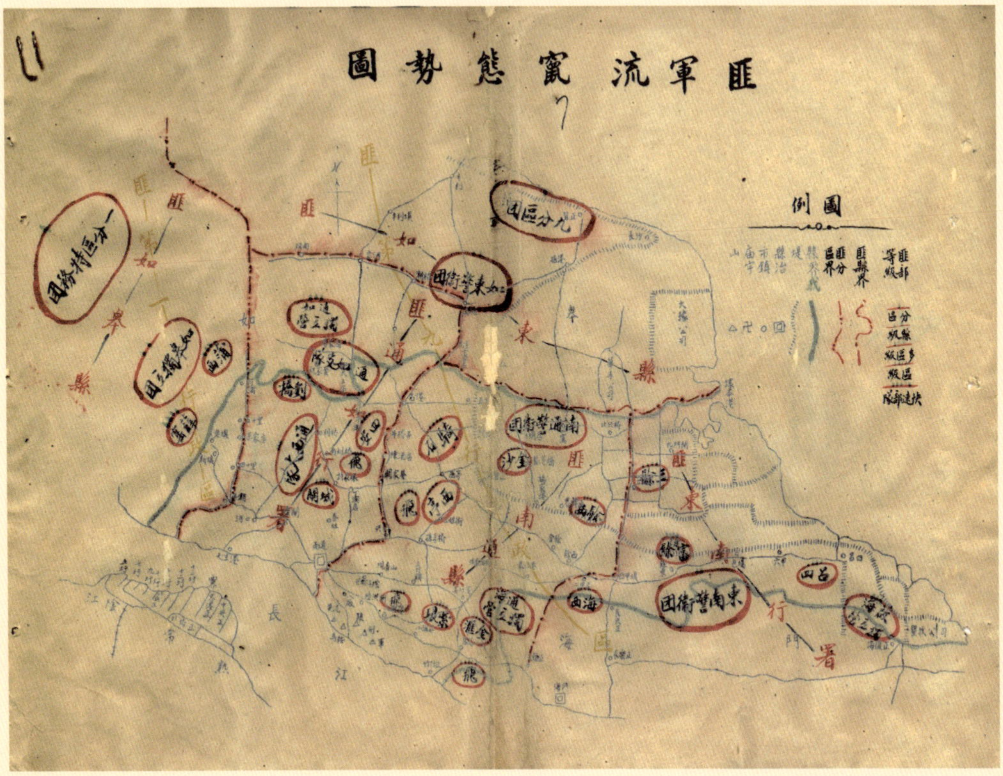

南通县中共形势图

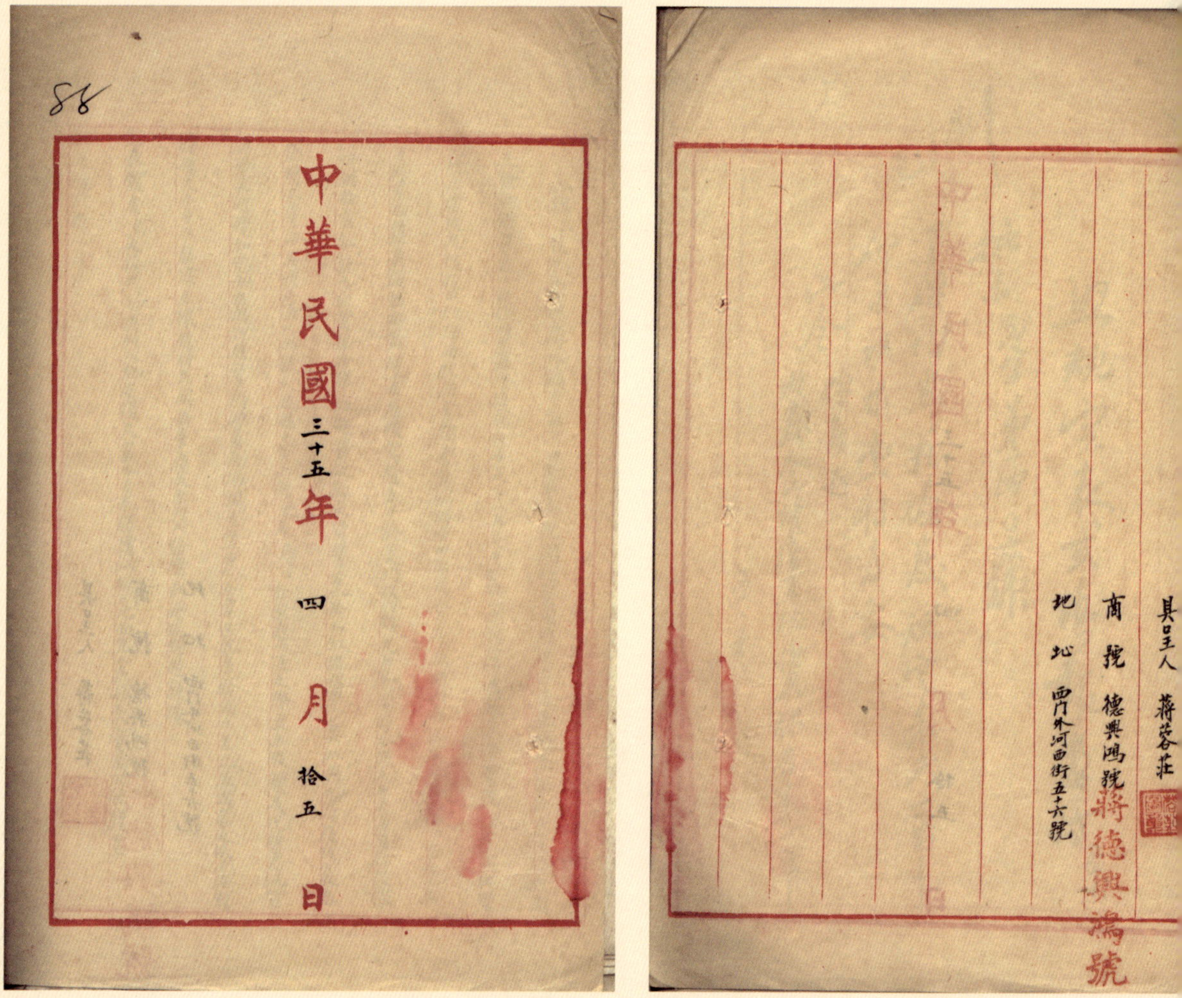
88

中華民國三十五年四月拾五日

具呈人 蔣蓉莊
商號 德興鴻號
地址 西門外河西街五十六號
蔣德興鴻號

1946年蒋蓉庄关于日机轰炸受损情况给南通县政府呈文

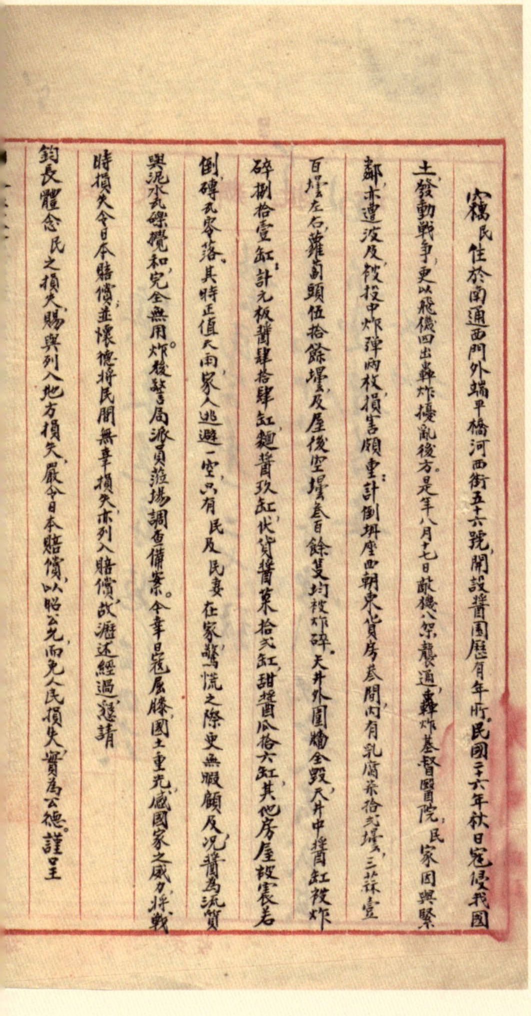
竊民住於南通西門外端平橋河西街五十六號，開設醬園歷有年所。民國二十六年秋日寇侵我國
土，發動戰爭，更以飛機四出轟炸擾亂後方。是年八月十七日敵機八架襲通，轟炸基督醫院，民家因與緊
鄰，亦遭波及，被投中炸彈兩枚，損害頗重：計倒坍座西朝東貨房叁間，內有乳腐亦拾弍壜，三蒜壹
百壜左右，蘿蔔頭伍拾餘壜，及屋後空壜叁百餘隻均被炸碎。天井外圍牆全毀，天井中醬缸被炸
碎捌拾壹缸，計元板醬肆拾肆缸，麵醬玖缸，代貨醬菜拾弍缸，甜醬瓜拾六缸，其他房屋設裳若
倒，磚瓦零落。其時正值天雨，家人逃避一空，只有民及民妻在家驚慌之際，更無暇顧及，况醬爲流質
與泥水瓦礫攪和，完全無用。炸後警局派員蒞場調查備案。今幸邑屆勝，國土重光，感國家之威力，將戰
時損失令日本賠償，並懷德將民間無辜損失亦列入賠償，故瀝述經過，懇請
鈞長體念民之損失，賜與列入地方損失，嚴令日本賠償，以昭公允而免人民損失，實爲公德。謹呈

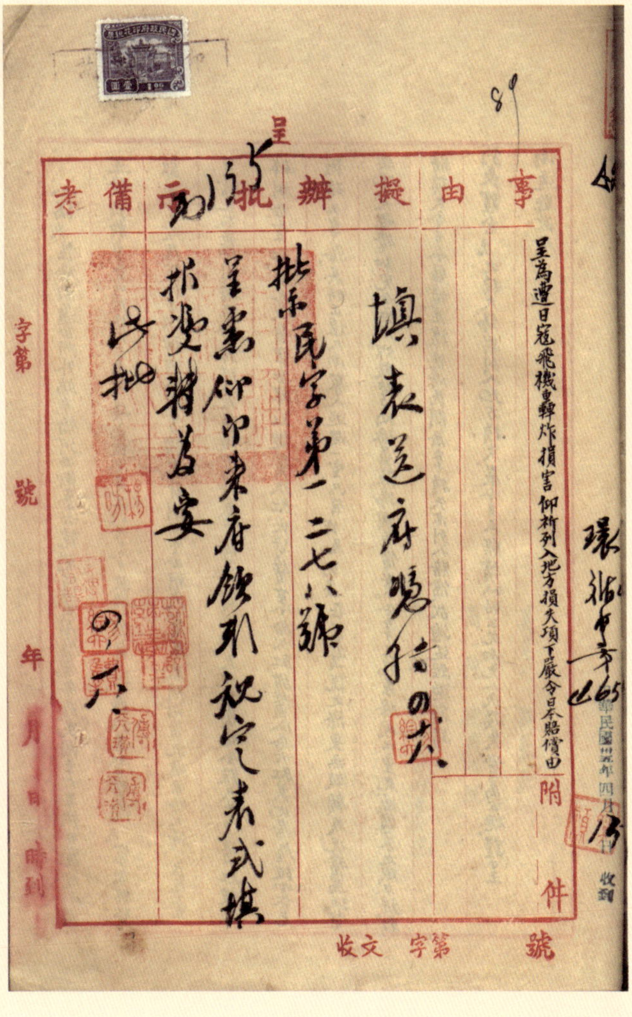
事由：呈爲遭日寇飛機轟炸損害仰祈列入地方損失項下嚴令日本賠償由
擬辦：填表送府彙轉 四.六
批示：批示民字第一二七八號 呈悉仰即來府領取祝定表式填報憑轉爲要 此批 四.八
備考
附件
收文 第 字 號
字第 號 年 月 日 時到
民國卅五年四月 日收到

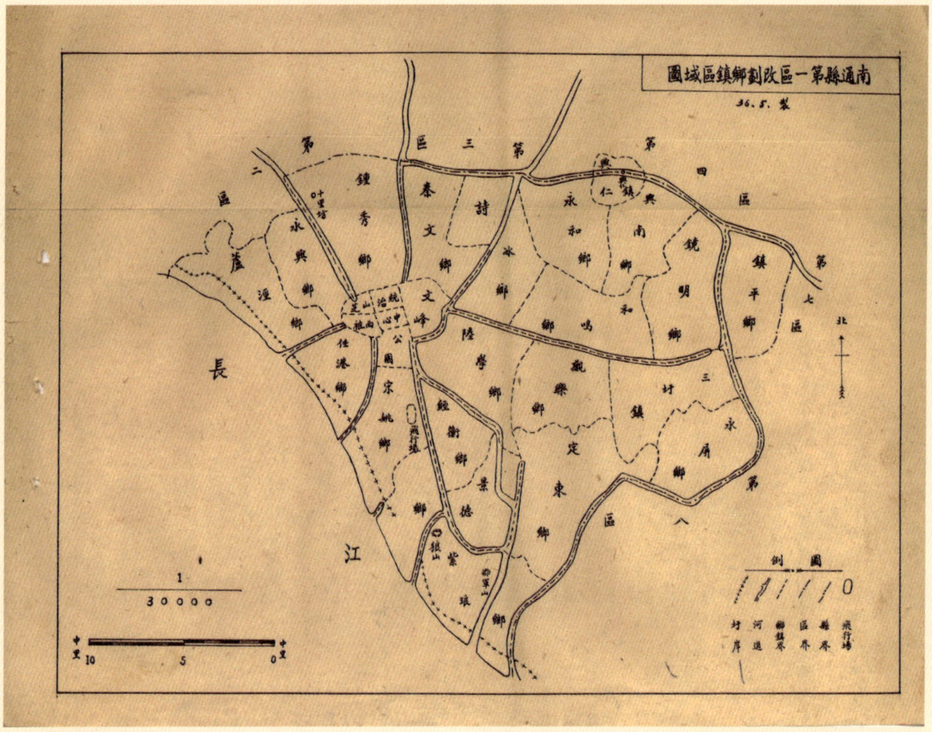

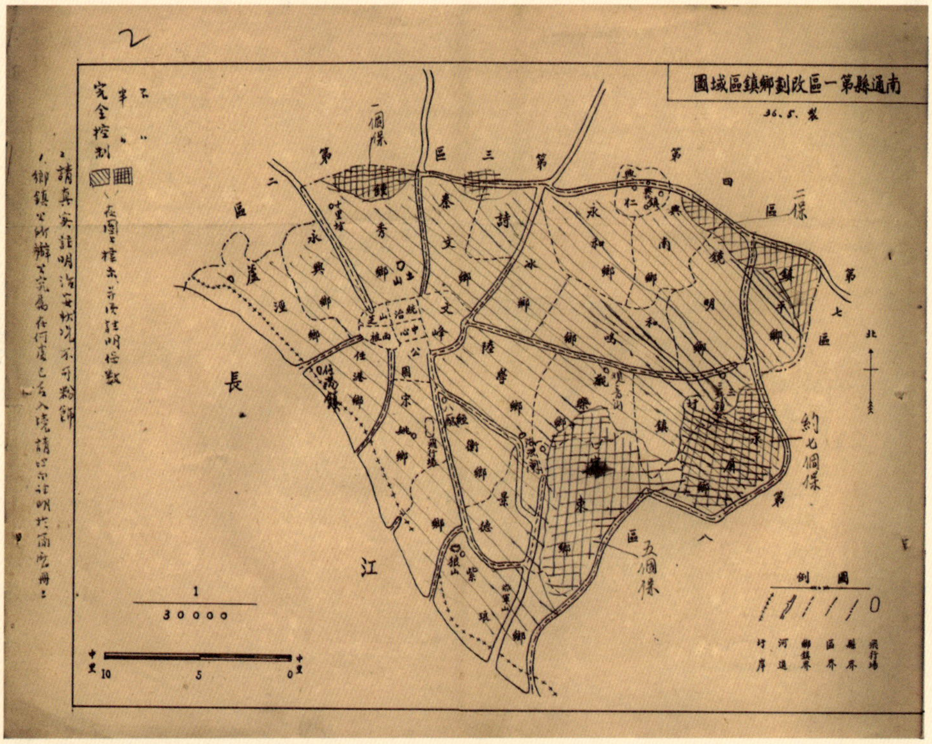

1947年南通县第一区改划乡镇区域图

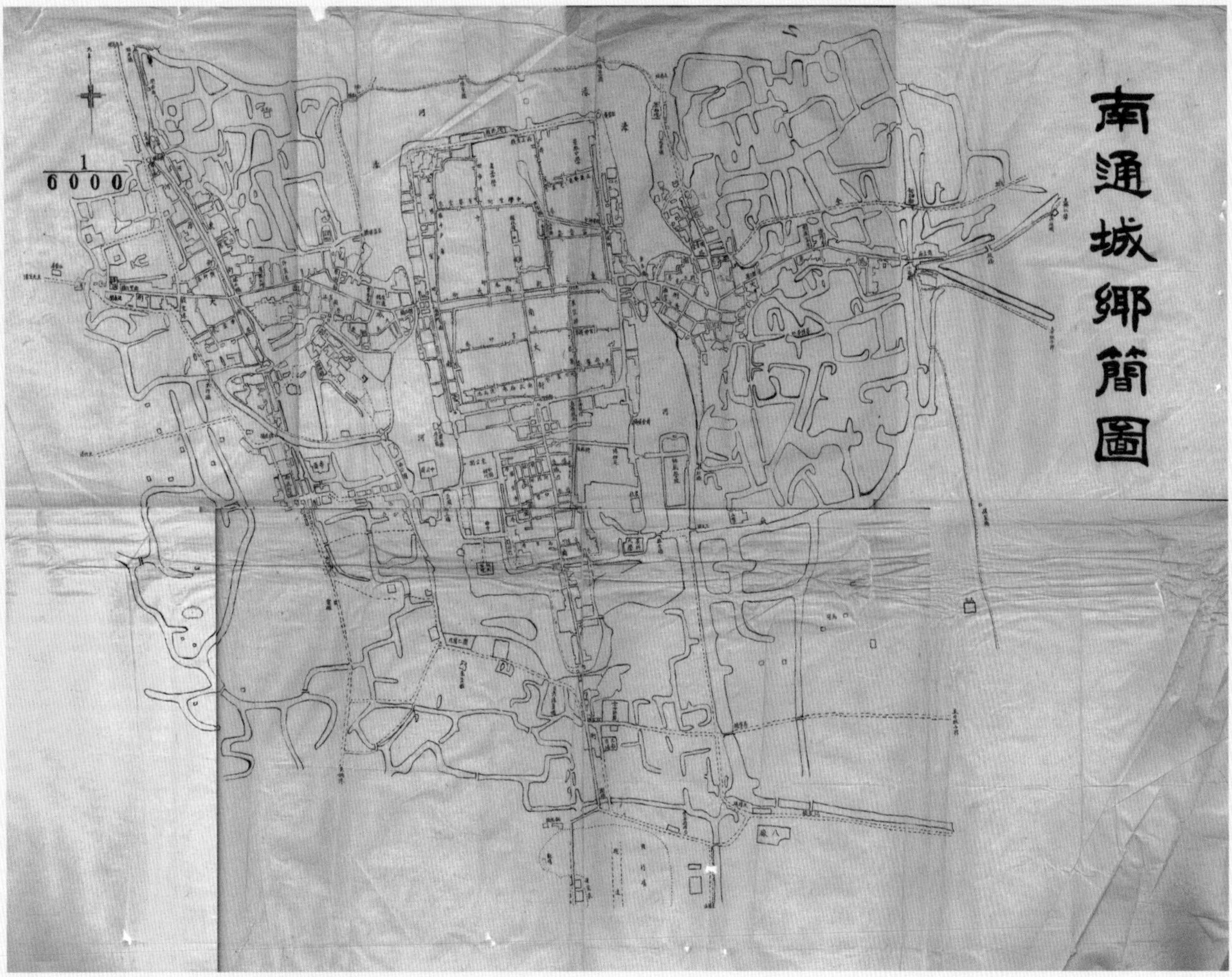

南通城乡简图

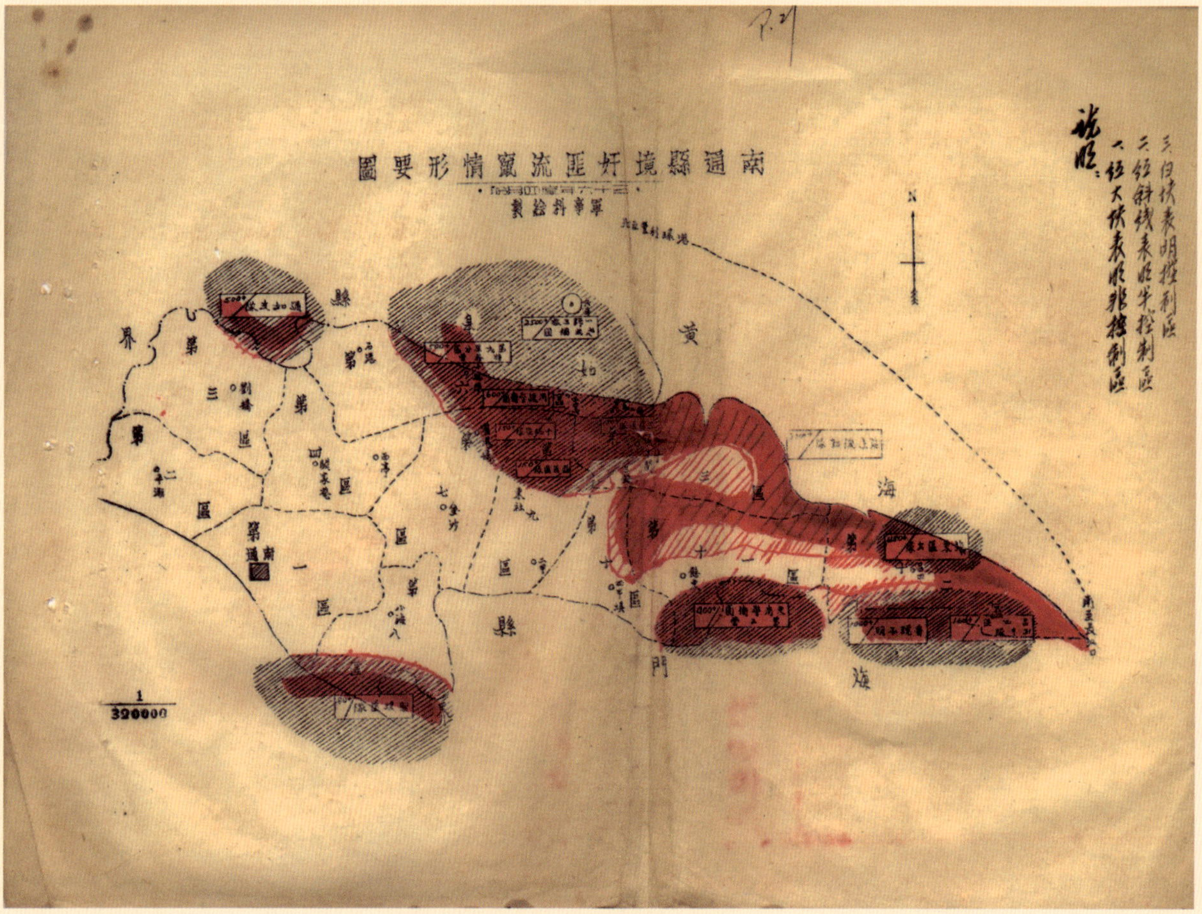

1947年南通县境国共形势图

民国南通警察局

保管单位：南通市档案馆

内容及评价：

1908年2月，通州地方官绅协议，将商团改编为警察事务所，后称巡警总局，这是南通最早的警察机构。民国时期，通州改称南通县，县、市（当时镇称为市）、乡均有警察机构。1912年南通县设警备课，1920年设警察局，1927年改称公安局，其后机构多次变化，管辖范围亦时有变化，而警察制度基本不变。抗日战争胜利后，国民政府南通县设警察局。

南通县警察局是民国南通重要的行政管理机构，从档案里可以了解到警察局本身的职能及运作流程，以及处理吸毒贩毒、盗窃、赌博等刑事案件，处理打架、家庭纠纷、民间纠纷，行业登记等工作情况，也可以透过其收集的情报探寻中国共产党的活动情况。

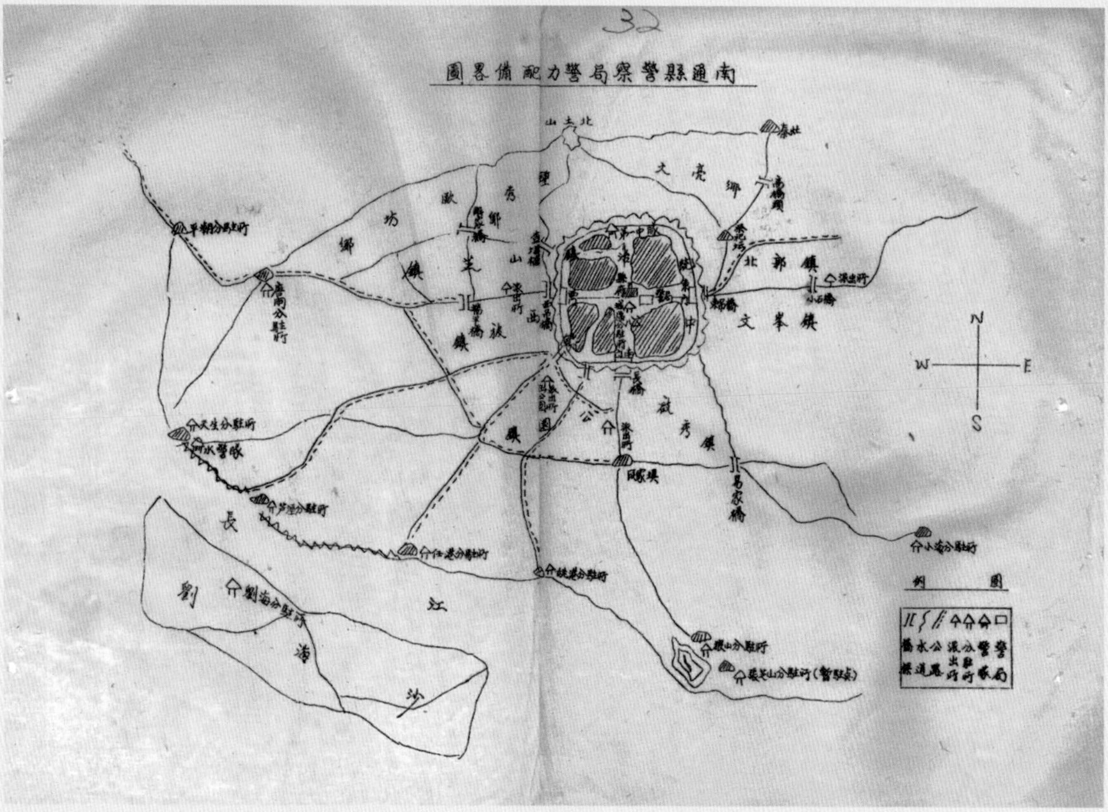

1946年南通县警察局警力配备图

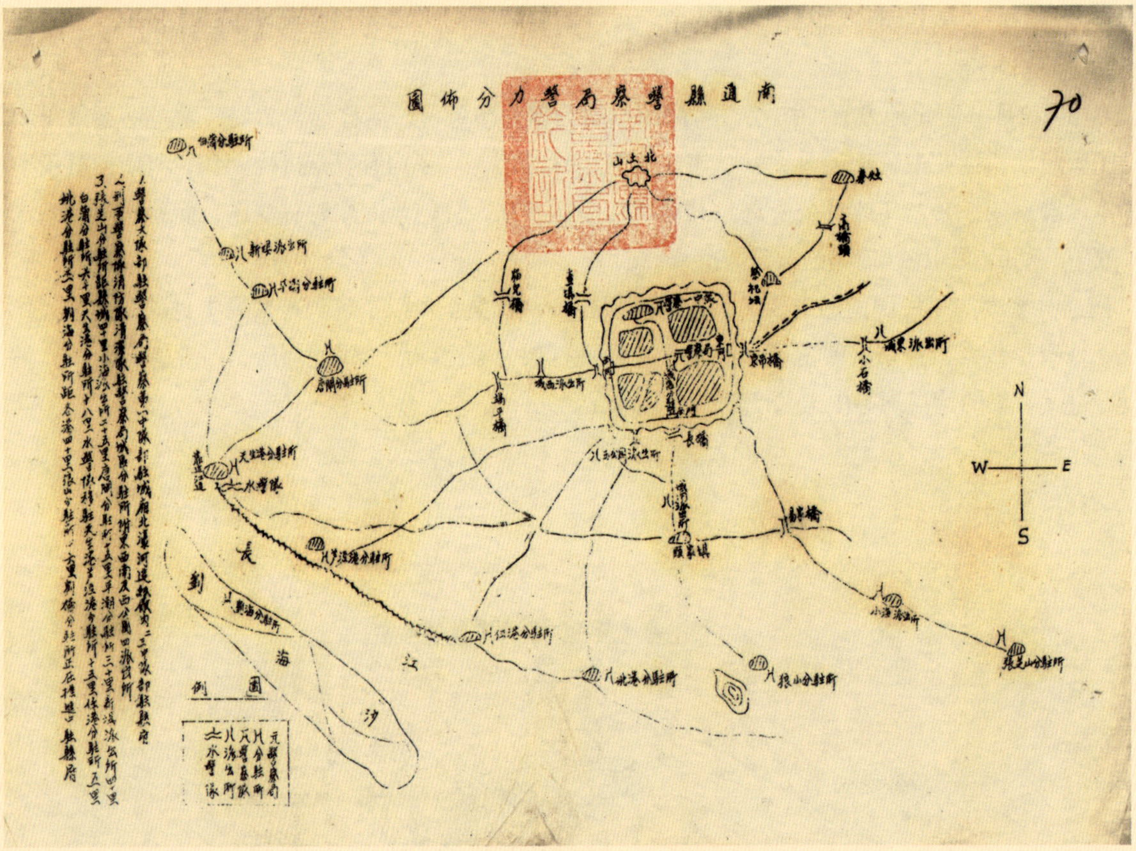

南通县警察局警力分布图

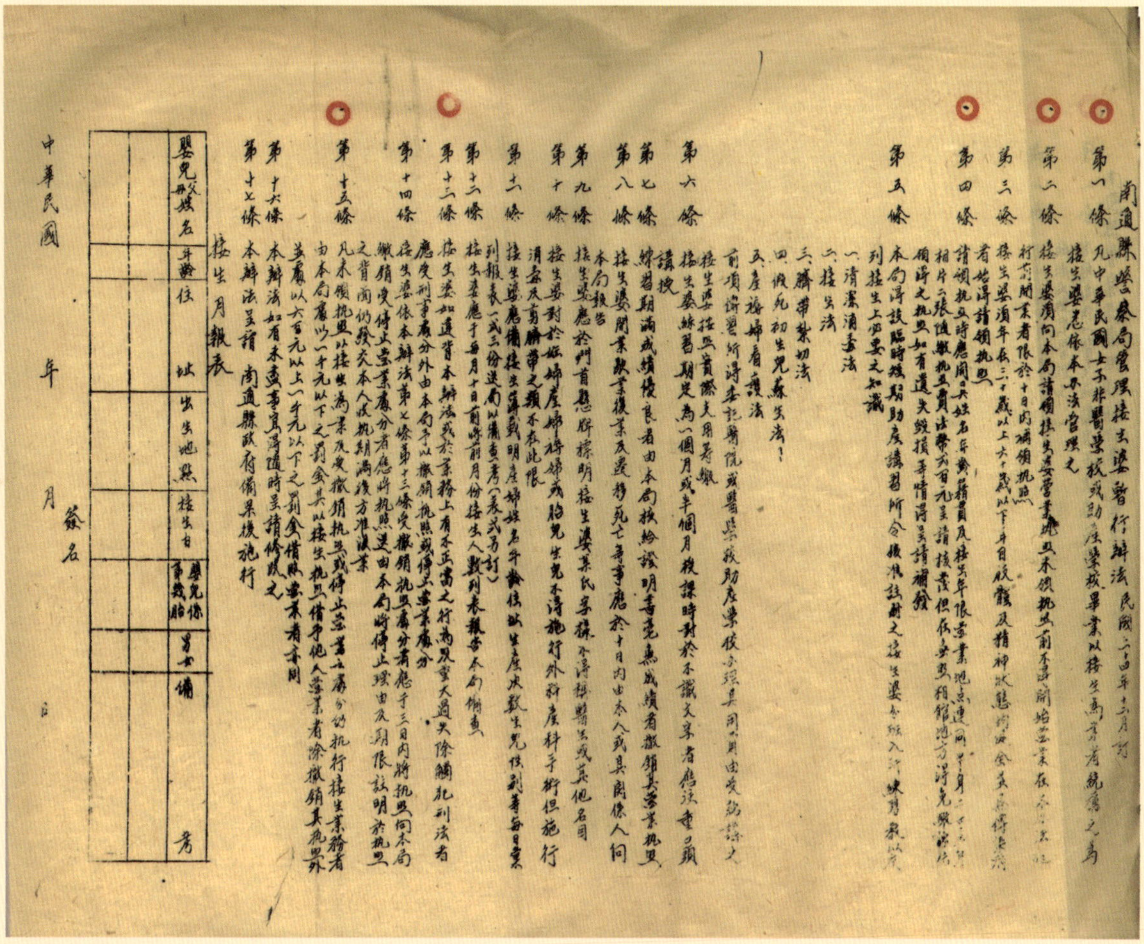

南通縣警察局管理接生婆暫行辦法 民國三十四年十二月訂

第一條 凡中華民國女子非醫學校或助產學校畢業以接生為業者統稱之為接生婆悉依本辦法管理之

第二條 接生婆須向本局請領接生婆營業執照未領執照前不得開始營業在本辦法施行前開業者限於十日內補領執照

第三條 接生婆須年在三十歲以上六十歲以下耳目聰明及精神狀態均無缺陷者始得請領執照

第四條 請領執照時應開具姓名年齡籍貫及接生年限營業地點連同半身二寸相片二張並繳執照費法幣[illegible]百元呈請核發但依其[illegible]得免[illegible]領得之執照如有遺失毀損等情得呈請補發

第五條 本局得設臨時短期助產講習所令領照之接生婆分班入所練習[illegible]以下列接生上必要之知識

一、清潔消毒法

二、接生法

三、臍帶紮切法

四、假死初生兒蘇生法

五、產婦看護法

前項講習所得委託醫院或醫學校助產學校辦理其用[illegible]由受訓接生婆[illegible]

第六條 接生婆練習期定為一個月或半個月授課時對於不識文字者應注意口頭講授

第七條 練習期滿成績優良者由本局核給證明書[illegible]成績者撤銷其營業執照

第八條 接生婆開業歇業復業及遷移死亡等事應於十日內由本人或其關係人向本局報告

第九條 接生婆應於門首懸牌標明接生婆某氏字樣不得標明醫生或其他名目

第十條 接生婆對於姙婦產婦褥婦或胎兒生兒不得施行外科產科手術但施行消毒及剪臍帶之類不在此限

第十一條 接生婆應備接生簿載明產婦姓名年齡住址生產次數生兒性別等每日[illegible]列報表一式三份送局以備查考(表式另訂)

第十二條 接生婆應于每月十日前將前月份接生人數列表報告本局備查

第十三條 接生婆如違背本辦法或於業務上有不正當之行為及重大過失除觸犯刑法者應受刑事處分外由本局予以撤銷執照或停止營業處分

第十四條 接生婆依本辦法第七條第十三條受撤銷執照處分者應于三日內將執照向本局繳銷受停止營業處分者應將執照送由本局將停止理由及期限註明於執照之背面仍發交本人收執期滿後方准復業

第十五條 凡未領執照以接生為業及受撤銷執照或停止營業之處分仍執行接生業務者由本局處以一千元以下之罰金其以接生執照借予他人營業者除撤銷其執照外並處以六百元以上一千元以下之罰金

第十六條 本辦法如有未盡事宜得隨時呈請修改之

第十七條 本辦法呈請南通縣政府備案後施行

接生月報表

嬰兒父母姓名	年齡	住址	出生地點	接生日	嬰兒係第幾胎	男女	備考

中華民國 年 月 日 簽名

1945年12月《南通县警察局管理接生婆暂行办法》

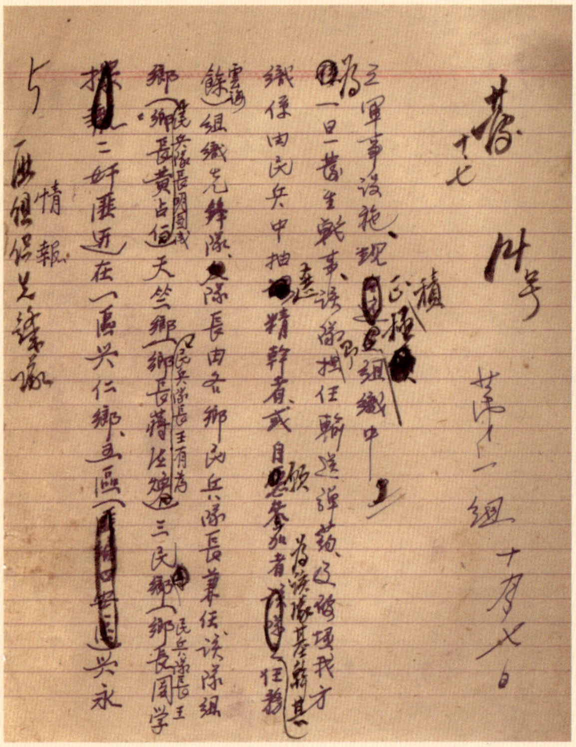

情報

第十一組　十月七日

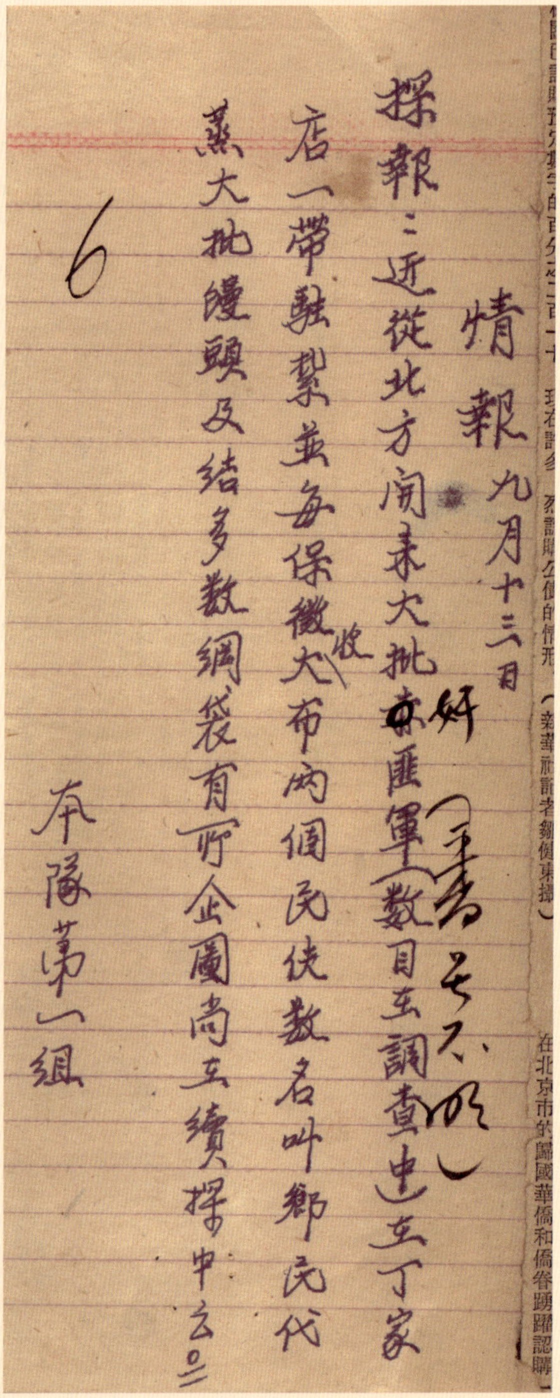

6

情報　九月十三日

探報：近從北方開來大批奸匪軍（番号不明）數目在調查中，在丁家店一帶駐紮，並每保徵收大布兩個，民伕數名，叫鄉民代蒸大批饅頭及結多數綢袋，有所企圖，尚在續探中云云

本隊第一組

1948年关于共产党军队准备进攻南通的情报

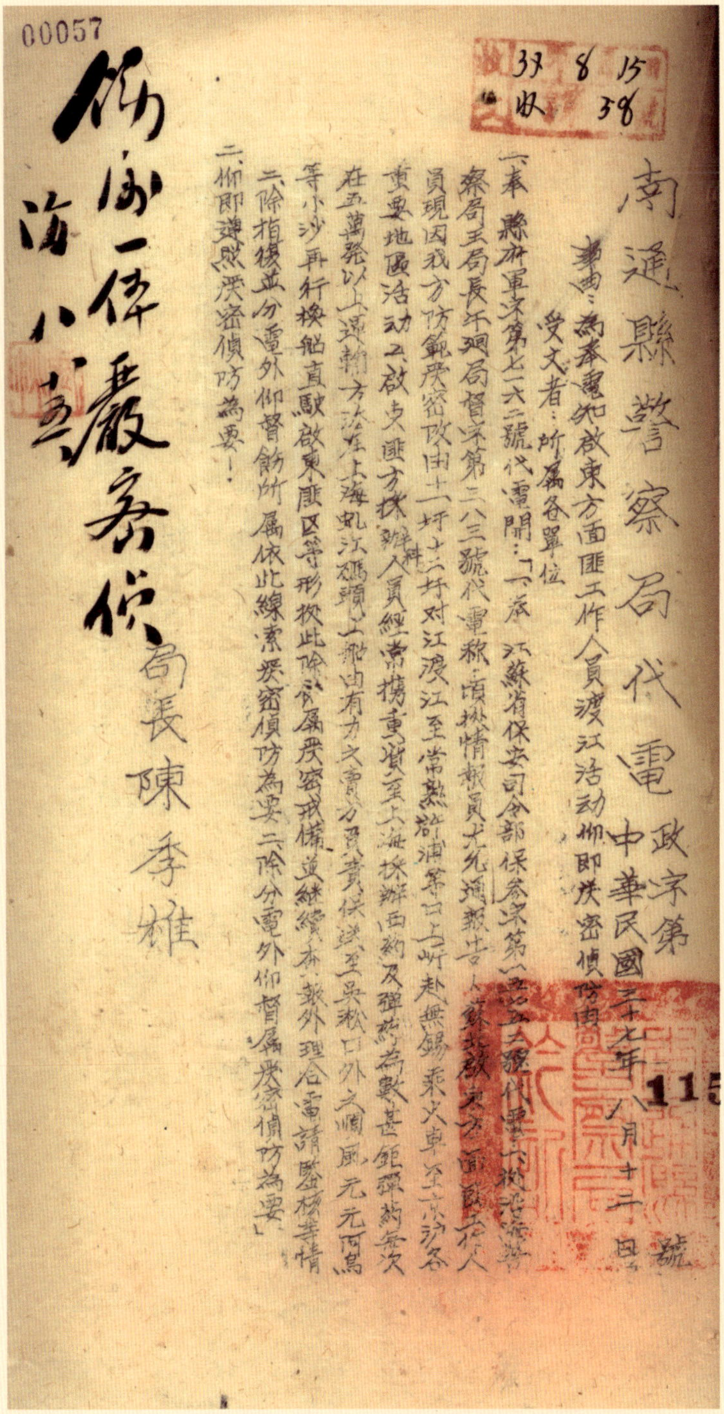

00057

33 8 15
收 38

南通縣警察局代電 政字第 號 中華民國三十七年八月十二日

事由：為奉電知啟東方面匪工作人員渡江活動仰即嚴密偵防由

受文者：所屬各單位

一、奉 縣府軍字第七一六二號代電開：「一、案奉 江蘇省保安司令部保參字第一五七五號代電開：據江蘇……警察局王局長午迥局督字第二八三號代電稱：頃據情報員尤允通報告：蘇北啟東方面匪工作人員現因我方防範嚴密改由十一圩十二圩对江渡江至常熟滸浦等口上岸，赴無錫乘火車至京沪各重要地區活动，且啟東匪方採辦人員經常攜重資至上海採辦西葯及彈葯，為數甚鉅，彈葯每次在五萬発以上，運輸方法在上海虬江碼頭上船，由有力之貢分負責保送至吳淞口外之順風元元丙鳥等小沙再行換船直駛啟東匪区等情。據此，除分屬嚴密戒備並繼續查報外，理合電請鑒核等情。二、除指復並分電外，仰督飭所屬依此線索嚴密偵防為要。二、除分電外，仰督屬嚴密偵防為要」

二、仰即遵照嚴密偵防為要！

局長陳季雄

飭分一体嚴密偵

冶 八.十五

115

1948年8月12日南通县警察局有关启东共产党渡江购西药、弹药的情报

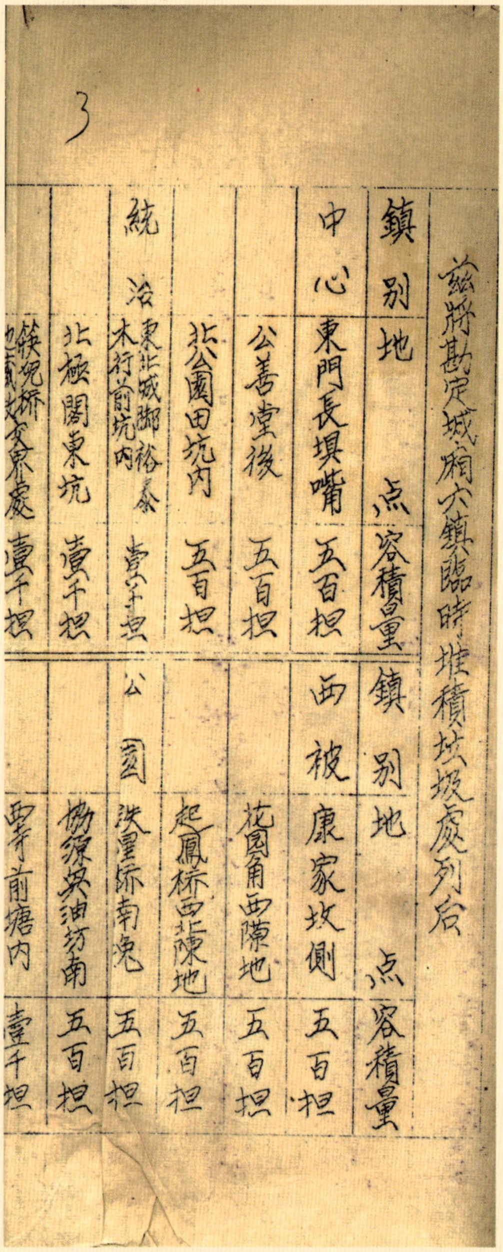

茲將勘定城廂六鎮臨時堆積垃圾處列后

鎮別	地点	容積量	鎮別	地点	容積量
中心	東門長壩嘴	五百担	西被	康家坟側	五百担
	公善堂後	五百担		花園角西隙地	五百担
	北公園田坑内	五百担		起鳳橋西北隙地	五百担
統治	東北城脚裕泰木行前坑内	壹千担	公園	洪皇廟南塘	五百担
	北極閣東坑	壹千担		協源油坊南	五百担
	[illegible]	壹千担		西寺前塘内	壹千担

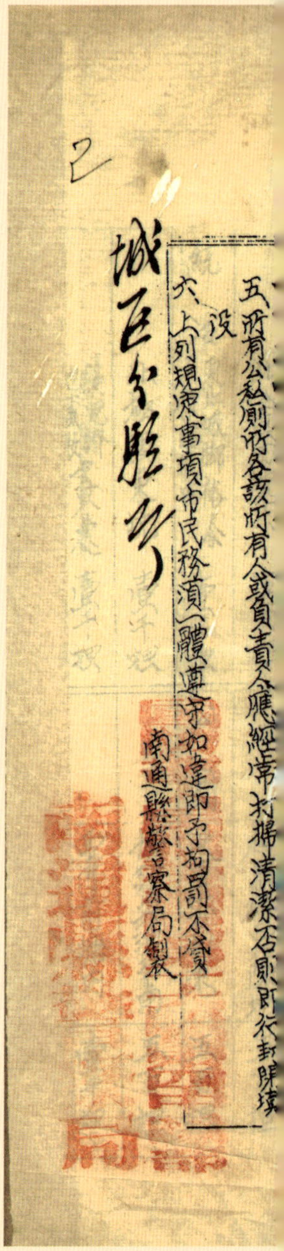

五、所有公私廁所各該所有人或負責人應經常打掃清潔否則即行封閉

六、上列規定事項市民務須一體遵守如違即予拘罰不貸

南通縣警察局製

1948年1月南通县警察局颁布的城厢六镇临时堆积垃圾处规定

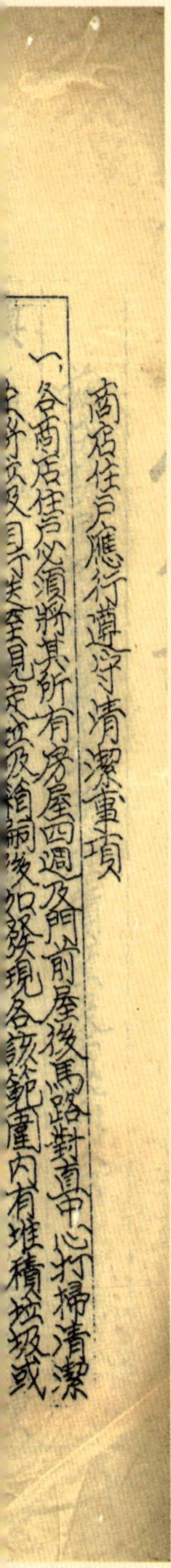
商店住戶應行遵守清潔事項
一、各商店住戶必須將其所有房屋四週及門前屋後馬路對直中心打掃清潔……

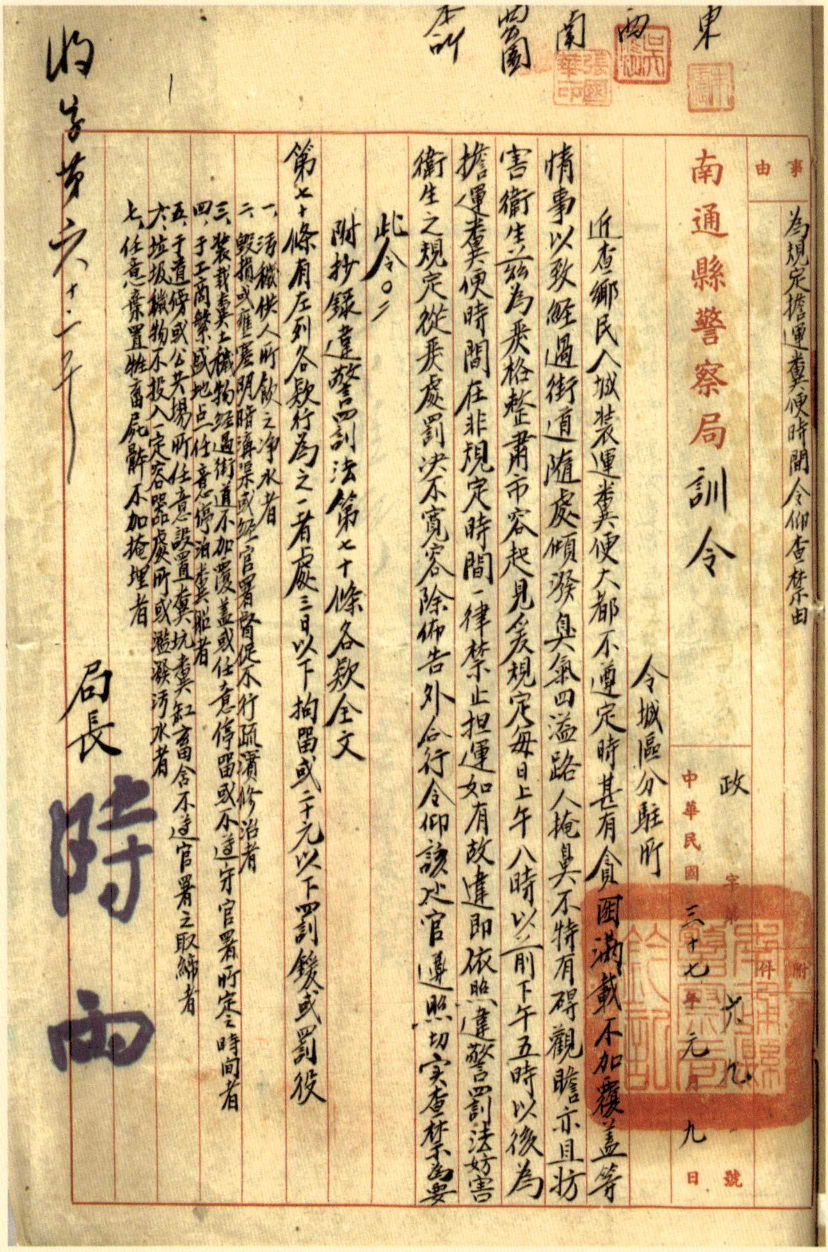
事由：為規定擔運糞便時間令仰查禁由

南通縣警察局訓令 政 字第 號

中華民國三十七年元月九日

令城區分駐所

近查鄉民入城裝運糞便大都不遵定時甚有貪圖滿載不加覆蓋等情事以致經過街道隨處傾潑臭氣四溢路人掩鼻不特有碍觀瞻亦且妨害衛生茲為嚴格整肅市容起見爰規定每日上午八時以前下午五時以後為擔運糞便時間在非規定時間一律禁止担運如有故違即依照違警罰法妨害衛生之規定從严處罰決不寬容除佈告外合行令仰該所遵照切实查禁為要

此令。

附抄錄違警罰法第七十條各款全文

第七十條 有左列各款行為之一者處三日以下拘留或二十元以下罰鍰或罰役

一、污穢供人所飲之淨水者

二、毀損或壅塞明暗溝渠或經官署督促不行疏濬修治者

三、裝載糞土穢物經過街道不加覆蓋或任意停留或不遵守官署所定之時間者

四、于工商繁盛地點任意停泊糞船者

五、于道路或公共場所任意設置糞坑糞缸畜舍不遵官署之取締者

六、垃圾穢物不投入一定容器或處所或灑潑污水者

七、任意棄置牲畜屍體不加掩埋者

局長 時雨

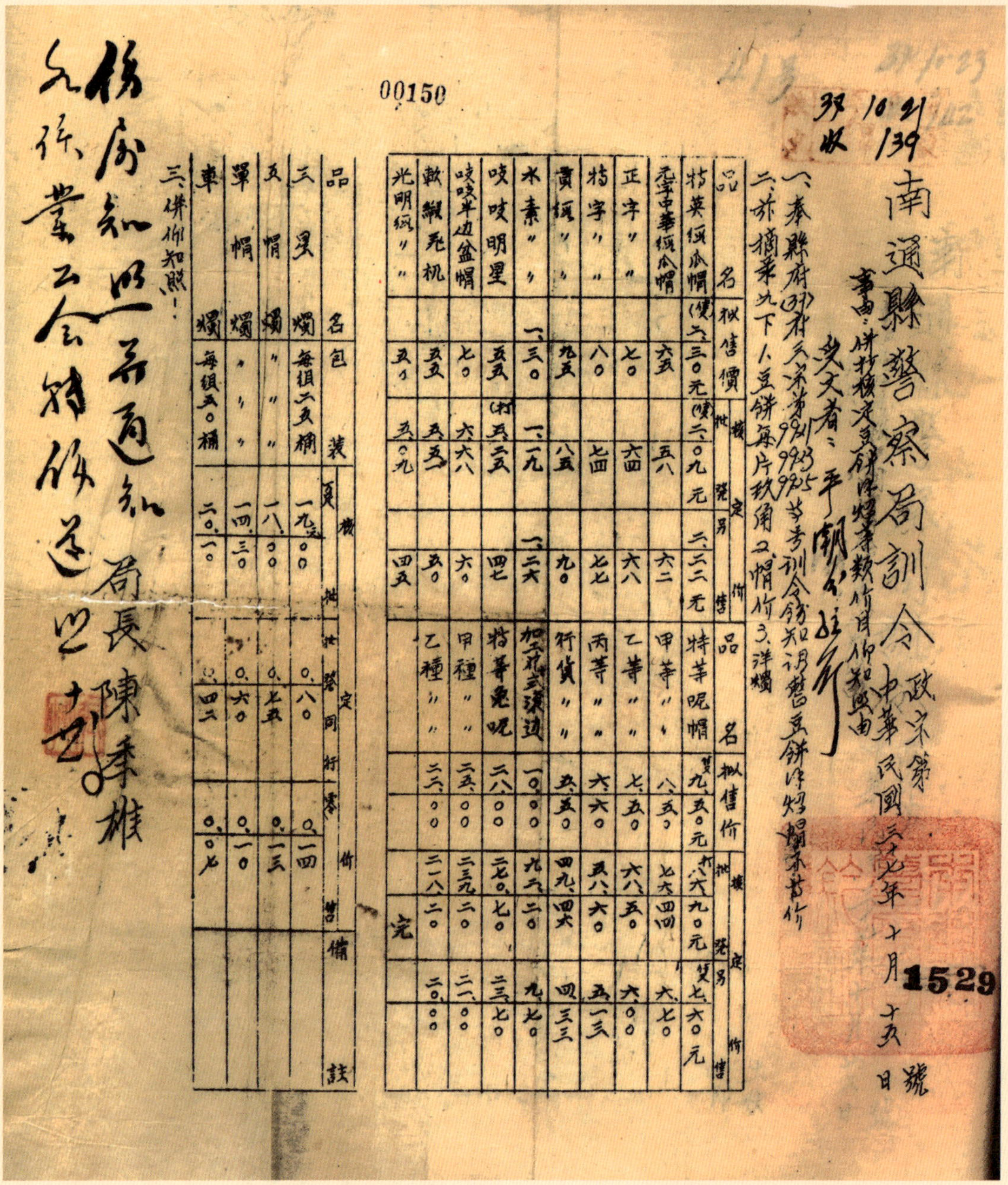

南通縣警察局訓令

政秘第 1529 號

中華民國三十七年十月十五日

00150

品名	擬售價	核定價 批發	核定價 零售
特英緞小帽	(雙)二、三〇元	(雙)二、〇九元	二、二二元
中華緞小帽	六五	五八	六二
正字 〃 〃	七〇	六四	六八
特字 〃 〃	八〇	七四	七七
貢緞 〃 〃	九五	八五	九〇
水素 〃 〃	一、三〇	一、一九	一、二六
嘰嘰明星	五五	(打)五、二五	四七
嘰嘰半邊盆帽	七〇	六、六八	六〇
敷綢亮机	五五	五、五一	五〇
光明緞 〃 〃	五、	五、〇九	四五

品名	擬售價	核定價 批發	核定價 零售
特等呢帽	(雙)九、五〇元	(打)八六、九〇元	(雙)七、六〇元
甲等 〃 〃	八、五〇	七六、四四	六、七〇
乙等 〃 〃	七、五〇	六八、五〇	六、〇〇
丙等 〃 〃	六、六〇	五八、六〇	五、一三
行貨 〃 〃	五、五〇	四九、四六	四、三三
加工花式滾邊	一〇、〇〇	九二、二〇	九、七〇
特等兔呢	二八、〇〇	二七〇、七〇	二三、七〇
甲種 〃 〃	二五、〇〇	二三九、二〇	二一、〇〇
乙種 〃 〃	二二、〇〇	二一八、二〇	二〇、〇〇
完			

品名	包裝	核定價 批發	核定價 零售	備註
三星燭	每俱二五桶	一九、〇〇	〇、八〇	〇、一四
五帽燭	〃 〃	一八、〇〇	〇、七五	〇、一三
單帽燭	〃 〃	一四、三〇	〇、六〇	〇、一〇
車燭	每俱五〇桶	二〇、一〇	〇、四二	〇、〇七

三、併仰知照！

局長 陳季

1948年南通县警察局颁布的部分物品限价表

南通县商会

保管单位：南通市档案馆

内容及评价：

1904年8月，南通商人组建通崇海花布总会，地址柳家巷，张詧任总理，并在通州、崇明、海门设立分会。1906年2月，改称通崇海商务总会。1910年通州、崇明、海门、泰县、泰兴五县的商业团体联合组成通崇海泰商务总会，1913年改为总商会，张詧为会长，1923年，成立棉花业公会于总商会内，专事棉业之改进，1927年，总商会解散，南通县设立商会整理委员会，1931年3月8日，正式成立南通县商会，地址桃坞路。日军侵犯南通期间，成立伪商会。1945年9月8日，成立商会整理委员会。1949年10月，组建南通市工商业联合会筹备委员会，接管旧商会及整顿改组同业商会，同时成立旧商会接管委员会和同业会整理委员会。是年11月，旧商会接管委员会通过审核清理，举行交接仪式，1950年4月，同业工会整理委员会对原各同业公会的整理工作结束，整理和新建同业公会共计65个。

南通市档案馆保存的南通县商会档案起于1931年，止于1948年，共计108卷。主要有行业公会组织章程、工作报告、会员入会志愿书、会员名册登记表、生产调查提纲等。记录了南通行业公会组织制度和活动情况，以及绸布业、食品业、面粉业、金融业、鞋帽业等50多个行业人士入会情况等。档案对研究南通行会史，研究民国南通工商业发展状况和社会风貌具有重要意义。

1922年落成的通崇海泰总商会大厦

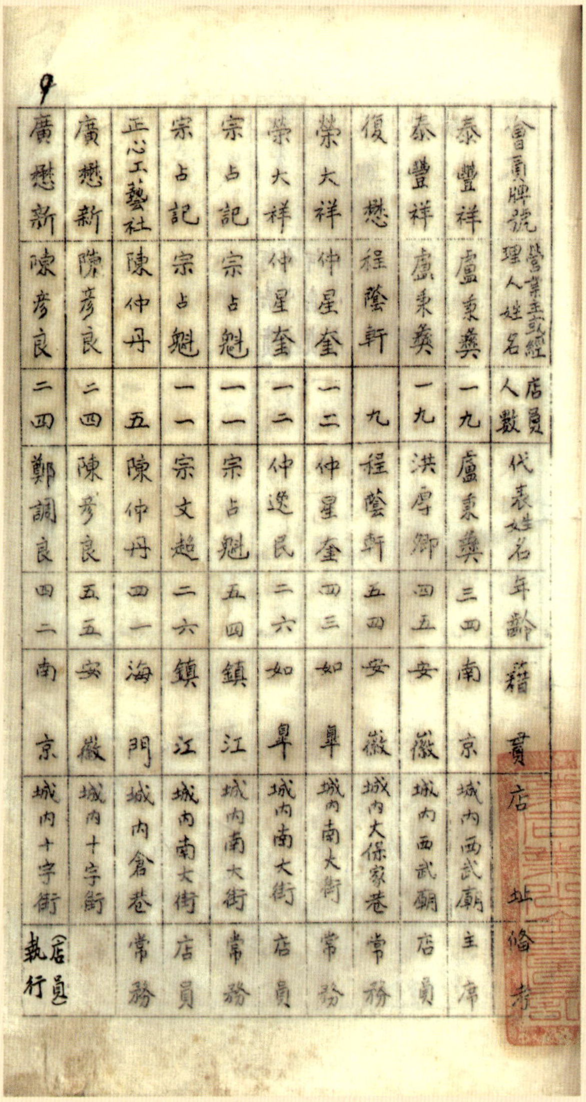

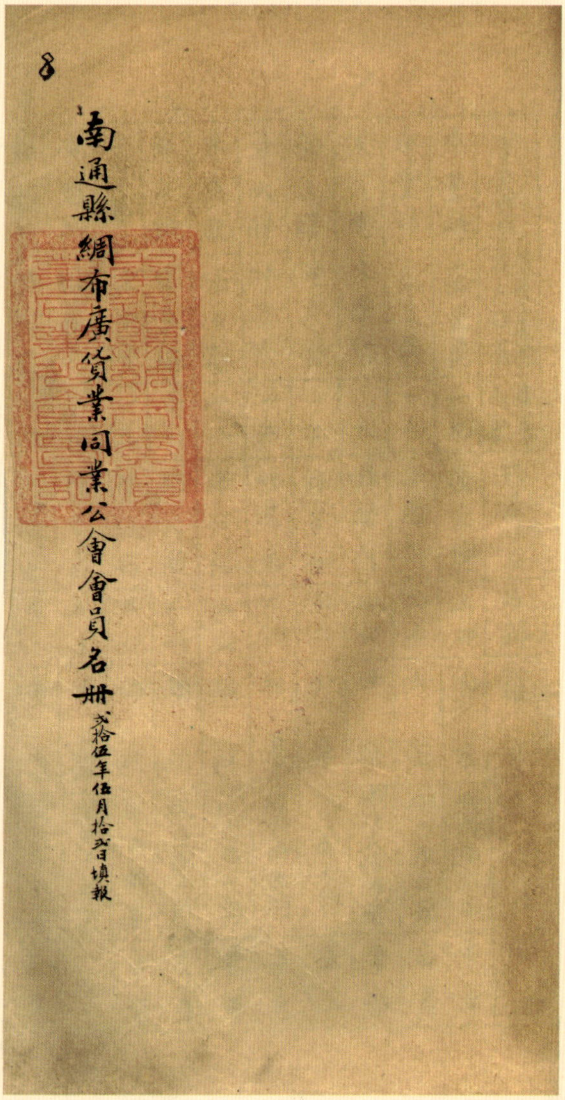

1936年5月12日南通县绸布广货业同业公会会员名册

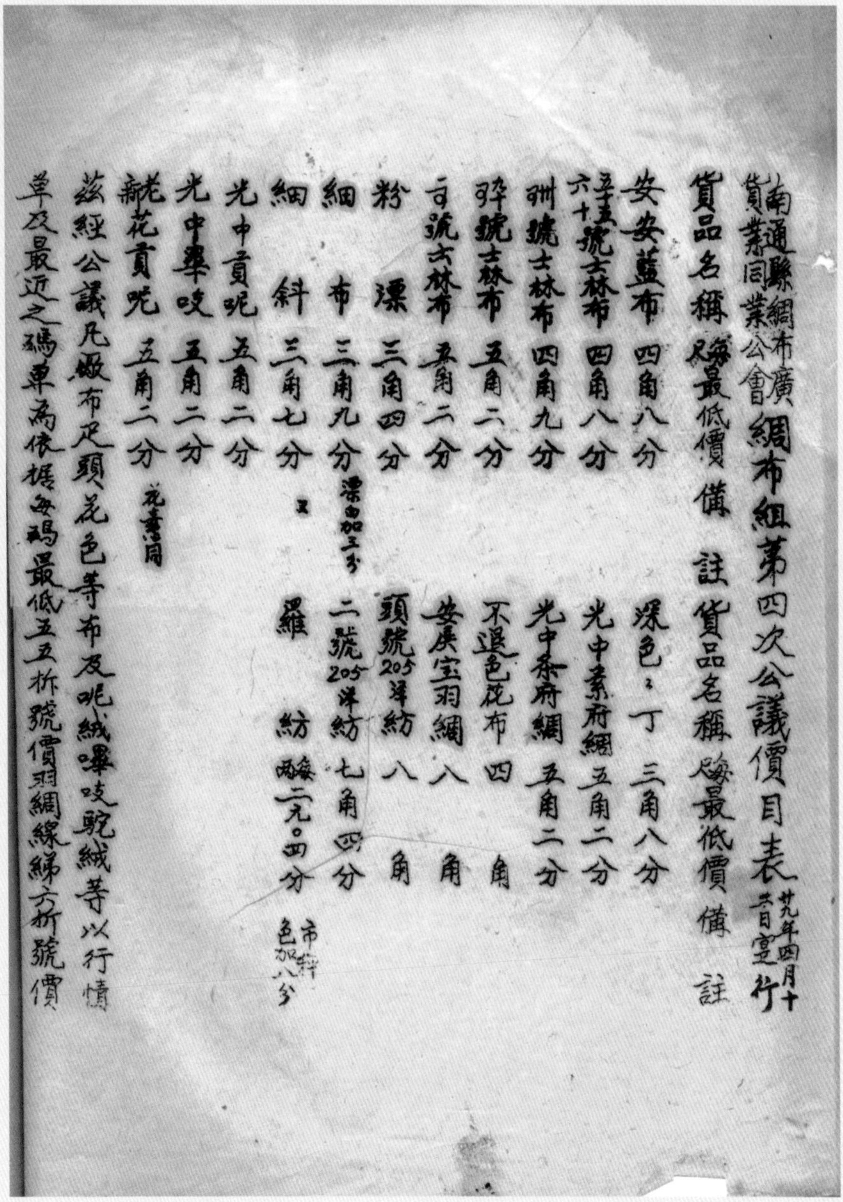

南通縣綢布廣貨業同業公會綢布組第四次公議價目表 廿九年四月十二日實行

貨品名稱	每尺最低價	備註	貨品名稱	每尺最低價	備註
安安藍布	四角八分		深色丁	三角八分	
五五號士林布	四角八分		光中素府綢	五角二分	
卅號士林布	四角九分		光中条府綢	五角二分	
廿五號士林布	五角二分		不退色花布	四角	
十號士林布	五角二分		安康宝羽綢	八角	
粉漂	三角四分		頭號205洋紡	八角	
細布	三角九分	漂白加三分	二號205洋紡	七角四分	
細斜	三角七分	又	羅紡	兩綾二元〇四分	市料色加八分
光中貢呢	五角二分				
光中嗶吱	五角二分				
光新花貢呢	五角二分	花素同			

茲經公議凡嗶布足頭、花色等布及呢絨嗶吱駝絨等以行情單及最近之碼單為依據每碼最低五五折號價羽綢綫綈六折號價

1940年4月12日南通县绸布广货业同业公会绸布组第四次公议价目表

南通縣絲綢呢絨布商業同業公會

會員證書

第000號

茲據華華號申請加入本會為會員業經審查合格應准入會合行發給會員證書以資證明此證

計開

店號名稱 華華

會員代表 顧蒸耀

開設地址 百貨商場

理事長

中華民國三十六年十月 日給

會員證第 號

1947年南通县丝绸呢绒布商业同业公会会员证

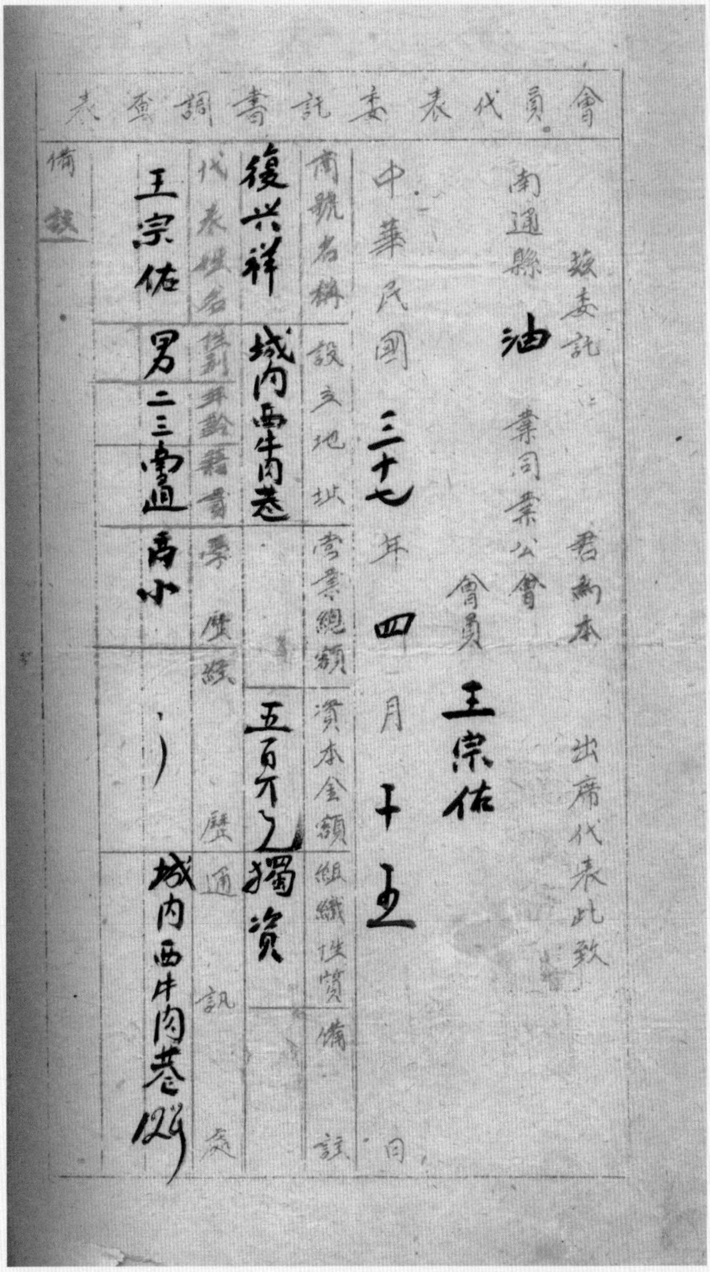

會員代表委託書調查表

茲委託 君為本
南通縣 油 業同業公會 會員 王宗佑 出席代表此致
中華民國 三十七 年 四 月 十五 日

商號名稱 復兴祥 設立地址 城内西牛肉巷 營業總額 資本金額 五百万元 組織性質 獨資 備註
代表姓名 王宗佑 性別 男 年齡 二三 籍貫 南通 學歷 高小 經歷) 通訊處 城内西牛肉巷
備註

1948年南通县油业同业公会会员代表委托书调查表

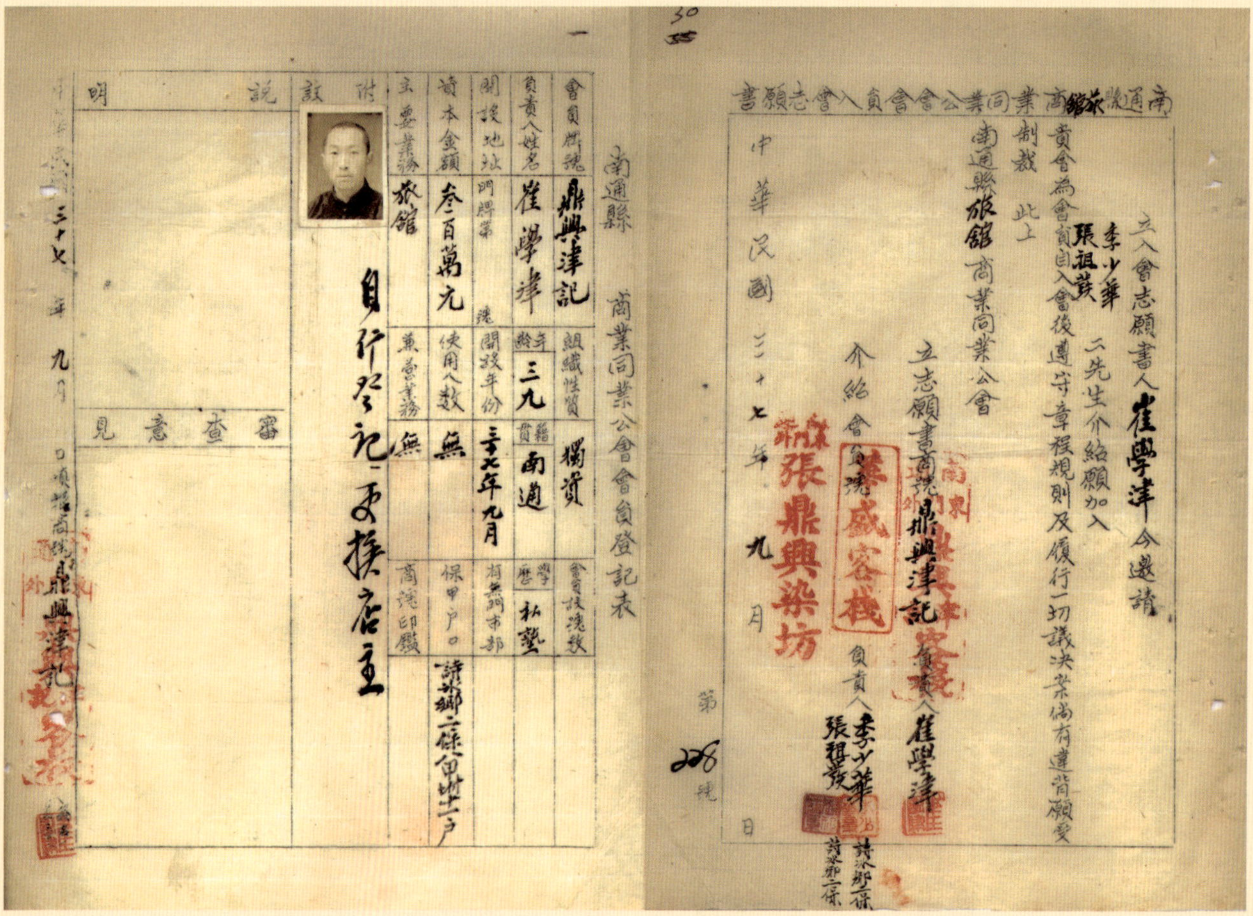

1948年南通县旅馆商业同业公会会员入会志愿书

南通保坍会

保管单位：南通市档案馆

内容及评价：

自清光绪年间，长江常阴沙向东突涨，江流改向，南通长江沿线受其冲击，剧烈崩坍。1911年3月，南通保坍会成立，张謇为会长，意在修楗筑堤，办理保坍工程。自1914年至1922年，从天生港起向东至王港，先后完成沉排石楗18座。1938年，南通沦陷，保坍工程无人过问。1946年8月，南通保坍会重新组建，办理了小洋港江边块石护岸工程、大成乡及李港乡抛石护岸工程。

南通市档案馆保存的南通保坍会档案起于1924年，止于1948年，共有12卷，主要有南通保坍会委员名册，保坍会第一次委员会会议记录，狼山小洋港、刘海沙沿江保塌工程计划 、勘测图表、经费预算、施工合同等。这些档案真实记录了保坍会在筑楗狼山小洋港、刘海沙沿江保塌工程从决策到施工的整个过程，资料完整、齐全，是研究南通水利建设历史的第一手资料。

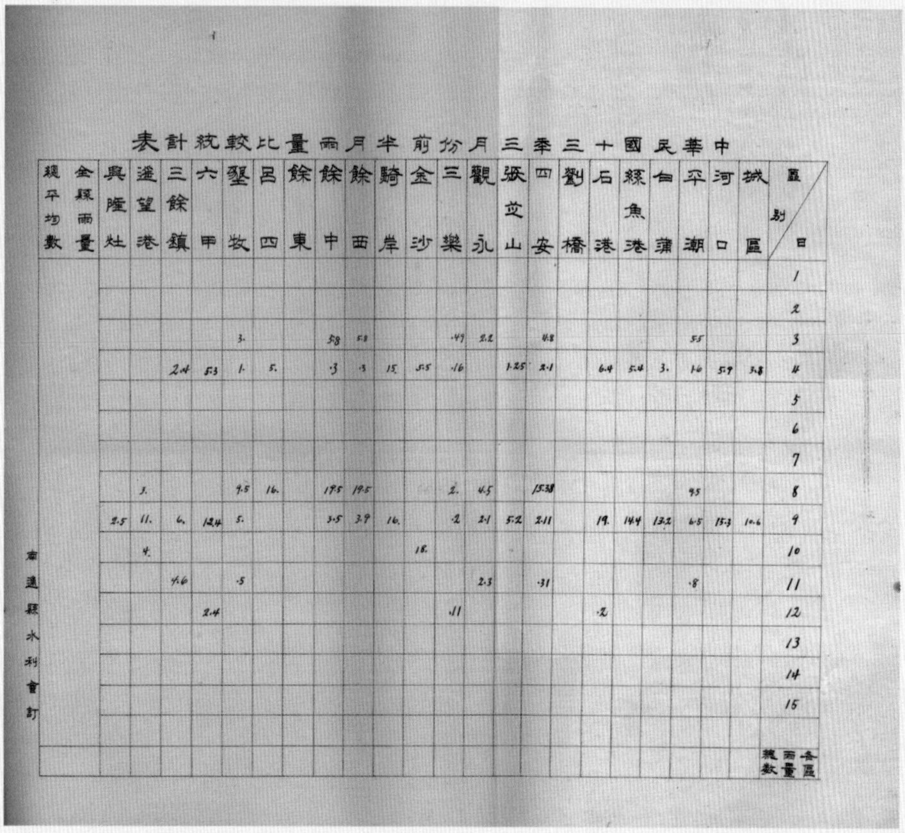

中華民國十三年三月份前半月雨量比較統計表

區別／日	城區	河口	平潮	白蒲	綠魚港	石港	劉橋	四安	張芝山	觀永	三樂	金沙	騎岸	餘西	餘中	餘東	呂四	墾牧	六甲	三餘鎮	遙望港	興隆灶	全縣雨量總平均數
1																							
2																							
3			5.5					4.8		2.2	.49			5.8	5.8			3.					
4	3.8	5.9	1.6	3.	5.4	6.4		2.1	1.25		.16	5.5	15.	.3	.3		5.	1.	5.3	2.4			
5																							
6																							
7																							
8			9.5					15.38		4.5	2.			19.5	19.5		16.	9.5			3.		
9	10.6	15.3	6.5	13.2	14.4	19.		2.11	5.2	2.1	.2		16.	3.9	3.5			5.	12.4	6.	11.	2.5	
10												18.									4.		
11			.8					.31		2.3								.5		4.6			
12						.2					.11								2.4				
13																							
14																							
15																							
各區雨量總數																							

南通縣水利會訂

1924年3月份前半月南通县雨量比较统计表

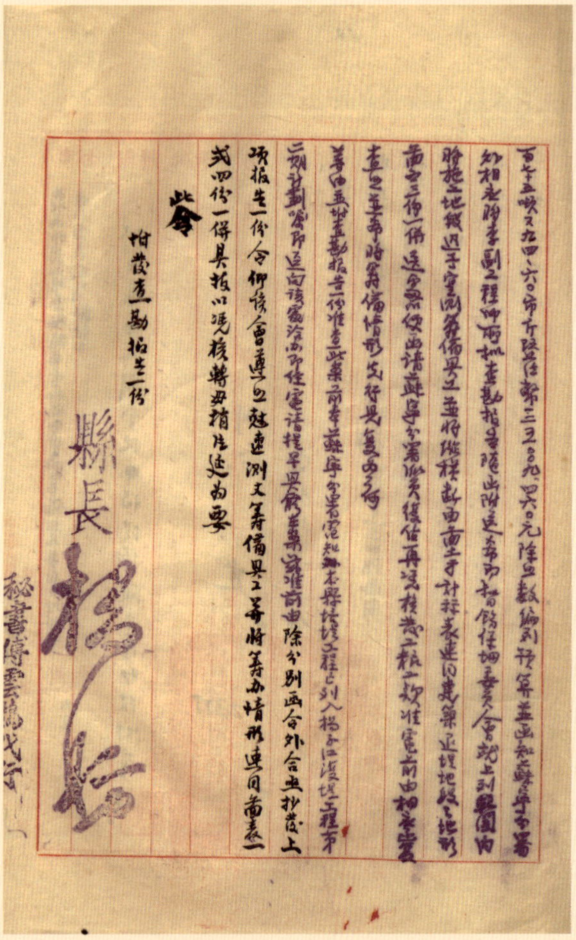

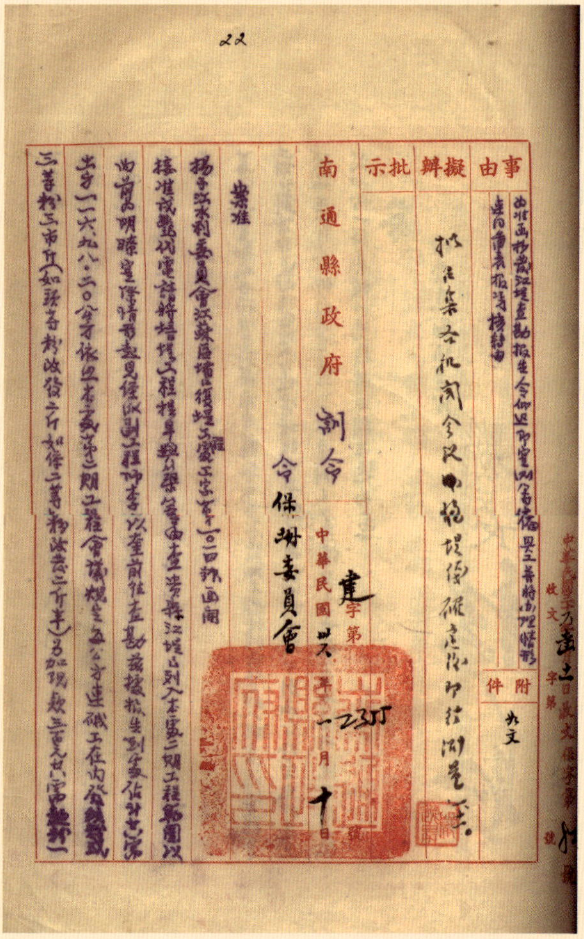

1947年南通县保坍委员会江堤勘查报告

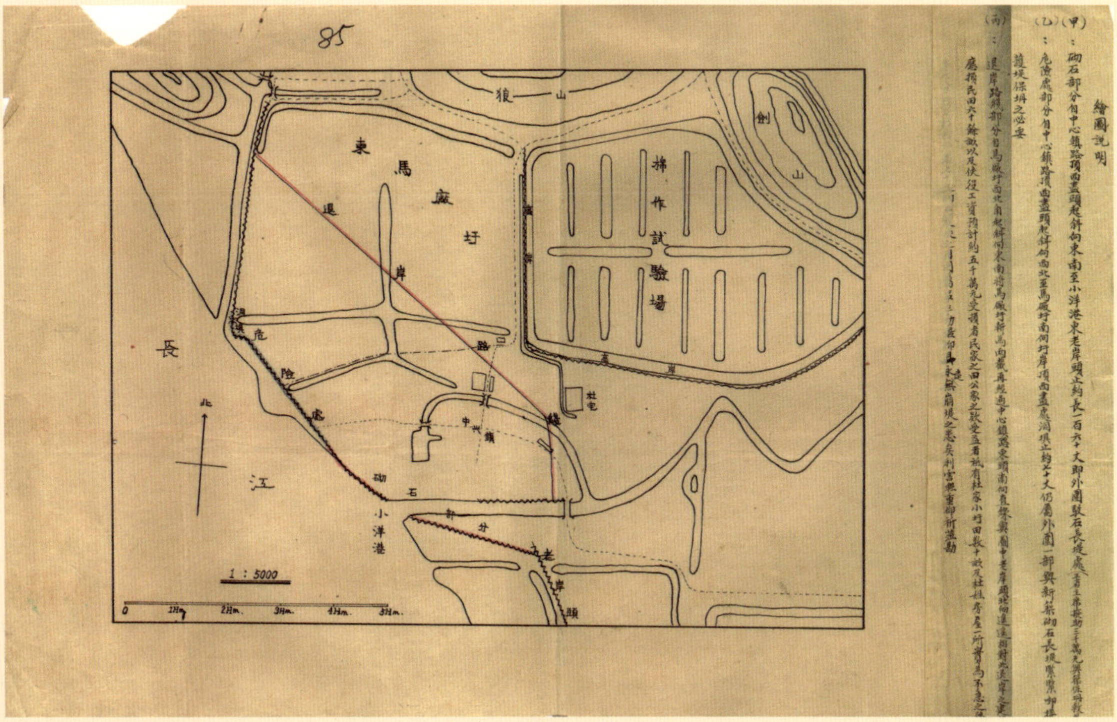

保坍工程图纸

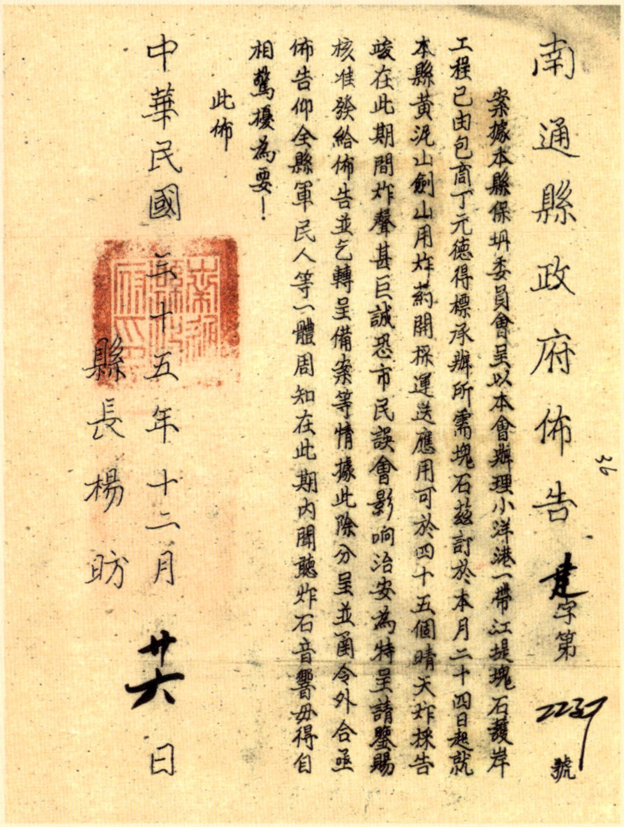

南通縣政府佈告 建字第2237號

案據本縣保坍委員會呈以本會辦理小洋港一帶江堤塊石護岸工程已由包商丁元德得標承辦所需塊石茲訂於本月二十四日起就本縣黃泥山劍山用炸葯開採運送應用可於四十五個晴天炸採告竣在此期間炸聲甚巨誠恐市民誤會影响治安為特呈請鑒賜核准發給佈告並乞轉呈備案等情據此除分呈並函令外合亟佈告仰全縣軍民人等一體周知在此期內聞聽炸石音響毋得自相驚擾為要！

此佈

縣長楊昉

中華民國三十五年十二月廿六日

1946年12月26日南通县政府关于保坍委员会办理小洋港一带江堤块石护岸工程一事的布告

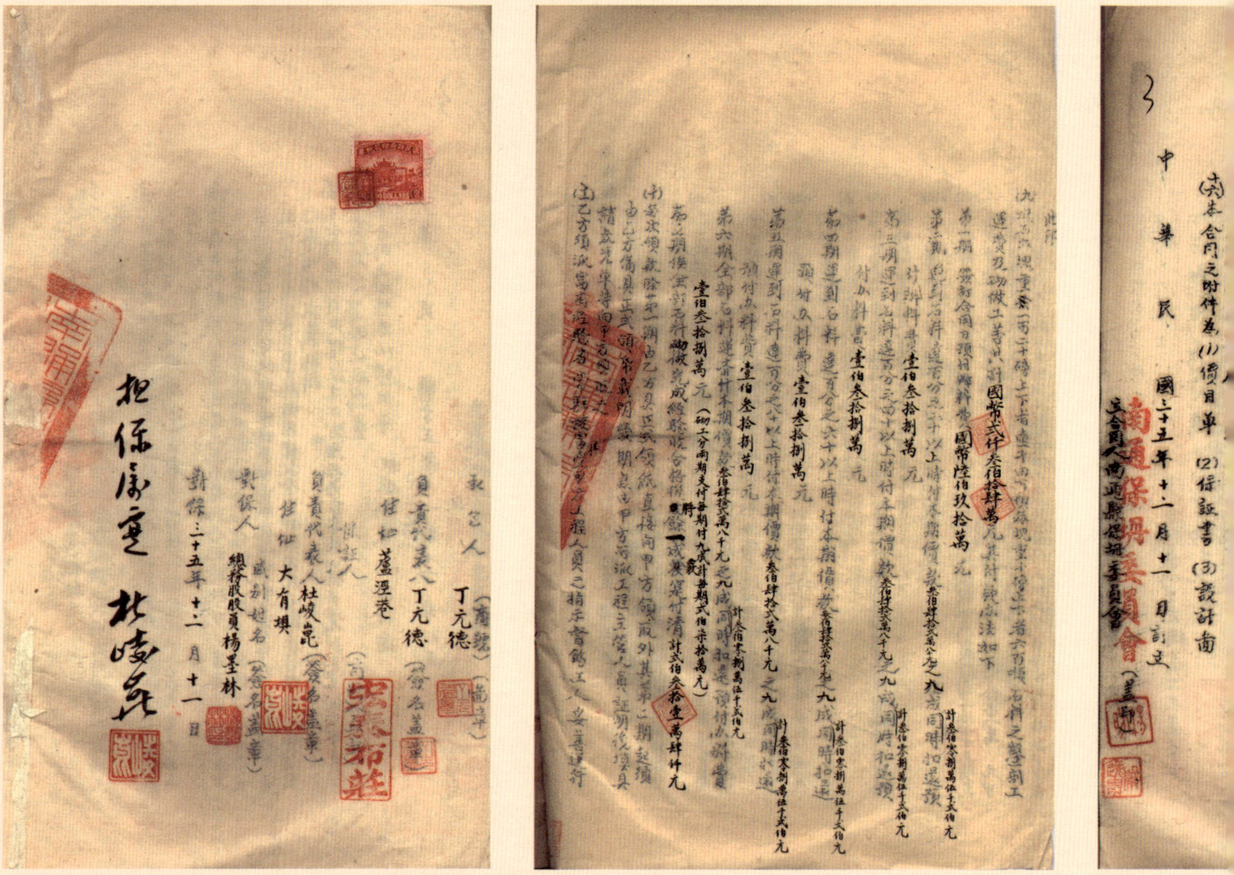

1946年12月11日南通县保坍委员会狼山段江堤抢险采运块石工程合同

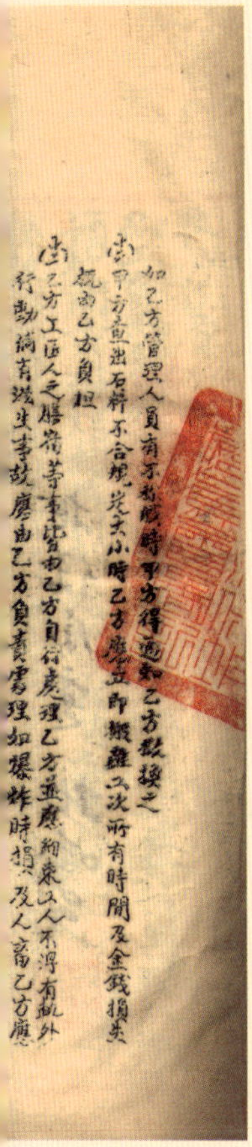

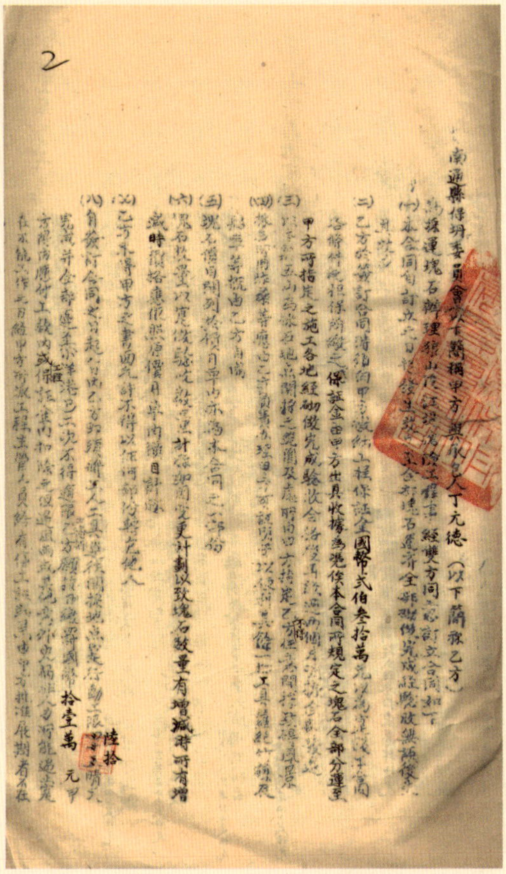

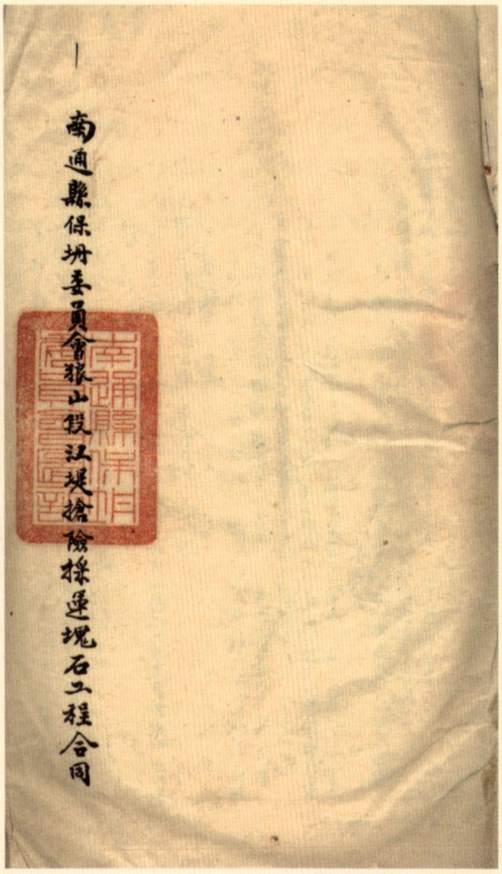
1
南通縣保坍委員會狼山段江堤搶險搬運塊石工程合同

南通县沙田局

保管单位： 南通市档案馆

内容及评价：

南通县沙田局成立于民国初年，是沙田管理机构。南通市档案馆保存的沙田局档案，共计46卷。主要有沙田执照、会议记录、沙田佃户名册、沙田地图、诉状等，记录了南通县沙田局日常工作运行、处理沙田土地纠纷等情况。档案中记录的刘海沙田土地纠纷案，涉及案主9家，参与人员有数百个，有刘海沙义成公司案上报国民政府呈文附本以及鼎兴、义成、道生沙田案联席会议记录，档案对研究民国时期南通人文地理、地貌变迁等具有重要价值。

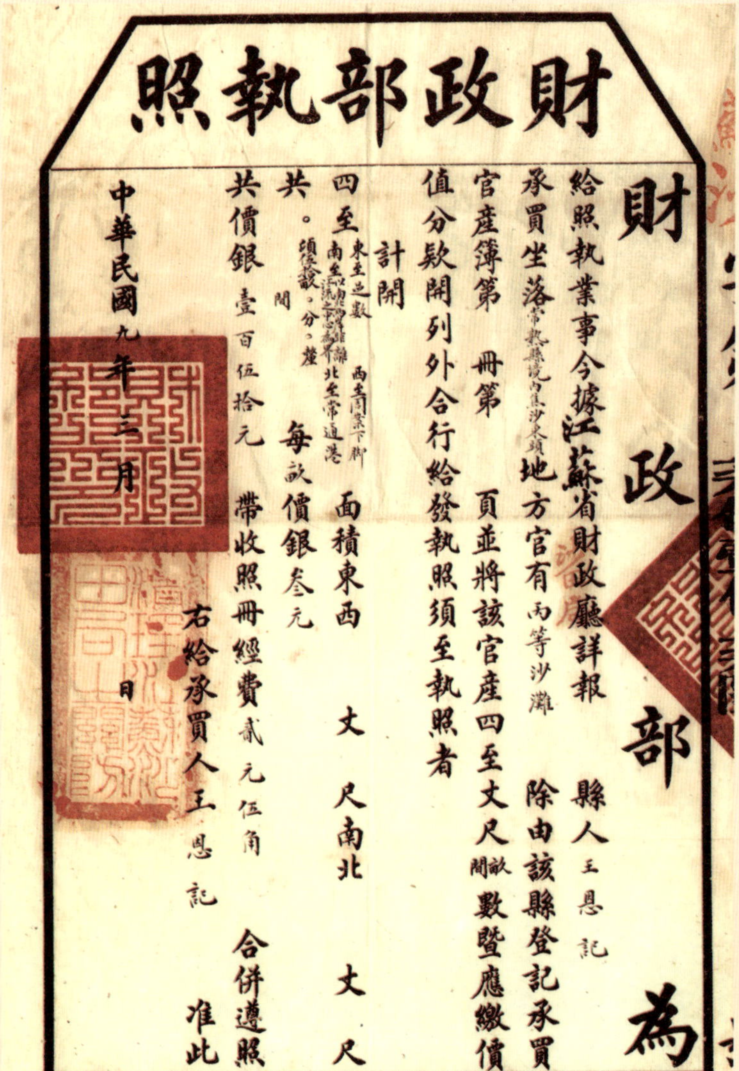

財政部執照

財政部為

給照執業事今據江蘇省財政廳詳報　縣人王恩記

承買坐落常熟縣境內息沙東頭地方官有丙等沙灘　除由該縣登記承買

官產簿第　冊第　頁並將該官產四至丈尺畝間數暨應繳價

值分款開列外合行給發執照須至執照者

計開

四至　東至迤數　西至周案下脚　北至常通港　面積東西　丈　尺南北　丈　尺

共　頃　畝　分　釐　每畝價銀叁元

共價銀壹百伍拾元　帶收照冊經費貳元伍角　合併遵照

右給承買人王恩記　准此

中華民國九年三月　日

1920年财政部颁发给王恩记的沙田执照

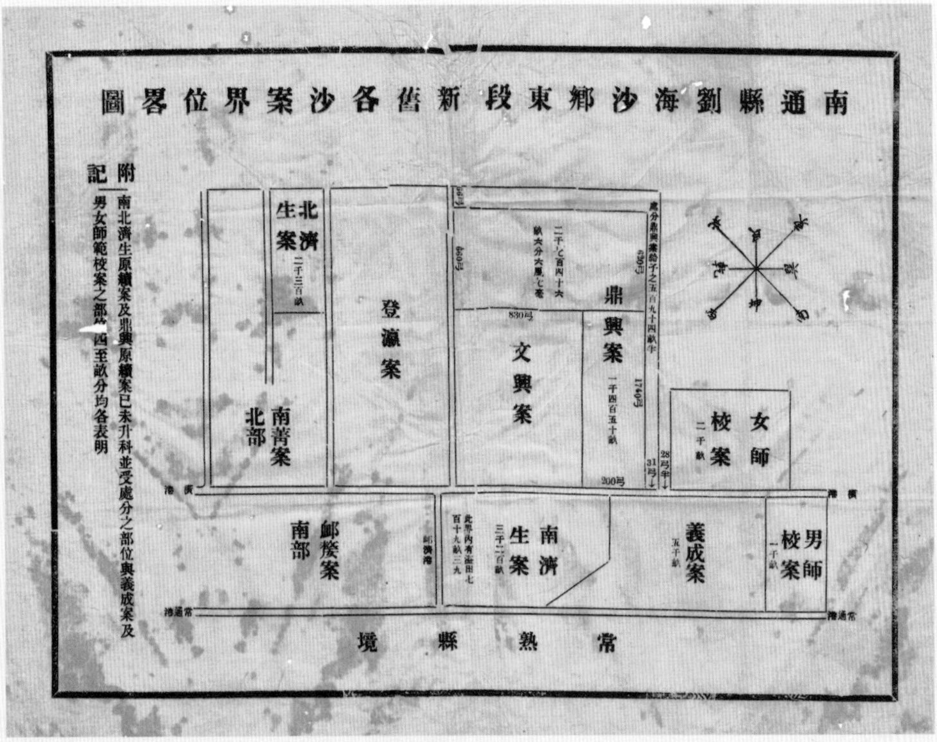

南通县刘海沙乡东段新旧各沙案界位略图

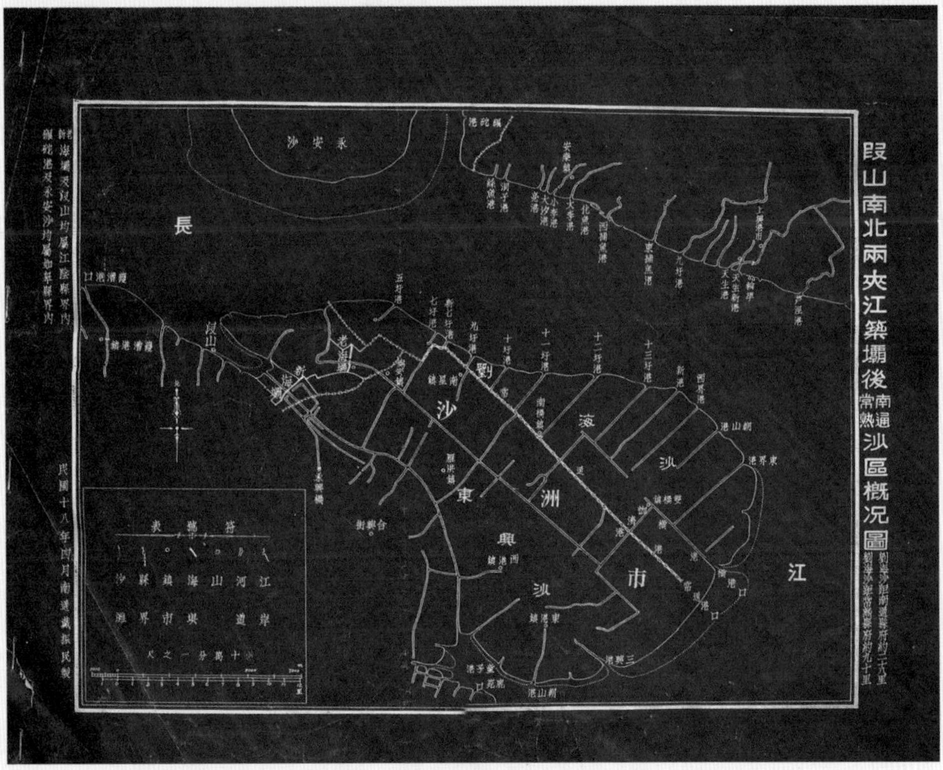

段山南北两夹江筑坝后南通常熟沙区概况图

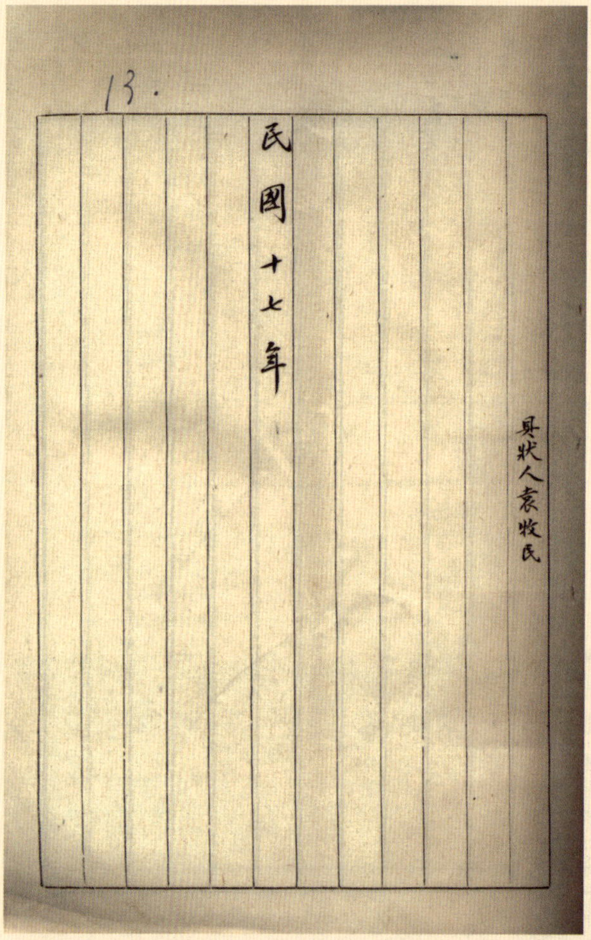

13.

民國十七年

具狀人袁牧民

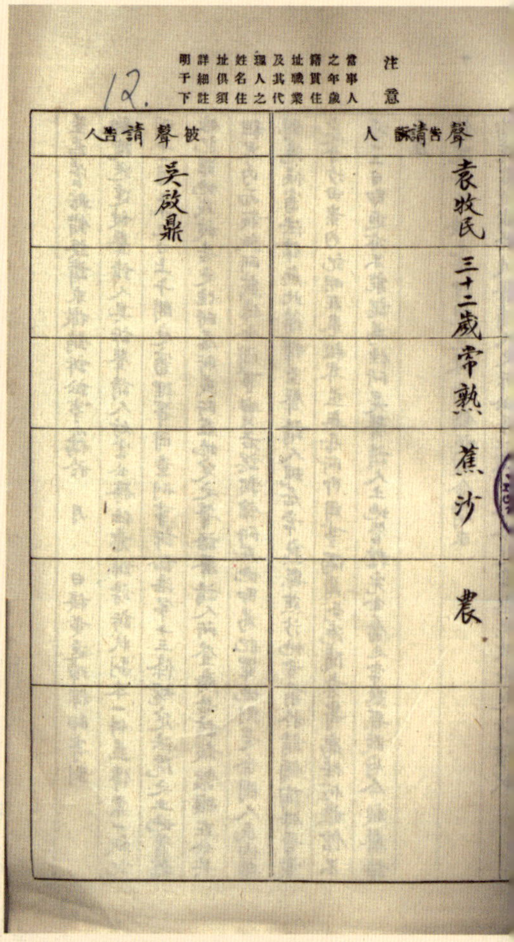

12.

注意 當事人之年歲籍貫住址職業及其代理人之姓名住址俱須詳細註明于下

聲請人	被聲請人
袁牧民 三十二歲 常熟 蕉沙 農	吴啟鼎

1928年袁牧民致上海公共租界临时法院要求变更管辖的声请状

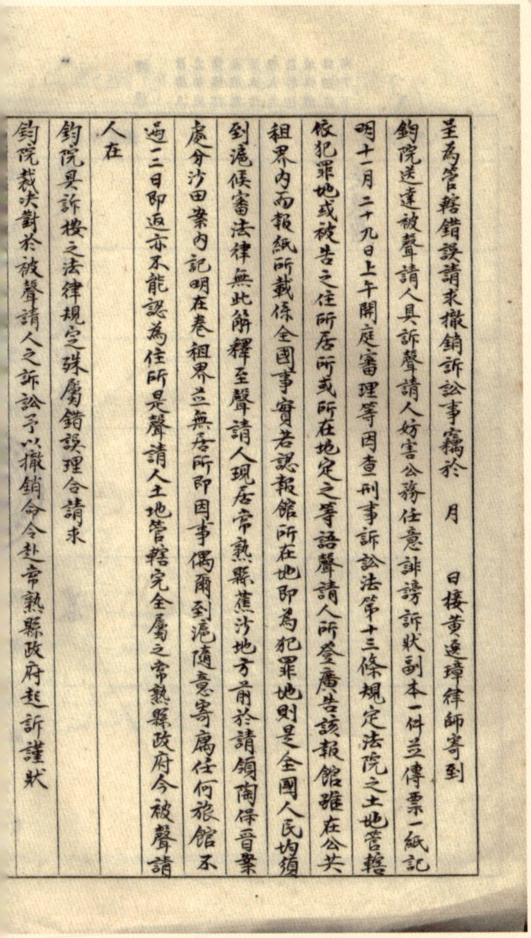

呈為管轄錯誤請求撤銷訴訟事竊於　月　日接黄逸璋律師寄到
鈞院送達被聲請人具訴聲請人妨害公務任意誹謗訴狀副本一件並傳票一紙記
明十一月二十九日上午開庭審理等因查刑事訴訟法第十三條規定法院之土地管轄
依犯罪地或被告之住所居所或所在地定之等語聲請人所登廣告該報館雖在公共
租界内而報紙所載係全國事實若認報館所在地即為犯罪地則是全國人民均須
到滬候審法律無此解釋至聲請人現居常熟縣蕉沙地方前於請領陶保晉業
處分沙田案内記明在卷租界並無居所即因事偶爾到滬隨意寄寓任何旅館不
過一二日即返亦不能認為住所是聲請人土地管轄完全屬之常熟縣政府今被聲請
人在
鈞院具訴按之法律規定殊屬錯誤理合請求
鈞院裁決對於被聲請人之訴訟予以撤銷命令赴常熟縣政府起訴謹狀

上海臨時法院暫用狀紙

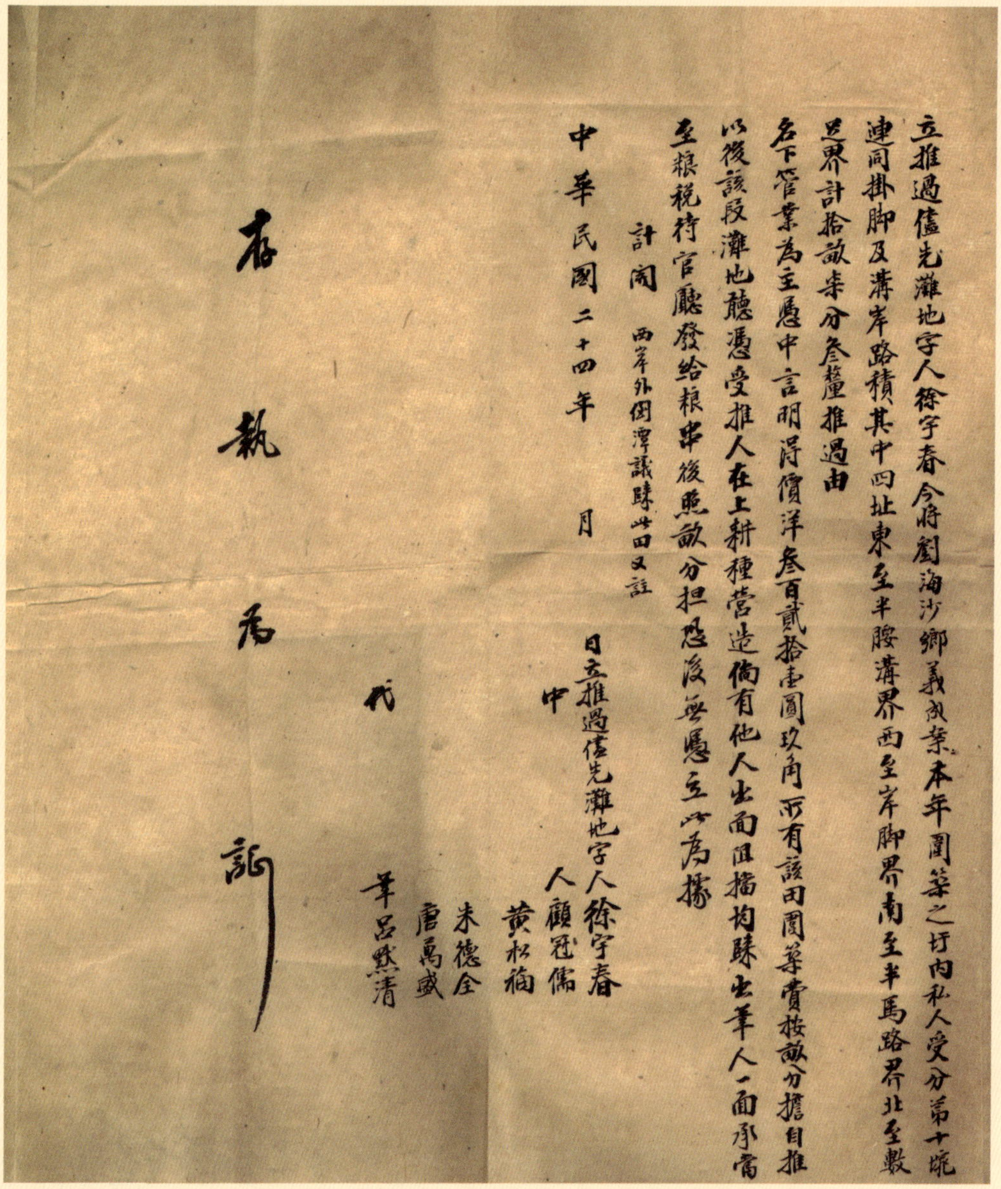

立推過儘先灘地字人徐字春今將劉海沙鄉義成業本年圍築之圩内私人受分第十晥
連同掛脚及溝岸路積其中四址東至半腰溝界西至岸脚界南至半馬路界北至數
弓界計拾畝柒分叁釐推過由
名下管業爲主憑中言明得價洋叁百貳拾壹圓玖角所有該田圍築費按畝分擔自推
以後該段灘地聽憑受推人在上耕種營造倘有他人出面阻攔均歸出筆人一面承當
至粮稅待官廳發給根串後照畝分担恐後無憑立此爲據

計開　西岸外倒潭議歸卅田又註

中華民國二十四年　月　日立推過儘先灘地字人徐字春

中　人顧冠儒

黄松楠

朱德全

唐萬盛

代筆呂默清

存執爲証

1935年滩地推让存执

中央合作金库南通支库

保管单位：南通市档案馆

内容及评价：

中央合作金库南通支库于1947年8月建立，由国民政府财政部及民国中央银行、中国银行、交通银行、中国农民银行四大银行拨给资本，地址在南通城内冯旗杆巷，并在唐闸、如皋、海门等地建立四个工作站。当时南京国民政府设立从中央到地方各级金库的目的，是把城乡信用合作社的资金集中起来统一使用，但由于南通信用合作社不多，资金有限，其职能作用未能发挥，支库仅做一般商业银行业务。

南通市档案馆保存的中央合作金库南通支库档案起于1946年，止于1949年，共有171卷。主要有人员调派任免、业务规章、会议记录、业务计划、年度决算、会计报表、会计账册等，记录了南通支库组建情况、历次库务会议内容、经营成果以及支库内部管理制度情况等，对研究民国南通地区金融史具有重要价值。

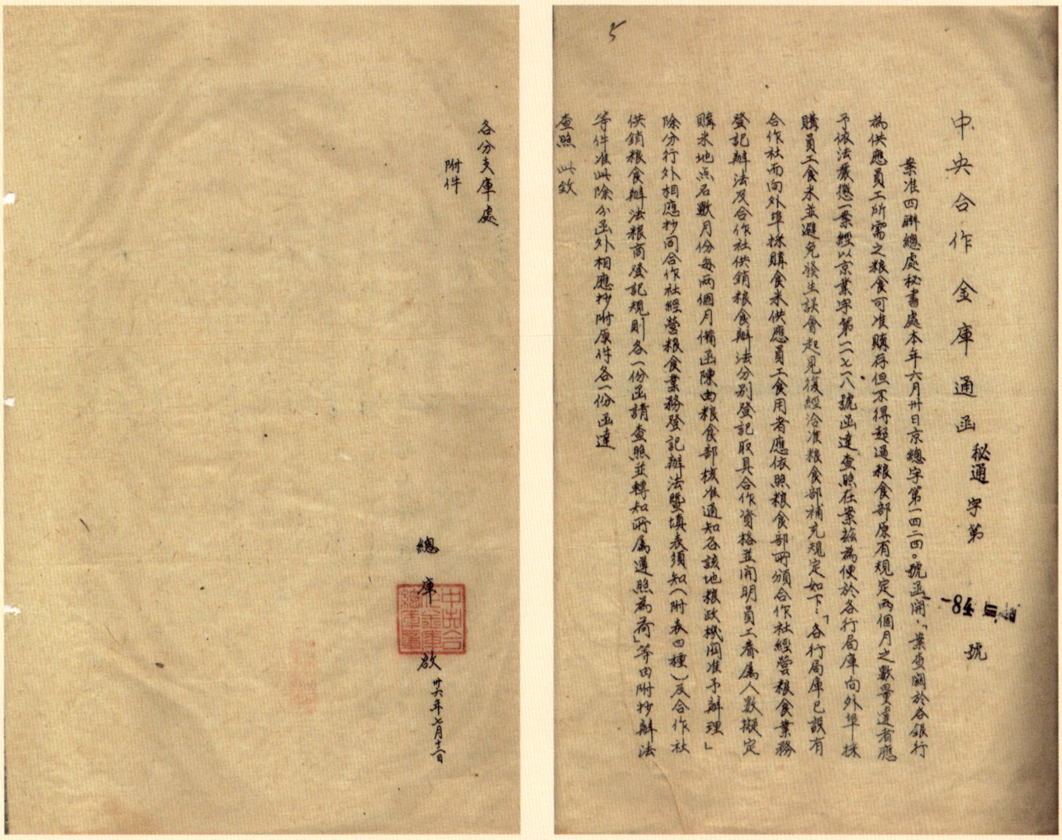
5

中央合作金庫通函 秘通字第-84號

案准四聯總處秘書處本年六月卅日京總字第一四二四〇號函開：「案查關於各銀行為供應員工所需之粮食可准購存但不得超過粮食部原有規定兩個月之數量違者應予依法懲處一案經以京業字第一〇七〇八號函達查照在案茲為便於各行局庫向外埠採購員工食米並避免發生誤會起見復經洽准粮食部補充規定如下：「各行局庫已設有合作社而向外埠採購食米供應員工食用者應依照粮食部所頒合作社經營粮食業務登記辦法及合作社供銷粮食辦法分別登記取具合作資格並開明員工眷屬人數擬定購米地點名數月份每兩個月備函陳由粮食部核准通知各該地粮政機關准予辦理」除分行外相應抄同合作社經營粮食業務登記辦法暨填表須知（附表四種）及合作社供銷粮食辦法粮商登記規則各一份函請查照並轉知所屬遵照為荷」等由附抄辦法等件准此除分函外相應抄附原件各一份函達

查照 此致

各分支庫處

附件

總庫 啟

卅六年七月十一日

1947年中央合作金库关于员工所需粮食购置的通函

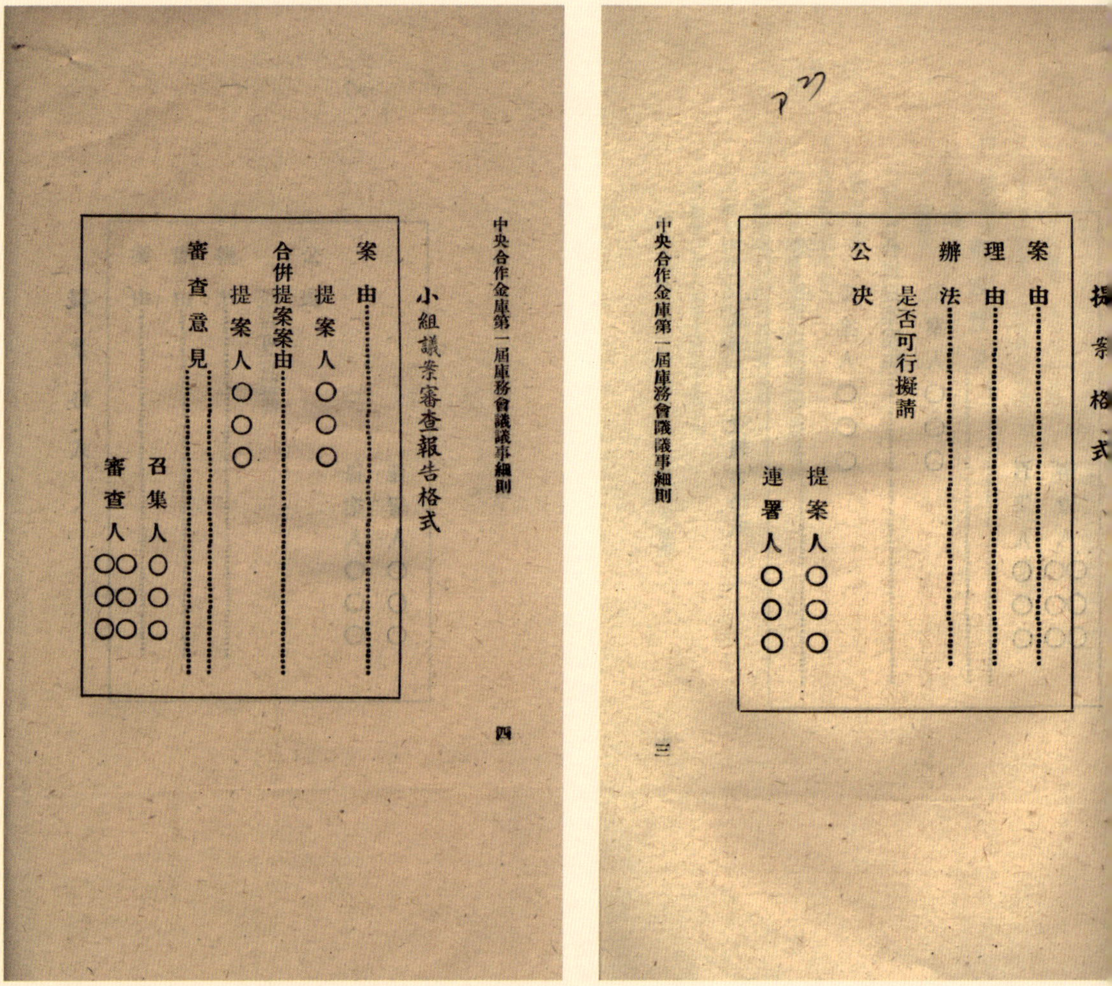

中央合作金庫第一屆庫務會議議事細則

提案格式

案由……

理由……

辦法……是否可行擬請

公決

提案人○○○

連署人○○○

三

中央合作金庫第一屆庫務會議議事細則

小組議案審查報告格式

案由……

提案人○○○

合併提案案由……

提案人○○○

審查意見……

召集人○○○

審查人○○○○○○

四

1947年10月中央合作金库第一届库务会议议事细则

中央合作金庫第一屆庫務會議議事細則

一、本細則依照中央合作金庫第一屆庫務會議（以下簡稱本會議）組織規程第九條之規定制定之

二、本會議開會日期定爲三十六年十月二十六日至三十一日止必要時得延長之

三、本會議議事時間每日上午九時至十二時下午二時至五時必要時得由主席變更之

四、本會議出席人員于開會前向秘書處報到並領取出席證開會時應于簽到簿上簽名

五、本會議各項提案必須構成議題申述理由及辦法（提案格式附後）于開會前三天寄到本會議秘書處以便編審

六、本會議議案及議事日程應先編印于會議之第一日分送各出席人員以後開會應各自攜帶入場不再另發

七、凡議案均應先付小組委員會審查（審查報告格式附後）但經主席認可亦得專案提付大會討論

八、小組委員會分左列各組

（一）業務組

（二）信託組

（三）會計稽核組

（四）人事福利組

中央合作金庫第一屆庫務會議議事細則　一

中央合作金庫第一屆庫務會議議事細則　二

（五）輔導設計組

九、各小組委員會委員由主席指定凡主管該項付審查議案業務之主管應爲當然委員並兼召集人所有原提議人如非該小組委員者亦應出席說明

十、本會議出席人員發言時應先舉手經主席許可然後起立並先報明座次

十一、出席人員報告時間每人以十五分鐘爲限討論時發言時間每次以五分鐘爲限

十二、出席人員遇有重大問題得提臨時動議但是否付討論須經主席決定

十三、討論意見不一致時由主席提付表決如贊成與反對意見相同時取決于主席

十四、本會議議事紀錄應于次日開會報告事項時由出席秘書宣讀如有遺漏錯誤得提出更正

十五、報到出席人員如有臨時事故不能出席時須預先通知秘書處

十六、本細則由總庫規定施行修改時同

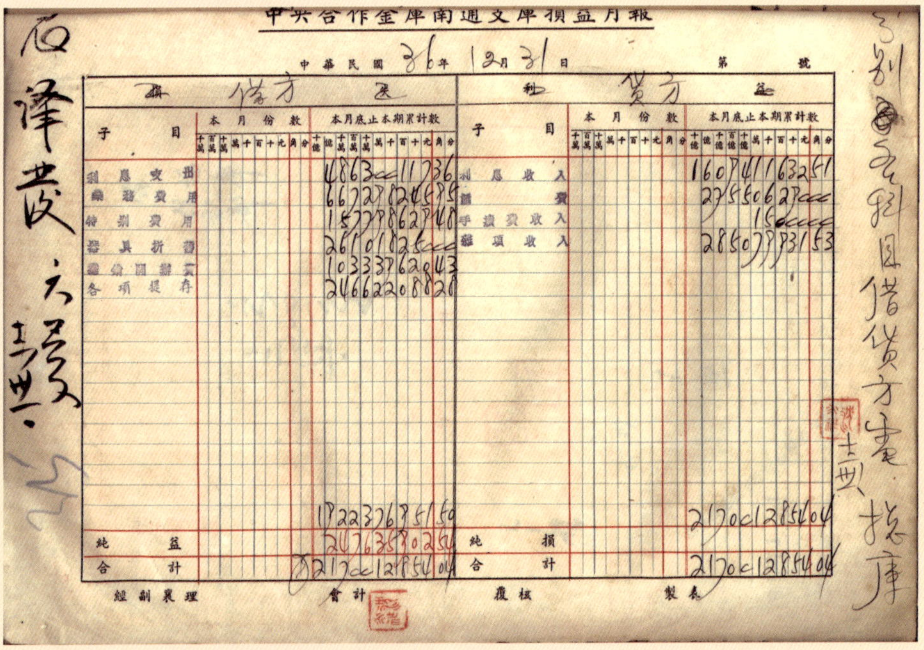
中央合作金庫南通支庫損益月報

1947年12月中央合作金库南通支库损益月报

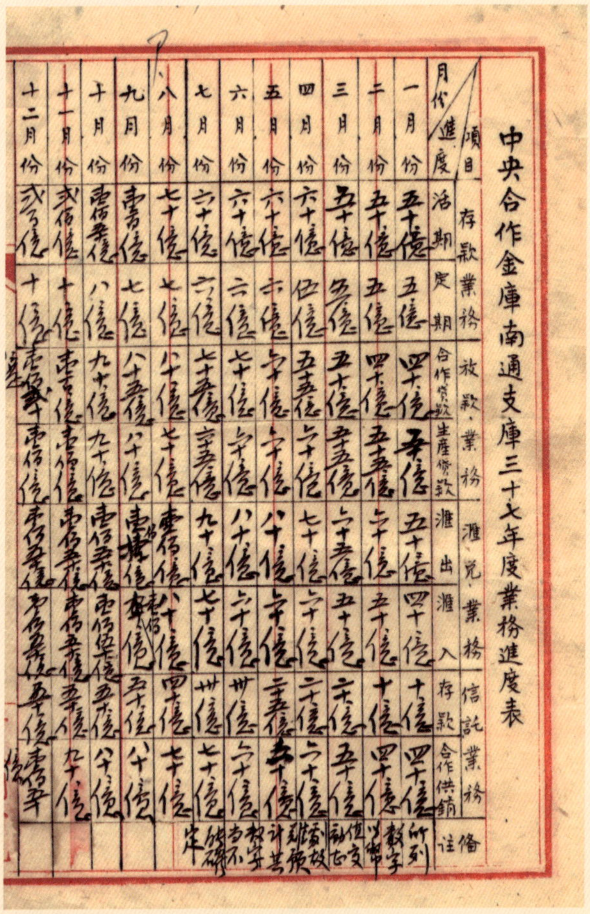
中央合作金庫南通支庫三十七年度業務進度表

1948年中央合作金库南通支库业务进度表

伪苏北地区清乡主任公署

保管单位：南通市档案馆

内容及评价：

清乡是抗战时期日伪在华中占领区实行的一种残酷的“清剿”办法，企图通过消灭和驱逐抗日武装，实现所谓的“确立治安，彻底推行政令，掌握民心，发动政治力量，完成战时体制之基础”的目的。1943年3月，伪苏北地区清乡主任公署在南通城成立。10月，该署改组为“江苏省第一区清乡督察专员公署”。11月西迁扬州，与“江苏省第一区行政督察专员公署”合并，仍保持原称。同时，成立“驻通办事处”。1944年10月后仍迁南通，更名为“江苏省第八行政督察专员公署”，兼管“江苏省第一区清乡督察专员公署”。

苏北日伪“清乡”与中共的“反清乡”，是抗战史上的重大事件。中共紧密依靠广大人民群众，粉碎了日伪的“清乡”阴谋。伪苏北地区清乡主任公署档案是研究日伪“清乡”时期政治、经济、军事、教育、文化等方面活动的原始材料。

南通特别区封锁管理所任港大检问所用章章模

全文：

关于苏北地区第一期清乡工作实施之决定

第一　宗旨

一、中日合作，军政一体，双方协力，从速实现国民政府之抱负，建设模范的理想乡。

二、工作开始期日为四月十日，各种军政政治工作限九月末日以前予以概成。

第二　军事

一、封锁线特勉以竹杆筑成。海岸、沙田地带则构筑监视楼等考究特种设施。

封锁线及检问所归各日本现地部队与有关之中国方面县政府协同预先实施，塔查之后，适应现地情形定之。

二、封锁所需资材，归中国方面整备。至于搜集输送，则日军适宜予以援助。封锁线在日军指导之下中国方面担任之，封锁业务预定在四月底开始。

三、为本工作须要整备之中国方面地方武力，若财政有把握则迄本年底整备人口千对三之比率。

四、以保安队及警察为主，在中国行政官领导之下，使为官治面渗透之支掌。

但关于作战警备，须要受日军指挥官指挥。

五、随剔抉工作之进展，确立民众组织。在地域内从速编成自卫团，以防遏敌匪之潜入，又努力促进爱乡会之结成与发展。新编之自卫团不使武装，且以“警防”（监视、警戒、速报）为任务，注重潜入匪之发见与报告，日军支援其训练。

第三　政治、经济

一、政治工作之进展，从官治、自治、自卫、自生之确立顺序，逐次决定重点进行。

其实施要领，与苏州地区工作同。

但特以确立民众组织及把握民心为重点。

二、关于诸工作之中日间之连络，要经连络部。中国方面要预先将诸法规、计划目次、预定表等通达日军。关于军事政治方面，双方须密切合作。

三、关于中日军警调运物资，对于正当之供出者，须以正当价格购入为原则。此际，尽量利用特别区公署（县公署）、区乡镇公所等使其供出。

中国方面之主要粮秣购入价格，据中日协定价格购入为原则，有非常必要时，由日本军统制物资及购入。价格、人夫、运搬具、佣役、赁银等亦准前项。

第四　其他

一、于日军监督指导之下，中国方面须要担任常续的检问及检索。

二、中国方面独自扫荡剔抉时，卤获之兵器资财，中国方面自己使用，但其数量应从速通报日军。

又协同日军时，由矛部队司令部分给中国方面所定机关。

三、有自称日军密探作不法行为者时，得由中国方面拘捕，而后向日军通告之。

中国方面之特工工作，日军须以与全面之支援。

四、除本协定以外，有临时必要之际，应其所要，随时另外协定之。

昭和十八年四月八日

现地日军最高指挥官　小林信男

华方现地负责人清乡委员会秘书长　李士群

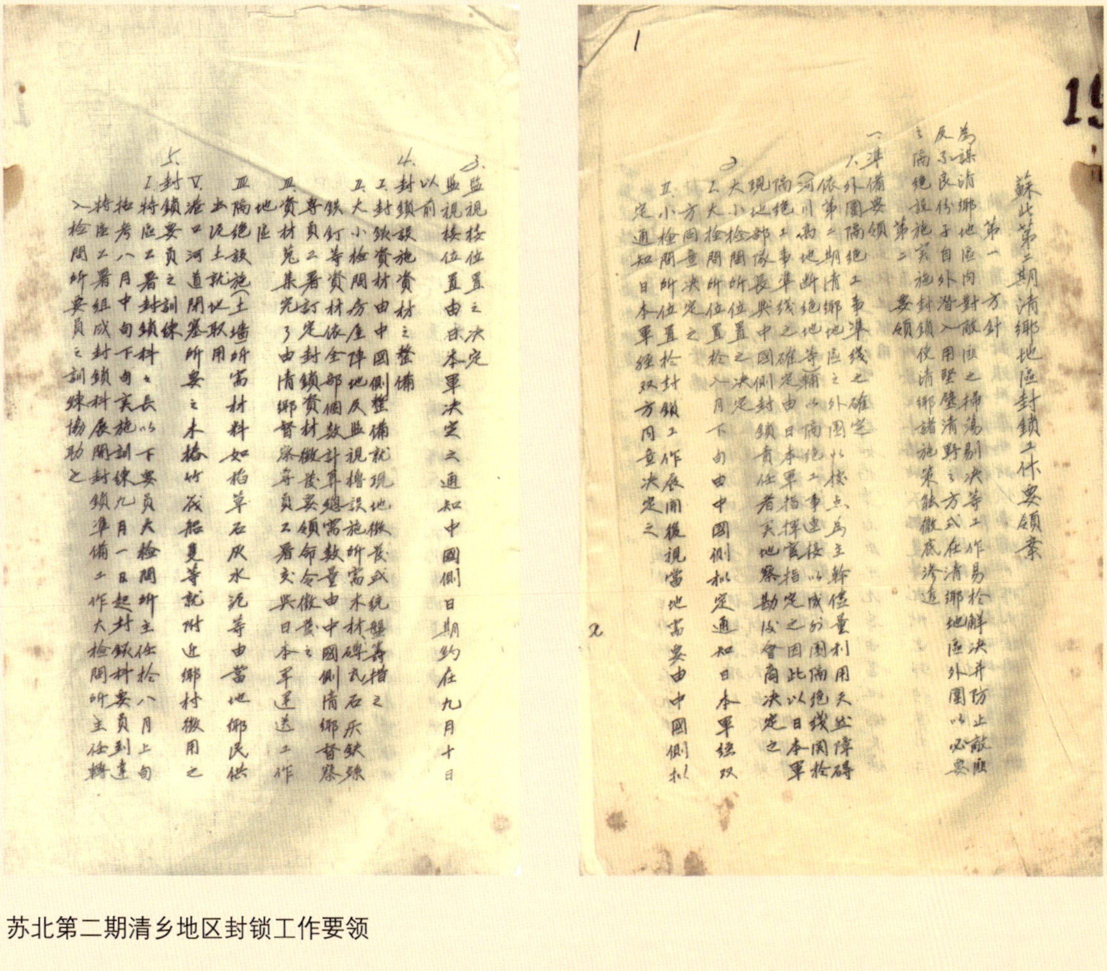

苏北第二期清乡地区封锁工作要领

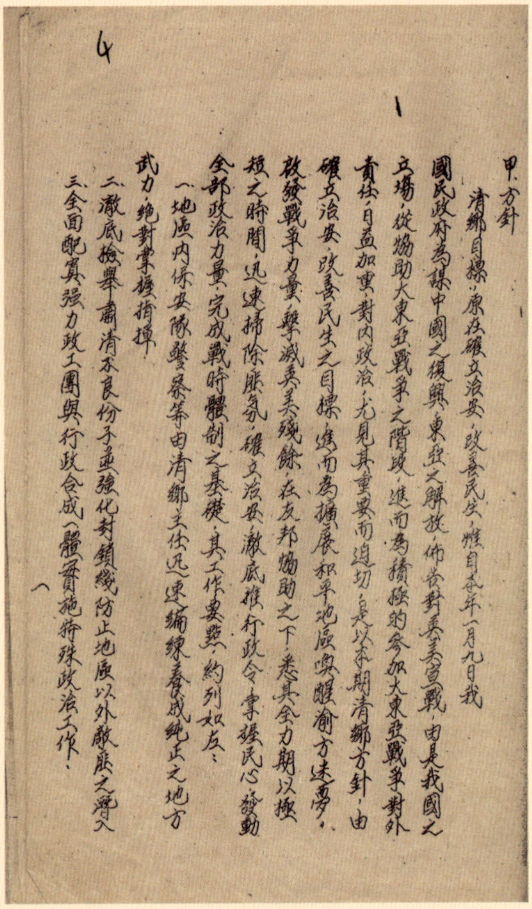

甲、方針

清鄉目標：原在確立治安，改善民生，惟自本年一月九日我國民政府為謀中國之復興，東亞之解放，佈告對英美宣戰，由是我國之立場，從協助大東亞戰爭之階段，進而為積極的參加大東亞戰爭，對外責任，日益加重，對内政治，尤見其重要而迫切，是以本期清鄉方針，由確立治安，改善民生之目標，進而為擴展和平地區，喚醒渝方迷夢，啟發戰爭力量，擊滅英美殘餘，在友邦協助之下，悉其全力，期以極短之時間，迅速掃除匪氛，確立治安，澈底推行政令，掌握民心，發動全部政治力量，完成戰時體制之基礎，其工作要點，約列如左：

一、地區内保安隊警察等由清鄉主任迅速編練養成純正之地方武力，絕對掌握指揮。

二、澈底檢舉肅清不良份子並強化封鎖綫，防止地區以外敵匪之潛入

三、全面配置強力政工團與行政合成一體，實施特殊政治工作、

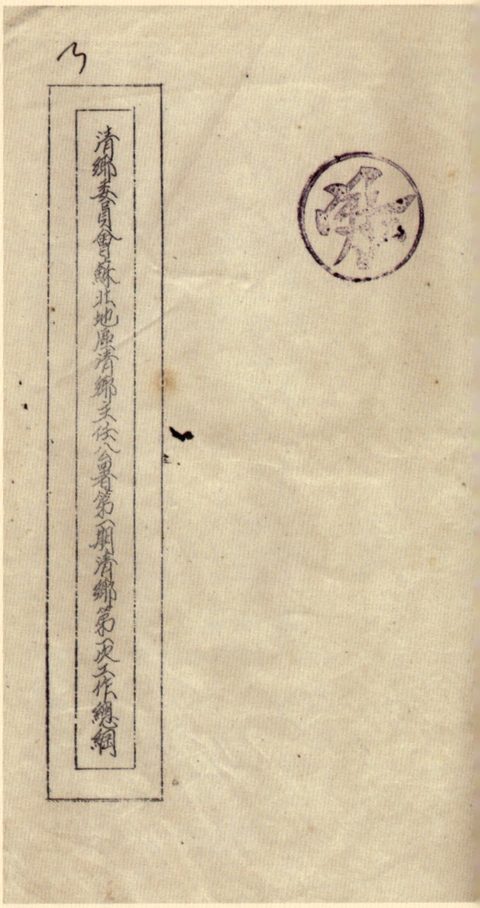

清鄉委員會蘇北地區清鄉主任公署第一期清鄉第一次工作總綱

1943年3月苏北地区第一期清乡第一次工作总纲

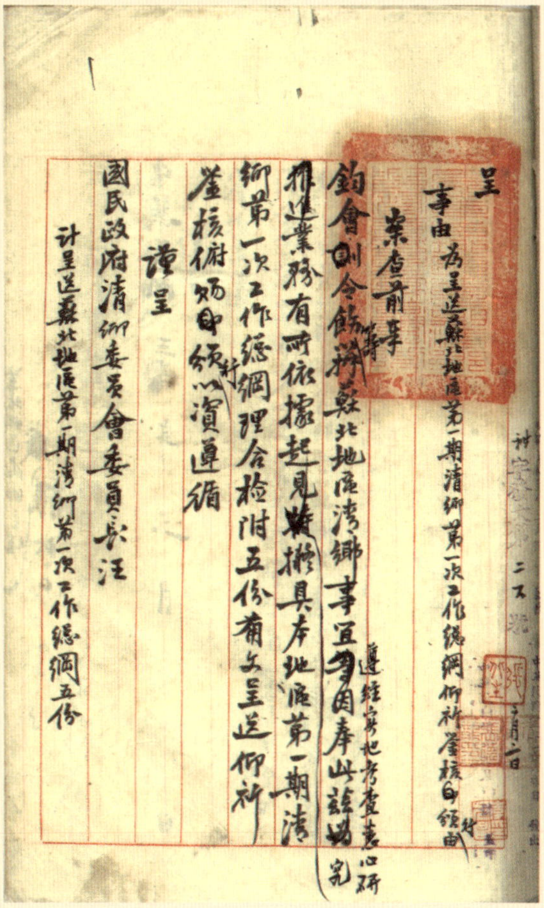
呈
事由 為呈送蘇北地區第一期清鄉第一次工作總綱仰祈鑒核示遵由
案查前奉
鈞會訓令飭籌蘇北地區清鄉事宜等因奉此遵經本地方查盡心研究
推進業務有所依據起見擬具本地區第一期清鄉第一次工作總綱理合檢附五份備文呈送仰祈
鑒核俯賜鈞示以資遵循
謹呈
國民政府清鄉委員會委員長汪
計呈送蘇北地區第一期清鄉第一次工作總綱五份

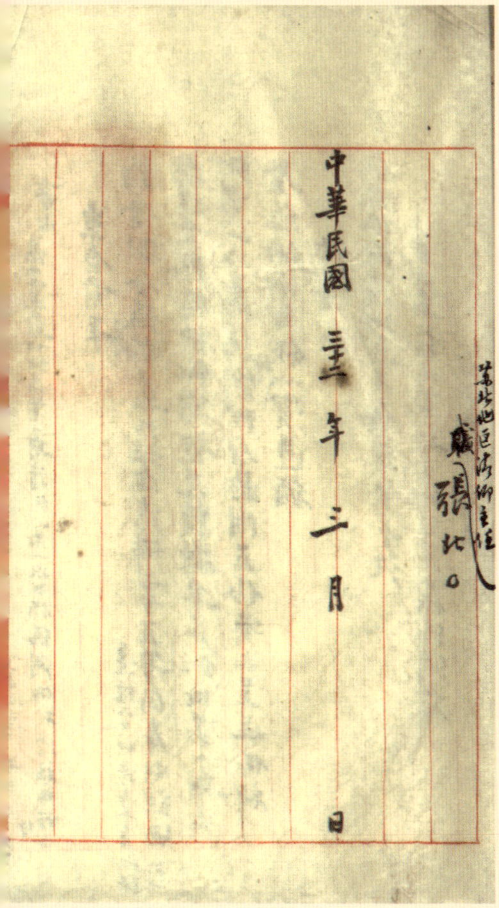
蘇北地區清鄉主任 張北生
中華民國三十二年三月 日

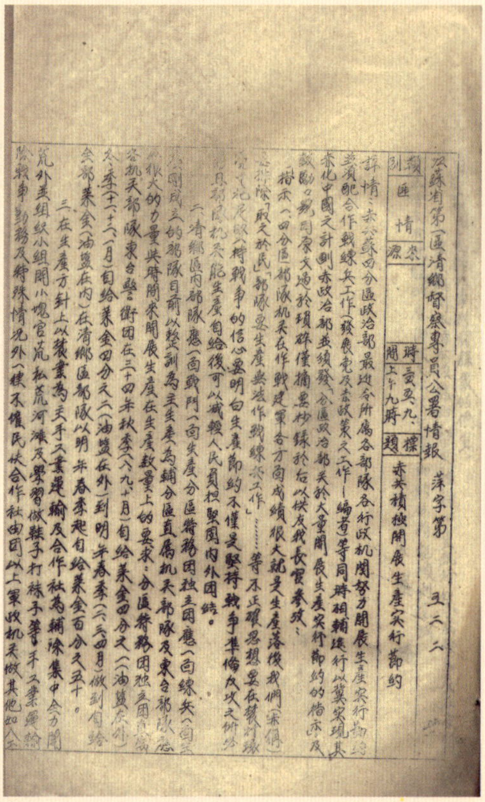

江蘇省第一區清鄉督察專員公署情報　萍字第　五二八

類別	匪情
來源	
時間	三五、五、九、上午九時
標題	赤共積極開展生產實行節約

詳情：赤共蘇四分區政治部最近令所屬各部隊各行政機關努力開展生產實行節約，並須配合作戰練兵工作（發展黨及赤政策之工作—編者）等同時補進行，以冀實現其赤化中國之計劃。赤政治部並須發「分區政治部關於大量開展生產實行節約的指示」及鼓勵口號，因原文過於瑣碎，僅摘要抄錄於右，以供友我長官參考：

一、指示（四分區部隊機關在作戰建軍各方面成績很大，就是生產落後，我們（赤偽）必[illegible]除「取之於民」「部隊要生產要決作戰練兵工作」……等不正確思想，要在艱苦環境[illegible]持戰爭的信心，要明白生產節約不僅是堅持戰爭準備反攻之條件，[illegible]且部隊機關只能生產自給後可以減輕人民負擔，鞏固內外團結。

二、清鄉區內部隊應（面向戰鬥（面向生產），分區特務團獨立團應（面向練兵（面向[illegible]），以團成立的部隊目前以整訓為主，生產為輔，分區直屬機關部隊及東台部隊應發揮很大的力量與時間來開展生產，在生產數量上的要求：分區特務團獨立團[illegible]各機關部隊東台警衛團在三十四年秋季（八、九、十月）自給菜金四分之一（油鹽在外），冬季（十一、十二、一月）自給菜金四分之二（油鹽在外），到明年春季（二、三、四月）做到自給全部菜金（油鹽在內），在清鄉區部隊以明年春季起自給菜金百分之五十。

三、在生產方針上以農業為主，手工業運輸及合作社為輔，除集中全力開荒外，並組織小組開小塊官荒私荒河灘及學習做鞋子打襪子等手工業與輸送戰爭勤務及特殊情況外（根不能[illegible]）民伕合作社由團以上軍政機關做其他如[illegible]

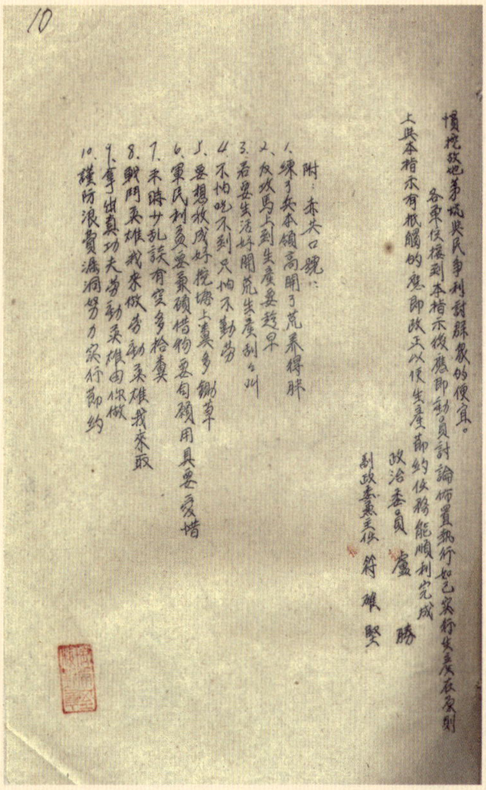

慣挖敵地弟兄與民爭利對群眾的便宜。

各東伕接到本指示後應即動員討論佈置執行，如已實行生產及衣食則上與本指示有抵觸的應即改正，以便生產節約任務能順利完成。

政治委員　盧　勝

副政委兼主任　符　雄　堅

附：赤共口號：

1、練了兵本領高，開了荒養得胖

2、反攻馬上到，生產要趁早

3、若要生活好，開荒生產刮々叫

4、不怕吃不到，只怕不勤勞

5、要想收成好，挖塘上糞多鋤草

6、軍民利益要兼顧，借物要有顧，用具要愛惜

7、不聽少亂談，有空多拾糞

8、戰鬥英雄我來做，勞動英雄我來取

9、拿出真功夫，勞動英雄由你做

10、謹防浪費漏洞，努力實行節約

江苏省第一区清乡督察专员公署关于中共积极开展生产、实行节约的情报

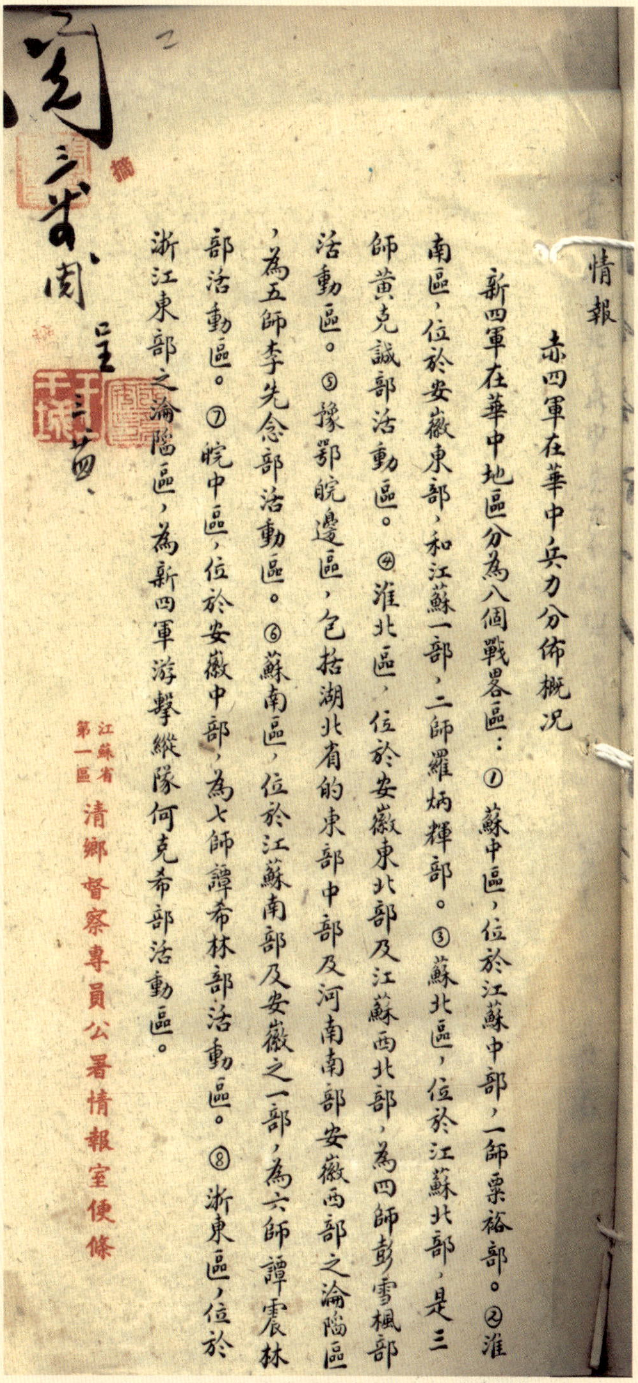

情報

赤四軍在華中兵力分佈概況

新四軍在華中地區分為八個戰畧區：①蘇中區，位於江蘇中部，一師粟裕部。②淮南區，位於安徽東部，和江蘇一部，二師羅炳輝部。③蘇北區，位於江蘇北部，是三師黄克誠部活動區。④淮北區，位於安徽東北部及江蘇西北部，為四師彭雪楓部活動區。⑤豫鄂皖邊區，包括湖北省的東部中部及河南南部安徽西部之淪陷區，為五師李先念部活動區。⑥蘇南區，位於江蘇南部及安徽之一部，為六師譚震林部活動區。⑦皖中區，位於安徽中部，為七師譚希林部活動區。⑧浙東區，位於浙江東部之淪陷區，為新四軍游擊縱隊何克希部活動區。

江蘇省第一區清鄉督察專員公署情報室便條

江苏省第一区清乡督察专员公署情报室关于新四军在华中兵力分布概况的情报

伪南通县自治会

保管单位：南通市档案馆

内容及评价：

1938年3月17日，日寇侵占南通城。3月23日，汉奸徐宇春等人筹备成立傀儡组织“南通地方临时办事处”。4月26日，“南通地方临时办事处”改为“南通县自治会”。南京“中华民国维新政府”成立后，“南通县自治会”改为“南通县知事公署”。1941年4月，汪伪南京“国民政府”成立，“南通县知事公署”改为“南通县政府”，县知事改称县长。“南通县政府”沿袭原国民党南通县政府行政建制，并强化特务机构。1943年，“南通县政府”改为“南通县特别区公署”。1945年9月，“南通县特别区公署”为国民党南通县政府接收。

伪南通县自治会档案起于1938年，止于1945年，全宗内共有档案3195卷。档案主要内容有：南通县自治会组织纲要、细则、章程；人事管理方面的文件，如职员名册、履历表、任免材料；日伪军活动情况和遗留物资处理材料；旅华外侨情况调查材料；有关税管、财政、教育、卫生、交通、慈善、民政等方面的档案材料。该部分档案中，还存有张謇写给段祺瑞的信件、韩国钧请求捐助的亲笔信、军阀孙传芳写给张謇的信件等。

伪南通县自治会档案是研究日伪统治时期南通情况的重要依据，同时也反映了南通人民在中国共产党领导下进行反“清乡”斗争的情况，具有重要的历史价值。

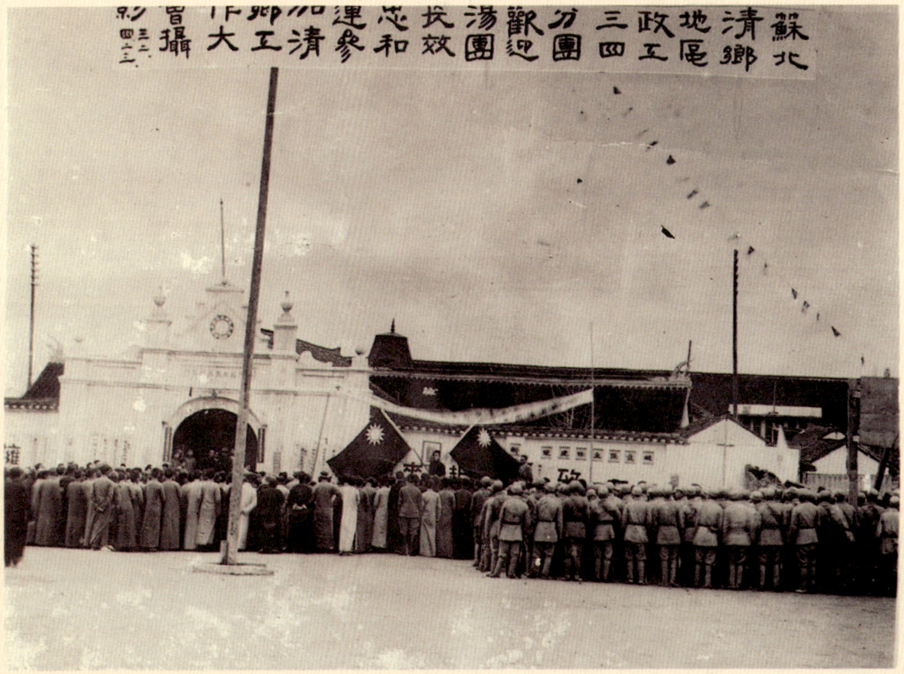

在反对日伪苏北第一期“清乡”斗争节节胜利的形势下，奉命打入伪军的地方抗日武装汤景延团（简称“汤团”），遵照苏中区党委、苏中军区的决定，于1943年9月29日夜，在各个驻地同时暴动成功，胜利地回到了根据地，这就是著名的“汤团”行动。图为1943年4月23日，“汤团”打入伪军时受到敌伪欢迎的情景。

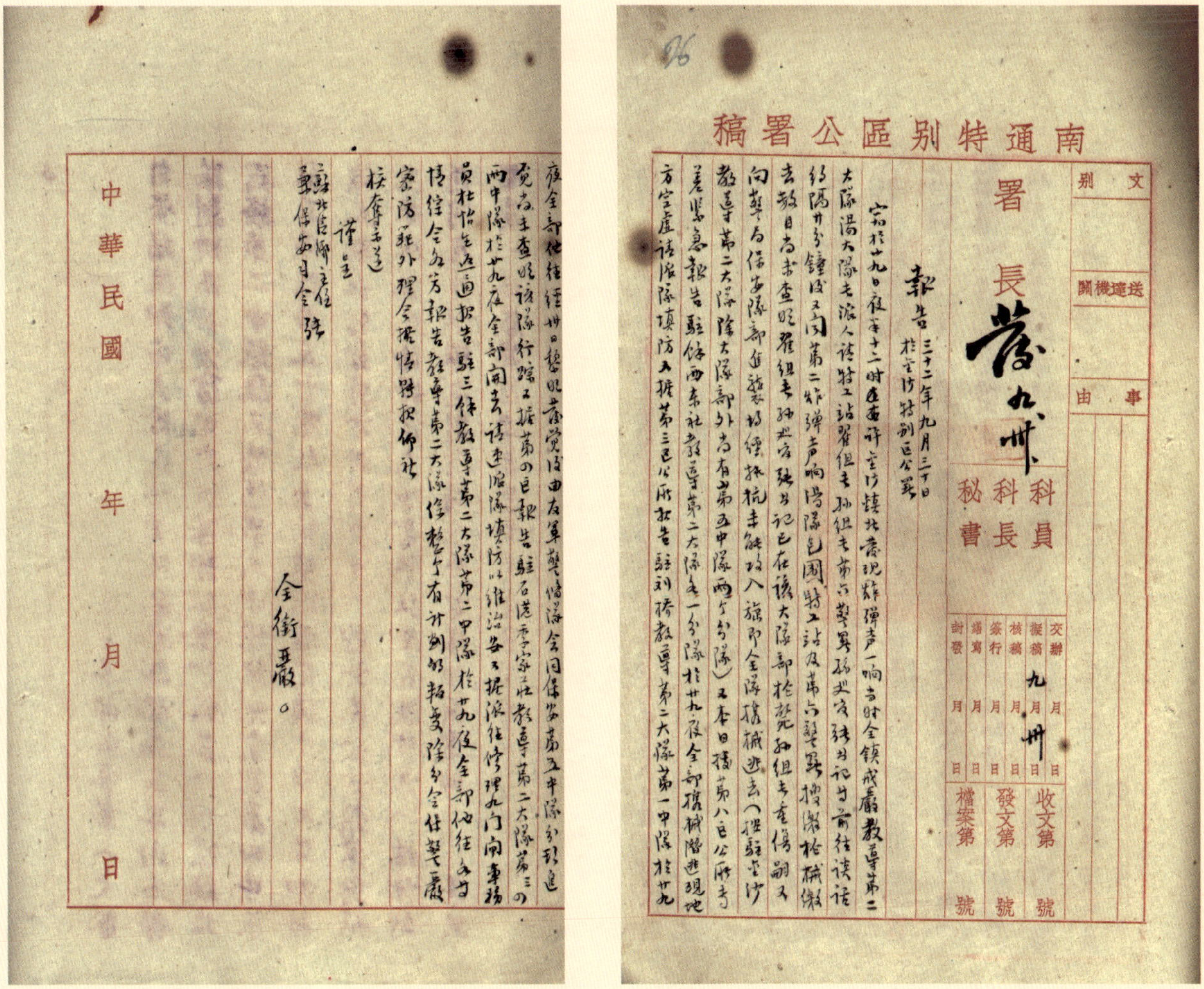
南通特別區公署稿

署長

秘書 科長 科員

1943年9月30日金沙特别区公署报告“汤团”暴动的文

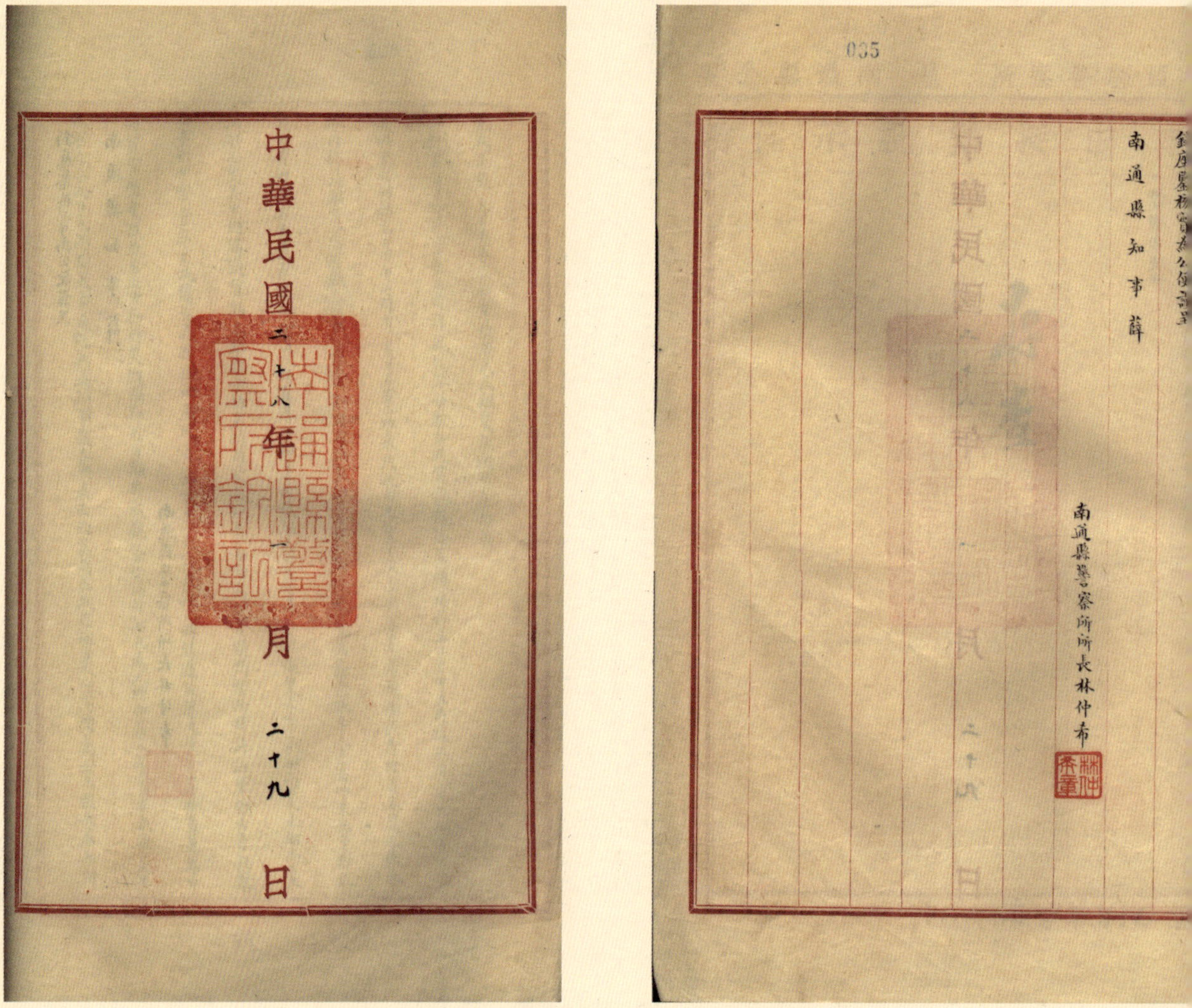

1939年1月29日关于日军在姚港检查人民船只情形的呈文

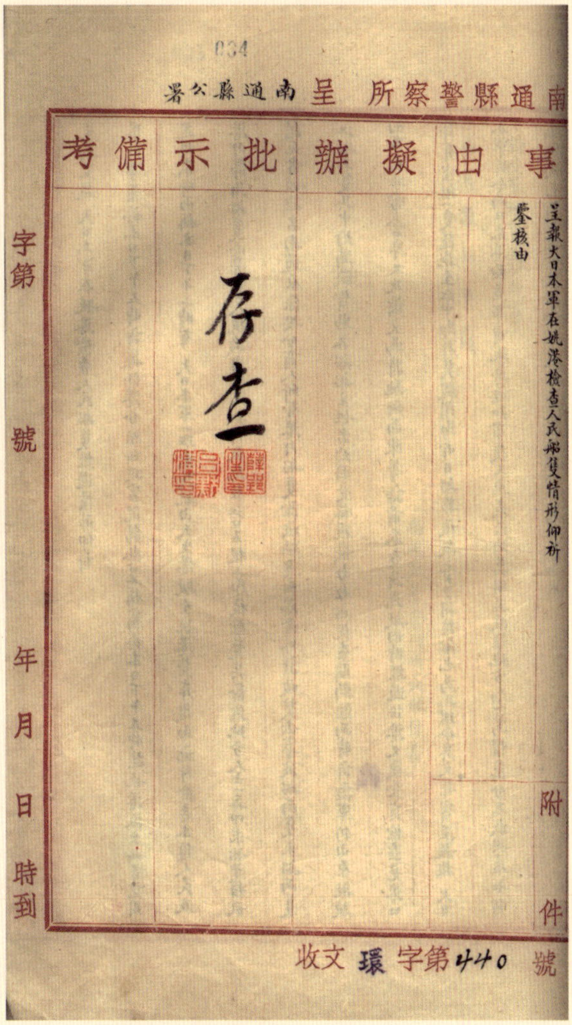

034

南通縣警察所 呈南通縣公署

事由：呈報大日本軍在姚港檢查人民船隻情形仰祈鑒核由

擬辦

批示：存查

備考

字第　號　年　月　日　時到

附件

收文 環 字第440號

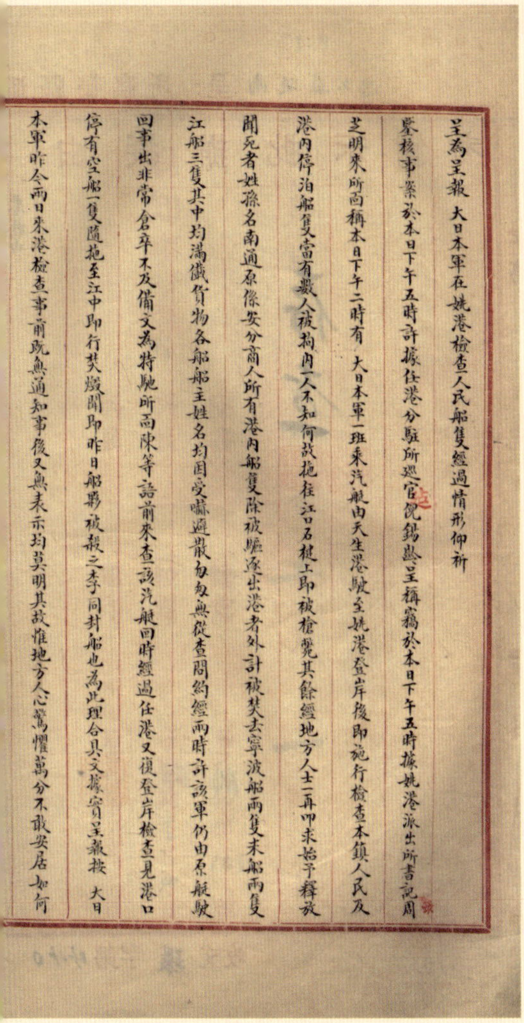

呈為呈報大日本軍在姚港檢查人民船隻經過情形仰祈
鑒核事案於本日下午五時許據任港分駐所巡官倪錫爵呈稱竊於本日下午五時據姚港派出所書記周
芝明來所面稱本日下午二時有大日本軍一班乘汽艇由天生港駛至姚港登岸後即施行檢查本鎮人民及
港內停泊船隻當有數人被拘內一人不知何故拖在江口石梯上即被槍斃其餘經地方人士一再叩求始予釋放
聞死者姓孫名南通原係安分商人所有港內船隻除被驅逐出港者外計被焚去寧波船兩隻釆船兩隻
江船三隻其中均滿儎貨物各船船主姓名均因受嚇避散匆匆無從查問約經兩時許該軍仍由原艇駛
回事出非常倉卒不及備文為特馳所面陳等語前來查該汽艇回時經過任港又復登岸檢查見港口
停有空船一隻隨拖至江中即行焚燬聞即昨日船戶被殺之李同封船也為此理合具文據實呈報按大日
本軍昨今兩日來港檢查事前既無通知事後又無表示均莫明其故惟地方人心驚懼萬分不敢安居如何

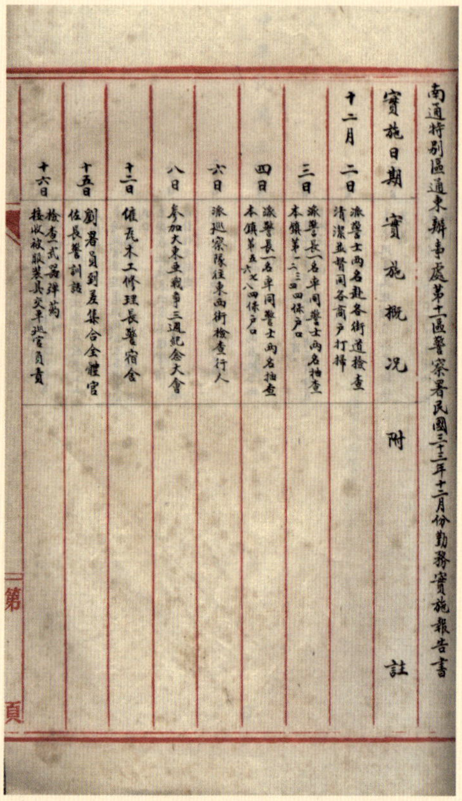

南通特別區通東辦事處第十一區警察署民國三十三年十二月份勤務實施報告書

實施日期	實施概況	附註
十二月二日	派警士兩名赴各街道檢查清潔並督同各商户打掃	
三日	派警長一名率同警士兩名抽查本鎮第一二三四保户口	
四日	派警長一名率同警士兩名抽查本鎮第五六七八四保户口	
六日	派巡察隊往東西街檢查行人	
八日	參加大東亞戰爭三週紀念大會	
十二日	催瓦木工修理長警宿舍	
十五日	劉署員到差集合全體官佐長警訓話	
十六日	檢查武器彈葯接收被服裝具交巡官負責	

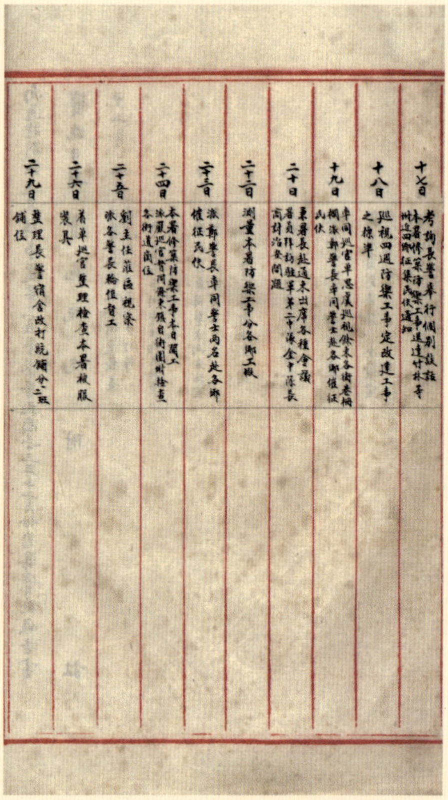

實施日期	實施概況	附註
十七日	考詢長警舉行個別談話 本署修築防禦工事通達竹林寺附近四鄉征集民伕通知	
十八日	巡視四週防禦工事定改建工事之標準	
十九日	率同巡官李思康巡視鎮東各街巷柵欄 派鄭警長率同警士赴各鄉催征民伕	
二十日	東署長赴通參加出席各種會議 署員拜訪駐軍第二十中隊全中隊長商討治安問題	
二十二日	測量本署防禦工事分各鄉工段	
二十三日	派鄭警長率同警士兩名赴各鄉催征民伕	
二十四日	本署修築防禦工事本日開工 派巡官暫同警長張自衛團將檢查各街道商住	
二十五日	劉主任蒞臨視察 派各警長輪值督工	
二十六日	着巡官整理檢查本署被服裝具	
二十九日	整理長警宿舍改打統舖分一二班舖位	

00022

中華民國三十三年　月　日

南通特別區第十一區警察署兼署長郭昌

1944年南通特别区通东办事处第十一区警察署勤务实施报告书

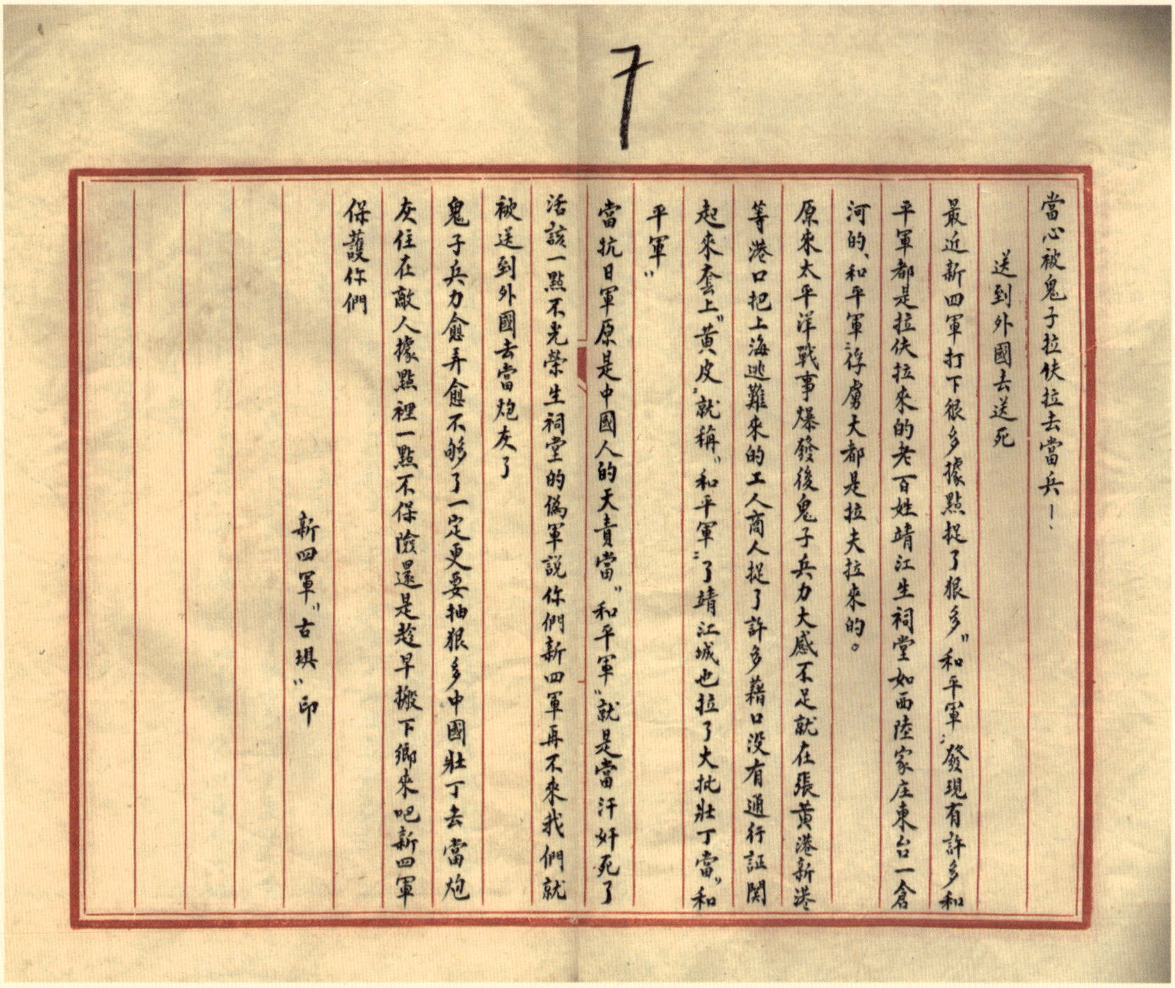

7

當心被鬼子拉伕拉去當兵！

送到外國去送死

最近新四軍打下很多據點捉了很多"和平軍"發現有許多和平軍都是拉伕拉來的老百姓靖江生祠堂如西陸家庄東台一倉河的"和平軍"俘虜大都是拉夫拉來的。

原來太平洋戰事爆發後鬼子兵力大感不足就在張黃港新港等港口把上海逃難來的工人商人捉了許多藉口沒有通行証關起來套上"黃皮"就稱"和平軍"了靖江城也拉了大批壯丁當"和平軍"

當抗日軍原是中國人的天責當"和平軍"就是當汗奸死了活該一點不光榮生祠堂的偽軍說你們新四軍再不來我們就被送到外國去當炮灰了

鬼子兵力愈弄愈不够了一定更要抽很多中國壯丁去當炮灰住在敵人據點裡一點不保險還是趁早搬下鄉來吧新四軍保護你們

新四軍"古琪"印

新四军宣传标语

民国海门县地籍原图

保管单位：海门市档案馆

内容及评价：

地籍图是地籍管理的重要依据，赋税统计、整理荒地、修浚沟洫等都要用到地籍图。中国在封建社会就有地籍图的绘制，以作为征收田赋和土地归属的依据。

海门市档案馆馆藏的民国海门县地籍原图于1935年至1937年间绘制，共有1491张，囊括了当时全县的6个区，120个乡(其中五堤乡、利民乡缺失)，包括沿黄海边的滩涂地带。本地籍图的测量比例为1：2000，用三角测量法。遇有镇与集市则另附详图，其比例为1：1000或1：500，镇上各户各宅屋主姓名，一一例举。此地籍原图对当时海门的土地制度、人口地理分布、行政区划、县域经济等具有重要的研究价值，是一份集系统性、完整性、历史性及稀有性于一体的土地档案。

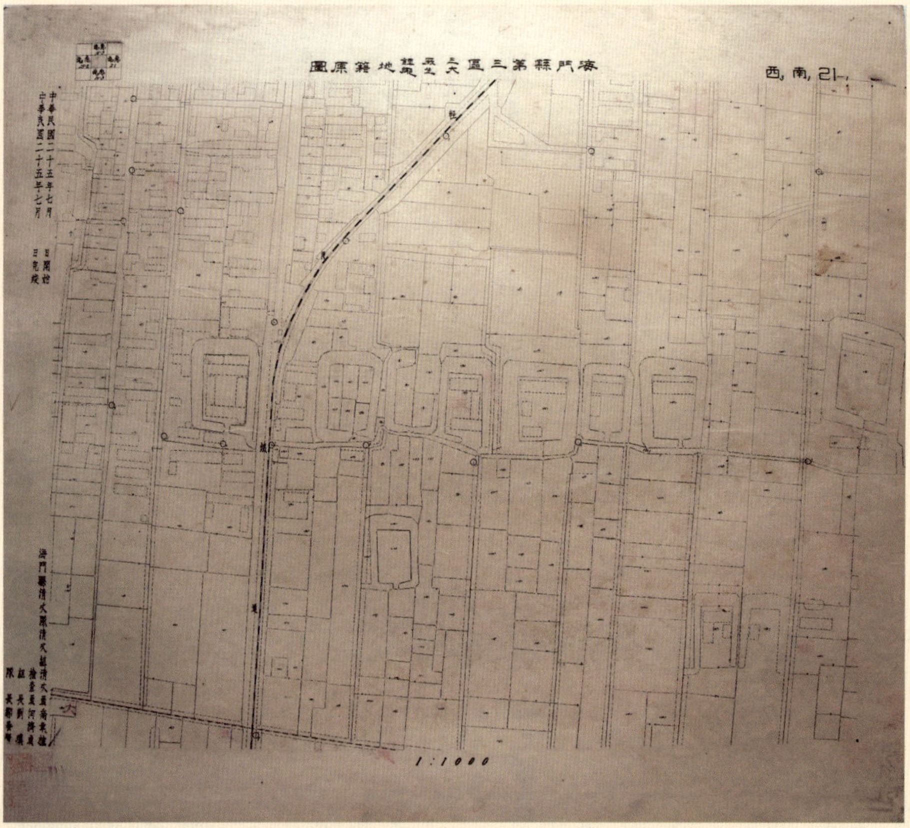

海门县第三区三厂镇、大生乡地籍原图

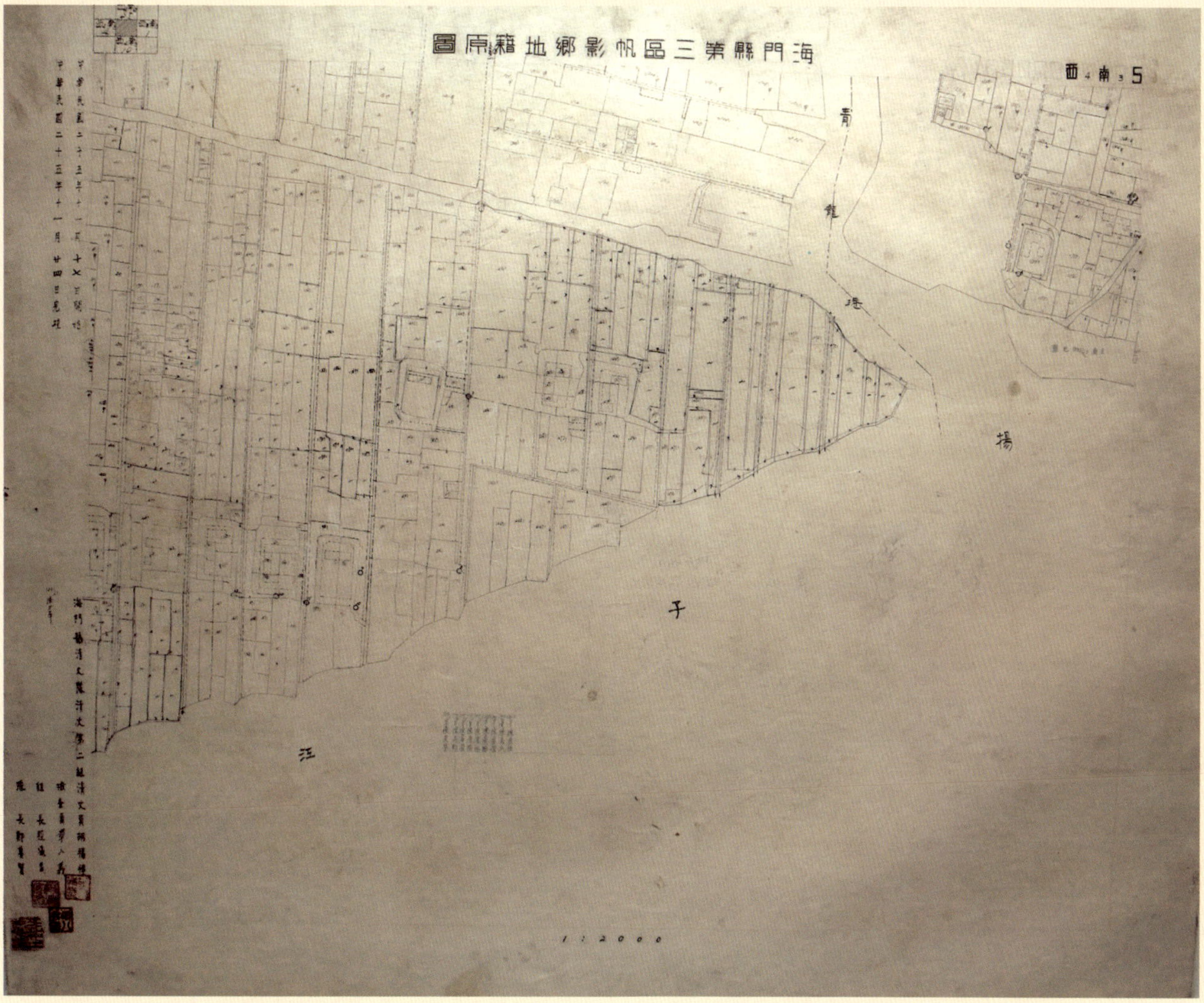

海门县第三区帆影乡地籍原图

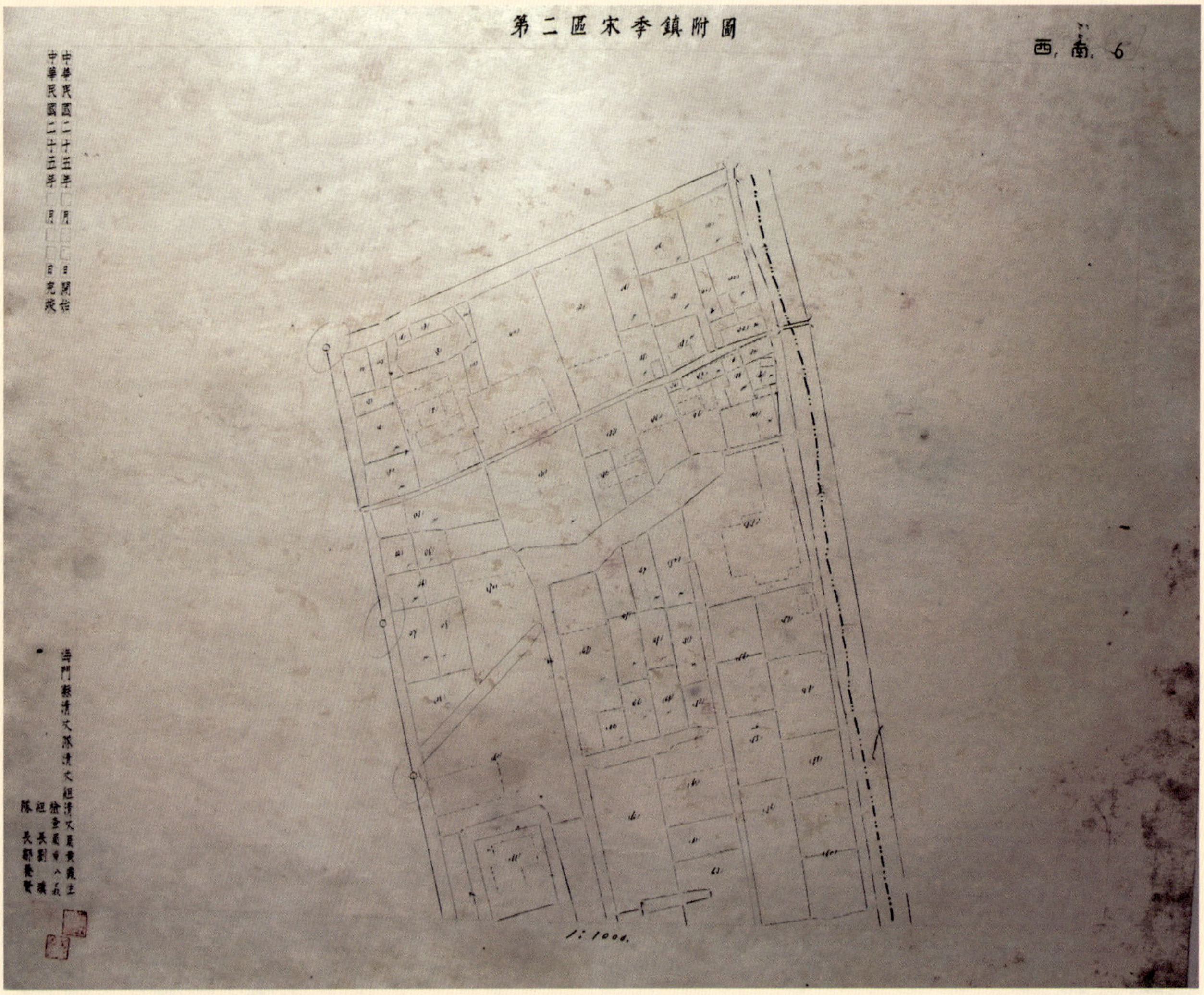

海门县第二区宋季镇附图

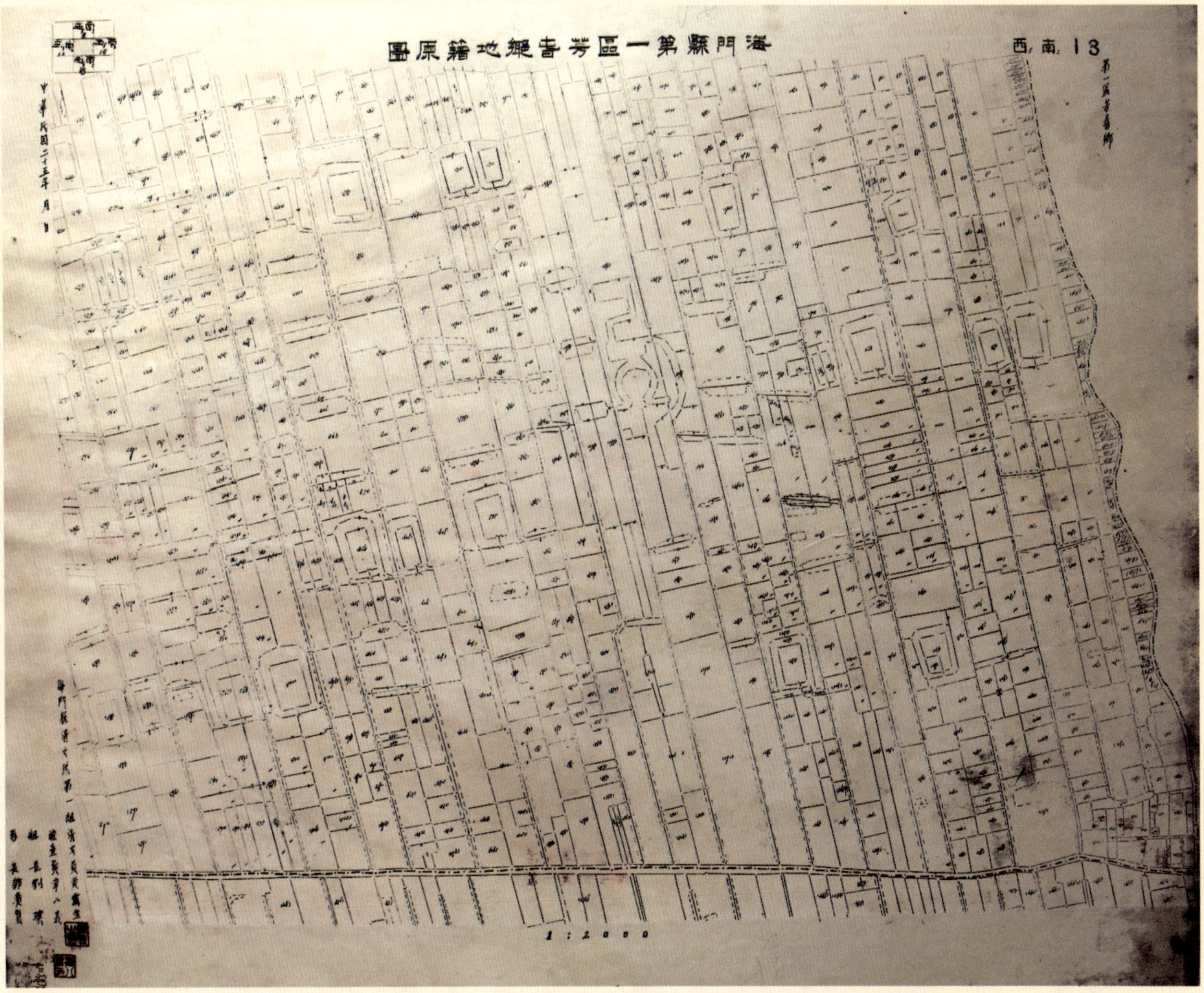

海门县第一区芳春乡地籍原图

民国海门老照片

保管单位：海门市档案馆

内容及评价：

海门位于长江下游北岸，离长江入海口70公里，南与上海市崇明隔江相望，东北濒临黄海，东与启东毗邻，西和西北与南通接壤。

958年（后周显德五年）始设海门县，属通州；宋因袭后周，领于通州，隶淮南东路；元领于通州，属扬州路，隶江北淮东道；明领于通州，属扬州府；1672年（清康熙十一年），裁县为乡，归并通州。1768年（乾隆三十三年），建江苏省海门直隶厅，设治于茅家镇，1912年废厅，复称海门县。

海门市档案馆馆藏民国海门老照片约有500余张，反映了海门多个方面的情况，涉及公立、私立学校，政治活动，以及家庭生活情况。这些影像对研究民国时期海门的历史具有较高的史料价值。

1927年6月公立培德小学校园艺作业摄影

海門縣泗芳鄉中心國民學校
全體導師暨初高級畢業生

1948年海门县泗芳乡中心国民学校全体导师暨初高级毕业生留影

江蘇海門縣立中學高一全體同學合影 民國三十七年五月二十五日

1948年江苏海门县立中学高一全体同学合影

1948年张健民先生与陆丽萍女士举行结婚典礼摄影

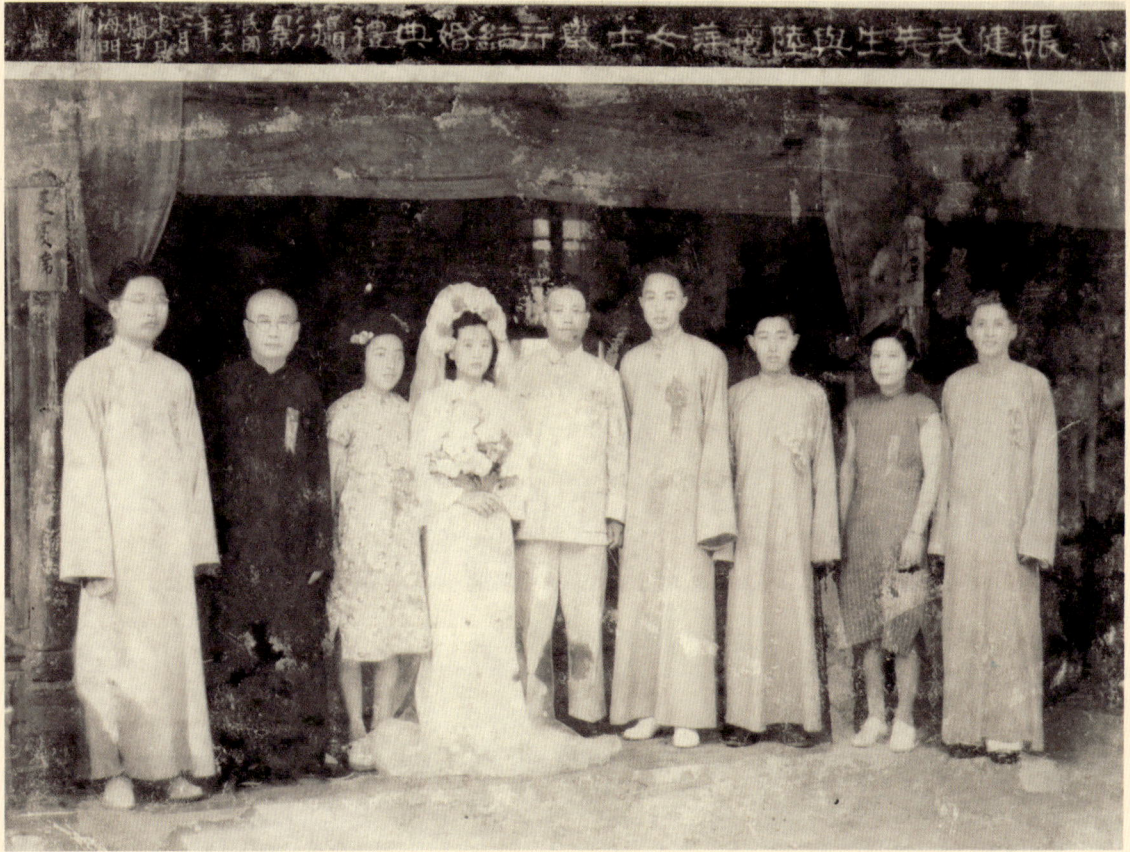

南通州基督医院老照片

保管单位： 南通市第一人民医院

内容及评价：

南通州基督医院（即现南通市第一人民医院，下文简称医院）于1907年购地建造。1916年医院成立了南通州基督医院护士学校，该校为中国第一所向中华护士会登记的护士学校。该校的成立开创了南通医学职业教育的先河。1937年，据当时美教会称"该院是联合基督教会设备最佳的医院"，能够施行脊椎结核胫骨移植术、胃肠吻合术、气管切开术、扁桃体切除术、剖宫产、内倒转、巨大卵巢囊肿切除术等。1937年8月17日上午，医院遭日机袭击，病房楼被炸，医疗设备被毁。1938年南通沦陷，医院的麦文果、潘凤鸣、陈淑瑾等人在各界爱国人士帮助下成立难民营。

这些老照片不仅如实地重现了医院由开办到日趋完善到被炸毁的沧桑荣辱，同时也展现了中西医学交融给患者带来的福泽，是民国时期南通中西文化交流的缩影。

南通州基督医院大门

建于1912年的南通州基督医院病房楼

1918年医院首次施行的腹部肿瘤治疗前

1918年医院首次施行的腹部肿瘤治疗后

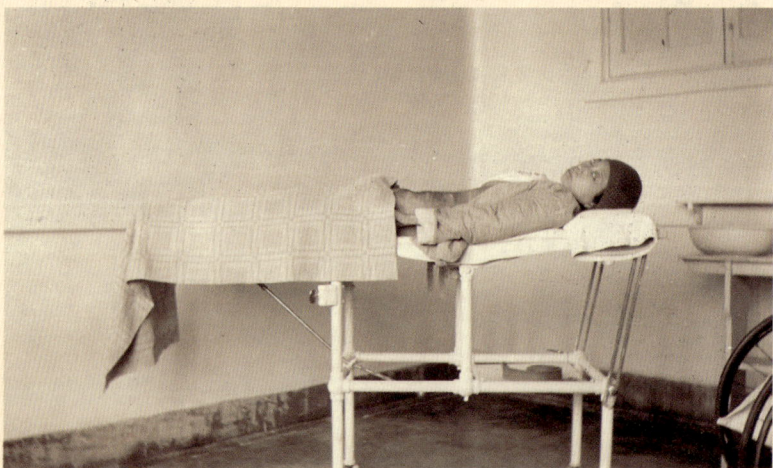

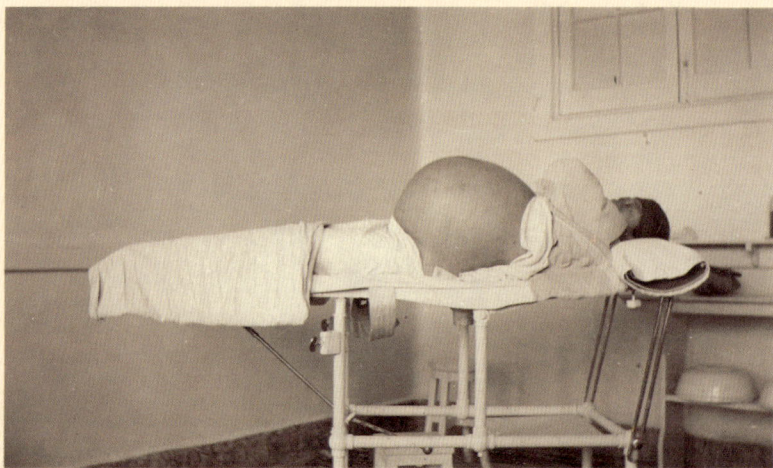

厨房

1925年的护士之家

病人治愈出院后回望医院

为满足结核病人日光浴疗法的要求而把阳台扩宽的病房大楼

医院被日机轰炸后成为一片废墟，设备也被尽数炸毁。

南通师范学校

保管单位：南通市档案馆

内容及评价：

南通师范学校初名民立通州师范学校。张謇先生在中日甲午战争后，痛感欲雪国耻救危亡惟有普及国民教育，而“普及有本，本在师范”。故多次向清政府请设师范学校，却未有结果，于此种情况下决定自行集资创立师范学校。1902年经两江总督府核准，随即筹款得九万余元，在城南千佛寺筹建师范学校，张謇自任校长。学校占地四十余亩，“成屋凡一百三十余间”，可容学生三百多人，设本科、简易科和讲习科。通州民立师范与南洋公学附设师范院、京师大学堂附设师范斋一同被公认为中国师范教育肇始的三大源头，因而在中国近代教育史上具有重要的地位。

1903年4月27日学校正式开学上课，以“坚苦自立、忠实不欺”作为校训，至今已100余载，虽经时代变迁，亦曾历战火等劫难但始终办学不辍，且代有发展，桃李满天下。

南通师范学校是南通教育事业发展的基石。南通市档案馆现保存有通师收支账册、校董会记录、校友录、《学艺》杂志等，是研究中国师范教育发展的珍贵文献。

通州师范学校外景

全文：

通州师范学校开办章程

1902年10月12日

—为本州厅县地方小学校预计，故采各国私立学校章程，创设寻常师范学校。讲求教授管理法、修身、历史、地理、算术、文法、理化、测绘、体操诸科学，庶为童幼子弟立受教之基础。而中学已成之士，亦得先致力于公益最要之专科。

—师范学校中应设小学校为师范生实验练习之地。今拟师范学校开办后八个月，附设高等、寻常两科小学校，以资练习。

—事由同人合词呈请督部核准转饬地方官立案，创设之资，即由同人捐集。

—本学校拟请师范教习四人(东人一人教教授管理法、东文；中人三人，分教伦理、算术、测绘、体操、文法、历史、地理、理化学)，监起居一人，校董一人，司帐、管书各一人，丁役十三人。

—州厅县师范生额，以认筹经费之数分派。通州约二十人，泰兴、如皋各约十六人，静海、海门各约十人。若一时无力而日后愿入者，仍按费定额，本学校虚额以待。

—师范生择举贡生监中性淑行端文理素优者为入格，报名时须得素有声望人保书，再由本学校访察试验开单招致。

—初拟借通州京江公所暂行开办，继因寄宿舍种种不便，乃专就千佛寺修改营造。撙节估计礼堂、诵堂、图书仪器楼、体操场、食堂、息修室、总理室、教习室、帐房、客厅等费，并置备图书仪器动用器具等物，银二万余圆(先估一万五千，后因原屋无一可就，故多加五六千)。

—预估常年教习、监起居脩金，校董夫马费，司帐俸金，约银三千四百圆；丁役辛工银二百二十圆；膳银一千二百圆，油烛纸张杂用一百六十圆，添置图书器具、修理房屋三百圆，共五千二百八十圆。总理公费不列开支。

—通泰如静海师范生不纳学费，每年止纳膳费(茶水、灯油在内)，每月四圆，以十个月计，费四十圆。正月、七月分缴，开办到学时先缴六个月。

—如有乡里好义之士，愿助本学校经费银五百圆以上者(田亩、书籍照此估计)，子弟一人在学不纳膳费，并准有考察本学校之权。

—寓居本州厅县之外府省举贡生监，有愿入本学校者，除每年纳膳费外，仍纳学费，每月二圆，以十个月计，费二十圆。如寓居之人，其同乡能鸠助银三百圆者，准有一人在学，永远免纳学费。如助银五百圆者，照第十条办理。若自外府、外省来者，膳费、学费照寓居例。捐助银圆者，按多寡免纳膳费、学费之差，亦同上例。

—课程学规及办事章程，俟开学之先订告。

通州师范学校校门

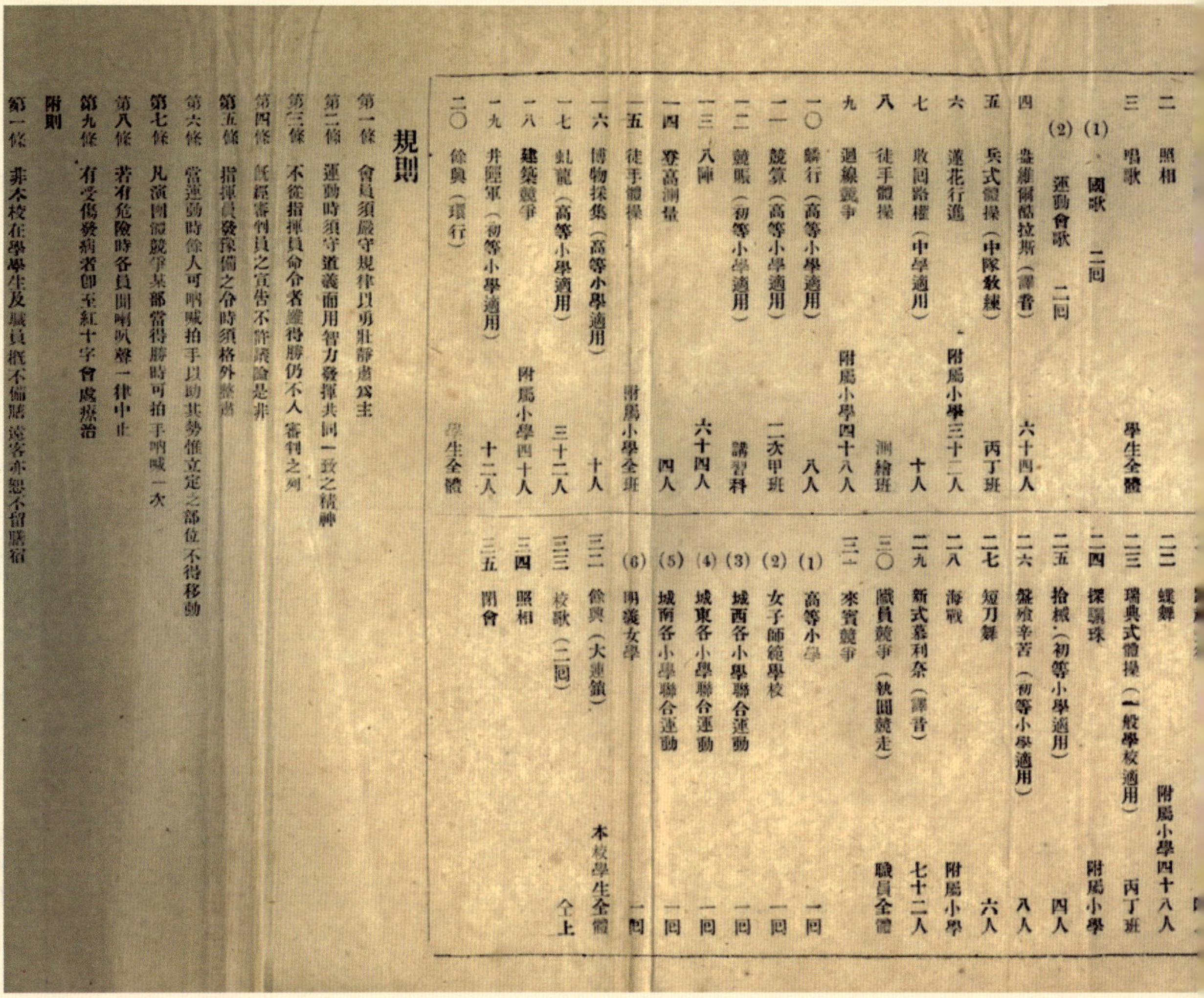

二 照相
三 唱歌 學生全體
(1) 國歌 二回
(2) 運動會歌 二回
四 盎維爾鵠拉斯（譯音） 六十四人
五 兵式體操（中隊教練） 丙丁班
六 蓮花行進 附屬小學三十二人
七 敗回路權（中學適用） 十人
八 徒手體操 測繪班
九 過線競爭 附屬小學四十八人
一〇 鱗行（高等小學適用） 八人
一一 競算（高等小學適用） 一次甲班
一二 競賑（初等小學適用） 講習科
一三 八陣 六十四人
一四 登高測量 四人
一五 徒手體操 附屬小學全班
一六 博物採集（高等小學適用） 十人
一七 虬龍（高等小學適用） 三十二人
一八 建築競爭 附屬小學四十人
一九 井陘軍（初等小學適用） 十二人
二〇 餘興（環行） 學生全體
二一 蝶舞 附屬小學四十八人
二三 瑞典式體操（一般學校適用） 丙丁班
二四 探驪珠 附屬小學
二五 拾械（初等小學適用） 四人
二六 盤飧辛苦（初等小學適用） 八人
二七 短刀舞 六人
二八 海戰 附屬小學
二九 新式慕利奈（譯音） 七十二人
三〇 職員競爭（執圓競走） 職員全體
三一 來賓競爭
(1) 高等小學 一回
(2) 女子師範學校 一回
(3) 城西各小學聯合運動 一回
(4) 城東各小學聯合運動 一回
(5) 城南各小學聯合運動 一回
(6) 興義女學 一回
三二 餘興（大運動） 本校學生全體
三三 校歌（二回） 仝上
三四 照相
三五 閉會

規則

第一條 會員須嚴守規律以勇壯靜肅爲主
第二條 運動時須守道義而用智力發揮共同一致之精神
第三條 不從指揮員命令者雖得勝仍不入審判之列
第四條 既經審判員之宣告不許議論是非
第五條 指揮員發豫備之令時須格外整肅
第六條 當運動時餘人可喝喊拍手以助其勢惟立定之部位不得移動
第七條 凡演團體競爭某部當得勝時可拍手喝喊一次
第八條 若有危險時各員聞喇叭聲一律中止
第九條 有受傷發病者即至紅十字會處療治

附則

第一條 非本校在學學生及職員概不備膳遠客亦恕不留膳宿

1907年5月12日通州师范学校模范运动会概览

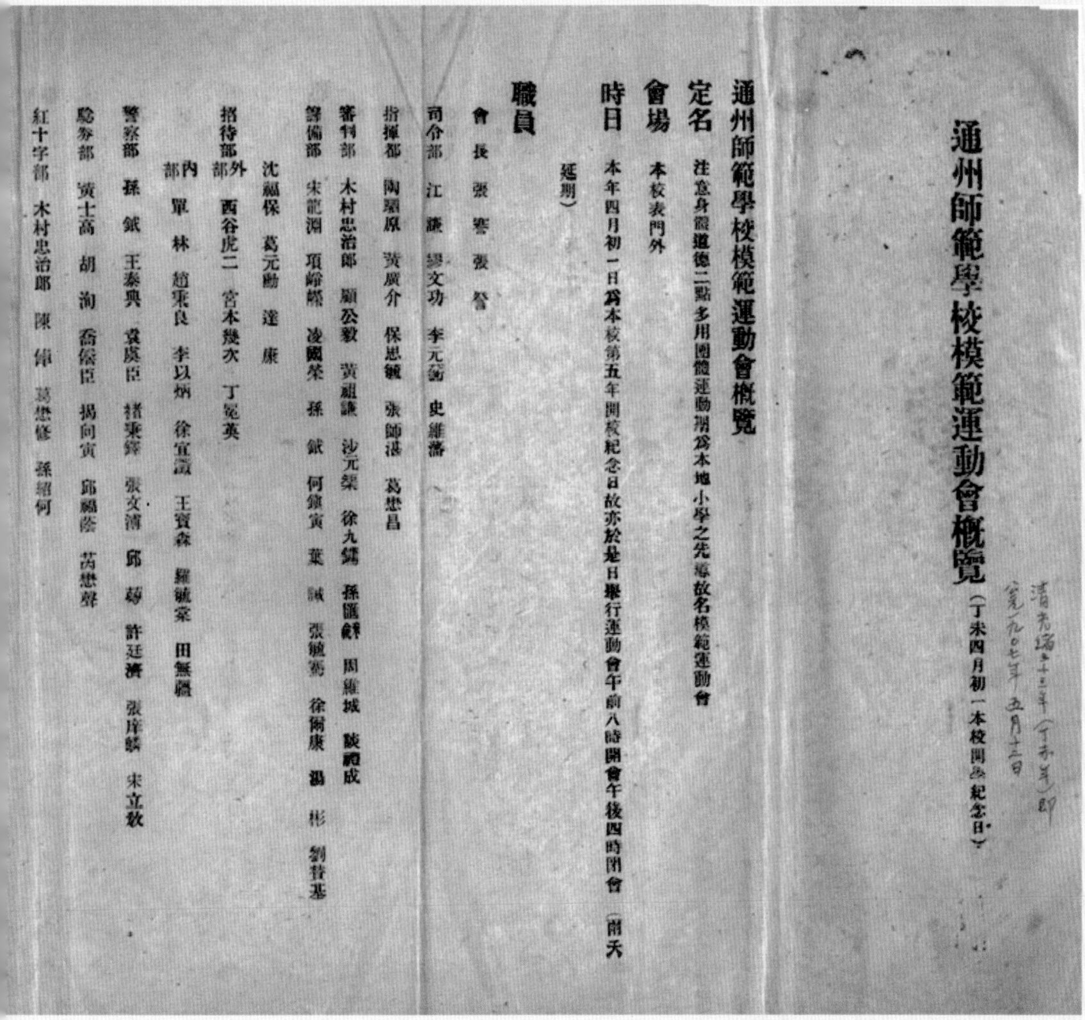

通州師範學校模範運動會概覽（丁未四月初一本校開校紀念日）

清光緒三十三年（丁未年）即公元一九〇七年五月十三日

通州師範學校模範運動會概覽

定名　注意身體道德二點多用團體運動冀爲本地小學之先導故名模範運動會

會場　本校表門外

時日　本年四月初一日爲本校第五年開校紀念日故亦於是日舉行運動會午前八時開會午後四時閉會（雨天延期）

職員

會長　張謇　張詧

司令部　江謙　繆文功　李元蘅　史維藩

指揮部　陶顯原　黄廣介　保思瀛　張師湜　葛慰昌

審判部　木村忠治郎　顧公毅　黄祖謙　沙元榮　徐九鑄　孫儼觧　周維城　陳禮成

警備部　宋龍淵　項峙嶸　凌國榮　孫鉞　何鐘寅　葉誠　張毓鶚　徐爾康　湯彬　劉替基

沈福保　葛元勳　逢康

招待部　外部　西谷虎二　宮木幾次　丁冕英

內部　單林　趙秉良　李以炳　徐宣識　王寶森　羅毓棠　田無疆

警察部　孫鉞　王泰興　袁虞臣　楮秉鐸　張文濤　邱蔚　許廷濟　張庠麟　宋立敦

驗券部　黄士高　胡洵　喬儀臣　揭向寅　邱爾蔭　茍慰聲

紅十字部　木村忠治郎　陳偉　葛慰修　孫紹何

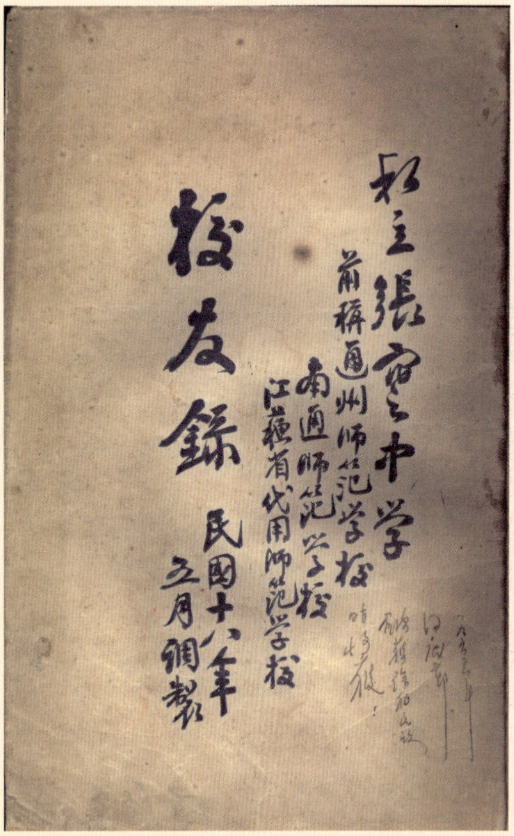

1929年通师校友录封面

1929年5月通师校友服务地点分布图

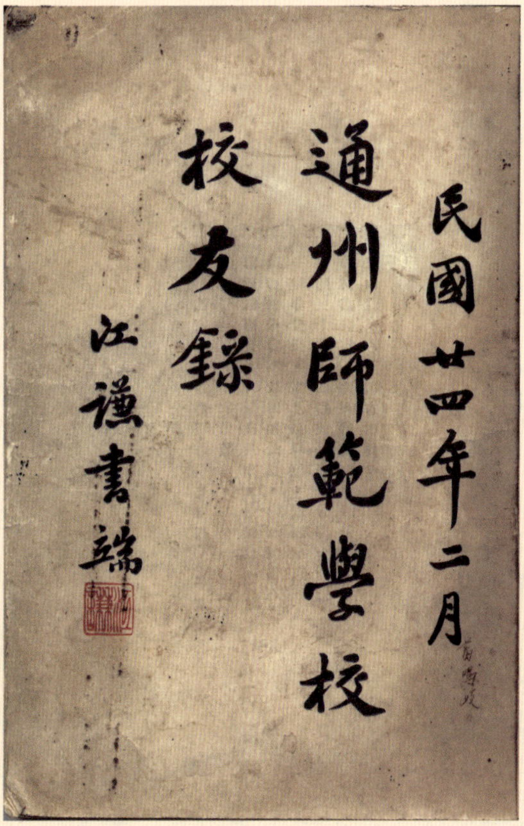

1935年2月通师校友录封面

翰墨林印书局

保管单位：南通市档案馆

内容及评价：

翰墨林印书局是张謇于1903年在南通创办的中国近代早期印刷出版机构。名称取自唐诗人张说“东壁图书府，西园翰墨林”句。张謇在制定书局章程时说，办印书局是“私益之义少，而为一方学术公益之义多”。张謇延聘了外国学者和遴选了中国“文笔优长”且能通外国语者到书局工作。朝鲜历史学家、诗人金沧江，曾任该局编校。翰墨林印书局不仅编印教材、帐册，而且刊印学术著作。为适应清末立宪运动的兴起，书局出版了《日本宪法义解》、《英国国会史》之类书籍。

翰墨林的业务，除承印大生系统书籍、讲义、商标、帐略、报表外，还承印地方报纸，兼售图书、文具、教学仪器。1926年后，因南通实业开始走下坡路，该局也惨淡经营，南通解放后，与公营韬奋印刷厂合并。

翰墨林印书局作为中国近代著名的出版机构，为南通文化的积累和教育事业的发展做出了杰出的贡献。南通市档案馆保存有翰墨林印书局1943年至1945年间的档案。日踞时期，文化事业遭受摧残，期间翰墨林印书局基本处于瘫痪状态。这些档案，一方面反映了日寇的侵略行径，另一方面能展现抗战以前翰墨林印书局的生产情况。

翰墨林印书局

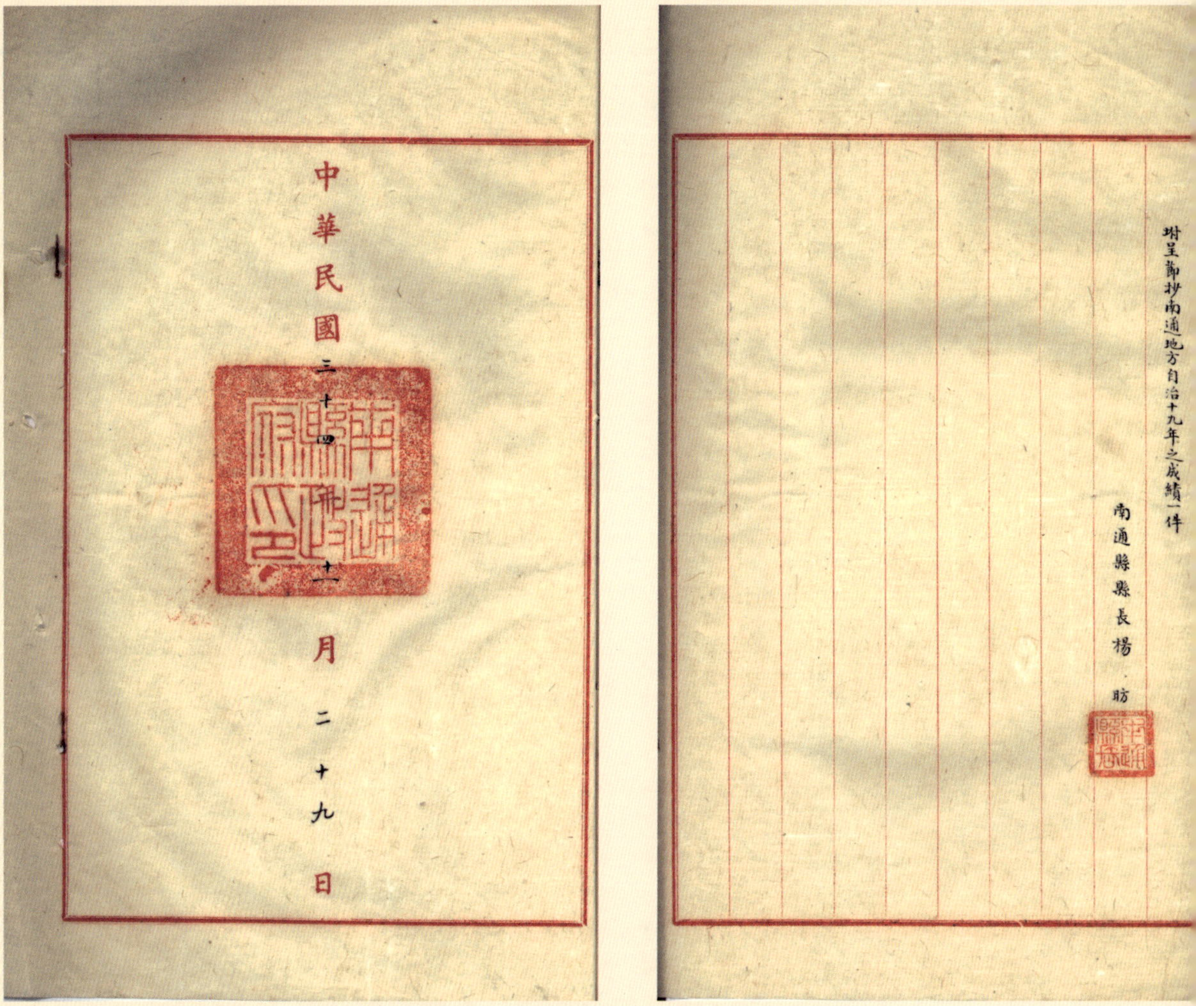
附呈節抄南通地方自治十九年之成績一件
南通縣縣長楊 昉
中華民國三十四年十一月二十九日

1945年11月29日杨昉致徐谟嘉关于翰墨林股权情况的函

右頁：

案奉

鈞署通字第七之三號訓令以據南通縣翰墨林印書局股份有限公司代表張敬禮呈請發還翰

墨林印書局飭遵即查明該局之沿革及事變後經過情形是否與原呈符合有無官股及產權究屬

何人原呈人是否為股東之一有無產權憑証詳晰具復以憑核奪等因奉飭飭據本所民政科員

黃選升詳查復稱

據股東張敬禮之代表人尤勉齋述稱該翰墨林書局為張謇光緒二十八年正月間創

設原有股東五人(張謇記一股張詧記兩股師範學校一股周記一股)額定股本二萬四千兩合資開辦

於翌年八月開五遵商律公舉股東張詧為經理呈准前商部証冊有案迨張詧謝世由其子張敬

禮繼承其事并派員負責主持局務未久事變敵軍登陸該書局員工均逃避鄉間為偽自治會

衆挾懸取繼為偽縣政府接管蘇北清鄉偽清鄉公署成立竟以翰墨林書局認為官辦機關

左頁：

14

江蘇省第四區行政督察專員兼保安司令徐

鑒核

謹呈

鈞署通勝字第一○三一號令同前因理合抄具附件據情呈復仰祈

等情垺呈即抄南通地方自治十九年之

成績一編具文呈復仰祈鑒陽核轉

應予以照准奉令前因理合將飭查翰墨林書局沿革股權情形連同抄具南通地方自治十九年之

趨所敘事實足資證明於此可見該書局之確為商營當屬無疑所請發還整理以維產權一節似

事變時散失無存經多方致查始覓有張謇所手訂之南通地方自治十九年之成績一書(甲編實業

遂據奉佑用此為該書局沿革經過情形確與原呈所敘相符其中並無官股關於股權証件尚於

中華民國三十四年十月二十九日

36

賢集股創立克全係商業性質之股份有限公司南通自治刊物均有記載可以查考固非官辦機關

逈事變以後偽自治會因該局員工星散南派員管理及偽清鄉開始以該局為文化事業之重要部門又後

佔據雖曾一度交涉請求發還奈以格於當時環境未能實現兹幸河山光復日月重光

政府當局軫念民艱凡以前曾被敵偽佔據之房產盡行查明發還仰見護人民利益之德意查翰墨

林印書局淪入偽手業已八載內部一切亟須規劃整理俾對於戰後文化建設得以稍盡棉薄力謀有以貢

獻為特臚敘事實經過情形伏乞

鈞座鑒核俯賜查明翰墨林印書局確係商營准予發還以維產權而便整理實為德便謹呈

江蘇省第四區行政督察專員徐

南通翰墨林印書局股份有限公司代表人張敬禮

1945年11月29日张敬礼致徐谟嘉请求发还翰墨林的函

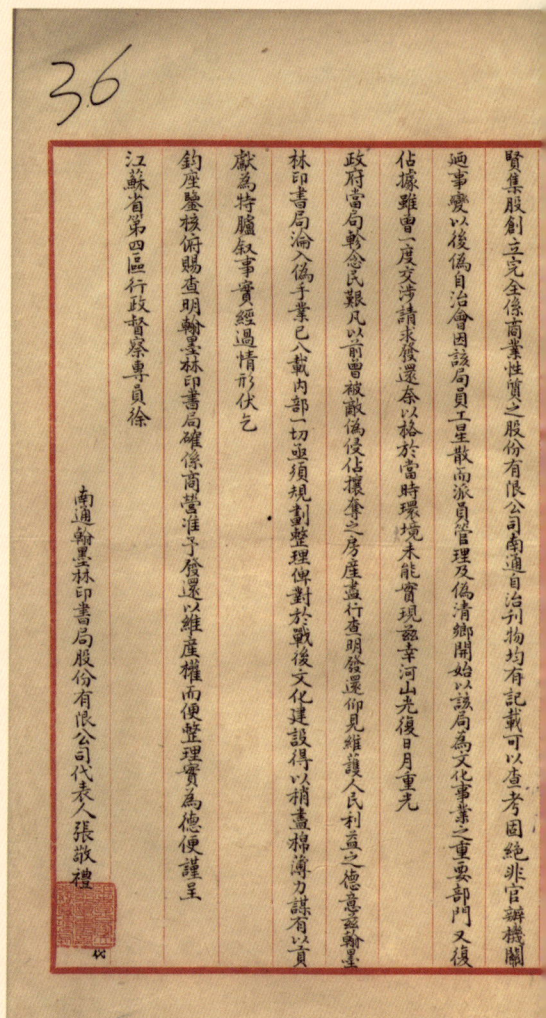

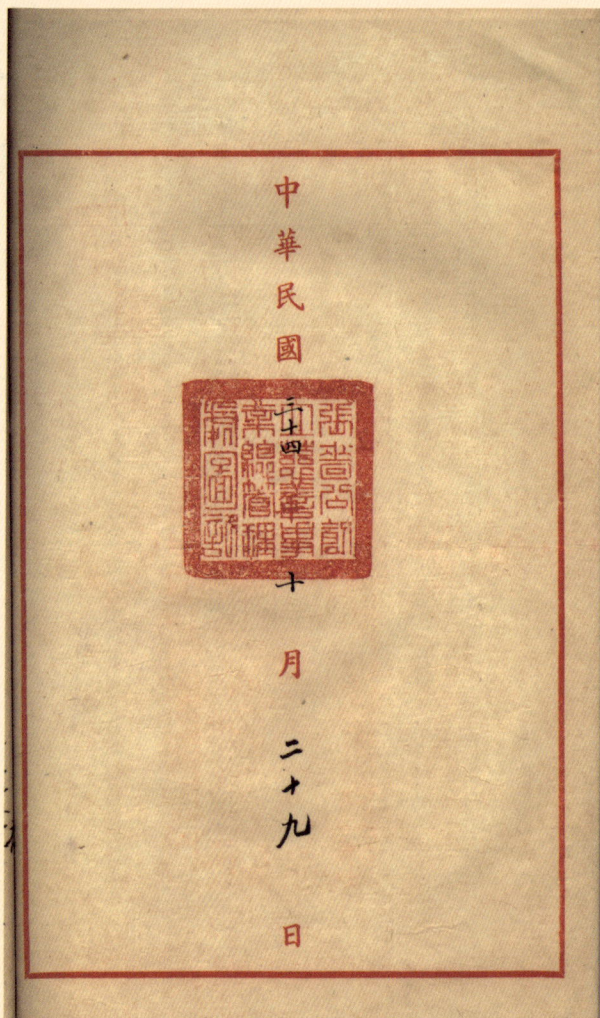

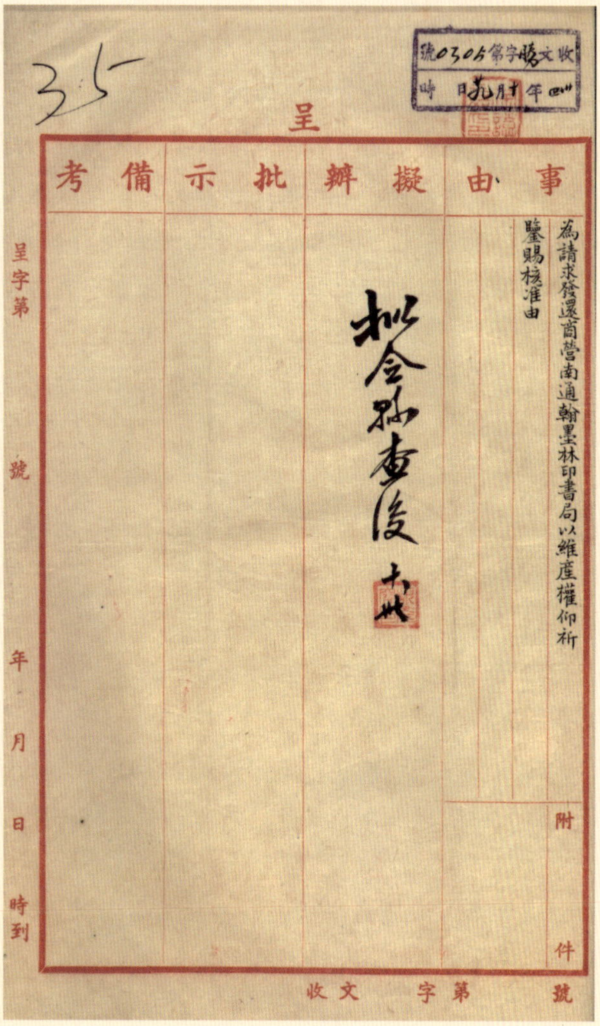

35

收文　字第0305號
卅四年十月九日　時

呈

事由	擬辦	批示	備考
為請求發還商營南通翰墨林印書局以維產權仰祈鑒賜核准由		批令縣查復	

呈字第　號　年　月　日　時到

附件

收文　字第　號

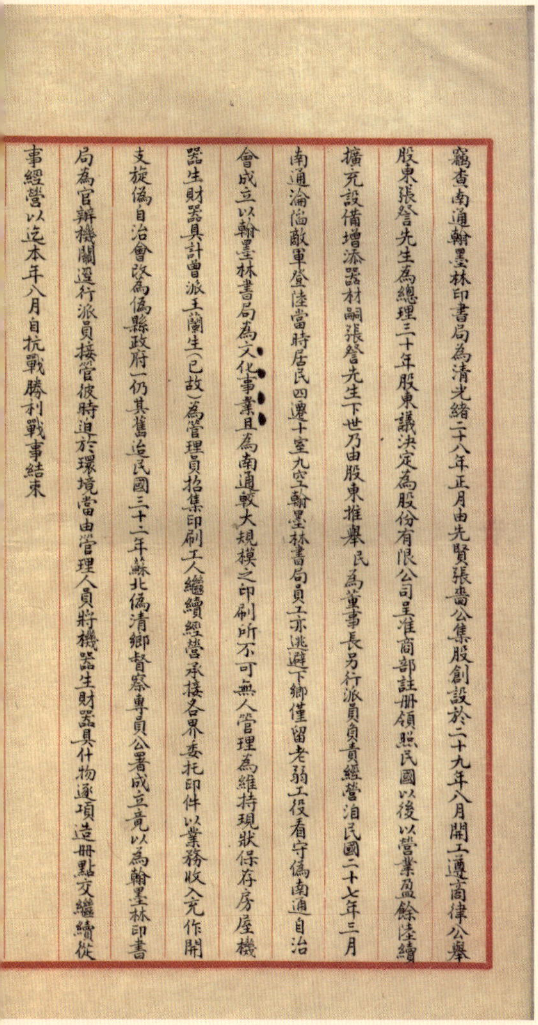

竊查南通翰墨林印書局為清光緒二十八年正月由先賢張嗇公集股創設於二十九年八月開工遵商律公舉
股東張謇先生為總理三十年股東議決定為股份有限公司呈准商部註冊領照民國以後以營業盈餘陸續
擴充設備增添器材嗣張謇先生下世乃由股東推舉　民為董事長另行派員負責經營洎民國二十七年三月
南通淪陷敵軍登陸當時居民四遷十室九空翰墨林書局員工亦逃避下鄉僅留老弱工役看守偽南通自治
會成立以翰墨林書局為文化事業且為南通較大規模之印刷所不可無人管理為維持現狀保存房屋機
器生財器具計曾派王蘭生（已故）為管理員招集印刷工人繼續經營承接各界委托印件以業務收入充作開
支旋偽自治會改為偽縣政府一仍其舊迨民國三十二年蘇北偽清鄉督察專員公署成立竟以為翰墨林印書
局為官辦機關逕行派員接管彼時迫於環境當由管理人員將機器生財器具什物逐項造冊點交繼續從
事經營以迄本年八月自抗戰勝利戰事結束

全文（节选）：

翰墨林书局章程

1903年

因兴师范学校，乃兴印书局。有印书局，而后师范之讲义教科之编辑布行不致稽时；附卖他学问之书，而向学之士亦得餍其所求，开其知识。且区区之意，抑欲借印订诸艺为传习工学之一端。是此印书局为十数人合资，私益之义少，而为一方学术公益之义多。若在事之人不明乎此，不能实事求是，力求精进，或失之营私，或失之不节，或失之蔽，或失之疏，将资本竭蹶，业终不成，一方学者亦因之受困，非独于在事之人公德大亏，其于名誉岂独无损？是以开局之始，与诸君约，务各虚衷以协和，实力以竞进。一局不败，诸君有光。披忱相告，伫俟良绩。详细章程，别有专条。

—协众议：凡关系本局利害之事，非特各帐房宜和衷考论，即各工房亦得各抒所见，勿矜意气而病全局。

—明事权：各管一事，即各任一责，如一事而此是彼非议论不一，主此事者得行其己见，唯利害得失事后据效验而定功过，功过均比平常加一倍。

—定功过：功过于平日勤惰察之，于事之成绩验之，帐房执事随时登记，务公务确，无瑕而后能录人，则律己尤不可不慎。公过减红，私过辞退（无心之失，牵连之咎，求好反坏，并不欺饰者，为公过；营私舞弊，亏空犯规，偷惰误事者，为私过）。

—求节省：财宜节也，用料不爱惜则费财；地宜节也，置物不谨严则费地；工夫宜节也，办事无条理则费工夫；光阴宜节也，平居妄言笑、妄游衍则费光阴。节则常可有余，费则终必不足。为本局计宜如此，为诸执事一身计，亦宜如此。

—别奖赏：凡本局排字、刻字、浇字、造模、印书、订书等一切工作，各工长、教授、学徒成效昭著者，受上等花红。经理职事井井有条，筹划出入有利无弊，训导学徒有规则者，受上等花红。余以次推。过多则除。

—定事程：夏至后每日五点半钟起，冬至后每日六点钟起，每夜十点钟睡。每年假期除年节、星期例假外，每人不得过两个月。父母之丧假期九十日。如长年无假者，则年终另给薪工两个月，以酬其劳。若逾两个月，则于薪工中按日扣除。平时过三日，须请人代理其事，长假亦须请代。若同事有愿兼任者，听便，唯功过仍归本人。

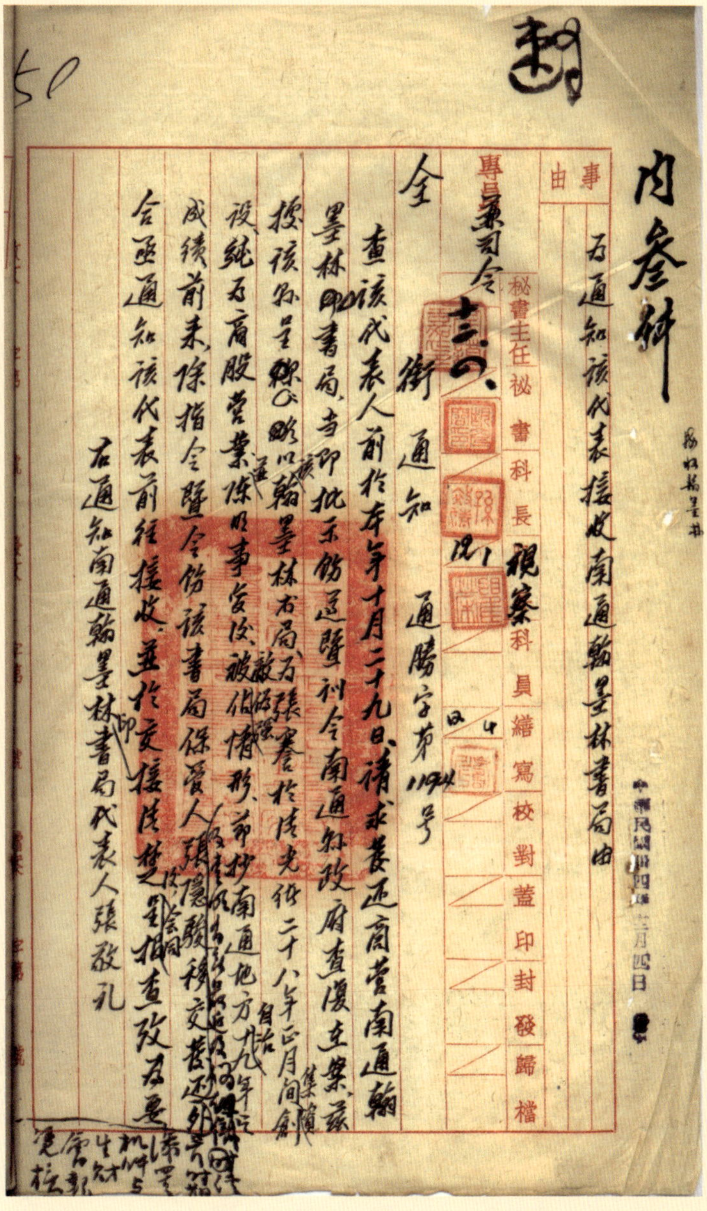
内参件

事由：为通知该代表接收南通翰墨林书局由

专员兼司令 王

全衔通知 通腾字第1194号

秘书主任 秘书 科长 科员 缮写 校对 盖印 封发 归档

查该代表人前于本年十月二十九日请求发还商营南通翰墨林印书局，当即批示饬还暨训令南通县政府查复在案。兹据该县呈称，以翰墨林书局为张謇于清光绪二十八年正月间创设，纯为商股营业，[illegible]事变后被伪[illegible]情形，并抄南通地方[illegible]成绩前来，除指令暨令饬该书局保管人张[illegible]移交发还外，合亟通知该代表前往接收，并将交接情形具报查考为要。

右通知南通翰墨林书局代表人张敬礼

中华民国卅四年十二月四日

1945年12月4日江苏第四区专署通知张敬礼接收翰墨林的函

南通博物苑

保管单位： 南通市档案馆

内容及评价：

1905年，张謇秉承"设为庠序学校以教，多识鸟兽草木之名"的理念，将建设中的通州师范学校公共植物园规建为"博物苑"，创建了中国第一个公共博物馆，隶属通州师范学校管理，张謇自为苑总理，孙钺为苑主任。建成之初占地35亩，藏品分天产、历史、美术、教育四部，主要陈列于南馆、北馆等展馆内，而大型文物标本则展示于室外。苑中广植花草树木，养殖珍禽鸟兽，与室内展品呼应，另有各种园林设施点缀其间，由此营造成一种高雅精致而又轻松闲适的氛围。这种馆园结合的特色反映着创始者独到的博物馆理念。

南通博物苑的创办，揭开了中国博物馆事业的序幕，在中国文化史上占有极为重要的地位。南通市档案馆保存有博物苑1932年失窃案、1946年张敬礼要求收回被占资产等档案，是研究南通博物苑发展的重要文献。

南通博物苑远眺

南通博物苑中馆

全文:

通州博物馆敬征通属先辈诗文集书画及所藏金石古器启

1908年

　　自欧人导公益于文明，广知识于世界，上自皇家，下迄县郡地方学校咸有博物馆之设。其蒐集之部目三：曰天然，曰历史，曰美术。凡动植、矿物皆天然之属，凡金石、车服、礼器皆历史之属，凡书画、雕绣、漆塑、陶瓷皆美术之属。其保护之大法一，曰兵燹时，他国人不得毁坏，毁坏者可责赔偿，著为万国公法（公法邦国交战例第六百四十八条：凡敌境之教堂、医院、学宫、星台、博物馆及一切兴学行善公所，皆不可扰犯。又，军训戒第三十五条：凡人工精巧之物、藏书之区，均宜免于损害；若遇围城轰击，或故意毁伤，可于和议立约时，得讨索赔偿之权）。美哉，义也！大可久！视我昔时兰台石室徒秘于一姓之宫廷，惟盖縢囊终泯于异时之道路者，相去不可同日语矣。

　　通州师范学校既设之四年，州人协谋更兴中学，下迄念博物馆不备，物理之学无所取证。然资力薄弱，不克大举，仅就校河之西，辟地四十亩，杂采植物实之。中建三楼为馆，以储三部之物，而以教育品附焉。外而欧美澳阿，内而荐绅父老，或购或乞，期备百一。其于我通属也，历史部拟求官府寺庙唐宋元明之碑、旧家金石车服之器，美术部拟求老师先生经史词章之集、方技书画之遗。謇家所有，具已纳入。按之志乘，佚漏犹多。谨记其名，附于幅左。伏愿大雅宏达，收藏故家，出其所珍，与众共守。

　　兹一事也，留存往迹，启发后来，风义所及，盖兼有之。窃廑独为君子之耻，用效将伯助予之呼。倘不鄙夷，仁拜嘉赐！

南通博物苑 古物破獲

失竊二十萬元

律師參觀方始發覺

竊賊逃滬即經偵悉

南通城南博物苑、乃故紳張謇私人設立、苑有南化中三館、南館陳列尤富、中外珍貴物品、本月七日午後、有律師邵治、攜眷到苑參觀、由職員萬進夫啓南館門、發覺被竊、計失去銅器類三十件、殉葬物類六件、玉類三十一件、瓷類八件、彫刻類七件、又秦漢銅璽玉璽各一方、失竊時日、統計價值在二十萬元以上、據苑職員云、失竊時日、在五日夜間、當報由公安局食緝、茲悉該竊犯等、前晚由南通乘輪於昨晨八時攜贓紙滬、上岸後、即至十六舖老太平弄如意里南康浙江旅館、闆四號房間下楊、同時本市公安局第一區署已得支項竊犯逃逸來滬之訊、惟知係匿十六舖大德里悅賓旅館、當飭警探馳往抄拿未獲、後赴如意里通裕泰棧舍抄、亦無所獲、最後往南康、始將該項巨竊捕獲、計三男一女、一名周錦臣、一名吳千祥、一名成錦鏢、女子姓氏未詳、並抄出贓物大木箱一隻、小包袱一個、

南通博物苑 女賊供此妙事

巨竊案犯解辦

七十二件古物

通知具領

通州博物苑失竊古物八十餘件、價值廿萬元一案要犯、業經上海市公安局謝氏周令金泉等男女數人、並在床下發掘巨大木箱陳金標陳……

此箱沿途須要格外當心、因內中所藏皆係貴重物、王二將此木箱託為代管來申、臨行時、並囑對於古董、當將此人證之、各情已誌昨報、茲悉據陳金標供、南通人、吳子祥供、與陳周同鄉、對於搜出古董之來歷、則勾棿於日前在南通時、有素識之王二自己卽在通州西門搭輪來申、當約給洋十五元、王二向居通州西門頭搭輪樓地方、此次來滬化名于一五、不料我等在海門搭輪來申寄宿南康旅館內、即於今晨為警拘捕、至於該項古董之詳細來歷、實在不知等語、滬門人今因要由原籍乘船抵埠時、因時已深夜、陳等卽邀作至南康旅館內寄宿、起初獨臥一床、半夜後爬至我床上、與我合被同宿、今晨均為警提獲、惟對古董實完全不知等語、當經派警前往悅賓旅館內會拘王二無着、乃備文將男女四人連同證物一併解局訊究、此項贓物、計寫玉香爐、玉鐙、玉圓、玉板、玉刀、玉塊、玉圖章、玉洒壺、玉瓶、玉洒杯、玉漢鳩、玉班、玉洒壺、銅佛、磁碗、銅印、銅偉等、共有七十三件、公安局已通知該苑董事會備領矣、代表王薩喬具領云、

上海报纸关于1932年博物苑失窃案告破的报道

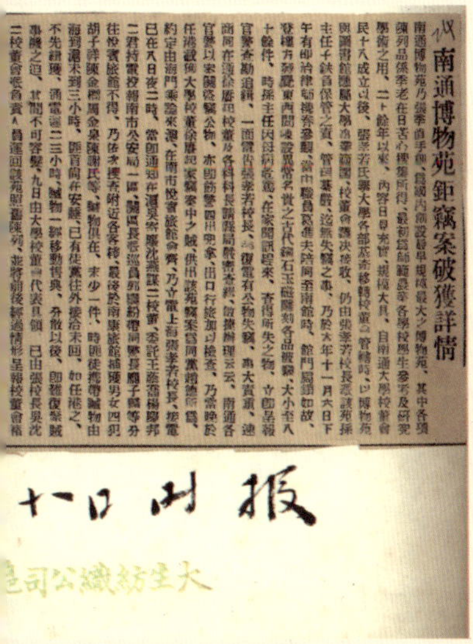
南通博物苑鉅竊案破獲詳情

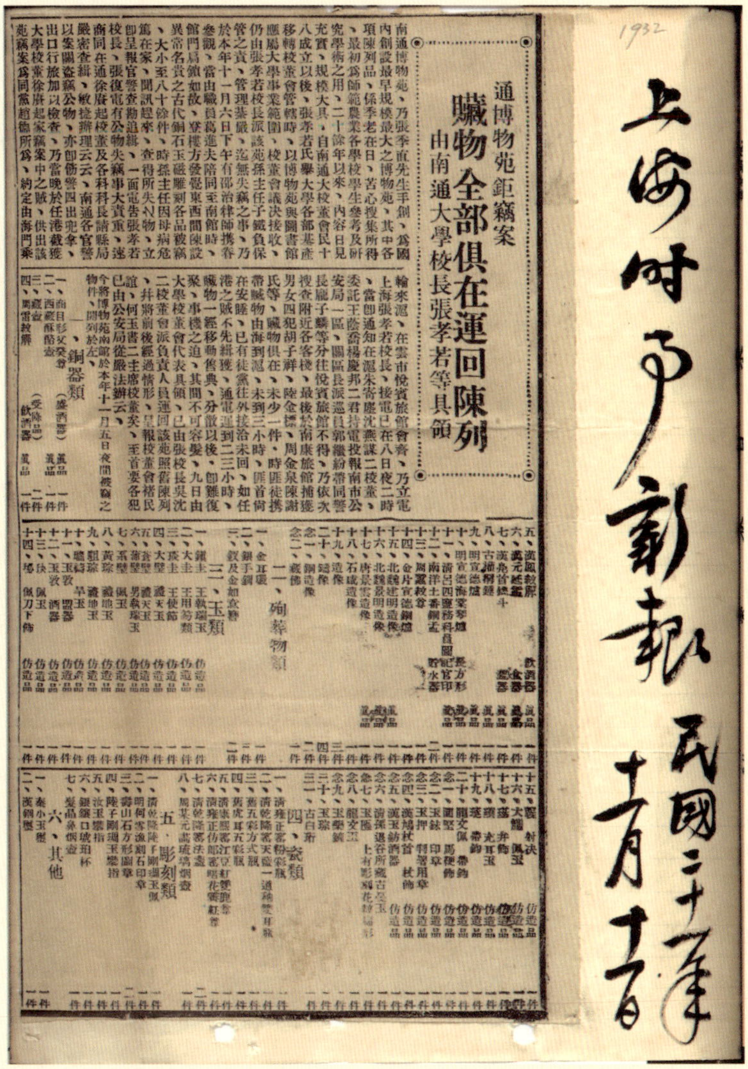
上海時事新報
1932
通博物苑鉅竊案
贓物全部俱在運回陳列
由南通大學校長張孝若等具領
南通博物苑、乃張季直先生手創、爲國內創設最早規模最大之博物苑、其中各項陳列品、係季老在日、苦心搜集所得、最初爲師範農業各學校學生參考及研究學術之用、二十餘年以來、內容日見充實、規模大具、自南通大學校董會民十八成立以後、張孝若氏舉大學各部基產移轉校董會管轄時、以博物苑與圖書館應屬大學事業範圍、校董會議決接收、仍由張孝若校長派該苑孫主任子鐵負保管之責、管理綦嚴、迄無失竊之事、乃於本年十一月六日下午有邵治律師携眷參觀、當由職員葛進夫陪同至南館時、館門局鎖如故、登樓方發覺東西間陳設異常名貴之古代銅石玉磁雕刻各品被竊、大小至八十餘件、時孫主任因母病危篤在家、聞訊趕來、查得所失之物、立即呈報官警查勘追緝、一面電告張孝若校長、張復電有公物失竊事大責重、速商同在通徐廣起校董及各科科長請縣局嚴密查緝、敕撥辦理云云、南通各官警以案關盜竊公物、亦即偵警四出兜拿、嚴出口行旅加以檢查、乃當晚於任港截獲大學校董徐廣起家竊案中之賊、供出該苑竊案爲同黨趙德所爲、約定由海門乘輪來滬、在雲市悅賓旅館會齊、乃立電上海張孝若校長、接電已在八日夜二時、當即通知在滬朱寄塵沈燕謀二校董、委託王蔭喬楊慶邦二君持電投報市公安局一區、闔區長派巡員郭繼紛帶同警長龐子驎等分往悅賓旅館、不得、乃依次搜查附近各客棧、最後於南康旅館捕獲男女四犯胡子群、陸金標、周金泉陳謝氏等、贓物俱在、未少一件、時匪首尚帶贓物由海到滬、未到三小時、匪徒携在安睡、已有徒黨往外接洽未回、如任港之賊不先緝獲、通電運到二三小時、贓物一經移動售典、分散以後、卽難復聚、事機之迫、其間不可容髮、九日由大學校董會代表具領、已由張校長吳沈二校董會派負責人員運回該苑照舊陳列、并將前後經過情形、呈報校董會褚民誼、何玉書二主席校董矣、至首要各犯已由公安局從嚴法辦云、
今將博物苑南館於本年十一月五日夜間被竊之物件、開列於左、
一、銅器類
一、商目彝父癸尊（盛酒器）　真品　一件
二、西藏酥酪壺　真品　一件
三、藏壺（受降品）飲酒器　真品　二件
二、玉類
三、瓷類
四、其他

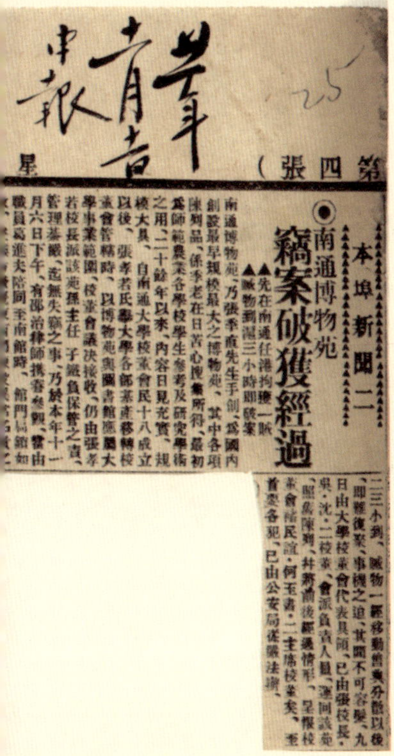
申報
第四張
本埠新聞二
南通博物苑
竊案破獲經過
▲先在南通任港拘獲一賊
▲贓物到滬三小時即破案
南通博物苑、乃張季直先生手創、爲國內創設最早規模最大之博物苑、其中各項陳列品、係季老在日苦心搜集所得、最初爲師範農業各學校學生參考及研究學術之用、二十餘年以來、內容日見充實、規模大具、自南通大學校董會民十八成立以後、張孝若氏舉大學各部基產移轉校董會管轄時、以博物苑與圖書館應屬大學事業範圍、校董會議決接收、仍由張孝若校長派該苑孫主任子鐵負保管之責、管理綦嚴、迄無失竊之事、乃於本年十一月六日下午、有邵治律師携眷參觀、當由職員葛進夫陪同至南館時、館門局鎖如
二三小時到、贓物一經移動售典分散以後、卽難復聚、事機之迫、其間不可容髮、九日由大學校董會代表具領、已由張校長、吳、沈、二校董、會派負責人員、運回該苑、照舊陳列、并將前後經過情形、呈報校董會褚民誼、何玉書、二主席校董矣、至首要各犯、已由公安局從嚴法辦、

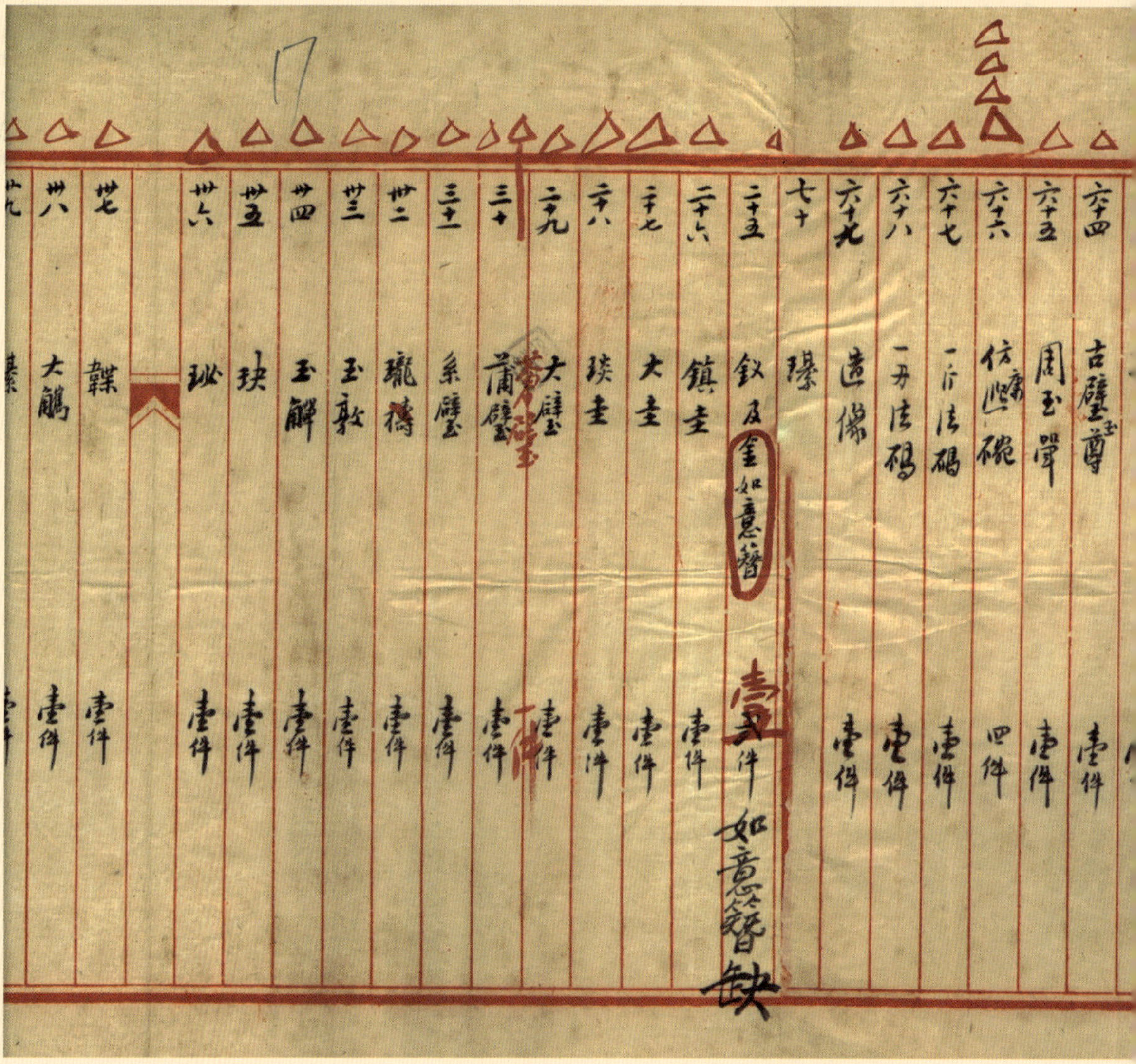

孙钺所拟博物苑失窃清单（局部）

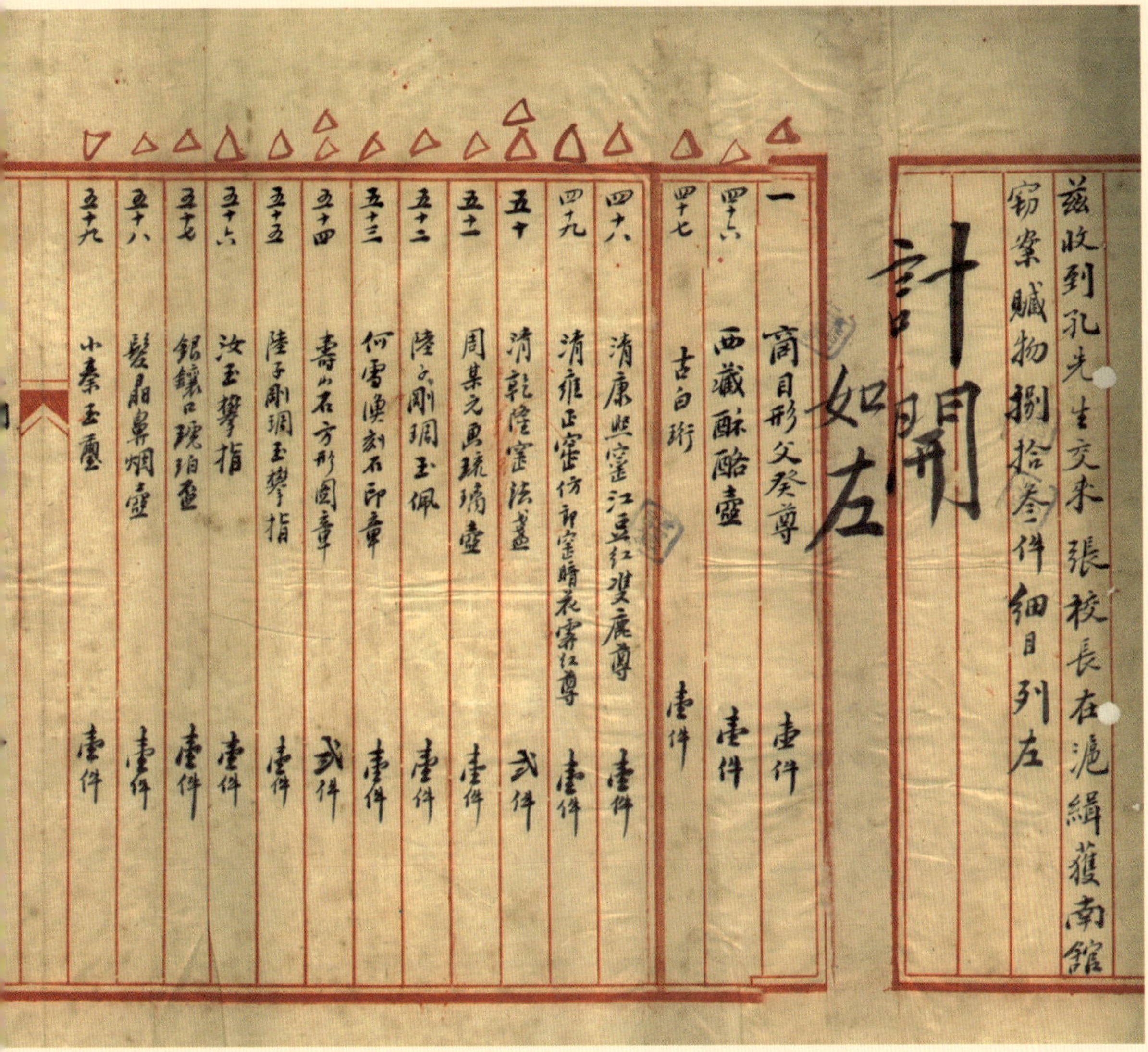

茲收到孔先生交来張校長在滬緝獲南館
竊案贓物捌拾叁件細目列左

計開
如左

一 商目形文癸尊 壹件
四十六 西藏酥酪壺 壹件
四十七 古白珩 壹件
四十八 清康熙窯江豆紅双鹿尊 壹件
四九 清雍正窯仿郎窯暗花霽紅尊 壹件
五十 清乾隆窯法藍 貳件
五十一 周某之畫琉璃壺 壹件
五十二 陸子剛琱玉佩 壹件
五十三 何雪漁刻石印章 壹件
五十四 壽山石方形圖章 貳件
五十五 陸子剛琱玉擘指 壹件
五十六 汝玉擘指 壹件
五十七 銀鑲口琥珀盃 壹件
五十八 髮晶鼻烟壺 壹件
五十九 小秦玉璽 壹件

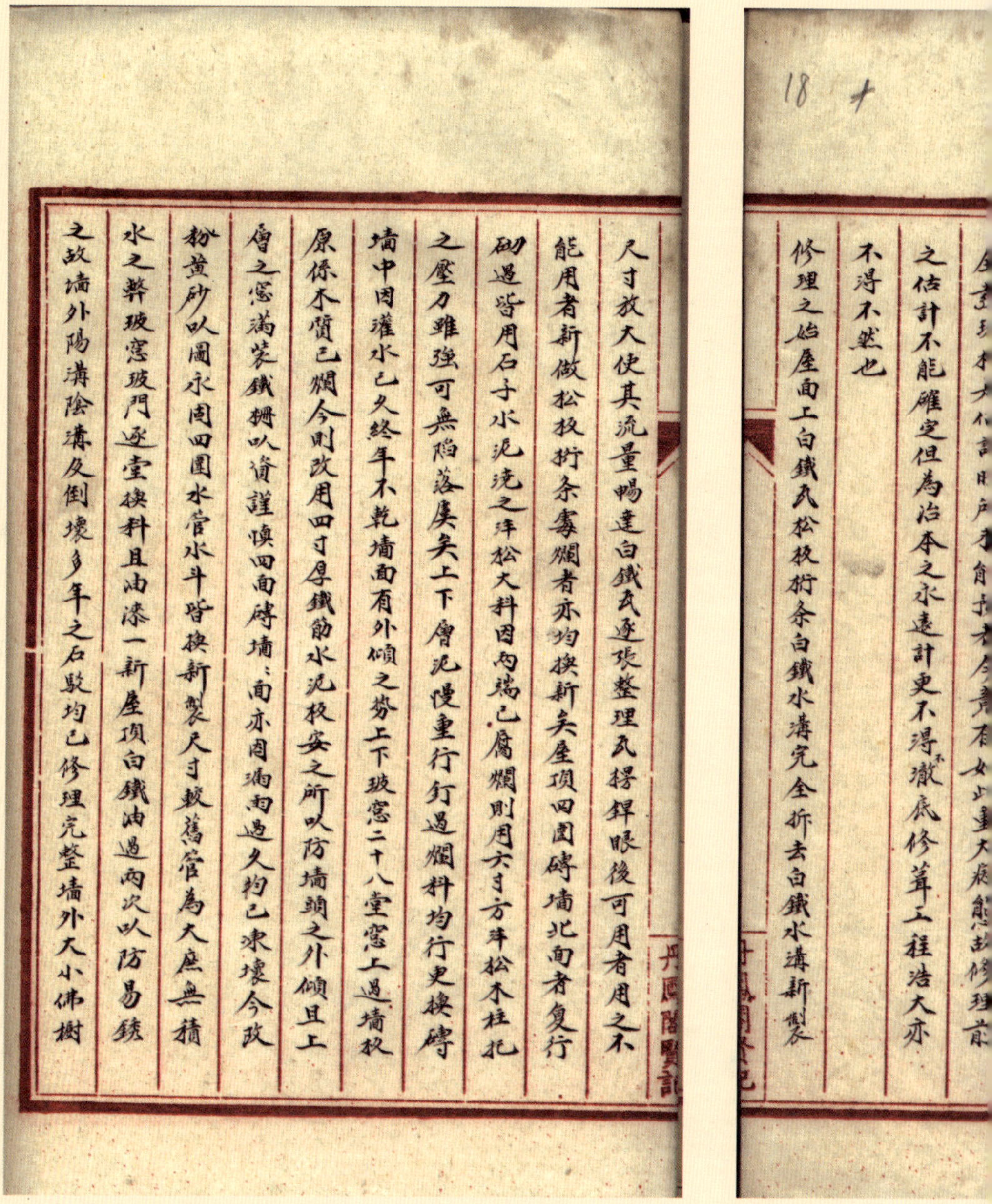
尺寸放大使其流量暢達白鐵瓦逐張整理瓦楞銲眼後可用者用之不能用者新做松板桁条霉爛者亦均換新矣屋頂四圍磚墻北面者復行砌過皆用石子水泥澆之洋松大料因兩端已腐爛則用六寸方洋松木柱托之壓力雖強可無陷落虞矣上下層泥幔重行釘過爛料均行更換磚墻中因灌水已久終年不乾墻面有外傾之勢上下玻窗二十八堂窗上過墻板原係木質已爛今則改用四寸厚鐵筋水泥板安之所以防墻頭之外傾且上層之窗滿裝鐵柵以資謹慎四面磚墻墻面亦因滴雨過久均已凍壞今改粉黄砂以圖永固四圍水管水斗皆換新製尺寸較舊管為大庶無積水之弊玻窗玻門逐堂換料且油漆一新屋頂白鐵油過兩次以防易銹之故墻外陽溝陰溝及倒壞多年之石駁均已修理完整墻外大小佛樹

18 +

之估計不能確定但為治本之永遠計更不得不徹底修葺工程浩大亦不得不然也

修理之始屋面上白鐵瓦松板桁条白鐵水溝完全拆去白鐵水溝新製

1934年唐志崇报送吴寄尘、沈燕谋的博物苑南馆修理工程报销册。

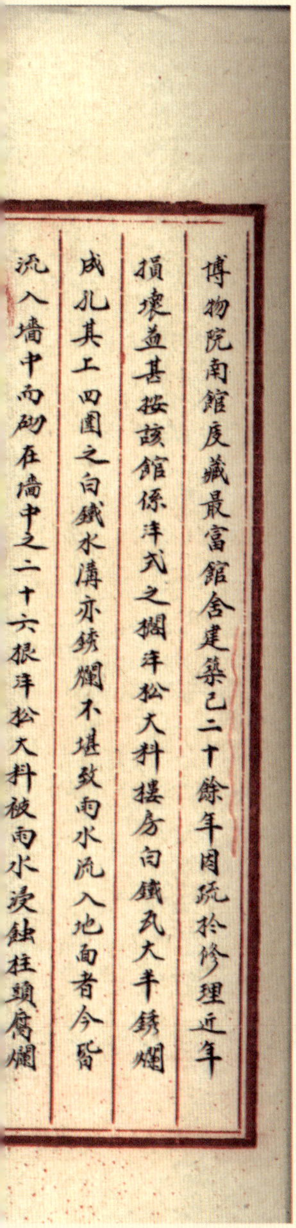

博物院南館庋藏最富館舍建築已二十餘年因疏於修理近年
損壞益甚按該館係洋式之擱洋松大料搓房白鐵瓦大半銹爛
成孔其上四圍之白鐵水溝亦銹爛不堪致雨水流入地面者今皆
流入墻中而砌在墻中之二十六根洋松大料被雨水浸蝕柱頭腐爛

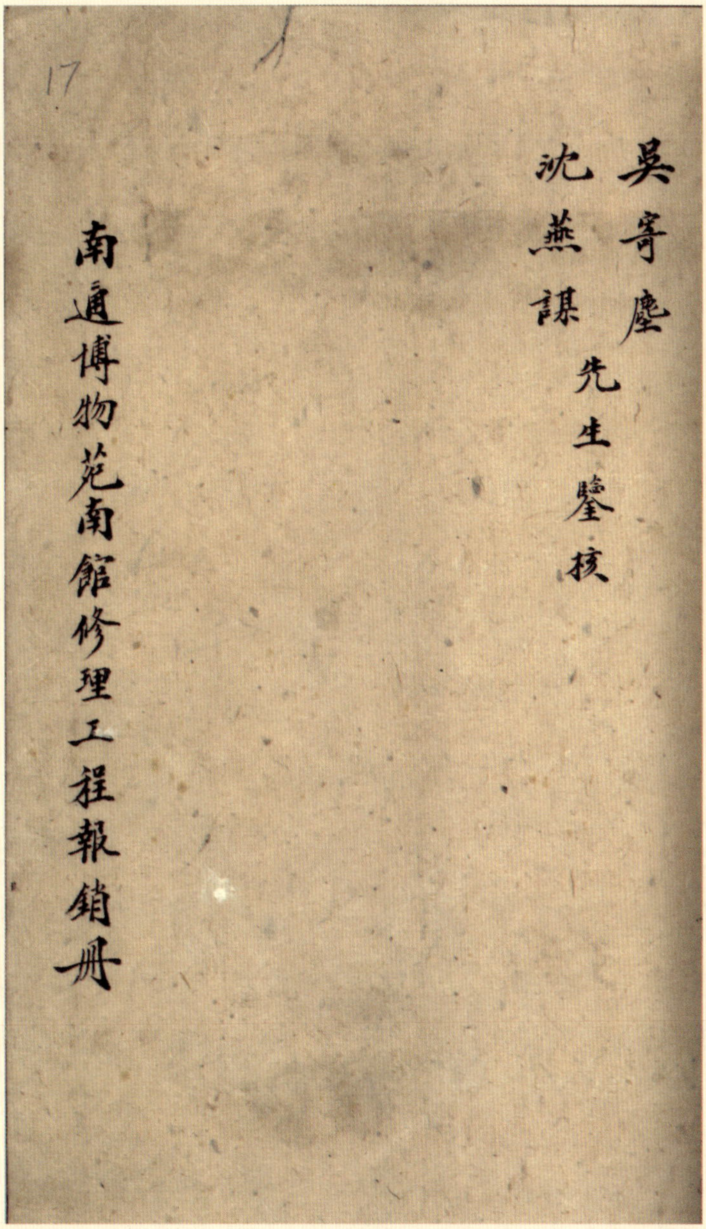

17

吳寄塵
沈燕謀 先生鑒核

南通博物苑南館修理工程報銷册

南通女子师范学校

保管单位：南通市档案馆

内容及评价：

张謇创设通州师范后，本着“女子教育不可无师，与国民教育尤须有母”，“小学师宜女子”的认识，于1905年，与张詧捐资筹办了通州公立女子学校。后改称通州女子师范学校、南通县立女子师范学校，习称南通女子师范学校。1958年，女师与通师合并，仍称江苏省南通师范学校。

南通女子师范学校是近代教育史上由中国人自己创办的较早的女子学校之一。1907 年清王朝颁布《奏定女学堂章程》之前，公开创办女学是被明令禁止的，因此，南通女子师范学校的创办可谓开风气之先。

南通市档案馆保存有南通女子师范学校的学生名册、教职员表、《四十周纪念刊》等档案，对于研究中国早期的女子教育情况，以及近代中国女子社会地位的变迁，有着特殊的价值。

南通女子师范学校

全文：

女子师范学校市河岸新校开学演说词

1910年9~10月

张謇

经营新校，首尾三年，幸而落成开学。敝人病疟，不能临校为诸生训勉，亦一憾事。敝人对于此校，实有无穷之感，不得不为诸生言之。

通州之创新女学，由退翁与陈君发起，借屋城西，延范姚夫人为校长。其时风气闭塞，来学者少，经济困难，筹集甚苦。范姚夫人承其先姑谋兴女学之志，日思所以继之。而先室徐夫人以敝人兴办师范学校已届四年本科毕业，谓世苟文明，学不可遗女子！闻范姚夫人主任女校甚勤恳，则引为同志。

会范姚夫人亦思得徐夫人之助，于是有光绪三十三年三月开女子大会于退翁城南别业之举。其时徐夫人志愿甚雄，延宾之书，及于海门、如皋，是以贤母、名媛、贞嫠、命妇，到会者七八十人。徐夫人倡捐建筑费五百圆，常年费基本金一千圆，应者继起，终会而得九千余圆。徐夫人以不能逾万为耻，日谋所以扩张之。乃甫一年而徐夫人死矣！扩张之事既虚，已定之捐亦不集。

推徐夫人平日之议，欲女子师范养成，而各处女子小学次第而立，犹敝人之志也。然则终徐夫人之志，敝人义何容辞。乃先提徐夫人前捐常年费基本金一千圆拨充建筑之用。不足，仍用徐夫人名义捐助三千数百圆以促成功；退翁又捐巨款助焉。此新校之所以竭蹶而终底于成也。

虽然，诸生知徐夫人之所以死乎?徐夫人虽未尝学文，而勤勉慷爽，出于天赋。方敝人之舍仕宦而求实业也，家事一委之夫人。遇极艰苦时，退而至家，夫人必有以慰其劳苦而勖其坚忍。及敝人捐实业之所获以兴教育也，夫人虑所规画太远，非一人之所能给，乃亦兼营实业，而用戚姓一二子弟为主任。此一二戚姓子弟固尝卵翼而成立之者，谓必无欺。而此一二人者，内以营业有利告夫人，外则假夫人之帜广为营业，以张其自利之声势。夫人不尽知也。敝人终岁于外，归不过数十日，偶以所闻语阻之，夫人始犹以为过听。及事败露，收合余烬，捐失逾万，夫人乃筹以岁入奁田租，分年抵尝，而自悔任用非人。敝人亦间有微词督过，夫人乃悒郁致病，以至于死。而敛之夕犹示梦于儿子，以女学为言。此亦可见徐夫人之于实业不为一己私利，与寻常妇人女子意识不同。

实业有失，以己资抵偿，不以累一家，与寻常妇人女子意识又不同。不独闻教育之言而兴起之为难，然锐于进取而暗于知人，致一片辅助教育之热心，败于鼠子而化为朝露，此亦勤勉慷爽人相因而易致之弊。然而得失可鉴矣，为诸生言之，欲诸生知徐夫人于女学不翅间接身殉，愿诸生学夫人之长，而弗为其太过也。

范姚夫人之承姑遗志，卒践范先生之前言，事亦甚曲折辛苦，而卒能使先姑安心于朝旨乐善之荣，夫子瞑目于令名贻亲之义，又能始终维持此校，是范姚夫人之意识又出于寻常士大夫之上。诸生当如何敬而师之?

至于自今第十学期始，当注意家政，凡缝纫各科一切已为豫备。家政者，女子有益于世莫大之事业也。事业从学始。家政一科，多是作法，而妇德寓焉。无徒手空言而可为道德者。诸生勖之。

范姚蕴素

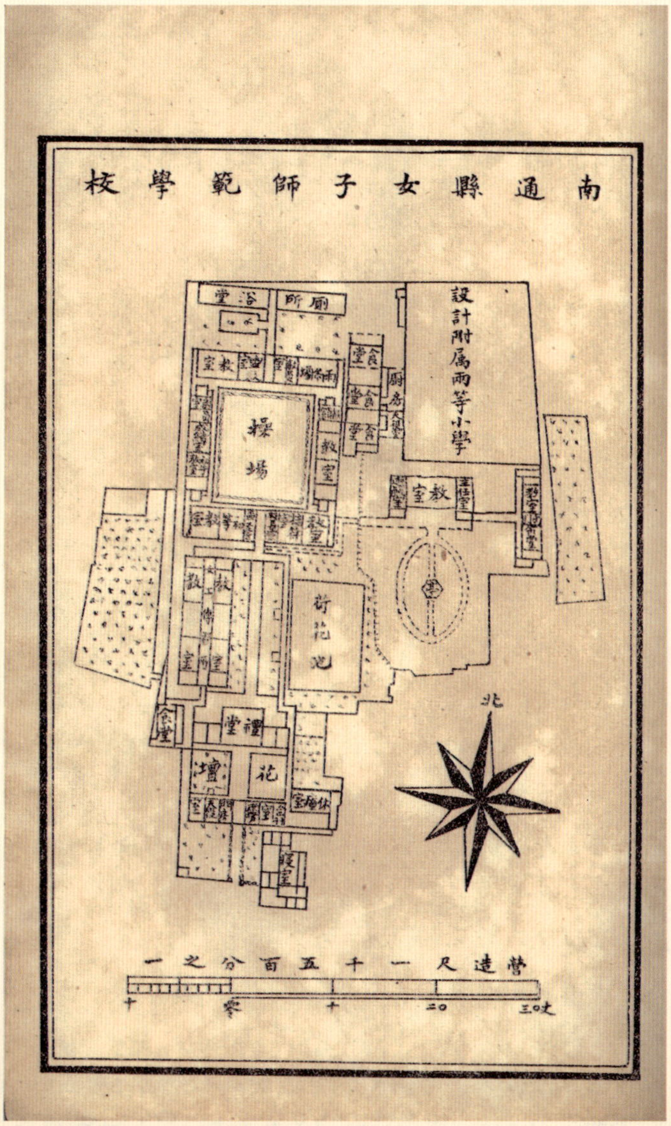

南通女子师范平面图

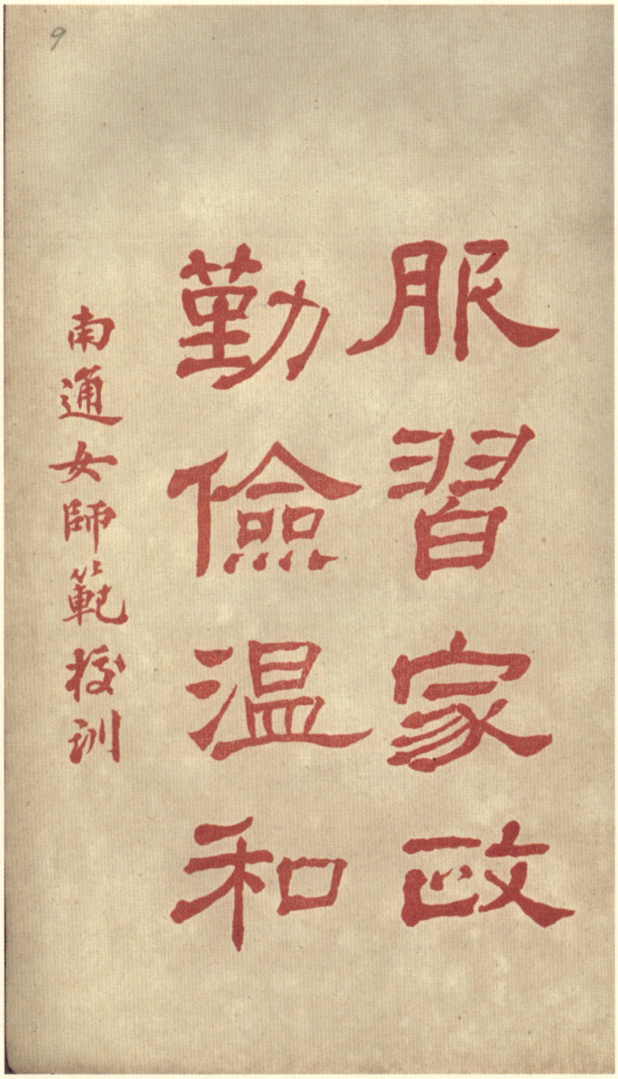
9
服習家政
勤儉溫和
南通女師範校訓

南通女子师范校训

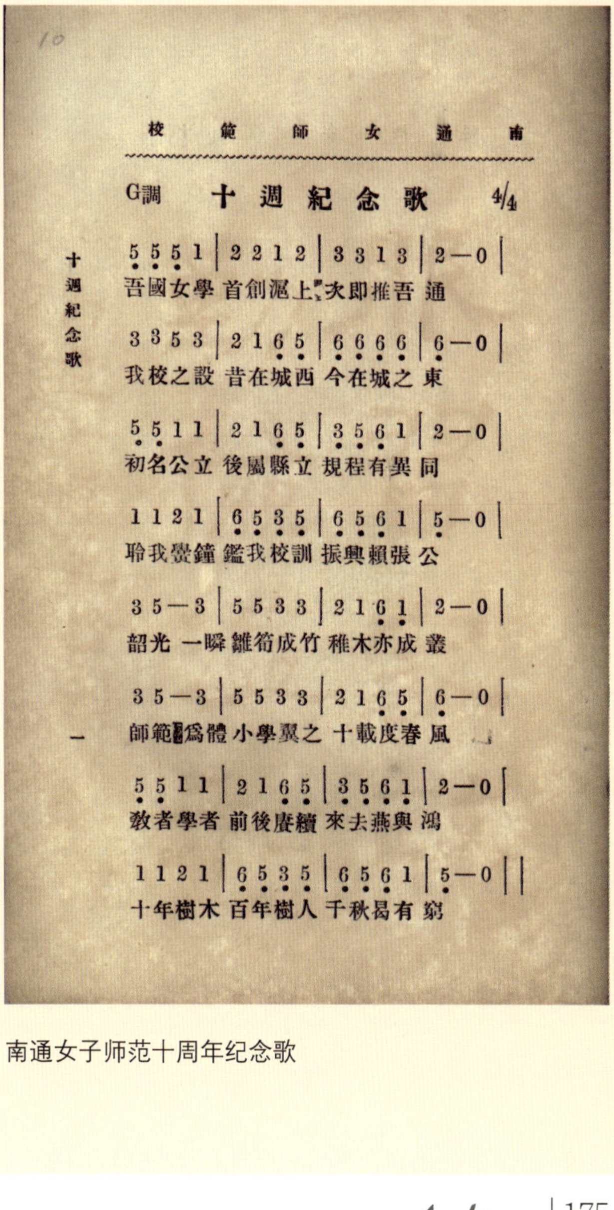
10
南通女師範校
G調 十週紀念歌 4/4
十週紀念歌
5551 | 2212 | 3313 | 2—0 |
吾國女學 首創滬上次即推吾 通
3353 | 2165 | 6666 | 6—0 |
我校之設 昔在城西 今在城之 東
5511 | 2165 | 3561 | 2—0 |
初名公立 後屬縣立 規程有異 同
1121 | 6535 | 6561 | 5—0 |
聆我豐鐘 鑑我校訓 振興賴張 公
35—3 | 5533 | 2161 | 2—0 |
韶光 一瞬 雛筍成竹 稚木亦成 叢
35—3 | 5533 | 2165 | 6—0 |
師範爲體 小學翼之 十載度春 風
一
5511 | 2165 | 3561 | 2—0 |
教者學者 前後賡續 來去燕與 鴻
1121 | 6535 | 6561 | 5—0 ||
十年樹木 百年樹人 千秋曷有 窮

南通女子师范十周年纪念歌

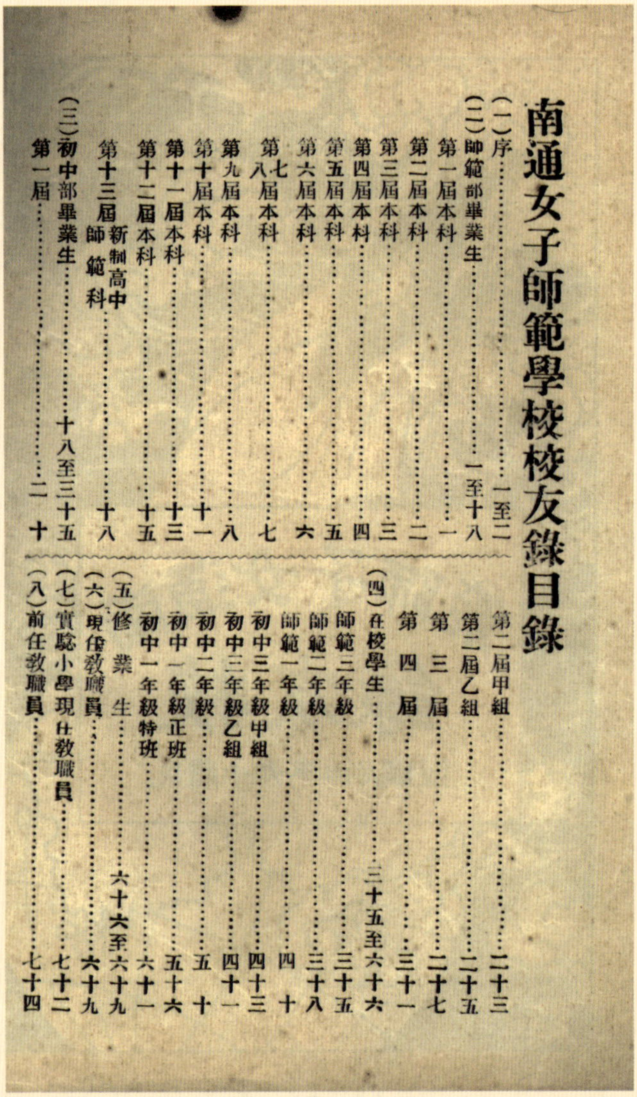

南通女子師範學校校友錄目錄

1920年4月南通女子师范学校校友录目录

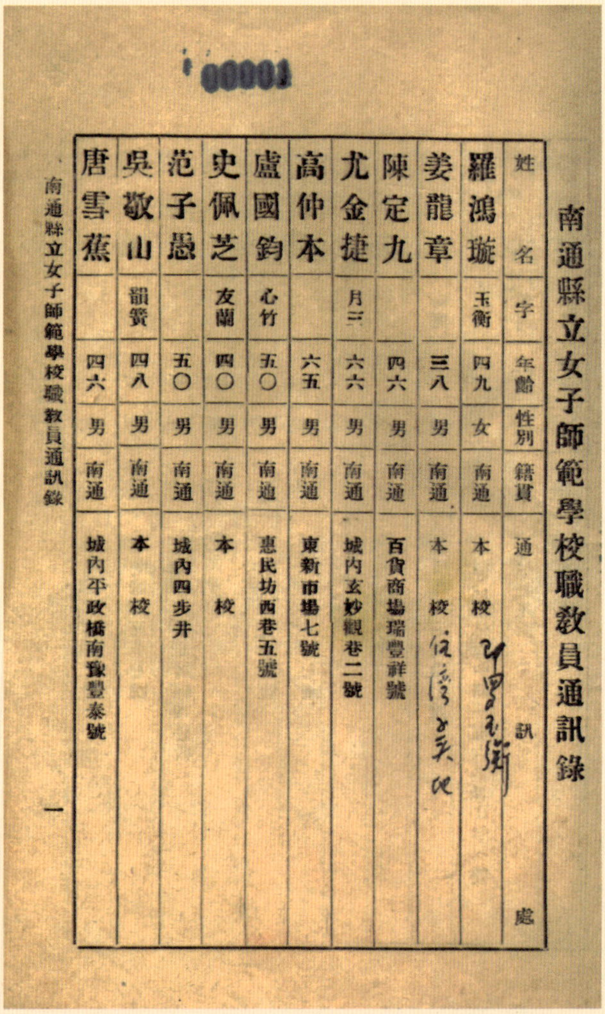

00001

南通縣立女子師範學校職教員通訊錄

姓名	字	年齡	性別	籍貫	通訊處
羅鴻璇	玉衡	四九	女	南通	本校
姜龍章		三八	男	南通	本校
陳定九		四六	男	南通	百貨商場瑞豐祥號
尤金捷	月三	六六	男	南通	城內玄妙觀巷二號
高仲本		六五	男	南通	東新市場七號
盧國鈞	心竹	五〇	男	南通	惠民坊西巷五號
史佩芝	友蘭	四〇	男	南通	本校
范子愚		五〇	男	南通	城內四步井
吳敬山	韶贊	四八	男	南通	本校
唐雪蕉		四六	男	南通	城內平政橋南豫豐泰號

南通縣立女子師範學校職教員通訊錄　一

1948年7月南通县立女子师范学校职教员通讯录

军山气象台

保管单位：南通市档案馆

内容及评价：

南通军山气象台为中国人自建的第一座气象台，被称为“中国私家气象台之鼻祖”。

1916年中国气象学会第一、二届名誉会长张謇，在军山之巅普陀寺后殿之基址建成军山气象台。气象台海拔118.4米，台内装备有多种当时国际上先进的气象仪器，并装有电话和无线电台。

1917年1月1日，气象台开始观测。该台不仅测雨量、风向、气温、湿度等气象数据，还测报潮汐和天文数据，每日上午11时和下午5时与上海徐家汇气象台对钟，每天在南通报纸上发布天气预报，而且展开南通气候研究，并创办了《气象季刊》。从1918年起，气象台每年编年报一册，发表一年的观测记录和研究成果。此外，还有月报、季报。这些附有英文的刊物与40多个国家的气象台交换。

1926年7月，张謇逝世后，气象台更名为“南通学院农科军山气象台”，1935年1月又由江苏省建设厅接管。日据时期气象台遭严重破坏。1949年5月1日，南通恢复测候工作，并持续至今。

南通市档案馆现存1917年至1926年军山气象台历年帐略、1926年底设备清单等档案，是中国气象事业早期起步阶段的重要文献，同时也是研究张謇对气象事业贡献的珍贵史料。

军山气象台

全文：

南通气象台概略

1916年11月

民国二年九月，謇以气象关系地方农业、教育，与观测所亦有相资之用。气象不明，不足以完全自治，而明之必有其地，尤必有其人。乃遴选刘生渭清诣上海徐家汇气象台，从法教士马德赉君学。

三年一月，渭清与马君商榷办法既毕，归通著《气象一得》，月余书成。乃属马君为购英法测视气象之仪器。五月，达上海。渭清复与马君商建筑图稿。初，謇属渭清以军山图示马君。马君以山巅面积小，宜全撤旧僧舍为之。謇不欲毁数百年之古刹，乃议因巅普陀寺后殿之基址建台。往复商榷，至是图稿成。遂属孙生杞制图估工，而以吴松山辅之。

自年冬十二月开工，先营庙舍，俾僧栖息奉佛有所，而后从事于台。迄今五年十月工始竣，山路之峻，运输材物之艰也。建筑期凡二十有三月，用费凡七千六百元有奇，开辟道路费七百元。度十一月二十五日开幕。以渭清主任台务，而以农学毕业生陈生濡辅之。于九月九日始次第安置仪器。开幕之先，马君复遣书记鲁君来视察赞助焉。马君于南通气象台之设，启导匡翼，可谓有始终者。

定于六年一月一日开测。计凡仪器费用银一千六百七十一元一角四分九厘，安置仪器及测军山及农校海面高度费六十余元，开办费三百五十余元。款由謇兄弟捐助。预计经常之费月约一百余元，电话及无线电报尚拟俟謇兄弟绵力稍纾，以次增设。

此本台经过之概略也。

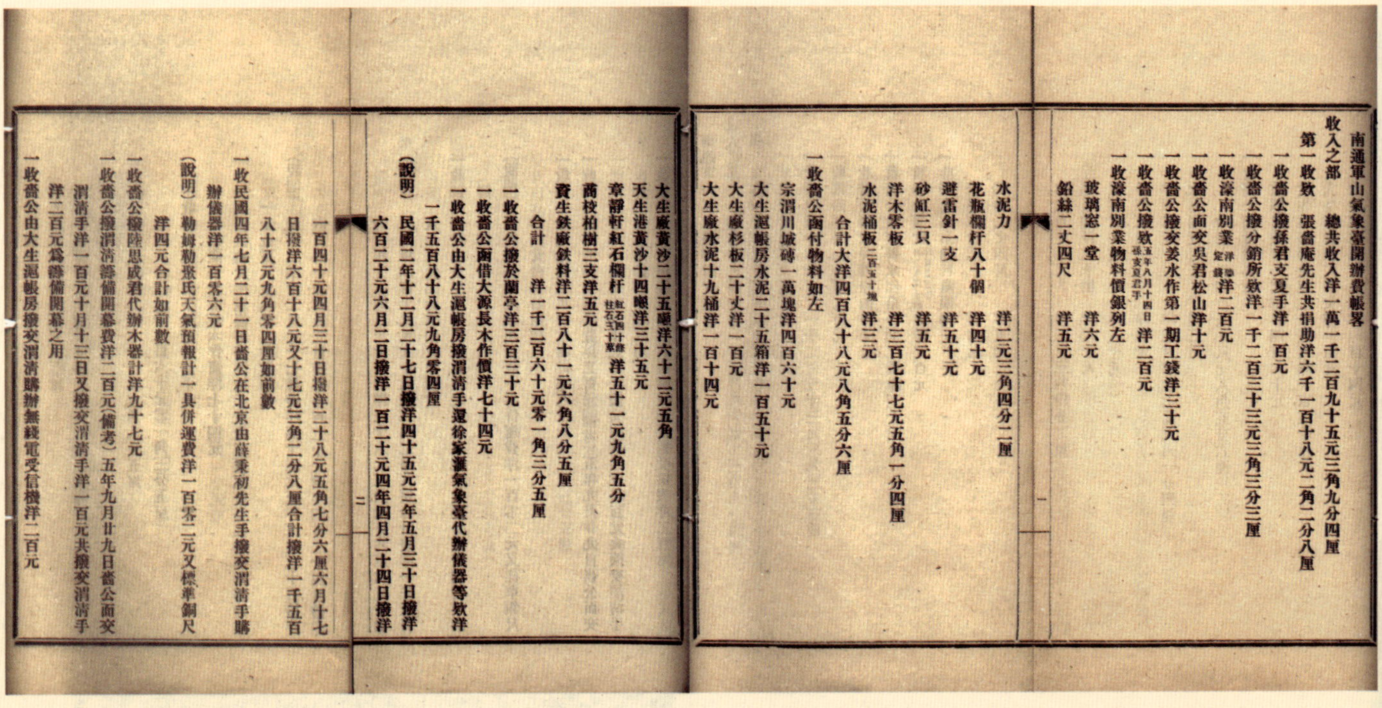
南通軍山氣象臺開辦費帳畧
收入之部　總共收入洋一萬一千二百九十五元三角九分四厘
第一收數　張嗇庵先生共捐助洋六千一百十八元二角二分八厘
一收嗇公撥孫君支夏手洋一百元
一收嗇公撥分銷所欵洋一千二百三十三元三角三分三厘
一收濠南別業（洋[illegible]定錢）洋二百元
一收嗇公面交吳君松山洋十元
一收嗇公撥交姜水作第一期工錢洋三十元
一收嗇公撥欵（五年八月十四日孫支夏君手）洋二百元
一收濠南別業物料價銀列左
玻璃窓一堂　洋六元
鉛絲二丈四尺　洋五元
水泥力　洋二元三角四分二厘
花瓶欄杆八十個　洋四十元
避雷針一支　洋五十元
砂缸三只　洋五元
洋木零板　洋三百七十七元五角一分四厘
水泥桶板（二百五十塊）　洋三元
合計大洋四百八十八元八角五分六厘
一收嗇公函付物料如左
宗渭川城磚一萬塊洋四百六十元
大生滬帳房水泥二十五箱洋一百五十元
大生廠杉板二十丈洋一百元
大生廠水泥十九桶洋一百十四元
大生廠黃沙二十五噸洋六十二元五角
天生港黃沙十四噸洋三十五元
章靜軒紅石欄杆（紅石四十條　柱石三十塊）洋五十一元九角五分
商校柏樹三支洋五元
資生鐵廠鐵料洋二百八十一元六角八分五厘
合計　洋一千二百六十元零一角三分五厘
一收嗇公撥於蘭亭洋三百三十元
一收嗇公函借大源長木作價洋七十四元
一收嗇公由大生滬帳房撥渭清手還徐家滙氣象臺代辦儀器等欵洋
一千五百八十八元九角零四厘
（說明）民國二年十二月二十七日撥洋四十五元三年五月三十日撥洋
六百二十元六月二日撥洋一百二十元四年四月二十四日撥洋
一百四十元四月三十日撥洋二十八元五角七分六厘六月十七
日撥洋六百十八元又十七元三角二分八厘合計撥洋一千五百
八十八元九角零四厘如前數
一收民國四年七月二十一日嗇公在北京由薛秉初先生手撥交渭清手購
辦儀器洋一百零六元
（說明）勃姆勃聚氏天氣預報計一具併運費洋一百零二元又標準銅尺
洋四元合計如前數
一收嗇公撥陸思成君代辦木器計洋九十七元
一收嗇公撥渭清籌備開幕費洋二百元（備考）五年九月廿九日嗇公面交
渭清手洋一百元十月十三日又撥交渭清手洋一百元共撥交渭清手
洋二百元爲籌備開幕之用
一收嗇公由大生滬帳房撥交渭清購辦無綫電受信機洋二百元

军山气象台开办费帐略

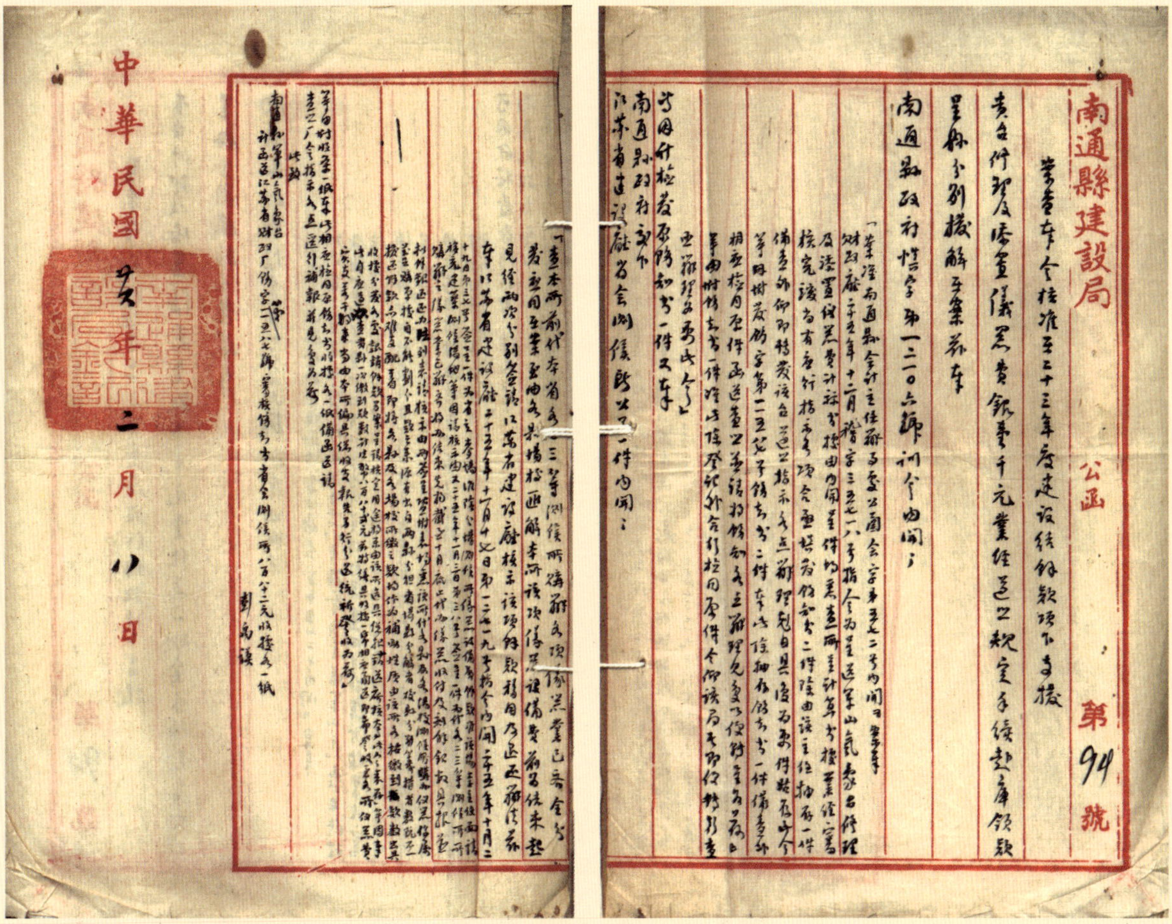

1937年2月8日，南通县建设局关于拨给军山气象台1000元的公函。

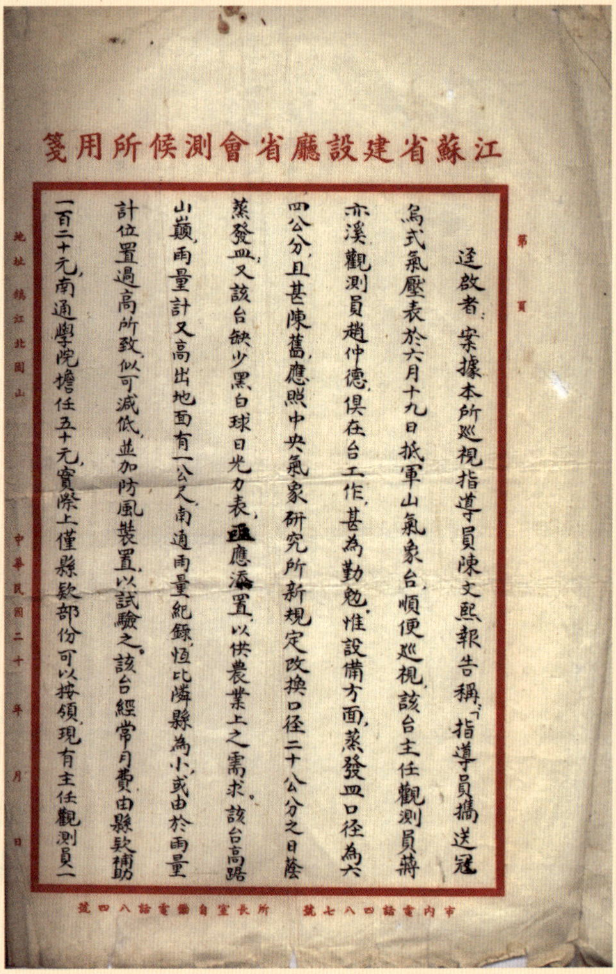

江蘇省建設廳省會測候所用箋

第　頁

逕啟者：案據本所巡視指導員陳文熙報告稱：「指導員攜送冠爲式氣壓表於六月十九日抵軍山氣象台，順便巡視，該台主任觀測員蔣亦溪、觀測員趙仲德俱在台工作，甚爲勤勉。惟設備方面，蒸發皿口徑爲六四公分，且甚陳舊，應照中央氣象研究所新規定改換口徑二十公分之日蔭蒸發皿。又該台缺少黑白球日光力表，亟應添置，以供農業上之需求。該台高踞山巔，雨量計又高出地面有一公尺，南通雨量紀錄恒比鄰縣爲小，或由於雨量計位置過高所致，似可減低，並加防風裝置，以試驗之。該台經常月費由縣款補助一百二十元，南通學院擔任五十元，實際上僅縣款部份可以按領，現有主任觀測員一

地址 鎮江北固山

中華民國二十　年　月　日

市內電話四八七號　所長室自備電話八四號

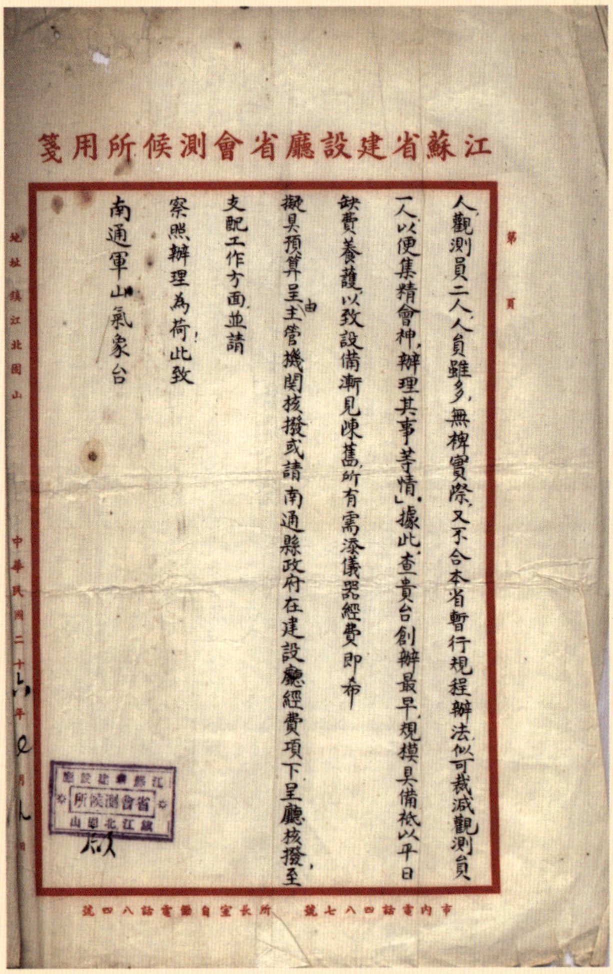

江蘇省建設廳省會測候所用箋

第　頁

人，觀測員二人，人員雖多，無裨實際，又不合本省暫行規程辦法，似可裁減觀測員一人，以便集精會神，辦理其事」等情。據此，查貴台創辦最早，規模具備，祇以平日缺費養護，以致設備漸見陳舊，所有需添儀器經費，即希擬具預算，呈由主管機關核撥，或請南通縣政府在建設廳經費項下呈廳核撥。至支配工作方面，並請察照辦理爲荷！此致

南通軍山氣象台

江蘇建設廳省會測候所 鎮江北固山

地址 鎮江北固山

中華民國二十六年七月九日

市內電話四八七號　所長室自備電話八四號

1937年7月9日，江苏省建设厅省会测候所来函，表示可拨款修缮军山气象台。

如皋縣縣政府通告 秘字第一號

由於我解放大軍節節勝利，蔣匪在長江北岸之殘餘兵力，畏懼我殲滅，紛紛撤逃，本縣縣城乃告光復。現本府自即日起移住本城，開始辦公。特此通告週知。

中華民國卅八年一月廿八日

縣長 張維中

中国共产党江苏如皋县委印

保管单位：如皋市档案馆

内容及评价：

中国共产党江苏如皋县委印是土地革命时期中共如皋县委留存下来的唯一一枚印章档案，是珍贵的革命历史文物。它为一块下方上圆的鸡血石，上圆高0.15厘米，下方高1.9厘米，上面镌刻着“中国共产党江苏如皋县委印”12个小篆字。

1965年初秋，在原国民党如皋县政府看守所所在地的下水道清理工地，清理挖掘出一个砖砌圆拱，拱内有一只平边铁锅，锅盖上有一双绣花布鞋，锅内放着100多发严重锈蚀的子弹、一把刺刀、一副脚镣和一枚“中国共产党江苏如皋县委印”。经调查，这枚印章在1929年1月中共如皋县委书记徐芳德同志被捕时，由国民党如皋县政府收缴，随着徐芳德同志的牺牲，印章也随即失踪，如何被埋藏于地下至今仍是一个不解之谜！

印模

印章

新四军东南警卫团名册

保管单位：启东市档案馆

内容及评价：

东南警卫团于1942年9月成立，原为启东警卫营与海门警卫团合并而成的海启警卫团。团长由分区参谋长梅嘉生兼任，政委由陈同生兼任，参谋长蒋克定，政治处主任姚力，下设3个营。1949年1月，该团建制结束。

东南警卫团是中国共产党领导下的，以老红军为骨干，以启东、海门子弟为主体的一支优秀的人民军队。这支军队在创建后近10年的岁月里，辗转在南通东南地区，建立了不朽的功勋。

东南警卫团名册记载了全团指战员的姓名、籍贯、出生年月、入伍时间、政治面貌等内容，真实保存了警卫团341名战士的信息。这本花名册印证了抗日战争时期新四军英勇奋战的历史，见证了南通启海人民支持新四军发展、抗击日本侵略者的功绩。

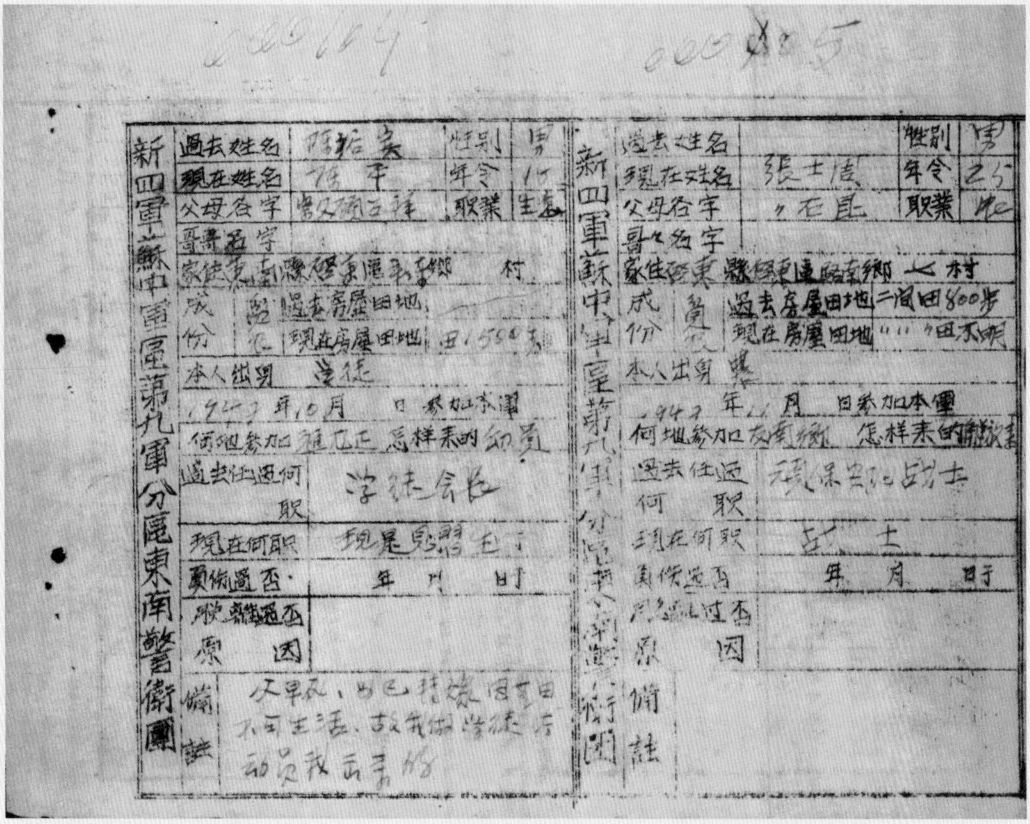
新四軍蘇中軍區第九軍分區東南警衛團

過去姓名 | 性別 | 男
現在姓名 | 年令
父母名字 | 職業
哥弟名字
家住
成份 | 過去房屋田地 | 現在房屋田地
本人出身
年 月 日參加本團
何地參加 怎樣來的
過去任過何職
現在何職 | 戰士
負傷過否 | 年 月 日
犧牲過否 原因
備註

新四军东南警卫团名册

江允昇手书

保管单位：启东市档案馆

内容及评价：

江允昇，原名江逸琴，1904年3月生于南通县余东镇。1926年2月20日，他参加海复垦牧地区第一个马克思主义学习小组。1927年3月，加入中国共产党。1928年秋收议租前，他组织佃农示威游行，通海垦牧公司不得不同意减租。1930年8月11日，江允昇与其他4名党员被国民党逮捕，12日晨惨遭杀害。

江允昇烈士手书收录了江允昇亲笔书写的四首唐宋诗词，分别是唐代诗人杜甫的《江村》、唐代诗人杜荀鹤的《山中寡妇》、宋代诗人邵雍的《插花吟》、宋代诗人卢梅坡的《雪梅》。通过这四首诗表达了江允昇烈士对自由幸福生活的向往。

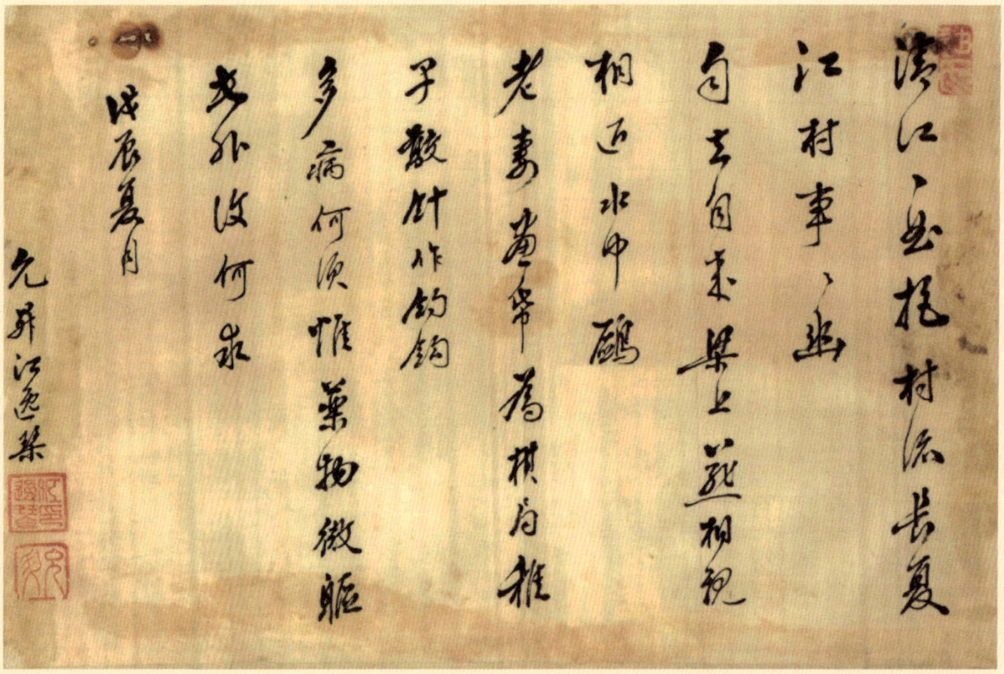

江允昇烈士手书

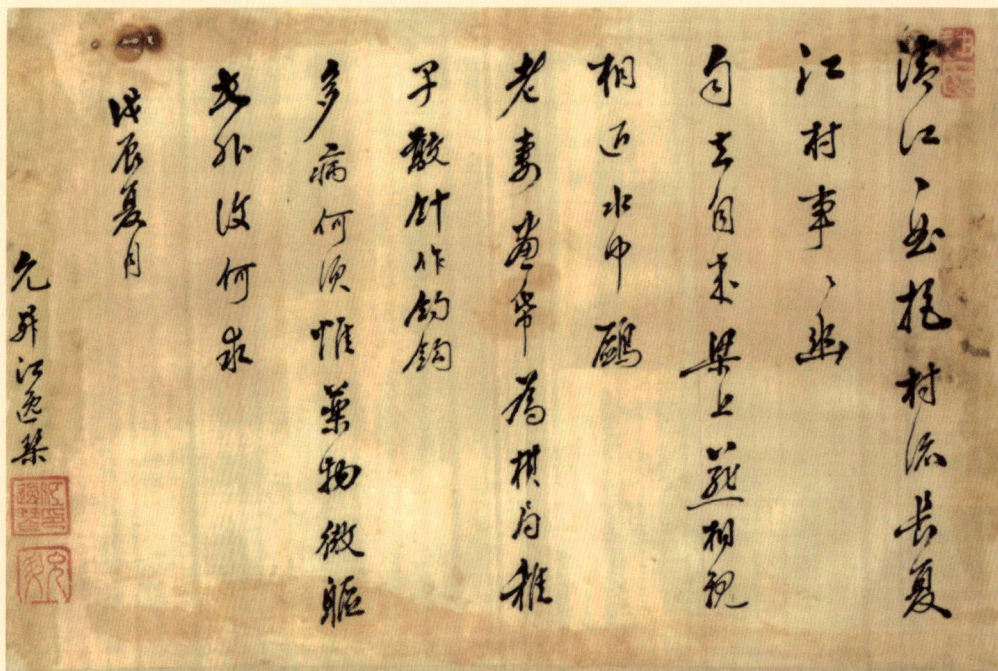

如皋县县政府通告

保管单位：如皋市档案馆

内容及评价：

1949年1月26日，驻守如皋城的国民党军倾巢出逃，解放军苏中一分区部队奉命截击。27日，如皋城宣告解放。28日（农历除夕）清晨，中共如皋县委、县政府以及警卫连和县团等部300多人进驻如皋城，并发布了《如皋县县政府通告》。

《如皋县县政府通告》是中共如皋县政府机关移驻如皋城后颁发的第一份通告。通告用毛笔写就，长50厘米，宽36厘米，由时任县长张继中签署下发。这是一份见证如皋城解放的珍贵档案。通告所用印章是新四军东进至如皋东乡时，收缴的国民党如皋县政府铜质大印，此印新中国成立后不久即停用。

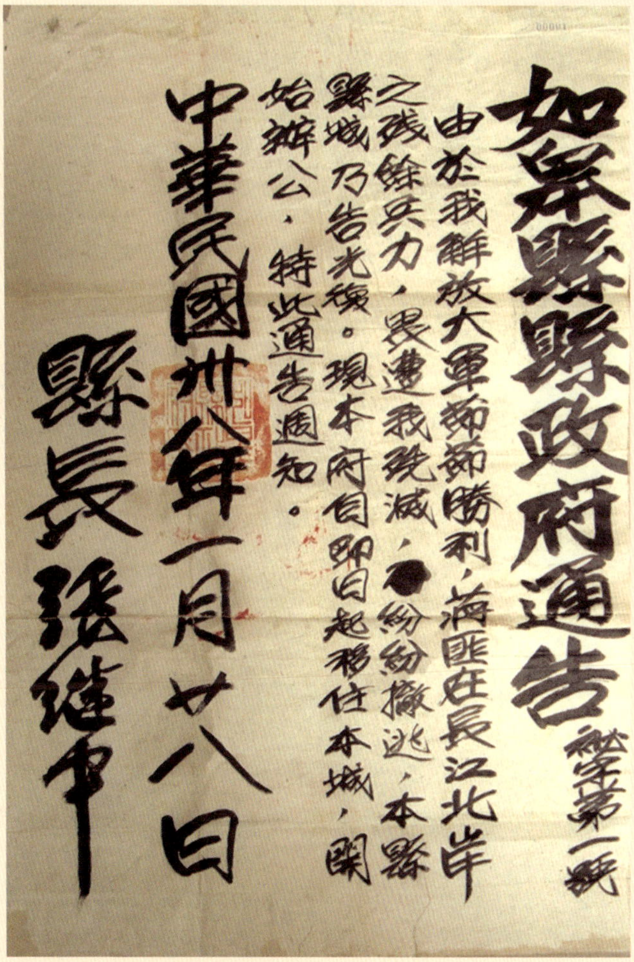
如皋縣縣政府通告 秘字第一號
由於我解放大軍節節勝利，蔣匪在長江北岸之殘餘兵力，畏遭我殲滅，紛紛撤逃，本縣縣城乃告光復。現本府自即日起移住本城，開始辦公。特此通告週知。
中華民國卅八年一月廿八日
縣長 張继中

如皋县县政府通告

全文：

由于我解放大军节节胜利，蒋匪在长江北岸之残余兵力，畏遭我歼灭，纷纷撤逃，本县县城乃告光复。现本府自即日起移住本城，开始办公，特此通告周知。

中华民国卅八年一月廿八日

县长　张继中

海安县委工作通报

保管单位：海安县档案馆

内容及评价：

海安是革命老区，1927年成立第一个中共党支部。1940年10月，新四军东进抗日，泰县抗日民主政府在海安镇成立。1949年1月，驻海安的国民党军队开始撤退，20日，海安全境解放。为尽快恢复生产、恢复经济、支援前线，配合人民解放军南下，解放全中国，海安县委动员组织全县民众，开展思想宣传、干部培养及抢收抢种、生产救灾、兴修水利、反抢粮、支前、借粮献粮等一系列工作，1948年10月至1949年11月县委刊印的《工作通报》，正是这一系列工作开展情况的反映。

《工作通报》共68期，海安县档案馆现存60期（第1–58、63、68期）。《工作通报》中既有县委对基层工作的指示，也有区委对各项工作的汇报。大多数文章既有对工作情况的概述，又有对工作方法的介绍与反思，对解放初期的海安基层工作有一定的指导作用，全面、客观地反映了建国前后解放区工作开展的情况。

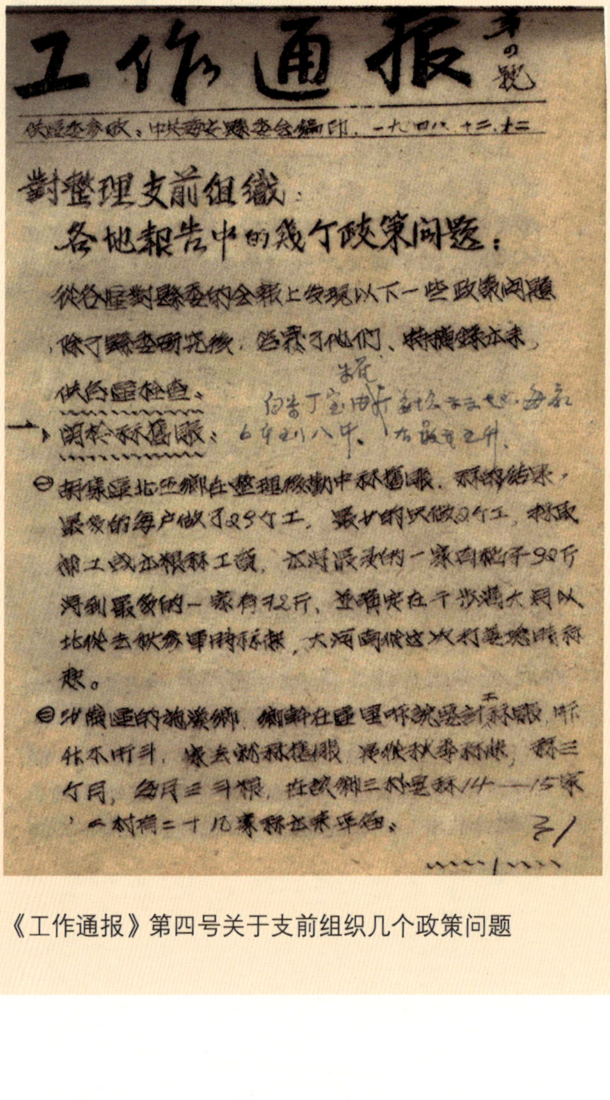
工作通報 第四號

對整理支前組織：

各地報告中的幾个政策問題：

《工作通报》第四号关于支前组织几个政策问题

全文（节选）：

关于当前工作的情况汇报

伯藩同志：

第一、胡集区秋耕秋种情况如下：

（一）正个秋耕当抢种精神下达后，千步沟以北的几个乡种麦已达百分之六十到七十，以南地区则亦已到百分之五十左右。而在这两种不同地区，北几乡的主要问题是出水种麦，南几乡主要是逃亡份子土地处理问题，耕牛调剂问题两种地区同时存在。故抢耕抢种精神之贯彻，不是一般的动员号召，而是要求解决不同地区的实际问题，特别是目前一般田的种麦已到百分之八九十的时候，解决这些问题更突出、迫切，条件也更为有利（时机更紧，人牛力可更集中使用，抢种精神下达等），且有部分地区生产救灾问题亦需解决。

（二）出水种麦问题，能够出的田，群众都在积极的出，已有很大成绩，但人车的组织还不够广泛。而乡村干接受了抢种精神回来，又是单纯的任务观点做，采取全村动员，凡是麦种好及无水田的人家都要出工和吃饭也不计工。动员口号是“出水捉鱼”，“帮助生产”，“百家好一家安”：（即有田不出工，收了粮个人吃不安逸的意味在里面）。这样做表面上是快的，但口号是不明确的，劳力的使用没有很好注意自由结合与等价交换，有人肚子里话说不出来，主要是没有深入动员组织工作，而是行政路线，对帮助出水的缺计工、换工、或管一顿饭的许多群众中来的具体办法，而是做白工的性质，是不妥当的，目前已开始转变。

出水方法上不是也不需要有个车口有部车的办法，而是采取有重点的顿车出水与继续种麦分工，（因种麦时不只是出水一件事），一般不是出平田中的水，而是出沟和漕子中的水，使田里水能够向沟与漕子中淌，使田里水更容易干的办法是很好的。若四周围田都比较高，中间较低的熟田也可以出，有些虽有边岸的开荒田出了水不一定赶得上种麦，种了也没得用。

被水淹掉多的地区或人家抢救中必须注意联系生产救荒解决群众生活问题，吉庆乡部分群众已经一再向干部提出此要求，对此，若只采取动员与参加出水种麦解决部分吃饭问题是不够的，因为，出水是一时的，而他们要求解决生活问题是今冬明春两季的，这里若不很好解决，一部分劳力会外流，群众与干部商量了以下的办法是可以采用的。

（1）分一部份草田的草给他们收，且要求当日前草价较高时解决，迟了难割而价又贱卖不起钱来，但这必须充分动员群众中提出互济精神，有草田未被淹的自觉提出帮助受灾户，而不是少数干部作主或又提出分草田的办法解决，事实上群众也不要求分草田。

（2）大胆放手的让群众在解放区经营做小生意，对生产救灾繁荣经济是有好处的，但必须注意解决与后勤的矛盾，即在全民组参加后勤组织公平合理负担的原则下，一个月派他的短期后勤完成后，放手的打通行证让他出去，到了后勤轮到他时自动回来，不回来群众自行处理办法，若到了大后勤则全面动员亦无所大的影响，这个办法是可以试用的。

（3）采取人船伴工打伙、在本地或解放区不很远的内地，帮助船少地区弄泥垩田生产自救的办法，这在有条件的情况下成为一个很主要的办法。

（4）做其他副业，纺织、取□、做蔑等，这些对生产救灾有好处的副业，政府代款应成为重点之一。

致以

敬礼！

朱剑明　十九 下午

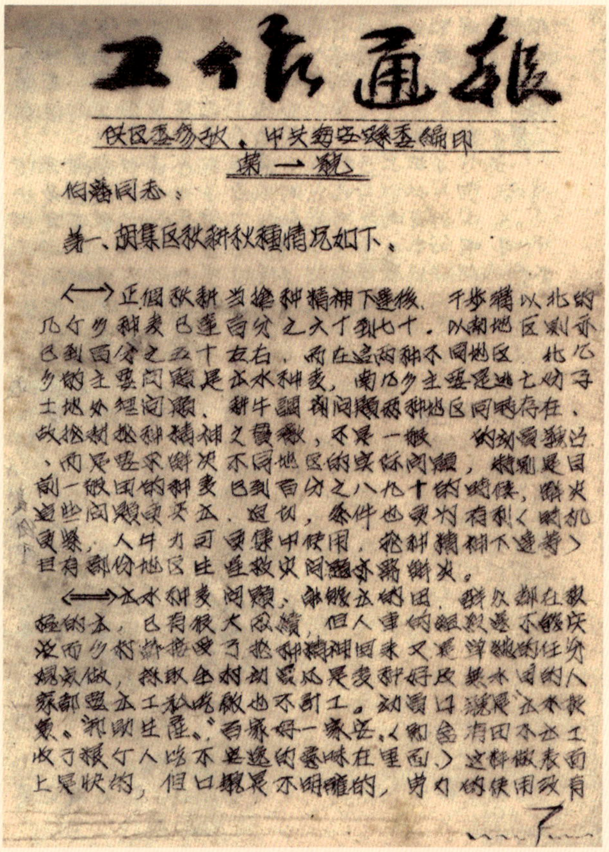

工作通报

第一号

第一、胡集区秋耕秋种情况如下：

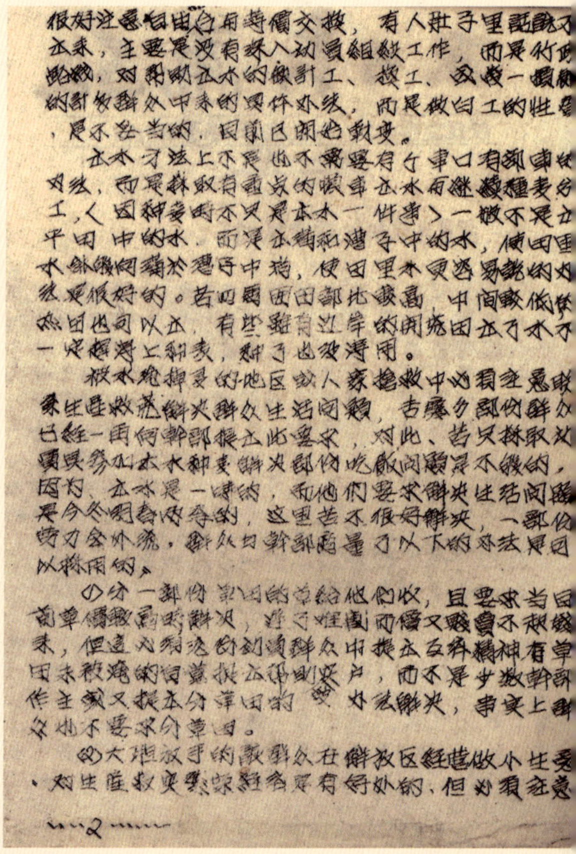

《工作通报》第一号

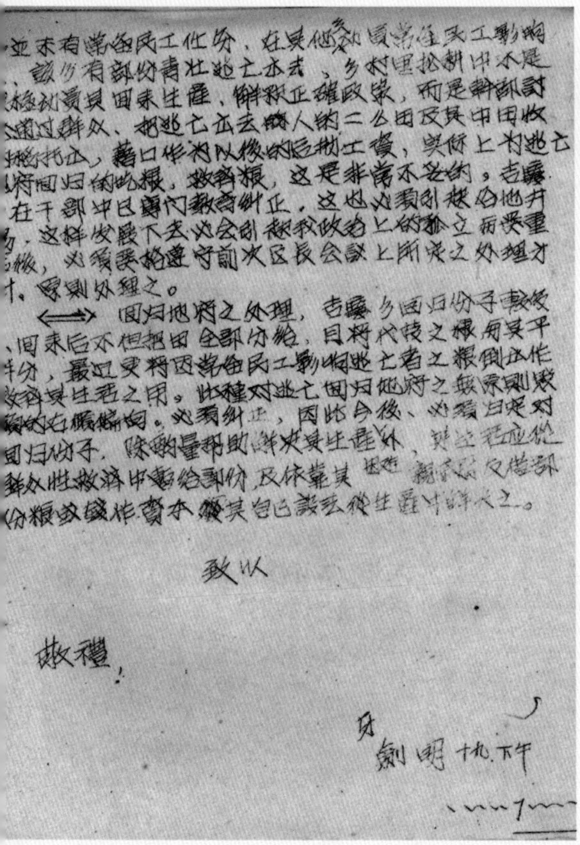

並未有常备民工任务，在其他乡頃常征民工影响
、該乡有部份青壮逃亡在外，乡村里抢耕中不是
检討责其回来生産，解释正確政策，而是幹部討
逼过群众，把逃亡在外者人的二分田及其中田收
抵托出，藉口作为以後的征收工資，实际上对逃亡
将回归的吃粮，数斤粮，这是非常不妥的，吉[illegible]
在干部中已專门教育糾正，这也必須引起各地并
，这样发展下去必会引起我政治上的孤立而严重
后機，必須要严格遵守前次区長会議上所定之处理方
、原则处理之。
⟺ 回归地富之处理，吉[illegible]乡回归份子数[illegible]
、回来后不但把田全部分給，且将代替之粮食其平
分，最近更将因常备民工影响逃亡者之粮田作
救济其生活之用，此種对逃亡回归地富之無原则救
济的右傾偏向，必須糾正，因此今後、必須注意对
回归份子，除酌量帮助解决其生産外，其生活应從
群众性救济中适给部份及依靠其[illegible]親友自己借部
份粮或钱作資本使其自己設法從生産中解决之。

致以

敬禮！

剑明 十九 下午

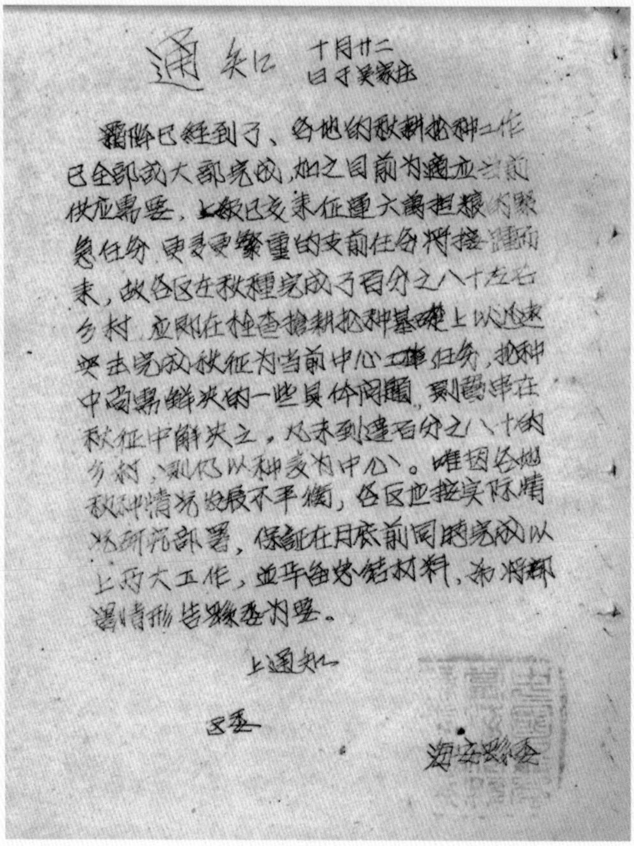

通知　十月廿二日于吴家庄

霜降已經到了，各地的秋耕抢种工作已全部或大部完成，加之目前为適应当前[illegible]伕应需要，上級已交来征運大量粗粮的緊急任务，更多更繁重的支前任务將接踵而来，故各区在秋種完成了百分之八十左右乡村，应即在检查抢耕抢种基礎上以迅速突击完成秋征为当前中心工作任务，抢种中尚需解决的一些具体问题，則应在秋征中解决之，凡未到達百分之八十的乡村，則仍以种麦为中心。唯因各地秋种情况發展不平衡，各区应按实际情况研究部署，保証在月底前同時完成以上两大工作，並望每半月总结材料，和將執[illegible]情形告縣委为要。

上通知

区委

海安縣委

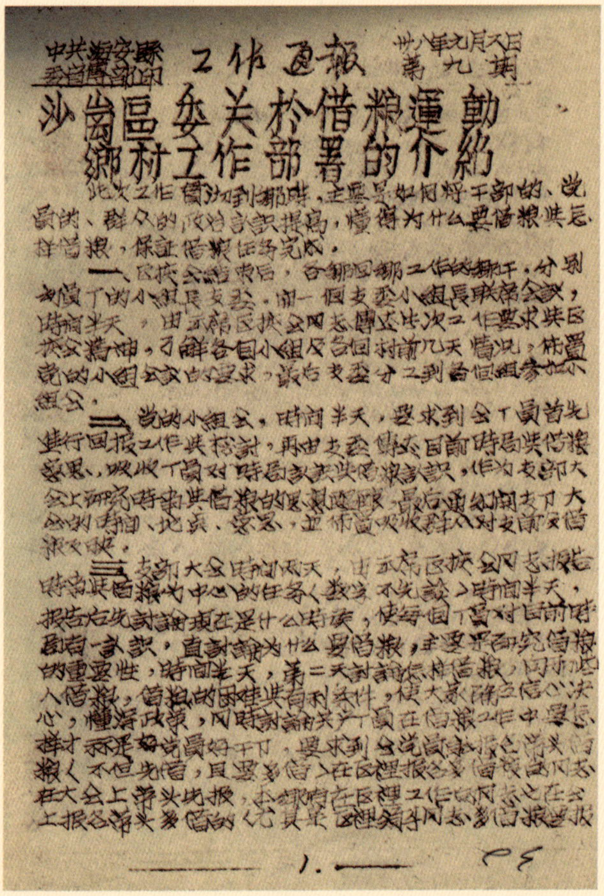

中共海安县委宣传部印 工作通报 卅八年九月八日 第九期

沙岗区委关於借粮运动乡村工作部署的介绍

此次工作干部到乡时，主要是如何将干部的、党员的、群众的政治认识提高，懂得为什么要借粮与怎样借粮，保证借粮任务完成。

一、区扩会结束后，各乡回乡工作的乡干，分别召开了乡的小组长支委。开一个支委小组长联席会议，时间半天，由参加区扩会同志传达此次工作要求与区扩会精神，了解各自小组及各个村前几天情况，布置党的小组会议的要求，最后支委分工到各个组参加小组会。

二、党的小组会，时间半天，要求到会干员首先进行回报工作与检讨，再由支委传达目前时局与借粮意义，吸收干员对时局和与借粮认识，作为支部大会上研究时局与借粮的[illegible]，最后通知开支部大会时间、地点、要求，并布置吸收群众对支部借粮反映。

三、支部大会时间两天，由参加区扩会同志报告时局与借粮为中心的任务（数字不先谈）时间半天，报告后先讨论现在是什么时候，使每个干员对目前时局有一认识，再讨论为什么要借粮，主要是研究借粮的重要性，时间半天，第二天讨论怎样借粮，[illegible]借粮，借粮的困难与有利条件，使大家确立借粮决心，懂得政策，同时讨论关于干员在借粮工作中[illegible]，[illegible]党员干部，要求到会党员[illegible]带头借粮，不但先借，且要多借，在区里报名[illegible]在大会上带头报，[illegible]上报名带头多借的[illegible]

—— 1. ——

《工作通报》第九期关于沙岗区委借粮工作部署介绍

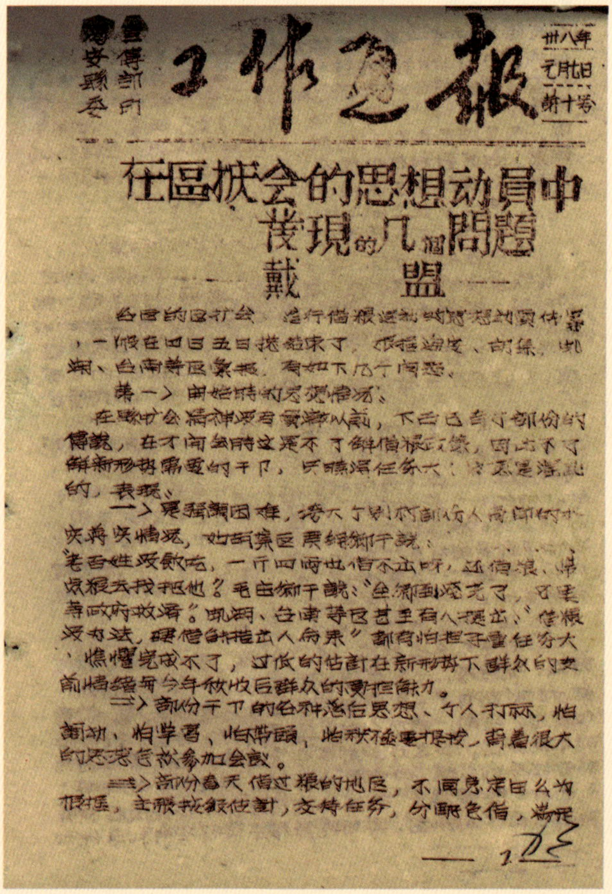

中共海安县委宣传部印 工作通报 卅八年九月廿日 第十号

在区扩会的思想动员中发现的几个问题

—— 戴盟 ——

各区的区扩会，进行借粮运动的思想动员工作，一般在四日五日就结束了，根据海安、西场、曲塘、白甸等区汇报，有如下几个问题。

第一）开始时的思想情况：

在县扩会精神没有贯彻以前，下面已有干部份的传说，在开会时还是不了解借粮政策，因此不了解新形势需要的干部，只晓得任务大；这是消极的表现。

一）是强调困难，夸大了[illegible]情况，如西场区[illegible]说：“老百姓没饭吃，一斤四两也借不出呀，还借粮、[illegible]？”毛[illegible]说：“[illegible]，只有等政府救济。”[illegible]、白甸等区甚至有人提出：“借粮没办法，硬借会[illegible]出人命来”。都有怕担子重任务大、怕[illegible]完成不了，过低的估计在新形势下群众的支前情绪与今年秋收后群众的负担能力。

二）部份干部的各种落后思想、个人打算，怕[illegible]、怕学习、怕带头，怕秋后要[illegible]，有着很大的思想包袱参加会议。

三）部份春天借过粮的地区，不同意定[illegible]么为[illegible]，主张按级估计，支持任务，分配包借，[illegible]

—— 1. ——

《工作通报》第十号关于思想动员

全文：

关于秋种秋征工作的通知

十月廿二日于吴家庄

霜降已经到了，各地的秋耕抢种工作已全部或大部完成，加之目前为适应当前供应需要，上级已交来征运六万担粮的紧急任务，更多更繁重的支前任务将接踵而来，故各区在秋种完成了百分之八十左右乡村，应即在检查抢耕抢种基础上以迅速突击完成秋征为当前中心任务，抢种中尚需解决的一些具体问题，则贯串在秋征中解决之，凡未到达百分之八十的乡村，则仍以种麦为中心。唯因各地秋种情况发展不平衡，各区应按实际情况研究部署，保证在月底前同时完成以上两大工作，並准备总结材料，希将部署情形告县委为要。

上通知

区委

海安县委（印）

（选自1948年10月《工作通报》第一号）

海安县支前献粮文件

保管单位：海安县档案馆

内容及评价：

1949年1月20日，海安全境解放。中国人民解放军一路南下，来不及就地筹粮，需要苏北老根据地人民继续供应粮食，同时为了尽快恢复新解放城镇的革命秩序，也需要一批粮食保障社会供应，必须进行城镇献粮，才能保证粮食供应任务的完成。为此，先期解放的海安县，从5月5日至22日广泛宣传，全面动员，正确执行献粮政策，合理负担，提前完成了献粮任务，为大军继续南下、夺取全国胜利作出了巨大贡献。

海安县支前献粮文件有海安行政办事处、曲塘、丁所、西场镇等关于献粮工作的宣传口号、宣传标语、倡议书、调查表、统计表、总结、报导等材料，全面反映了海安县从上到下开展献粮工作的情况。

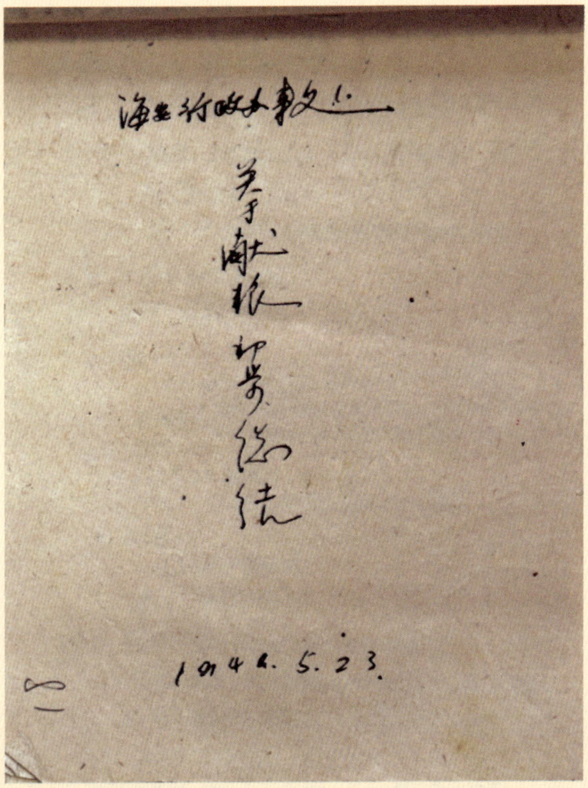

海安行政办事处
关于献粮工作总结
1949.5.23.

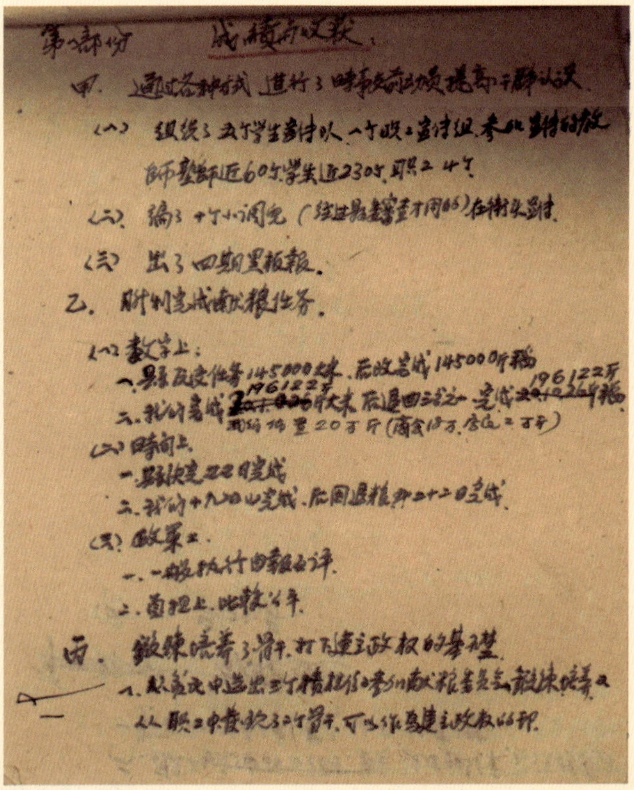

第二部份　成绩与收获
丙. 锻炼培养了骨干，打下建立政权的基础。

1949年5月海安行政办事处关于献粮的总结

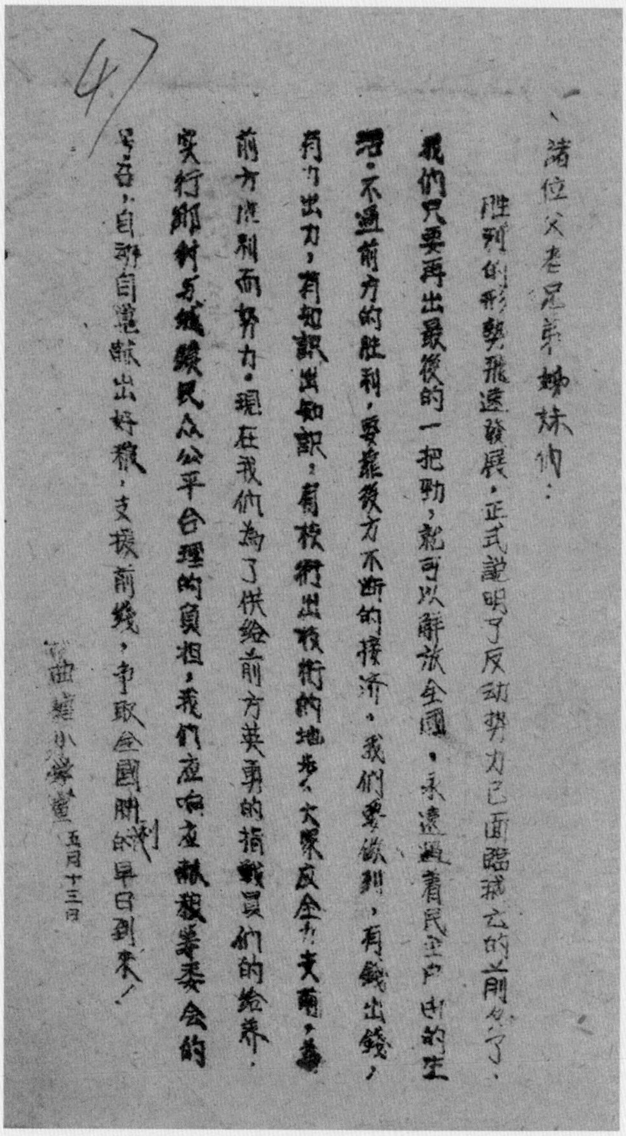

曲塘小学献粮传单

全文：

曲塘小学献粮传单

1949年5月13日

诸位父老兄弟姊妹们：

胜利的形势飞速发展，正式说明了反动势力已面临灭亡的前夕了，我们只要再出最后的一把劲，就可以解放全国，永远过着民主自由的生活。不过前方的胜利，要靠后方不断的接济。我们要做到，有钱出钱，有力出力，有知识出知识，有技术出技术的地步。大家应全力支前，为前方胜利而努力。现在我们为了供给前方英勇的指战员们的给养，实行乡村与城镇民众公平合理的负担，我们应响应献粮筹委会的号召，自动自觉献出好粮，支援前线，争取全国胜利的早日到来！

曲塘小学宣 五月十三日

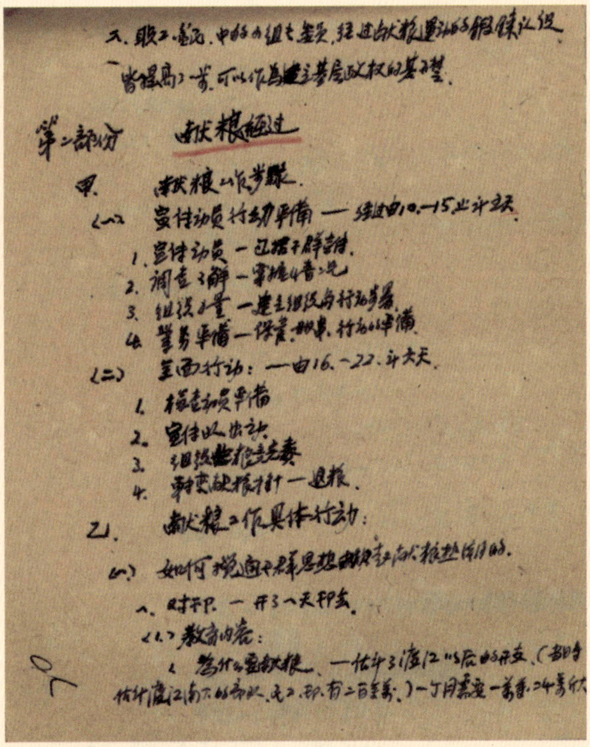

六、职工、学生、中好的组长、委员，经过献粮运动的锻炼认识
（当选为）一等，可以作为建立基层政权的基础。

第二部份　献粮经过

甲、献粮工作步骤
（一）宣传动员 打动准备 — 从五月10—15止计六天。
1. 宣传动员 — 召开干部会议。
2. 调查了解 — 掌握情况
3. 组织力量 — 建立组织与打通步骤。
4. 业务准备 — 保管、账簿、打包的准备。
（二）全面行动：— 由16—22，计七天。
1. 检查动员准备
2. 宣传以[illegible]
3. 组织[illegible]
4. [illegible]献粮[illegible] — 退粮。
乙、献粮工作具体行动：
（一）如何打通全体群众思想，[illegible]献粮热潮的。
1. 时期 — 开了八天[illegible]。
（1）教育内容：
1. 为什么要献粮 — 估计了渡江以后的开支（当时估计渡江南下的部队、民工、[illegible]有二百多万）一个月需要一万[illegible]

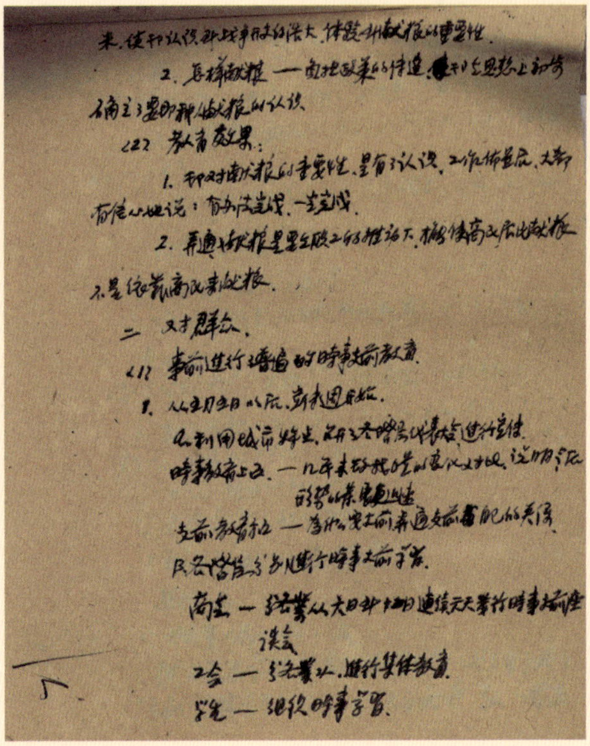

来，使都认识到战争形势的伟大，体验到献粮的重要性。
2. 怎样献粮 — 由于政策的传达，[illegible]思想上和干部确定了要的那种献粮的认识。
（2）教育效果：
1. 都对献粮的重要性，是有了认识，工作布置后，大部分的人都说：有办法完成，一定完成。
2. 并且献粮是[illegible]，不是依靠商民来献粮。
二、对群众。
（1）事前进行普遍的时事教育。
1. 从五月五日以后，[illegible]
A. 利用城市[illegible]，召开了各阶层代表会，进行宣传。
时事教育上面 — [illegible]
[illegible]
支前教育上 — [illegible]
B. 各阶层分别进行时事学习。
商业 — 各行业从六日起[illegible]连续三天举行时事座谈会
工会 — 各行业以，进行集体教育。
学生 — 组织时事学习。

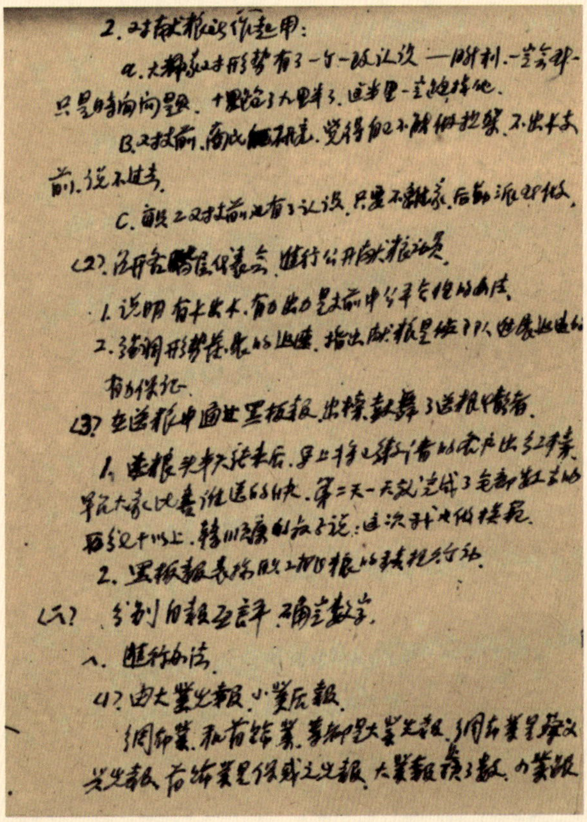

2. 对献粮的作用：
a. 大部分对形势有了一个一致认识 — 胜利一定会到来 — 只是时间问题。[illegible]
B. 对支前、商民[illegible]，觉得自己不能做[illegible]，不出力支前，说不过去。
C. 职工对支前也有了认识，只要不离家，后勤派你做。
（2）召开各阶层代表会，进行公开献粮动员。
1. 说明有力出力，有钱出钱是支前中[illegible]的办法。
2. 强调形势发展的迅速，指出献粮是为了[illegible]
有力保证。
（3）在送粮中通过黑板报、[illegible]鼓舞了送粮情绪。
1. [illegible]
[illegible]
[illegible]
2. 黑板报表扬职工献粮的积极行动。
（六）分别自报互评，确定数字。
1. 进行办法。
（1）由大业先报，小业后报。
绸布业、和百货业、[illegible]是大业先报，[illegible]
先报，百货业是[illegible]先报，大业报了数，小业跟

1949年5月海安行政办事处关于献粮的总结

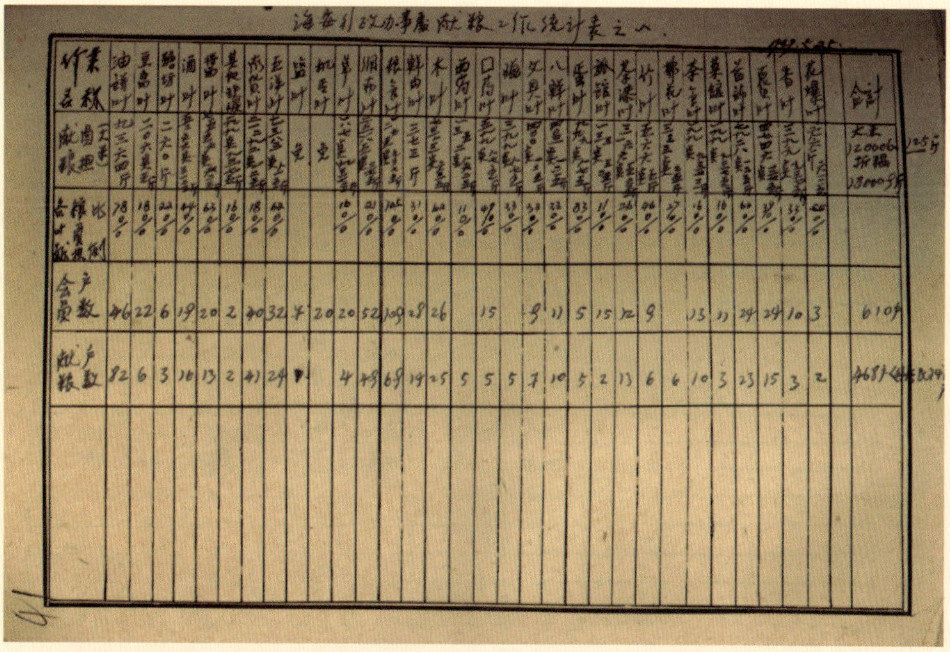
海安行政办事处献粮工作统计表之八

1949年5月海安行政办事处献粮统计表

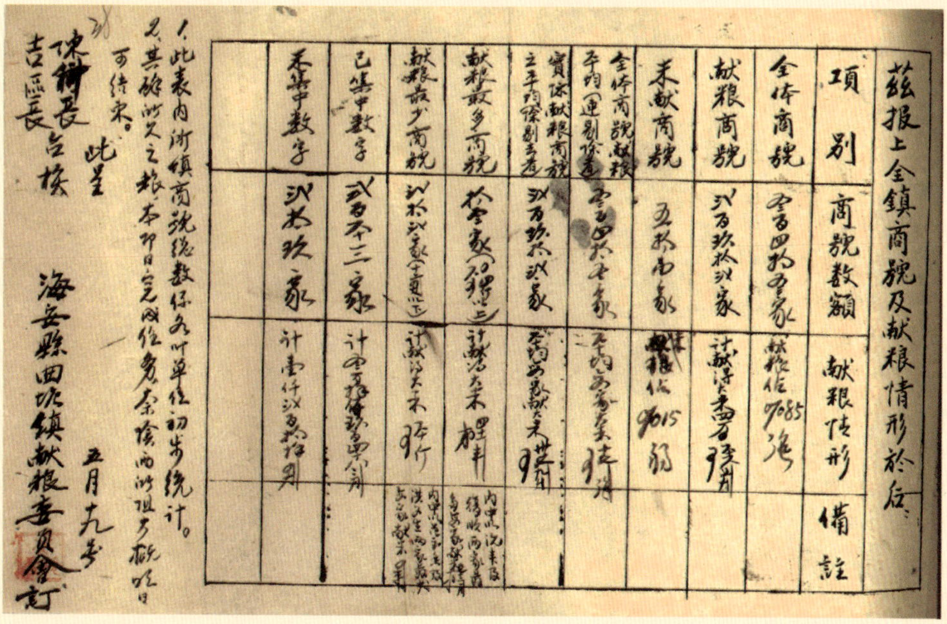
兹报上全镇商號及献粮情形於后

曲塘献粮情况表

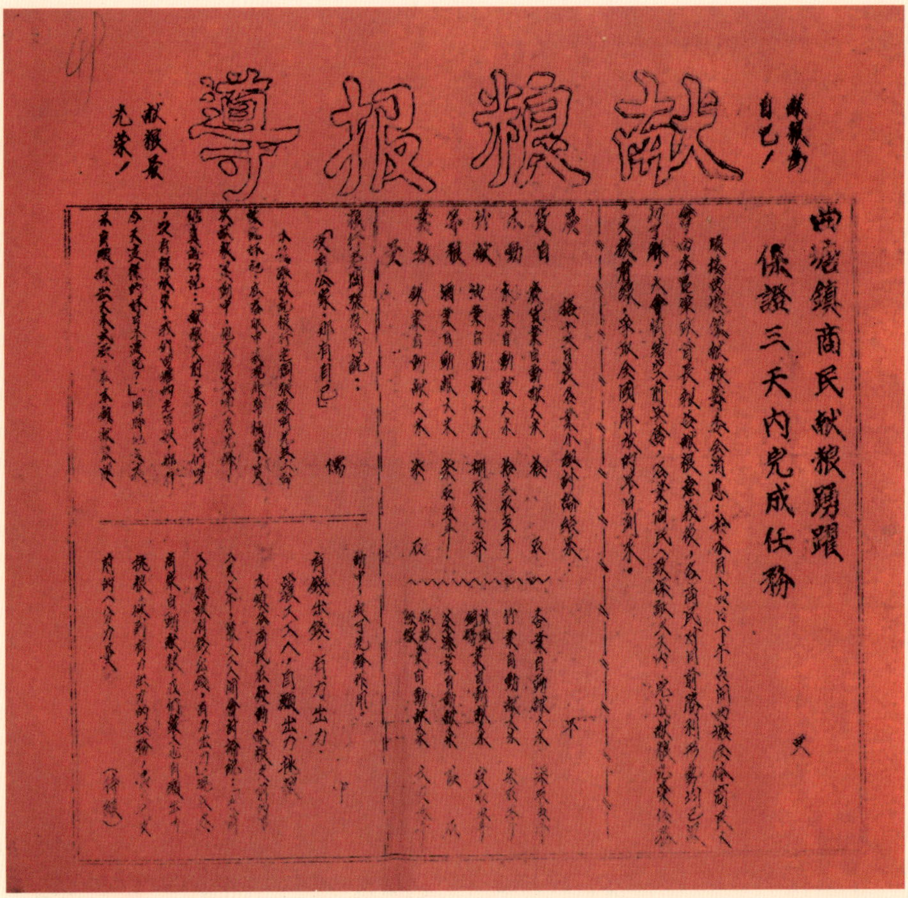

献粮为自己！

献粮报导

献粮最光荣！

曲塘鎮商民献粮踴躍

保證三天内完成任務

曲塘镇刊印的《献粮报导》

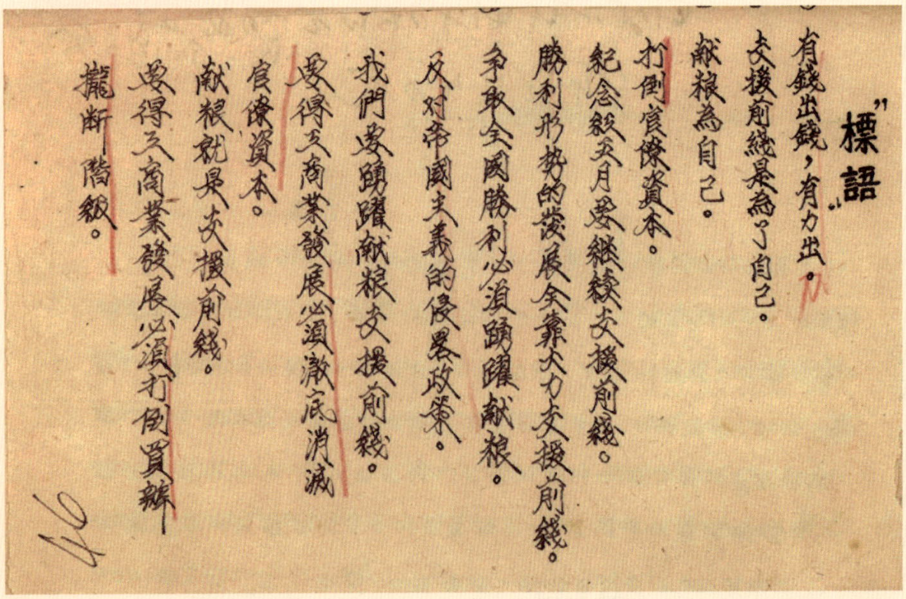

"標語"

有錢出錢，有力出。

支援前綫是為了自己。

献粮為自己。

打倒官僚資本。

紀念[illegible]七月要繼續支援前綫。

勝利形勢的發展全靠大力支援前綫。

爭取全國勝利必須踴躍献粮。

反对帝國主義的侵畧政策。

我們要踴躍献粮支援前綫。

要得工商業發展必須澈底消滅官僚資本。

献粮就是支援前綫。

要得工商業發展必須打倒買辦壟断階級。

献粮标语

如东支前民工证件

保管单位：如东县档案馆

内容及评价：

1949年2月，淮海战役刚刚结束，渡江战役准备工作已经开始。在千军万马横渡长江的时刻，如东人民组成浩浩荡荡的支前大军，掀起了大规模的支前热潮。如东支前民工证件就是当时支前壮举的有力佐证。这些证件包括当时的苏皖边区第九行政区专员公署颁发的船舶支前服务证、苏北南通区支前司令部颁发的民工服务证、苏北边区政府财政厅颁发的复员粮证、华东财政经济办事处下发的米票、表现突出的民工的奖状等。这些证件记载着如东人民在解放战争最后岁月里艰苦而又光荣的斗争历史。

据不完全统计，仅1948年底至1949年春，如东县为支援淮海战役，特别是渡江战役，先后动员民工10万人以上，共运送军粮47.7万担、军草35.3万担。1948年9月至1949年2月，出动常备民工1004人，担架198副，支援淮海战役。1949年2月至5月，出动常备民工1000人，挑子800副，参加渡江战役的前期准备工作，并随军渡江南下。1949年4月21日渡江战役开始后，如东县先后出动长、短民工18万多人次，占九分区总数的42%以上。

苏北南通区支前司令部民工服务证

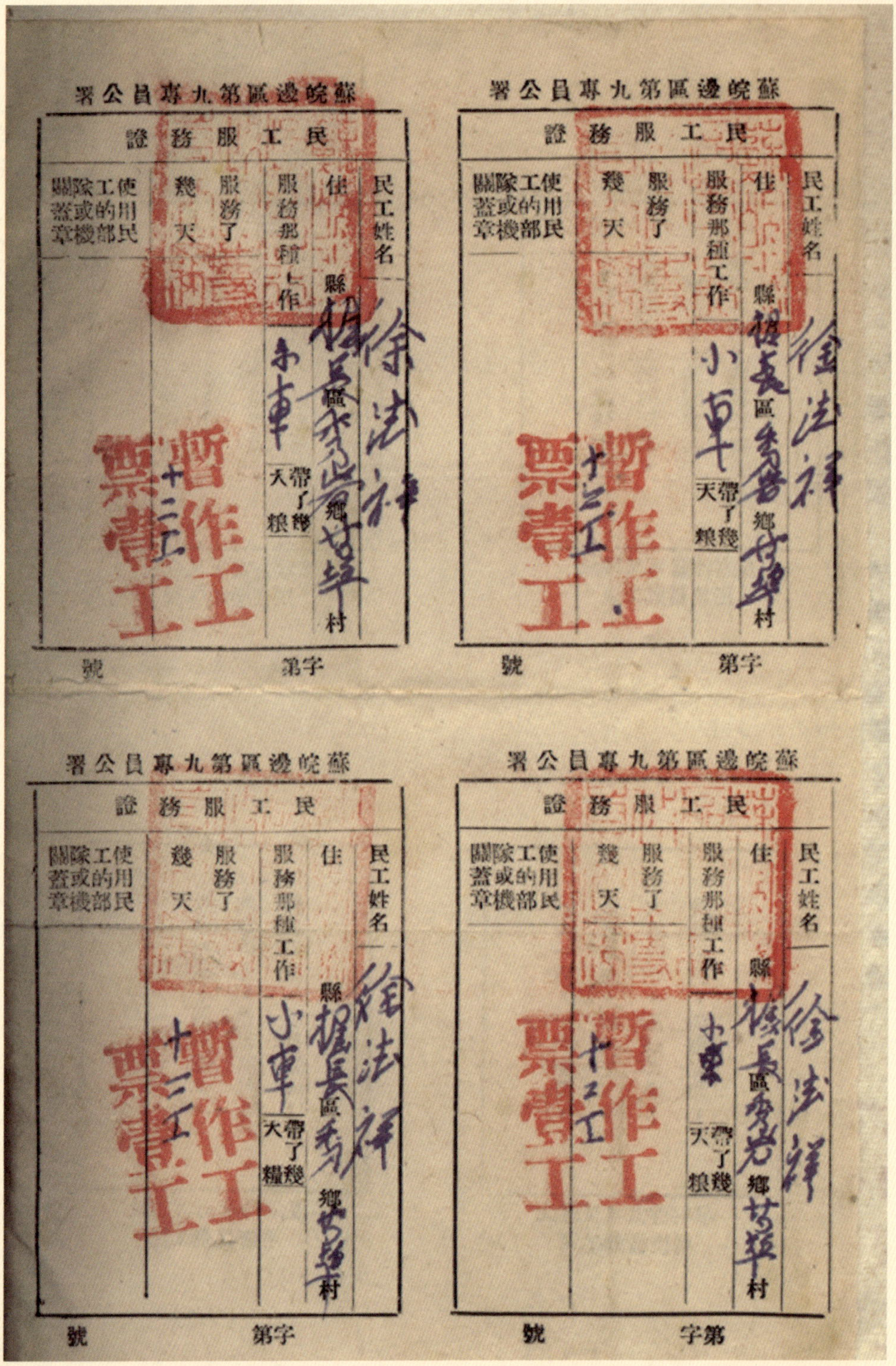
蘇皖邊區第九專員公署

民工服務證

民工姓名	住	服務那種工作	服務了幾天	使用民工的部隊或機關蓋章
徐法祥	縣 區 鄉 村	小車 帶了幾天糧	十二工	暫作工票

第 字 號

苏皖边区第九专员公署民工服务证

人物档案

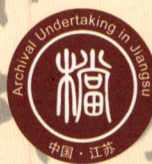

Archival Undertaking in Jiangsu
中国·江苏

张謇

保管单位：南通市档案馆

内容及评价：

张謇（1853～1926）,中国实业家、教育家、社会活动家。字季直，号啬庵。清末状元。早年入淮军将领吴长庆幕。1895年在南通创办大生纱厂,以此发轫，南通开始了中国早期现代化的征程。后又举办通海垦牧公司、大达轮船公司、复新面粉公司、资生铁冶公司、淮海实业银行；投资苏省铁路公司、镇江大照电灯厂等；经营盐业，提倡盐务改革。又创办通州师范学校、南通博物苑、女工传习所等。把实业、教育称为“富强之大本”。参与发起立宪运动，1906年成立预备立宪公会，任副会长。1909年被推为江苏谘议局议长。辛亥革命后任南京临时政府实业总长。1913年任北洋政府农商总长，袁世凯即将称帝时，辞职南归。张謇在他的政治生涯与实业活动中，十分注意档案材料的收集整理，因此为后人留下了大量的档案。

张謇在南通进行了中国早期现代化的探索，近代南通不同于租界、商埠或列强占领下发展起来的城市，是中国人基于中国理念，比较自觉地、有一定创造性地、通过较为全面的规划建设、经营的第一个有代表性的城市。胡适评论张謇：“他独力开辟了无数新路，做了三十年的开路先锋，养活了几百万人，造福于一方，而影响及于全国。”章开沅指出：“在中国近代史上，很难发现另外一个人在另外一个县办成这么多事业，产生这么深远的影响，而至今在这个地方仍然到处可以感受到他的存在。”

张謇肖像

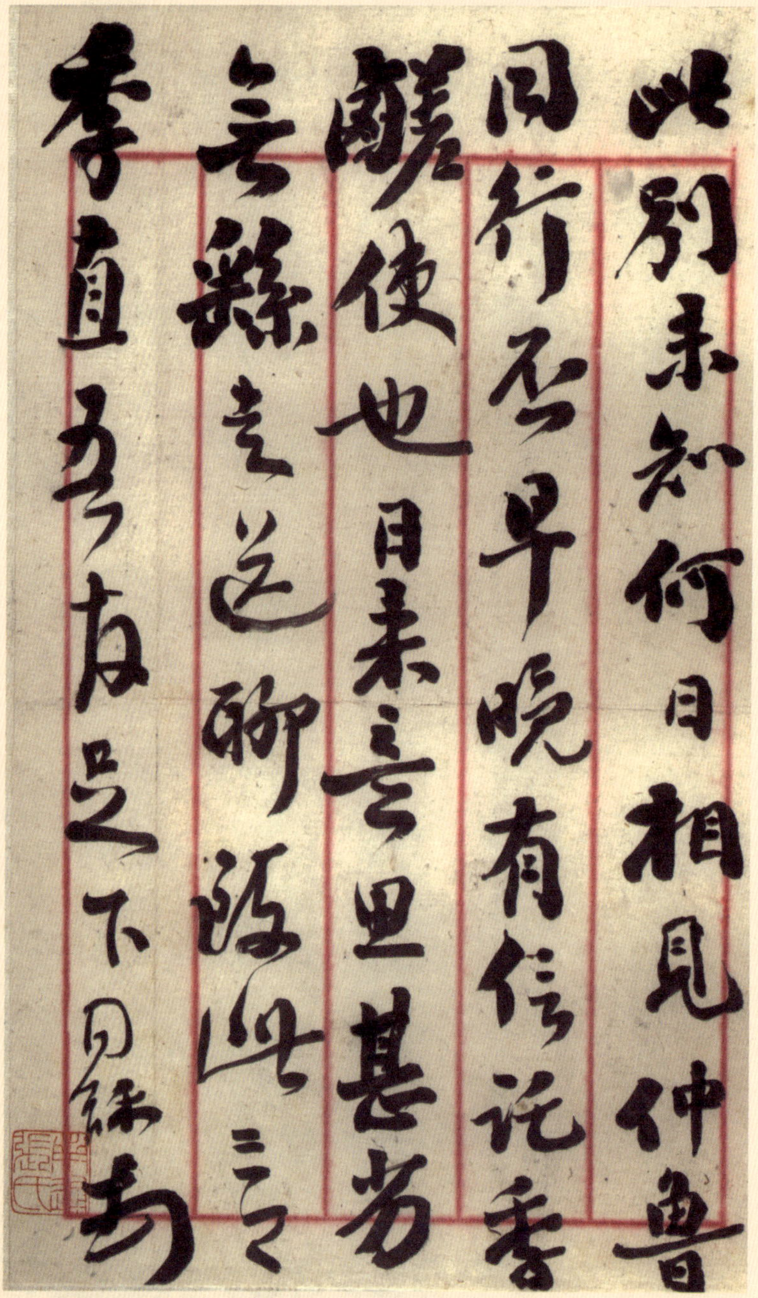
此别未知何日相见仲鲁
同行否早晚有信讫香
醵使也日来之言里甚劳
云录之送聊谈此三三
季直吾友足下 同龢

翁同龢给张謇的信

翁同龢给张謇的信

全文：

今晚连得儿两讯，甚慰。许世叔昨到通，父劝其暂耐。亦劝告共和党人勿再作无谓之哄，不知听否？参议院父亦辞矣，目前稍缓发表。世道日趋于乱，人心亦趋于恶，君子处之，唯有中正淡退。儿若观《易》，当能悟父所言。儿处人须时时记定“泛爱众而亲仁”一语。尤须记“谨而信”一语。所谓《论语》、《孟子》，信得一二语，便终身受用不尽也。平日勿雌黄人物，勿随众浪掷可贵之时间，作无益，害有益。儿须思父之晚境，儿之朝境，悉在此时也。昨闻人言，张某因去年实业大失败，故逃去青岛（儿去之后数日，尚有传父去岛者）。又有人言，张某儿子嫖赌不得了，故会去青岛。父闻之始而叹，继而惧，叹其无知耳。惧则无此事尚有此种奇谤，若十有其一二，岂有不败！人心乐破坏，闻人言不善则喜，此昌黎所谓小人也。小人多则世乱矣。儿其懔之哉！亦勿语人也。家中汝母以下均安好，勿念。儿切须自重。前昨日大雪晴矣。父寄怡儿。

三月九日

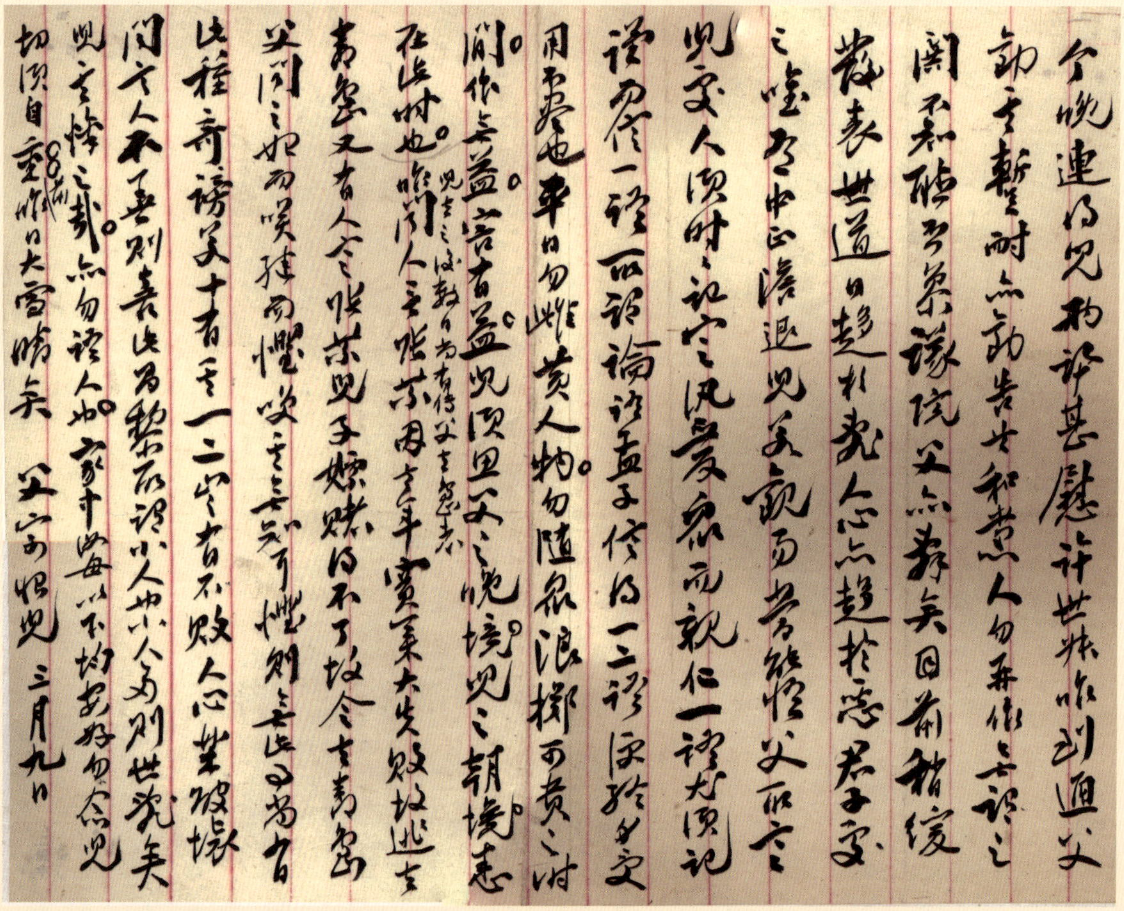

张謇致张孝若的信

全文：

天渐热，屋小人多，夜间卧后务开窗，恐炭气重，儿可与德润仍住李先生房朝南床。先令文明将房中打扫，书案抽屉均须检清。自修仍在东耳楼，设一书案，书架与德润共之。所写之字排日订一本，（大小皆留。写须照样笔笔到，初似拘苦，久之笔熟，即自然矣。润尤须用心。）所改之讯，录于簿。原讯仍可订好寄来，或存俟父回阅之。

闰二月廿四日

父谕怡儿，并示德润

黄万益（前作范予者误）乃令于教警察之暇，至校为儿与润察视母子拳熟否？非专为儿与润也。儿与润可酌每星期日某时请黄至校一次。润之国文题已寄否？念念。油纸又寄去四刀。须要真切。

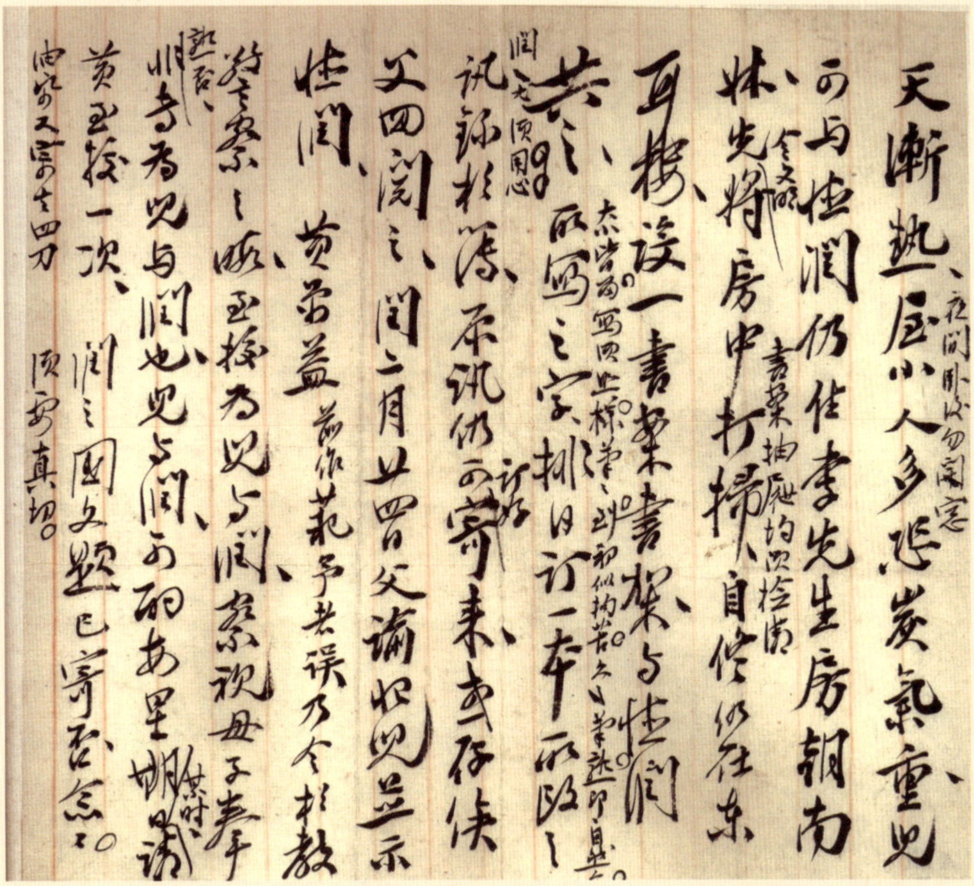

张謇致张孝若的信

全文：

父谕怡儿：

汝今年是已升之甲班，须更用功。父已与校中商订一学期一升班之章程；如果甲班长进，今年即可毕初等小学业矣。每日上课外，真能有两三小时安心用功，不愁不长进。儿其自砺，成人之基在是。休息时可习已学之拳，既有益卫生，又不废学也。前出之题，作成几篇？可寄来。父在外终日不闲，一到晚间无客不办事时，便念我儿，又无人足解父怀，颇伤儿母。儿知父意否？润或能知之，然亦不在面前。儿早晚眠食小心，丸药切须服完，必有益。

正月廿八日

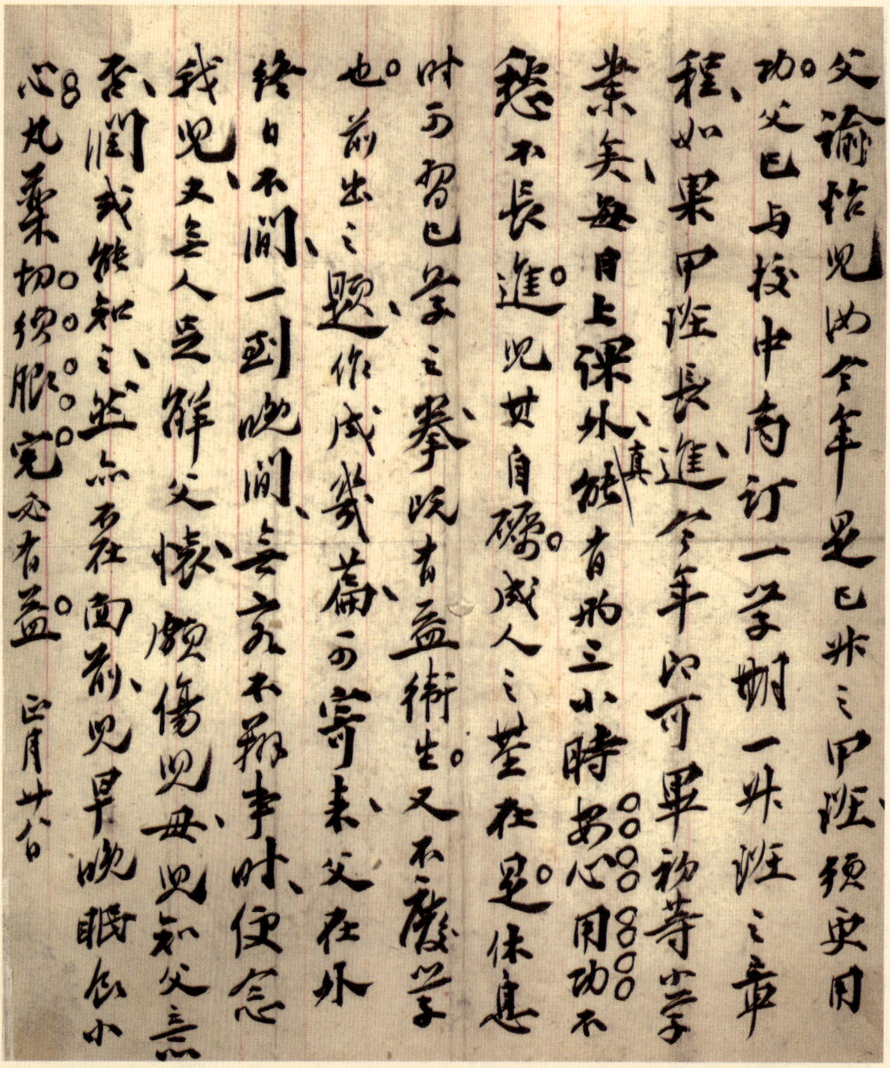

父諭怡兒：汝今年是已升之甲班，須更用功。父已與校中商訂一學期一升班之章程，如果甲班長進，今年即可畢初等小學業矣。每日上課外，真能有兩三小時安心用功，不愁不長進。兒其自礪，成人之基在是。休息時可習已學之拳，既有益衛生，又不廢學也。前出之題，作成幾篇？可寄來。父在外終日不閒，一到晚間無客不辦事時，便念我兒，又無人足解父懷，頗傷兒母。兒知父意否？潤或能知之，然亦不在面前。兒早晚眠食小心，丸藥切須服完，必有益。正月廿八日

张謇致张孝若的信

张謇家庭照

全文：

为慈善公益鬻字启

1922年7月12日

张謇

南通前年歉，去年灾，农饥商疲，而金融滞。下走岁入大觳，而所负地方慈善公益之责，年费累巨万，无可解除，亦无旁贷也。求助于人必无济，无已，惟求诸己。往者尝以慈善事，一再鬻字有例矣。鬻字犹劳工也，忽忽十余年，今政七十，宁复胜劳？然无如何！自登报日起，鬻字一月。任何人能助吾慈善公益事者，皆可以金钱使用吾之精力。不论所得多寡，限断一月。此一月内，定每日捐二小时于字，无一字不纳于鬻。定例如下：

联　每副四尺十二元，每尺加二元。

屏　每幅四尺十元，每尺加二元。单、直幅同。

堂幅　每件四尺十六元，每尺加四元。

额字　尺以内每字二十元，尺以外每字三十元，每加一尺加十元。

册页　每页六元。

卷　每尺八元。

碑志另议。

真书加倍，泥金加倍，来文加倍。劣纸不书，来文不佳者不书，磨墨费加一。

收件处：上海九江路念二号大生沪事务所

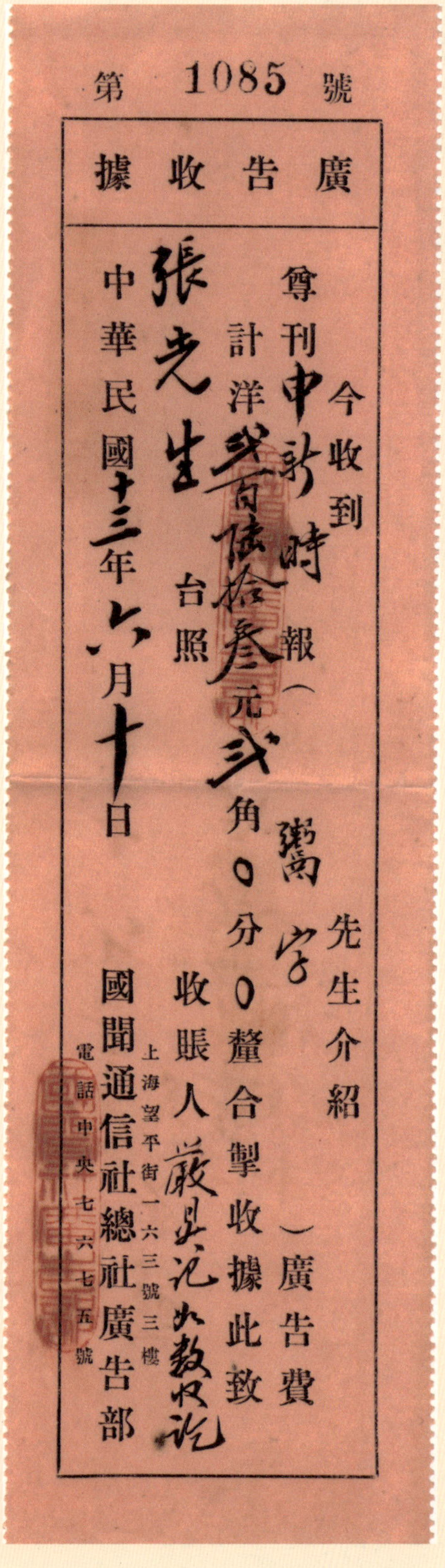

第 1085 號

廣告收據

今收到

尊刊中新時報（鬻字先生介紹）廣告費

計洋弍百陸拾叁元弍角〇分〇釐合製收據此致

收賬人嚴吳氾如數收訖

張先生台照

中華民國十三年六月十日

國聞通信社總社廣告部

上海望平街一六三號三樓 電話中央七六七五號

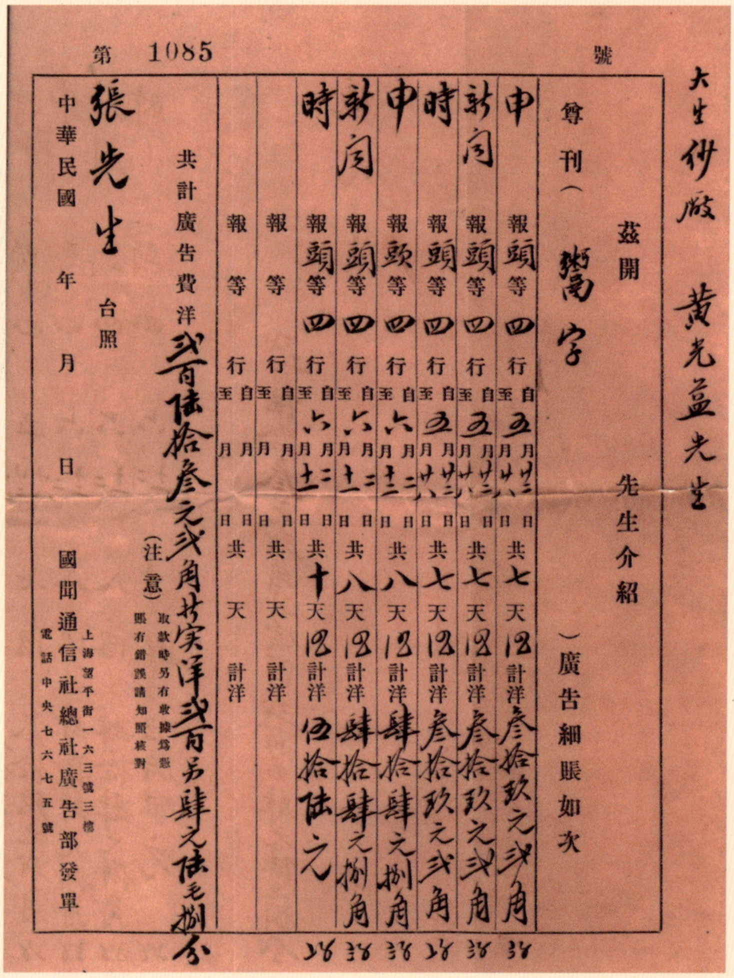

第 1085 號

大生紗廠黃光益先生

茲開

尊刊（鬻字先生介紹）廣告細賬如次

中報	頭等四行	自五月廿二日至月廿八日	共七天 12	計洋叁拾玖元弍角
新聞報	頭等四行	自五月廿二日至月廿八日	共七天 12	計洋叁拾玖元弍角
時報	頭等四行	自五月廿二日至月廿八日	共七天 12	計洋叁拾玖元弍角
中報	頭等四行	自六月二日至月十二日	共八天 12	計洋肆拾肆元捌角
新聞報	頭等四行	自六月二日至月十二日	共八天 12	計洋肆拾肆元捌角
時報	頭等四行	自六月二日至月十二日	共十天 12	計洋四拾陸元
報	等行	自月日至月日	共天	計洋
報	等行	自月日至月日	共天	計洋

共計廣告費洋弍百陸拾叁元弍角 其實洋弍百另肆元陸毛捌分

（注意）收款時另有收據爲憑 賬有錯誤請知照核對

張先生台照

中華民國 年 月 日

國聞通信社總社廣告部發單

上海望平街一六三號三樓 電話中央七六七五號

张謇1924年在上海《申报》等报纸上刊登鬻字广告，图为国闻通信社总社广告部出具的收据。

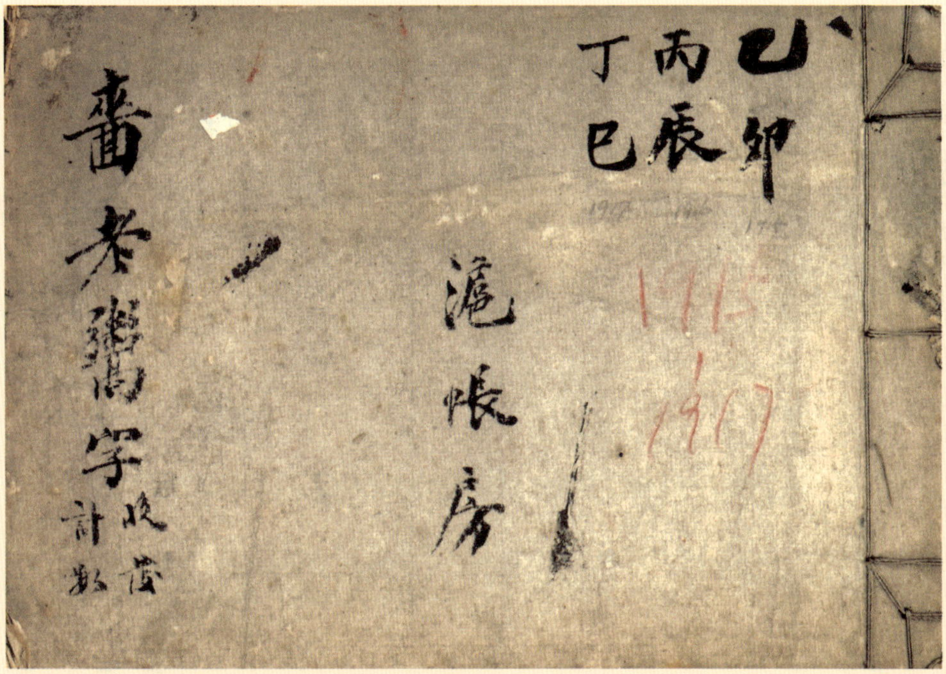

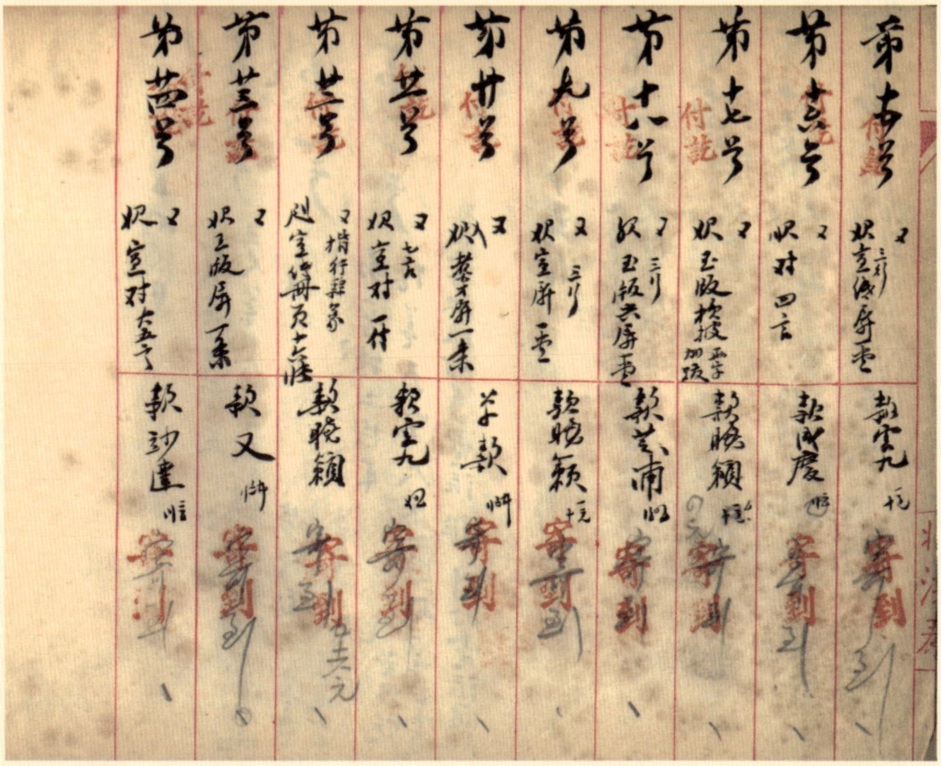

张謇1915至1917年鬻字账本

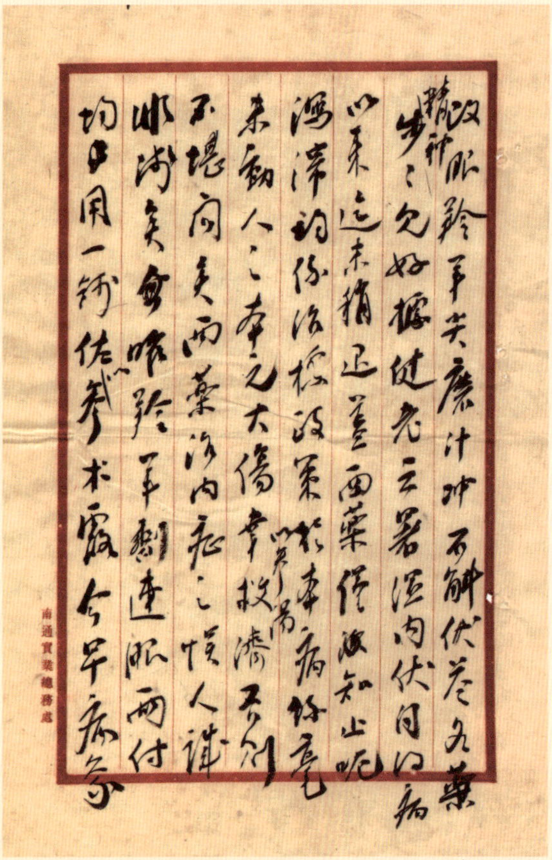

南通實業總務處

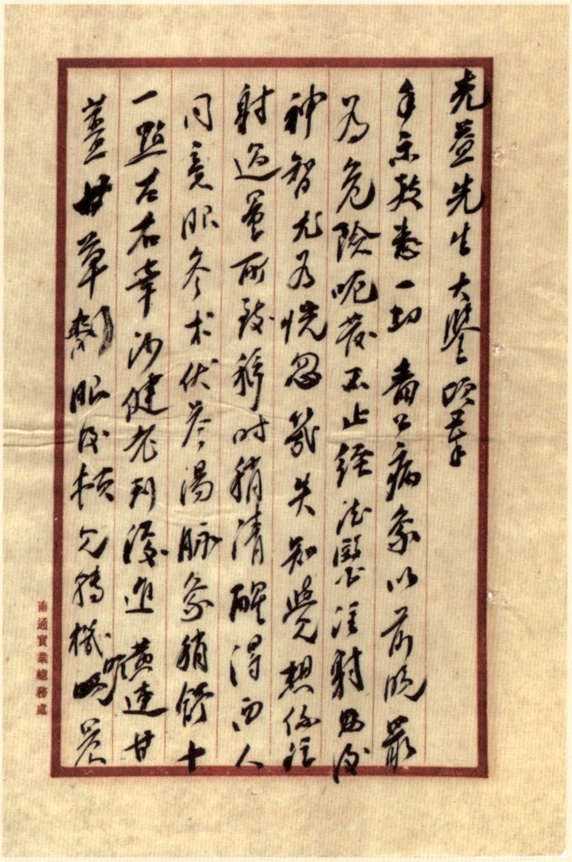

南通實業總務處

张謇去世前有关中、西医治疗的情况

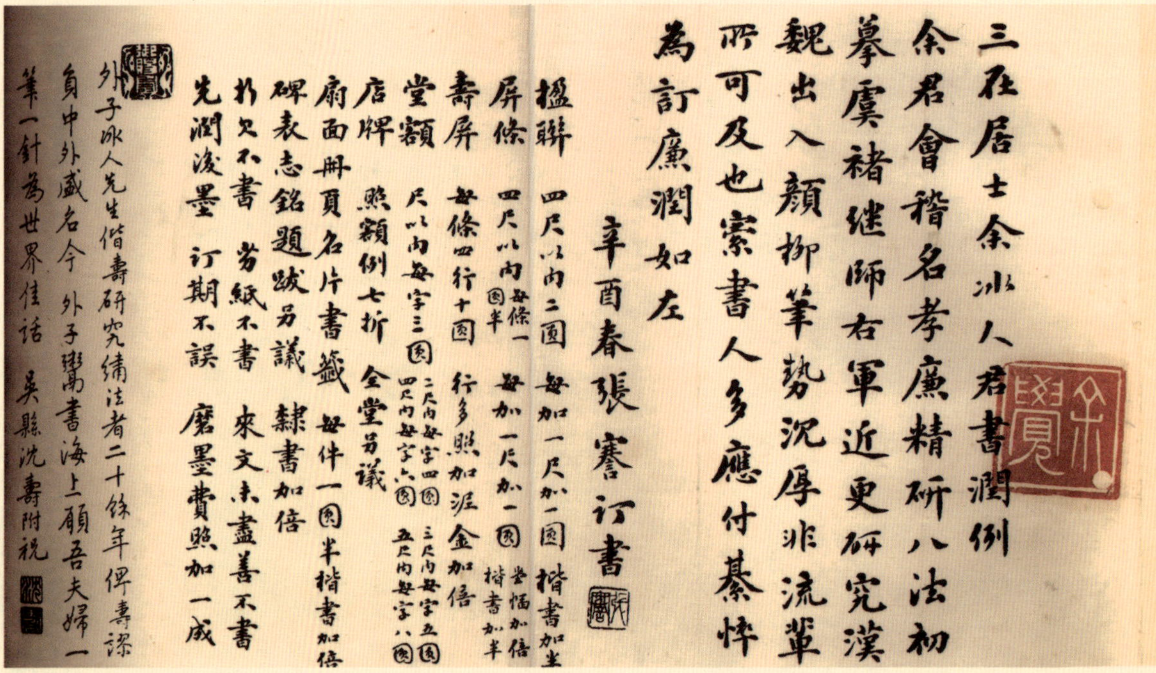

三在居士余冰人君書潤例

余君會稽名孝廉精研八法初摹虞褚繼師右軍近更研究漢魏出入顏柳筆勢沉厚非流輩所可及也索書人多應付綦悴為訂廉潤如左

辛酉春張謇訂書

楹聯 四尺以内二圓 每加一尺加一圓 楷書加半

屏條 四尺以内每條一圓半 每加一尺加一圓 堂幅加倍 楷書加半

壽屏 每條四行十圓 行多照加 泥金加倍

堂額 尺以内每字三圓 二尺内每字四圓 三尺内每字五圓 四尺内每字六圓 五尺内每字八圓

店牌 照額例七折 全堂另議

扇面册頁名片書籤 每件一圓半 楷書加倍

碑表志銘題跋另議 隸書加倍

[illegible]欠不書 劣紙不書 來文未盡善不書

先潤後墨 訂期不誤 磨墨費照加一成

外子冰人先生偕壽研究繡法者二十餘年俾壽謬負中外盛名今外子鬻書海上願吾夫婦一筆一針為世界佳話 吴縣沈壽附祝

张謇1921年为余觉订书的润例

张詧

保管单位：南通市档案馆

内容及评价：

张詧（1851～1939），张謇之兄，字叔俨，小名长春，晚号退庵。1892年署理贵溪县知县。1896年湖广总督张之洞调他为湖北宜昌川盐加厘局坐办。1899年调任贵溪知县。1901年调江西东乡任知县。1902年，张謇电促兄回，张詧辞职得请。张詧回南通后助张謇办大生纱厂、通海垦牧公司、大达轮船公司、广生油厂、复新面粉厂、阜生丝厂及淮南盐垦各公司，历任大生纱厂、崇明大生分厂、复新面粉厂协理，劝学所总董，筹备自治公会董事会副会长，通崇海泰总商会、农会、南通港务会会长，南通纺织专门学校、商业学校及医科专门学校校长或总董，南通女子师范学校名誉校长等职务。1909年夏任江苏农工商局总办。1910年夏辞职归南通。1911年武昌起义爆发后被举为南通民政长兼总司令。1912年辞职。1921年10月创办南通交易所。1931年移居上海。1939年1月26日在上海寓舍逝世，终年88岁。

南通市档案馆所存张詧档案众多，主要内容有：张詧的往来信函（如为水患后筹措棉花事、为商谈拨产分助地方公益事致吴寄尘函等）、张詧授产书、张詧的电报函（如大生三厂事致韩紫石的电报函等）、张詧敬告南通父老兄弟书，以及张詧处理大生事务的一些函件等。

张詧是张謇的三哥，张謇主外，张詧主内全力协助张謇。张謇认为，其事业有成赖于不绝贤人助阵，功归“一兄一友两弟子”，其中兄即指其三哥张詧。张謇晚年说过：“謇无詧无以致其深，詧无謇无以致其大。”本馆所存张詧档案正是张詧管理大生事务、辅助张謇发展大生事业的写照。张詧档案对于研究南通近代史具有重要的历史价值。

张詧肖像

全文：

大生三厂创办经过情形报告书

张謇

三厂自发起以来，设立地点有郑州与海门之研究，原动力有引擎与电机之研究。卒之，地点决定为海门常乐南湾，乃于甲寅年购地，计六百余亩。原动力决用引擎，乃于乙卯年订机，计纱机二万四千锭，双线四千锭。各机配足，适值欧战发生，机器不能交货，因而中梗。己未，闻英厂恢复原状，方议开工建筑，并增购纺纬纱机六千余锭，织布机四百余部。全厂规划，就一、二厂之老式，加以改良而订。凡前此经验觉有局促难以舒展之处，均廓而大之，俾适于用。意在他日修理上、扩张上可以省却许多手续，有一劳永逸之美，无枝枝节节之嫌。犹人家之治产，取其久长受用者也。计成总办事室、花行、批发所、花纱布栈三百九十间。轧花拣花间、脚花栈、翻砂间、机匠房等九十一间。工作场舍、搜检门丁室、材料栈、夫役室等一百二十间。男女工人舍宿三百九十五间。港闸、帐房、警卫、兵房、市房等三百三十六间。纱布厂采用防燃性铁筋水泥式建筑，计一千零三十二间。统计大小房屋二千三百六十五间（请参阅另印本厂全图）。无如欧战之后，外国材料，莫不倍于曩昔，我国生活程度日高，物价腾贵，人工大昂，决非一、二厂建筑时可比（请参阅另印材料价值比较表），成本较重，有由来也。

工厂营业，莫要于运输便利。茅镇为销纱之地，距厂十五里，无河以通之，不便孰甚。其时海门水利会倡议开河，而苦费无着，本厂因势利导，允为垫款。己未十月兴工，翌年三月而河成，而滨河之马路亦成。近来本厂运纱赴市销售，一小时即可达矣。原动力为汽机引擎，锅炉用水，殆须臾不可或离，而港道近海，潮流混浊，无闸以蓄水，则水易涸，无闸以障泥，则港易淤。水涸港淤，引擎有停车之虞。故垫款建设船闸一座，对外虽云便利行旅，其实则供给引擎之所需而已。此建闸之原因也。当夫建筑之初，闸工未竣，港道浅狭，黄砂、石子、水泥及各种材料，到港者堆积如山，厂中待用甚殷，而转运不及。时闻欧美大工厂，多获轻便铁道之利者。为促工程之速竣，利永远之转输起见，计议再三，不得已，遂有轻便铁路之敷设。每值冬令，潮小河冰，厂用煤炭物料，悉赖以装载。去秋拟另招股本，组织公司，延长路线至四扬坝，以岁歉而款未集。此说将来果见实行，则铁路营业可望发展，而本厂成本亦不至多搁矣。本厂建筑，始于己未七月，终于庚申十二月，计十有八月告成。工程既毕，继续装机，而此次机器交货之零碎滞缓，颠倒错乱，尤为从来所未有。庚申秋季，锅炉先到，冬季，引擎续到，而总水汀管独缺，至辛酉八月方克抵厂。五日夜而装竣，旋即试车。至于纱机，则一部一交，一节亦一交，有钢丝车而缺清花，有粗纱车而缺棉条，难以衔接，棘手十分，与昔日之一万锭或数万锭，尽一次交足者迥异。辛酉九月初十开车，仅纺八千余锭，续到续装，装就即开，今则二万五千锭矣。欧战之后，英机莫不增价，本厂第一批所订之二万四千锭，连引擎（一千四马力）、锅炉（三十尺长八尺径者三只）在内，略加成数，总价仅英金九万一千余镑（运费关税另加）。较之欧战后所订者，低廉殊多。惟续添六千锭暨布厂各机，以及电灯机、灭火机、地轴挂脚等项，均在战后，其价二、三倍于战前，此亦时会所趋，无可如何者也。

自甲寅至辛酉，经历八载。其初购地订机，用款大半由调汇而来，折息之数近十八万两，股款官利计十九万五千余两。以回息租金各项相抵，开办费净支十五万七千余两，其属于福食、杂用、津贴、应酬、警队各项开支者，不足五万两也。

所幸者新机构造完美，装置尚称合法，出口匀洁，产额丰富，非老机所可及，而市价上下，每箱时有十元之差。纱之根本既佳，织成之布，自然平滑美观。说者谓本厂布价，亦有升提之望。就地基言，将来虽扩充至十万锭，犹绰绰有余裕，而办事房并不必增加，成本自较今为轻，是则后望无穷，差可奉告诸股东者也。

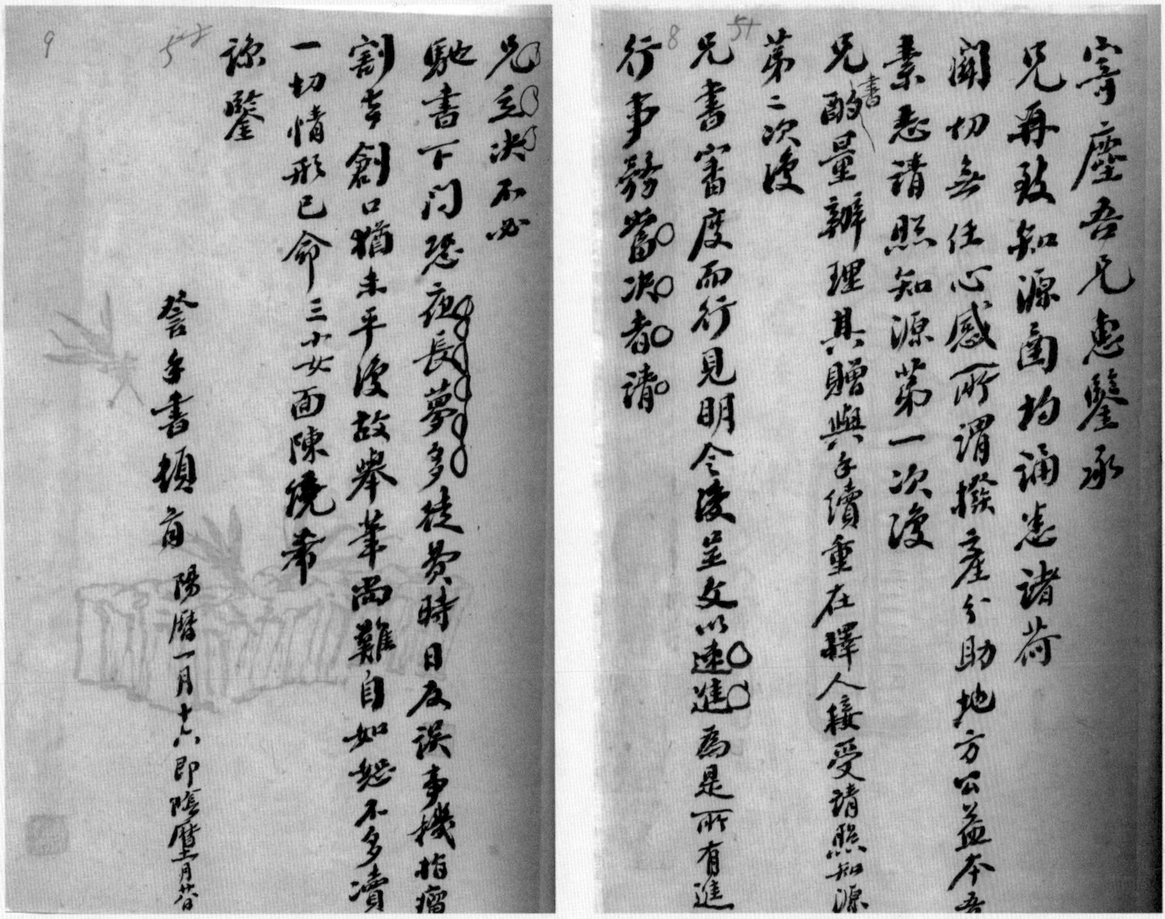
寄塵吾兄惠鑒承
兄再致知源函均誦悉諸荷
關切無任心感所謂撥產分助地方公益本吾
素志請照知源第一次復
兄函量辦理其贈與手續重在擇人接受請照知源
第二次復
兄書審度而行見明令後呈文以速進為是所有進
行事務勸淑都請
兄主決不必
馳書下問恐夜長夢多徒費時日反誤事機指瘤
剖手創口猶未平復故舉筆為難自如恕不多讀
一切情形已命三小女面陳統希
諒鑒
謇手書頓首 陽曆一月十六即陰曆十二月廿

张謇致吴寄尘亲笔函，商谈资助地方公益事。

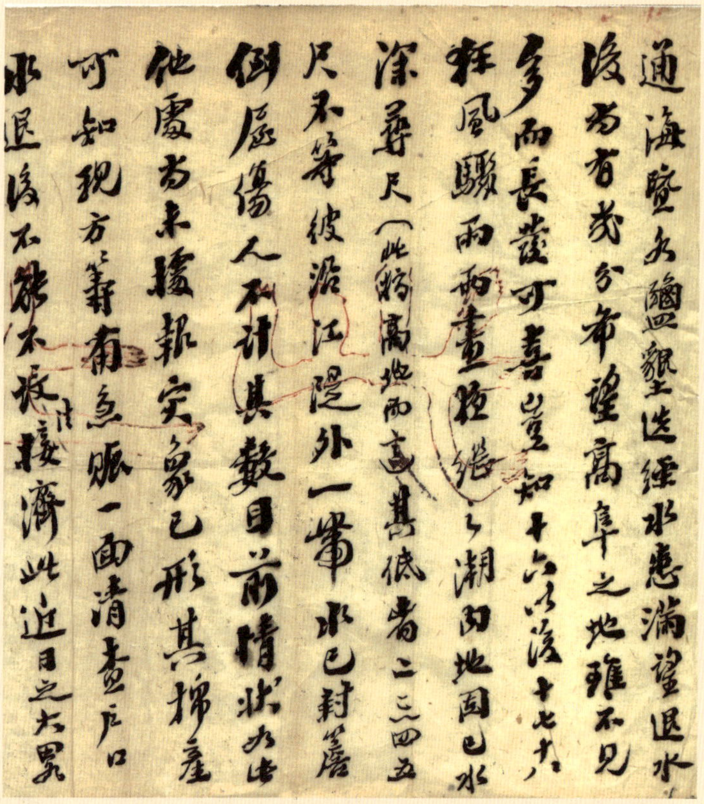

通海暨各鹽墾迭經水患滿望退水
後尚有幾分希望高阜之地雖不見
多而長發可喜豈知十六以後十七十八
狂風驟雨兩晝夜繼之潮內地因已水
深尋尺（此指高地而言）甚低者二三四五
尺不等彼沿江堤外一帶水已封簷
倒屋傷人不計其數目前情狀如此
他處尚未據報實象已形其棉產
可知現方籌貸急賑一面清查戶口
水退後不能不設法接濟此近日之大累

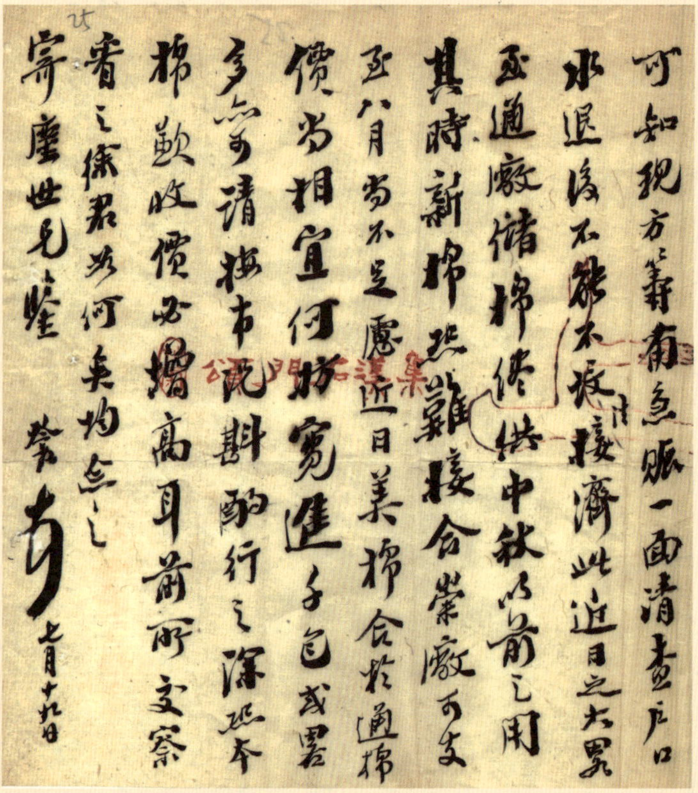

可知現方籌貸急賑一面清查戶口
水退後不能不設法接濟此近日之大累
至通廠儲棉僅供中秋以前之用
其時新棉難接合崇廠可支
至八月尚不足應近日美棉合於通棉
價尚相宜何妨寬進千包或累
多寡請按市價斟酌行之深恐本
棉歉收價必增高耳前所交察
者之條君如何矣均念之
寄塵世兄鑒
謇 七月十九日

张謇致吴寄尘函，商谈水患后筹措棉花事。

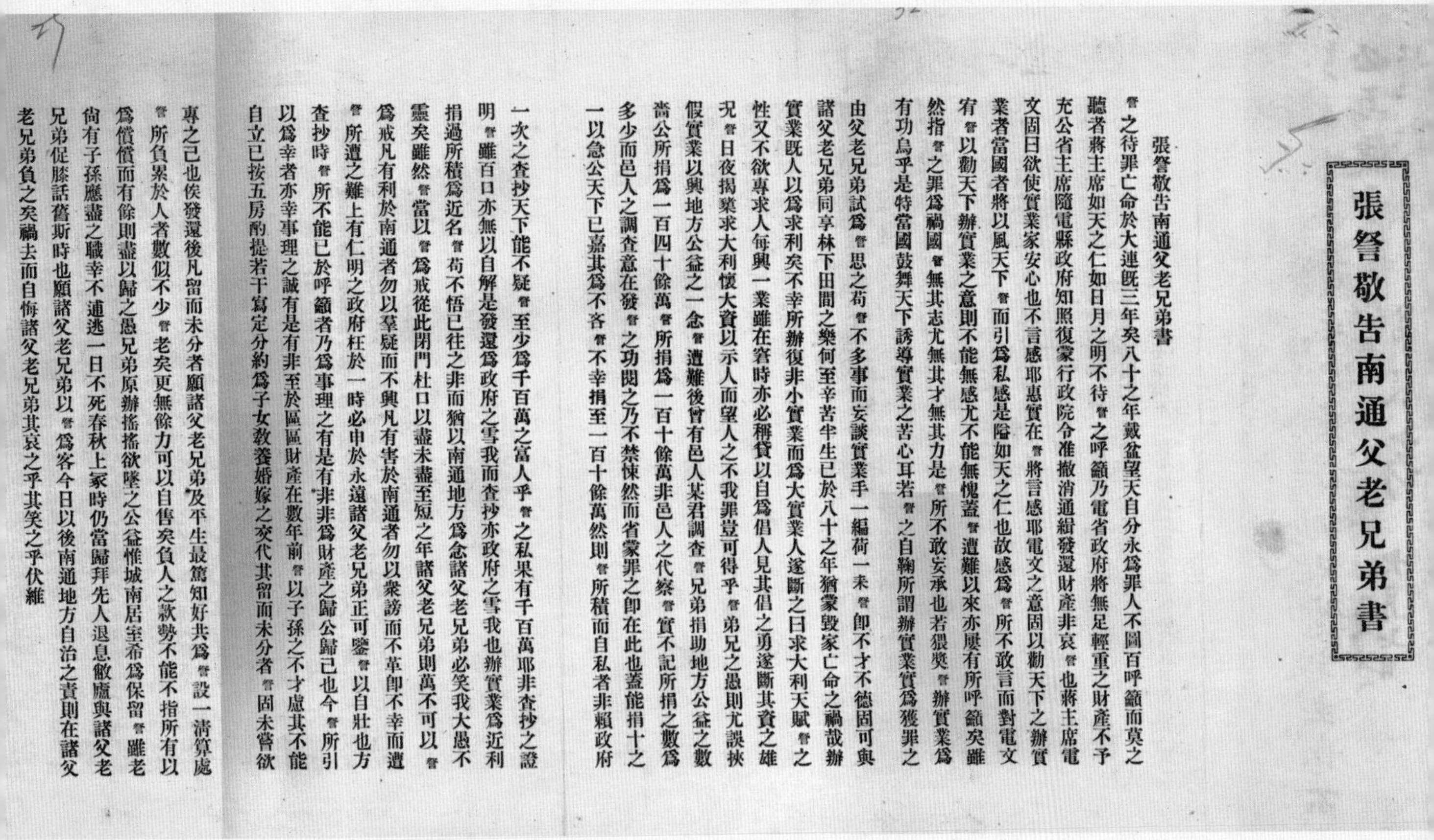

張謇敬告南通父老兄弟書

張謇敬告南通父老兄弟書

謇之待罪亡命於大連既三年矣八十之年戴盆望天自分永爲罪人不圖百呼籲而莫之
聽者蔣主席如天之仁如日月之明不待謇之呼籲乃電省政府將無足輕重之財產不予
充公省主席隨電縣政府知照復蒙行政院令准撤消通緝發還財產非哀謇也蔣主席電
文固曰欲使實業家安心也不言感耶惠實在謇將言感耶電文之意固以勸天下之辦實
業者當國者將以風天下謇而引爲私感是隘如天之仁也故感爲謇所不敢言而對電文
宥謇以勸天下辦實業之意則不能無感尤不能無愧蓋謇遭難以來亦屢有所呼籲矣雖
然指謇之罪爲禍國謇無其志尤無其才無其力是謇所不敢妄承也若猥奬謇辦實業爲
有功烏乎是特當國鼓舞天下誘導實業之苦心耳若謇之自鞫所謂辦實業實爲獲罪之
由父老兄弟試爲謇思之苟謇不多事而妄談實業手一編荷一耒謇即不才不德固可與
諸父老兄弟同享林下田間之樂何至辛苦半生已於八十之年猶蒙毁家亡命之禍哉辦
實業既人以爲求利矣不幸所辦復非小實業而爲大實業人遂斷之曰求大利天賦謇之
性又不欲專求人每興一業雖在窘時亦必稱貸以自爲倡人見其倡之勇遂斷其資之雄
况謇日夜揭櫫求大利懷大資以示人而望人之不我罪豈可得乎謇弟兄之愚則尤誤挾
假實業以興地方公益之一念謇遭難後曾有邑人某君調查謇兄弟捐助地方公益之數
啬公所捐爲一百四十餘萬謇所捐爲一百十餘萬非邑人之代察謇實不記所捐之數爲
多少而邑人之調查意在發謇之功閱之乃不禁悚然而省蒙罪之即在此也蓋能捐十之
一以急公天下已嘉其爲不吝謇不幸捐至一百十餘萬然則謇所積而自私者非賴政府
一次之查抄天下能不疑謇至少爲千百萬之富人乎謇之私果有千百萬耶非查抄之證
明謇雖百口亦無以自解是發還爲政府之雪我而查抄亦政府之雪我也辦實業爲近利
捐過所積爲近名謇苟不悟已往之非而猶以南通地方爲念諸父老兄弟必笑我大愚不
靈矣雖然謇當以謇爲戒從此閉門杜口以盡未盡至短之年諸父老兄弟則萬不可以謇
爲戒凡有利於南通者勿以羣疑而不興凡有害於南通者勿以衆謗而不革即不幸而遭
謇所遭之難上有仁明之政府枉於一時必申於永遠諸父老兄弟正可鑒謇以自壯也方
查抄時謇所不能已於呼籲者乃爲事理之有是有非非爲財產之歸公歸己也今謇所引
以爲幸者亦幸事理之誠有是有非至於區區財產在數年前謇以子孫之不才慮其不能
自立已按五房酌提若干寫定分約爲子女教養婚嫁之交代其留而未分者謇固未嘗欲
專之己也俟發還後凡留而未分者願諸父老兄弟及平生最篤知好共爲謇設一清算處
謇所負累於人者數似不少謇老矣更無餘力可以自售矣負人之款勢不能不指所有以
爲償償而有餘則盡以歸之愚兄弟原辦搖搖欲墜之公益惟城南居室希爲保留謇雖老
尙有子孫應盡之職幸不逋逃一日不死春秋上冡時仍當歸拜先人退息敝廬與諸父老
兄弟促膝話舊斯時也願諸父老兄弟以謇爲客今日以後南通地方自治之責則在諸父
老兄弟負之矣禍去而自悔諸父老兄弟其哀之乎其笑之乎伏維

张謇敬告南通父老兄弟书

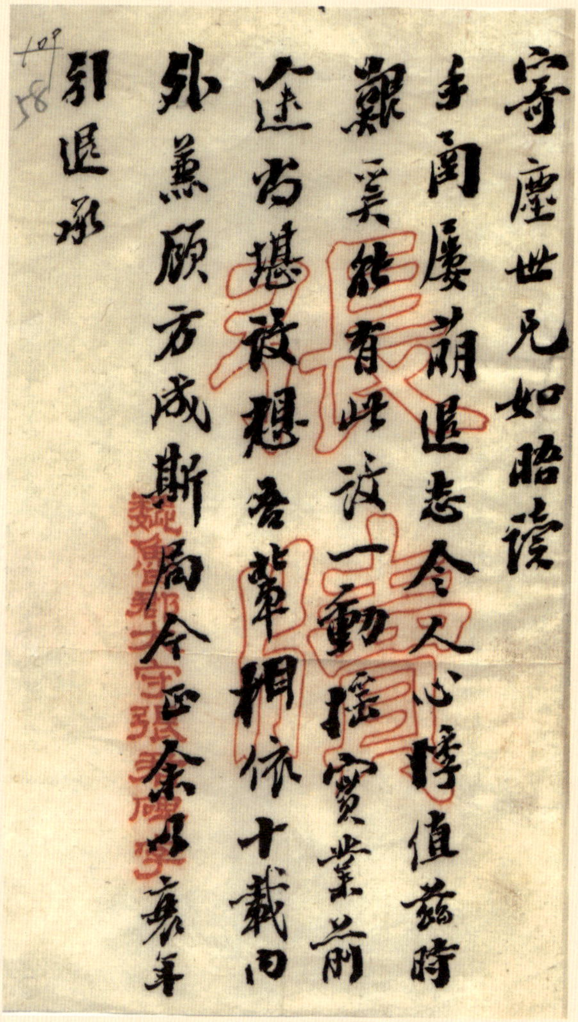
寄塵世兄如晤讀
手函屢萌退志今人心悖值茲時
艱奚能有此設一動搖實業前
途尚堪設想吾輩相依十載同
外兼顧方成斯局今正奈以衰年
引退承

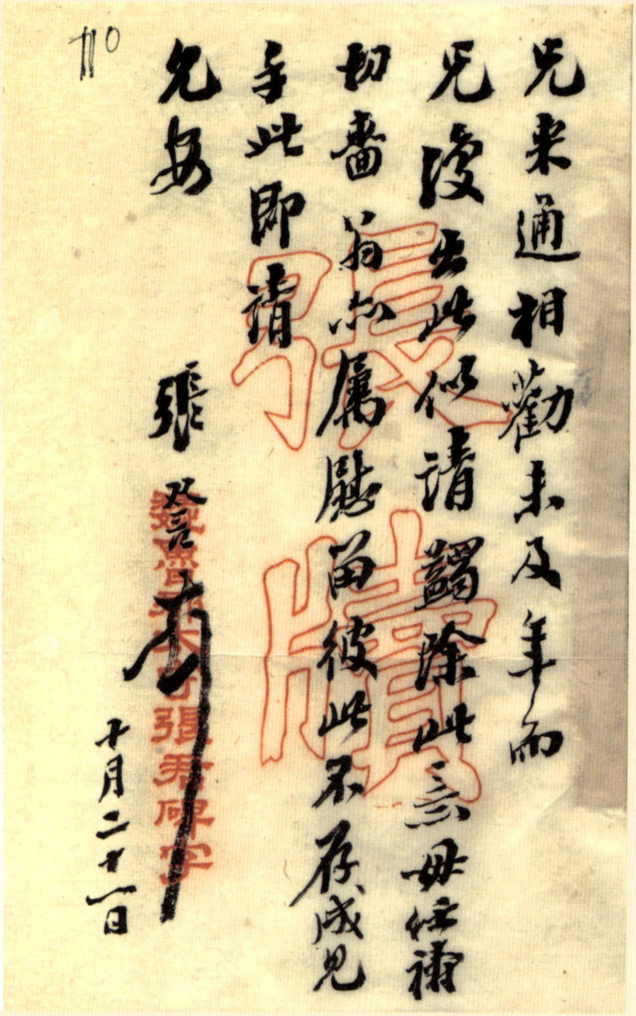
兄來通相勸未及年而
兄復出此促請蠲除此意毋任禱
切盼前亦屬懸留彼此不存成見
手此即請
台安
張謇
十月二十一日

吴寄尘屡萌退意，张謇致函挽留。

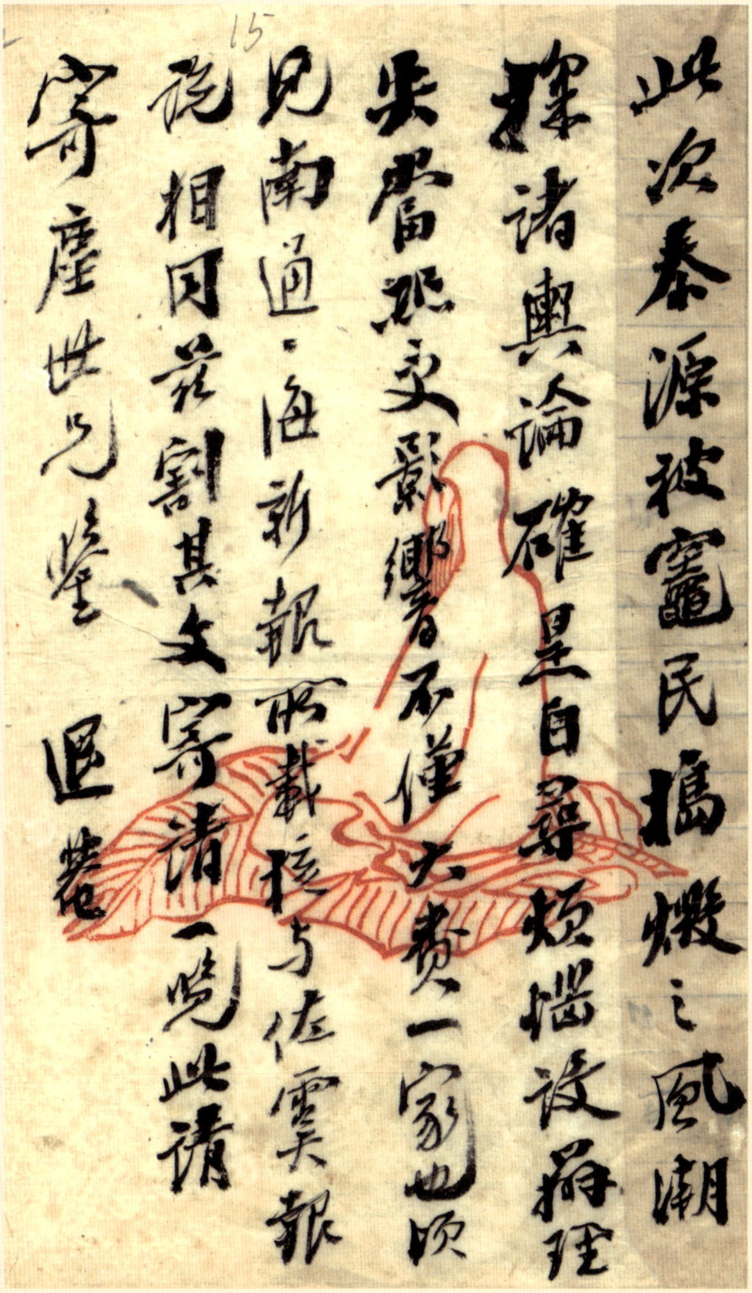

15

此次泰源被竈民搗燬之風潮
雖諸輿論確是自尋煩惱設稱理
未嘗非受影響不僅大費一家也頃
見南通・通新報所載楊與佐雲報
說相同茲剖其文寄請一覽此請
寄塵世兄鑒 [illegible]

张謇为泰源被灶民捣毁事致吴寄尘函

张孝若

保管单位：南通市档案馆

内容及评价：

张孝若（1898～1935），名怡祖，字孝若，张謇之子，南通县人。1904年，张謇聘日本女教师森田政子为张怡祖的家庭启蒙老师。翌年，入通师附属小学。1913年，去青岛读书；1917年赴美国求学，次年回国。1920年，任南通淮海实业银行总经理；同年，任南通县自治会会长。1921年在南通创设南通棉业、纱业、证券、杂粮联合交易所，任交易所理事会理事长。1922年，被北洋政府任命为考察各国实业专使，去美国、英国、法国、德国、荷兰、比利时、意大利、瑞士、日本9国考察实业，1924年回国。回国后，被任命为中国驻智利公使（未莅任）。1925年，银团接管大生企业后，任大生纺织公司董事会董事长。1926年，任扬子江水道委员会委员长。1935年10月，在上海寓所遇刺，不幸去世。

本馆所存人物档案张孝若全宗主要内容有：张孝若略历，张孝若出任驻智利国特命全权公使的名片，《张孝若演说集》，张孝若与吴寄尘、江知源、沈燕谋、陈仲元等人讨论事务以及张孝若处理家庭事务的函件等。这些档案反映了张孝若襄助张謇办理各项事业的情形，以及在张謇去世后，张孝若主持南通各项事业的情形。张孝若档案是张謇与大生档案的重要组成部分，对研究张謇与大生企业具有重要的历史价值。

张孝若肖像

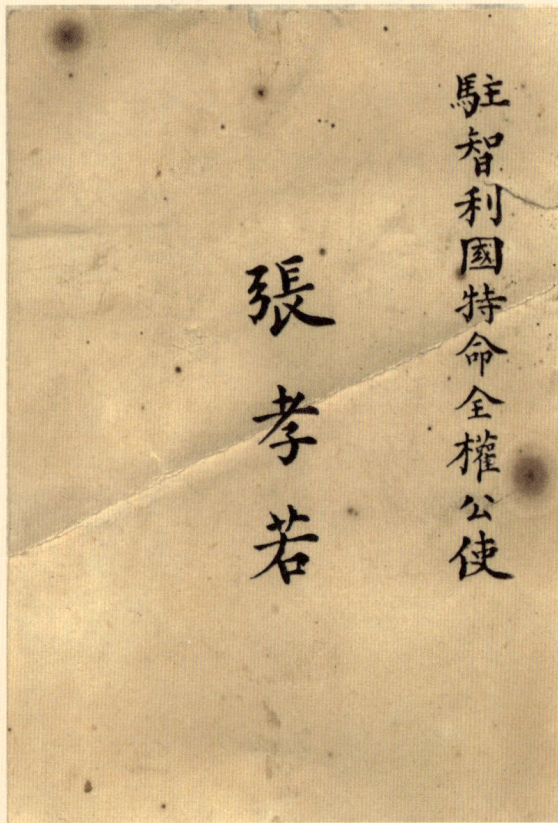

驻智利国特命全权公使张孝若名片

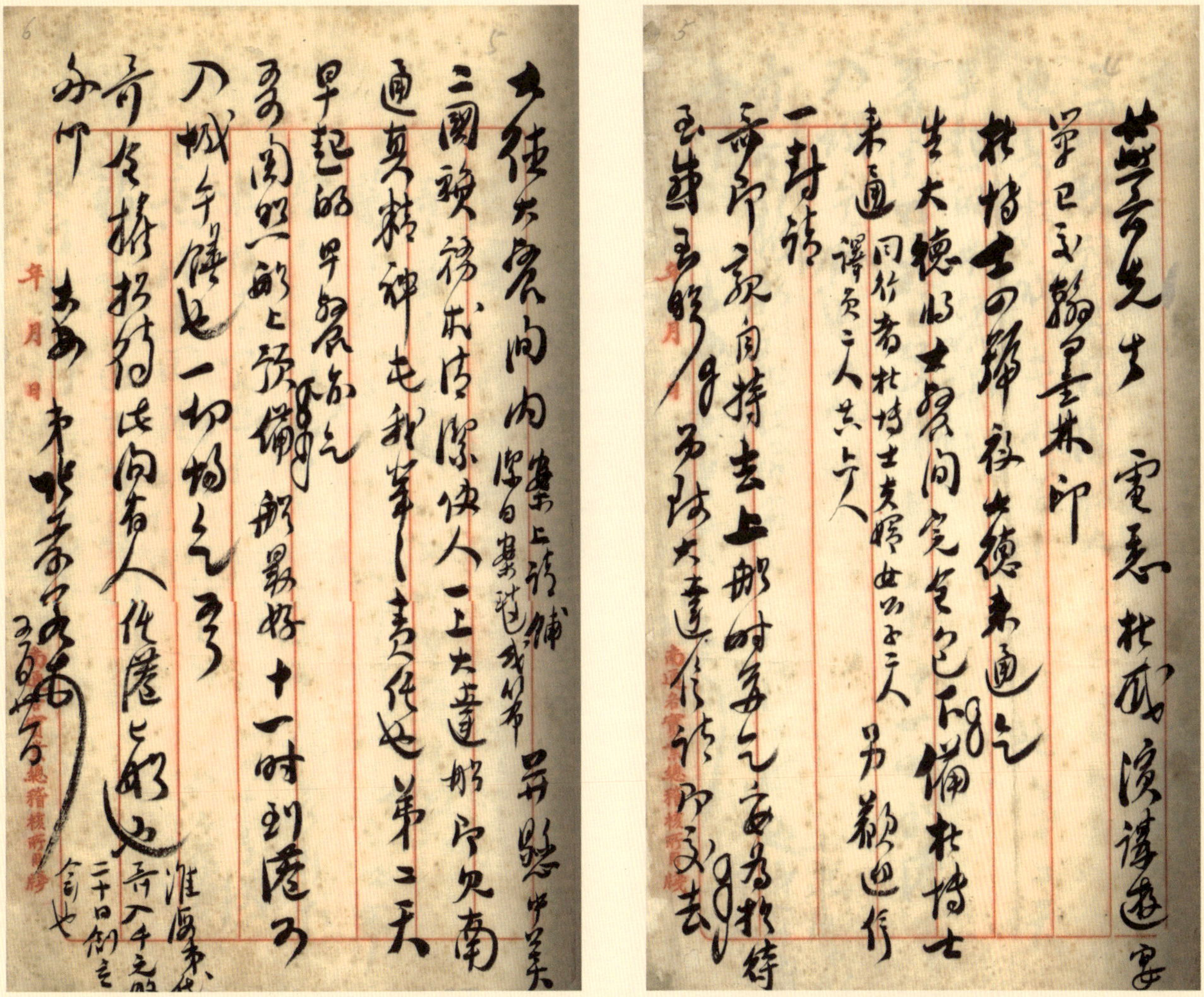

1920年5月31日张孝若为杜威来通事致沈燕谋函

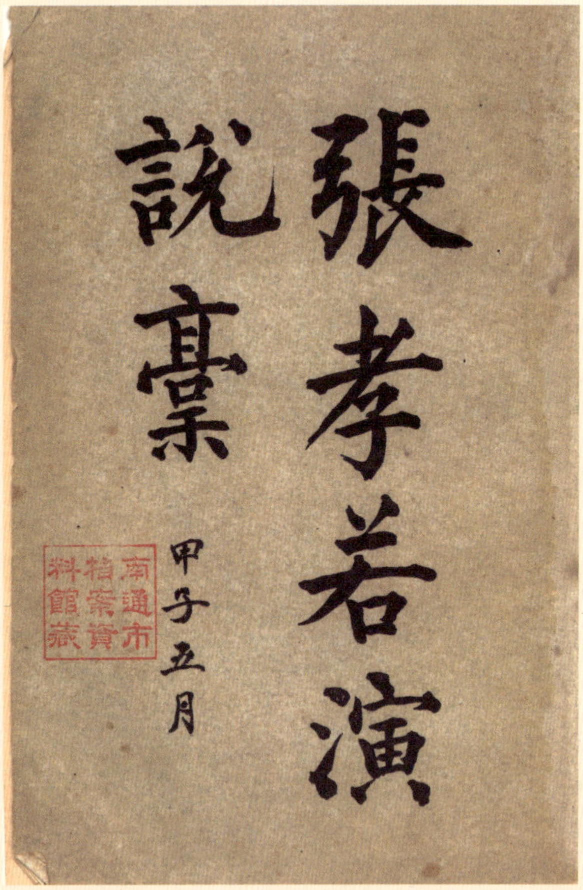
張孝若演說稾

甲子五月

1924年5月出版的《张孝若演说集》

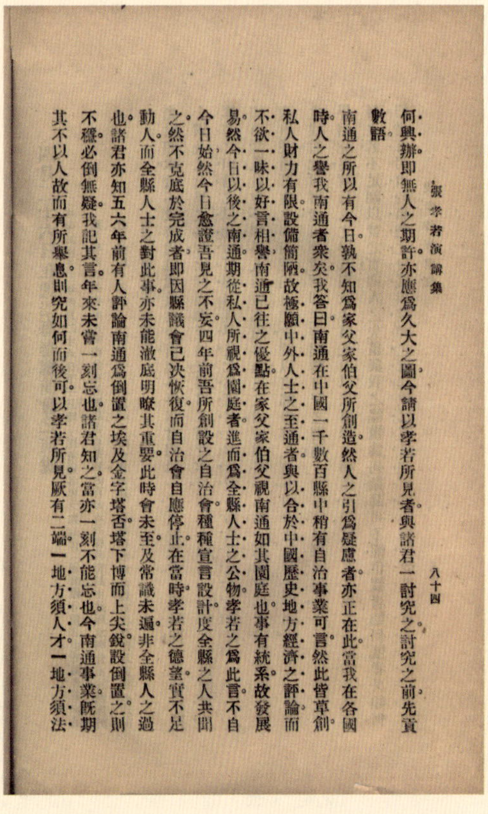

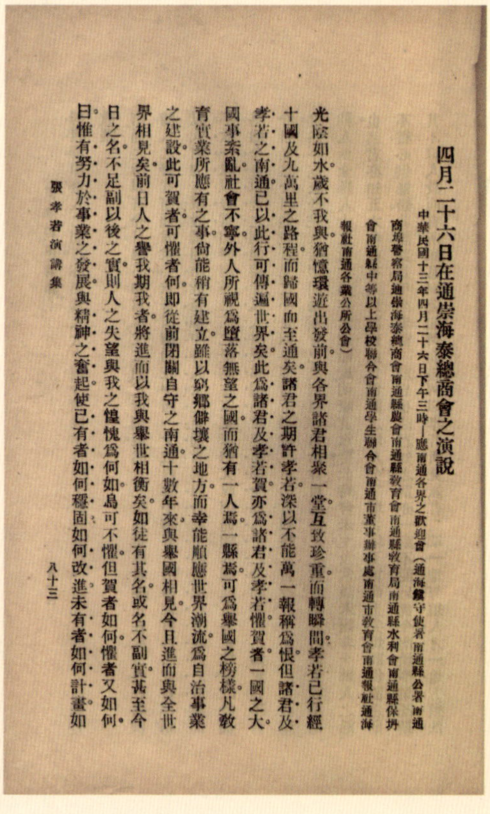
四月二十六日在通崇海泰總商會之演說

中華民國十三年四月二十六日下午三時—應南通各界之歡迎會（通海鎮守使署南通商埠警察局通崇海泰總商會南通縣農會南通縣教育會南通縣教育局南通縣水利會南通縣保坍會南通縣中等以上學校聯合會南通學生聯合會南通市董事辦事處南通市教育會南通報社通海報社南通各業公所公會）

光陰如水。歲不我與。猶憶環遊出發前。與各界諸君相聚一堂。互致珍重。而轉瞬間。孝若已行經十國及九萬里之路程。而歸國而至通矣。諸君之期許孝若。深以不能萬一報稱爲恨。但諸君及孝若之南通。已以此行可傳遍世界矣。此爲諸君及孝若賀。亦爲諸君及孝若懼。賀者一國之大。國事紊亂。社會不寧。外人所視爲墮落無望之國。而猶有一人焉。一縣焉。可爲舉國之榜樣。凡教育實業所應有之事。尚能稍有建立。雖以窮鄉僻壤之地方。而幸能順應世界潮流。爲自治事業之建設。此可賀者。可懼者何。即從前閉關自守之南通。十數年來。與舉國相見。今且進而與全世界相見矣。前日人之譽我期我者。將進而以我與舉世相衡矣。如徒有其名。或名不副實。甚至今日之名。不足副以後之實。則人之失望。與我之惶愧。爲何如。烏可不懼。但賀者如何。懼者又如何。曰。惟有努力於事業之發展。與精神之奮起。使已有者如何穩固。如何改進。未有者如何計畫。如

何興辦。即無人之期許。亦應爲久大之圖。今請以孝若所見者。與諸君一討究之。討究之前。先貢數語。

南通之所以有今日。孰不知爲家父家伯父所創造。然人之引爲疑慮者。亦正在此。當我在各國時。人之譽我南通者衆矣。我答曰。南通在中國一千數百縣中。稍有自治事業可言。然此皆草創。私人財力有限。設備簡陋。故極願中外人士之至通者。與以合於中國歷史地方經濟之評論。而不欲一味以好言相譽。南通已往之優點。在家父家伯父視南通如其園庭也。事有統系。故發展易。然今日以後之南通。期從私人所視爲園庭者。進而爲全縣人士之公物。孝若之爲此言。不自今日始。然今日愈證吾見之不妄。四年前吾所創設之自治會。種種宣言設計。度全縣之人共聞之。然不克底於完成者。即因縣議會已決恢復。而自治會自應停止。在當時孝若之德望實不足動人。而全縣人士之對此事。亦未能澈底明瞭其重要。此時會未至。及常識未遍。非全縣人之過也。諸君亦知五六年前。有人評論南通爲倒置之埃及金字塔否。塔下博而上尖銳。設倒置之。則不穩。必倒無疑。我記其言。年來未嘗一刻忘也。諸君知之。當亦一刻不能忘也。今南通事業。既期其不以人故而有所舉息。則究如何而後可。以孝若所見。厥有二端。一地方須人才。一地方須法

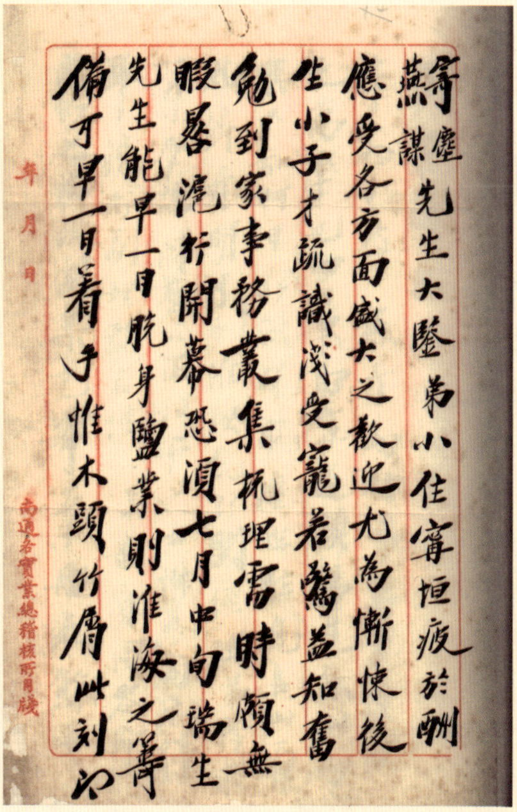

寄塵
燕謀 先生大鑒 弟小住甯垣疲於酬
應受各方面盛大之歡迎尤為慚愧後
生小子才疏識淺受寵若驚益知舊
勉到家事務叢集梳理需時頗無
暇晷滬行開幕恐須七月中旬端生
先生能早一日脫身鹽業則淮海之尊
備可早一日着手惟木頭竹屑此刻以

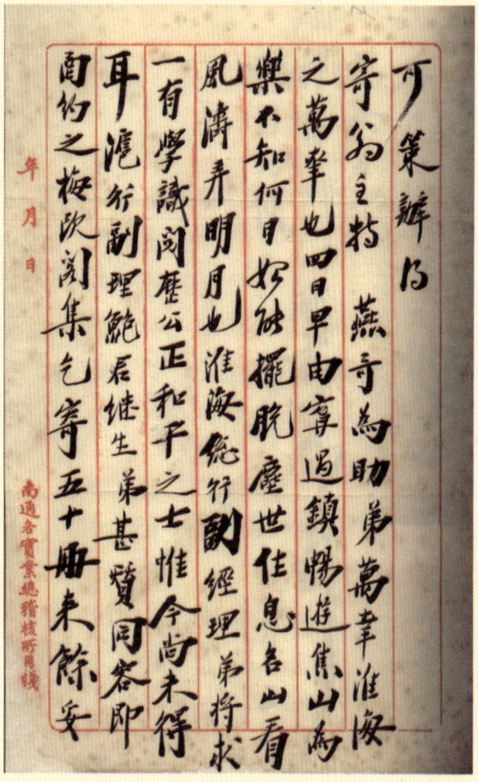

可策辦乃
寄翁主持 燕兮為助弟萬幸淮海
之萬幸也四日早由寧過鎮暢游焦山為
樂不知何日始能擺脫塵世仕息各山看
風濤弄明月也淮海總行副經理弟將求
一有學識閱歷公正和平之士惟今尚未得
耳滬行副理飽君繼生弟甚贊同客即
函約之梅歐閣集乞寄五十冊來餘安

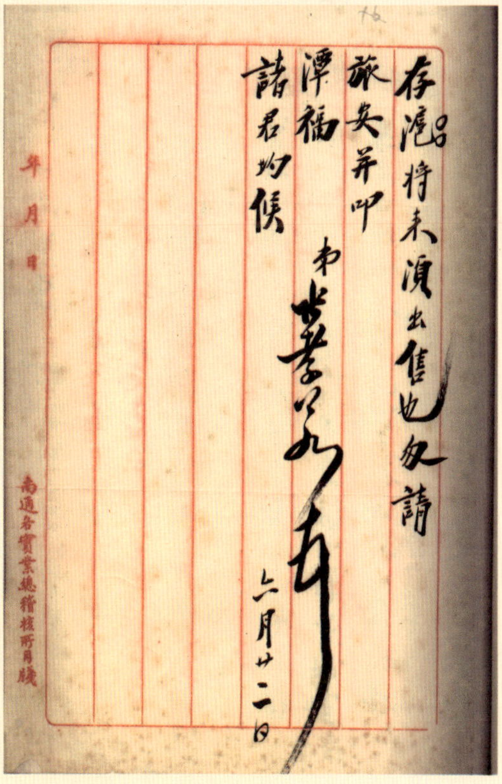

存滬將來須出售也久請
旅安并叩
潭福
諸君均候
弟 孝若
六月廿二日

张孝若致吴寄尘、沈燕谋关于《梅欧阁集》的函

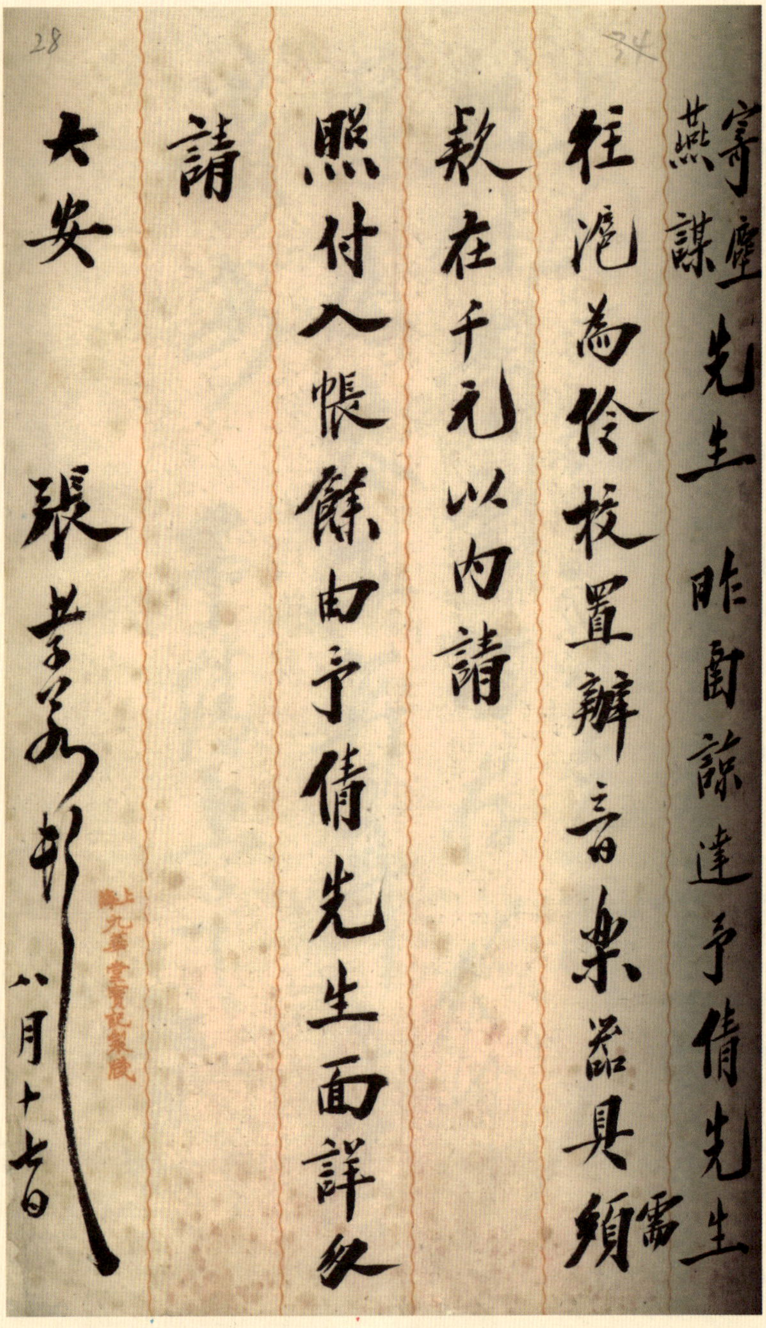

寄塵
燕謀先生：昨晤諒達予倩先生往滬為伶校置辦音樂器具，須需款在千元以內，請照付入帳，餘由予倩先生面詳。及請
大安
張孝若
八月十七日

张孝若为伶工学社购置乐器致吴寄尘、沈燕谋函

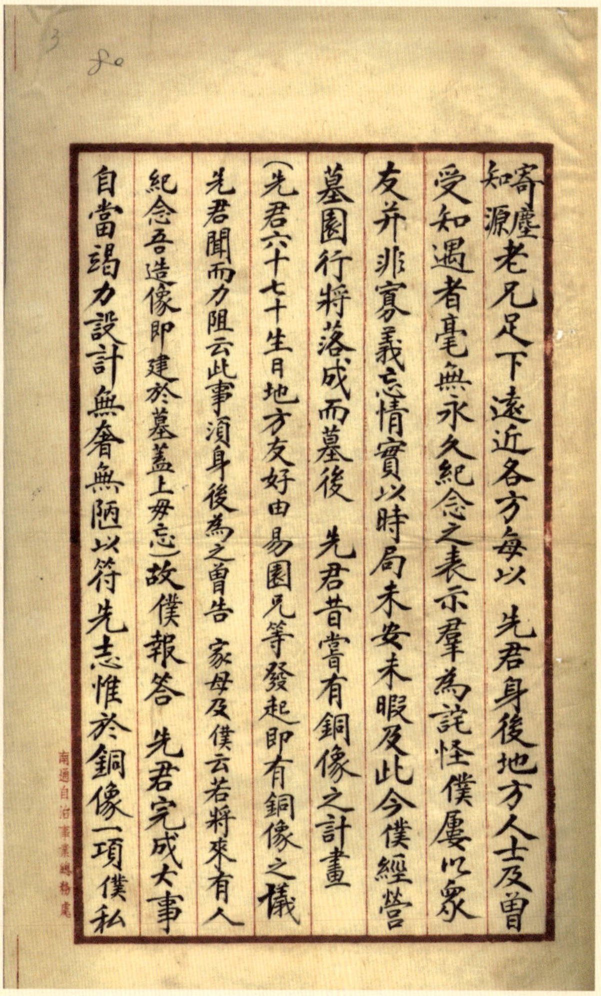
3 80

寄塵
知源 老兄足下遠近各方每以 先君身後地方人士及曾
受知遇者毫無永久紀念之表示羣為詫怪僕屢以象
友并非寡義忘情實以時局未安未暇及此今僕經營
墓園行將落成而墓後 先君昔嘗有銅像之計畫
(先君六十七十生日地方友好由易園兄等發起即有銅像之儀
先君聞而力阻云此事須身後為之曾告 家母及僕云若將來有人
紀念吾造像即建於墓蓋上毋忘)故僕報答 先君完成大事
自當竭力設計無奢無陋以符先志惟於銅像一項僕私

南通自治事業總務處

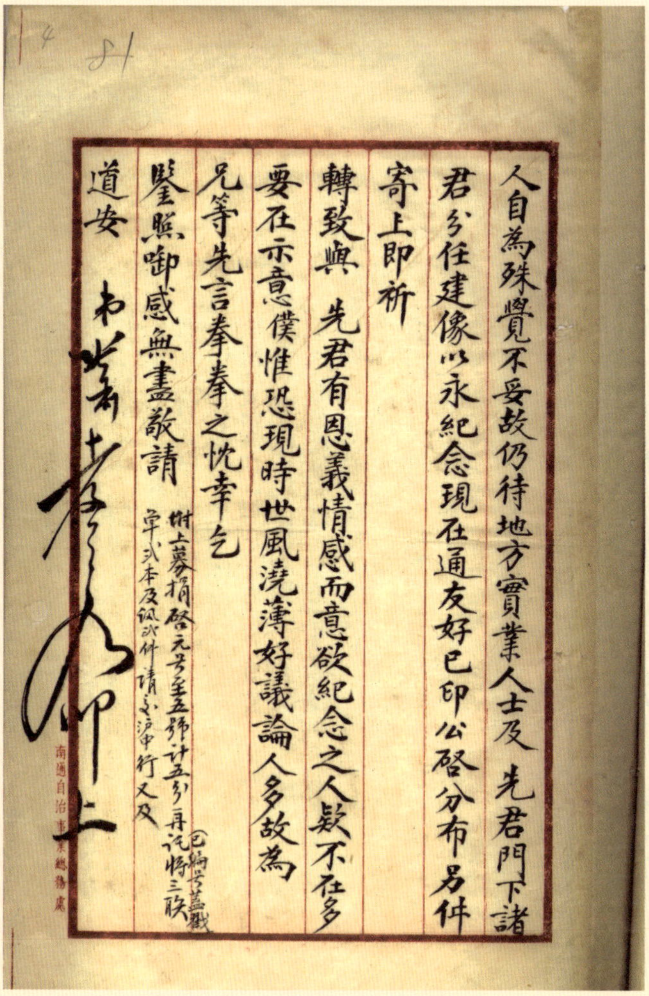
4 81

人自為殊覺不妥故仍待地方實業人士及 先君門下諸
君分任建像以永紀念現在通友好已印公啓分布另件
寄上即祈
轉致與 先君有恩義情感而意欲紀念之人歟不在多
要在示意僕惟恐現時世風澆薄好議論人多故為
兄等先言奉奉之忱幸乞
鑒照㘅感無盡敬請
道安 弟孝若叩上
附上募捐啟元号至五號計五份再託將三联(已編号蓋戳)
单式本及飒此件請分沪中行又及

南通自治事業總務處

张孝若与江知源、吴寄尘之间关于建造张謇铜像的函

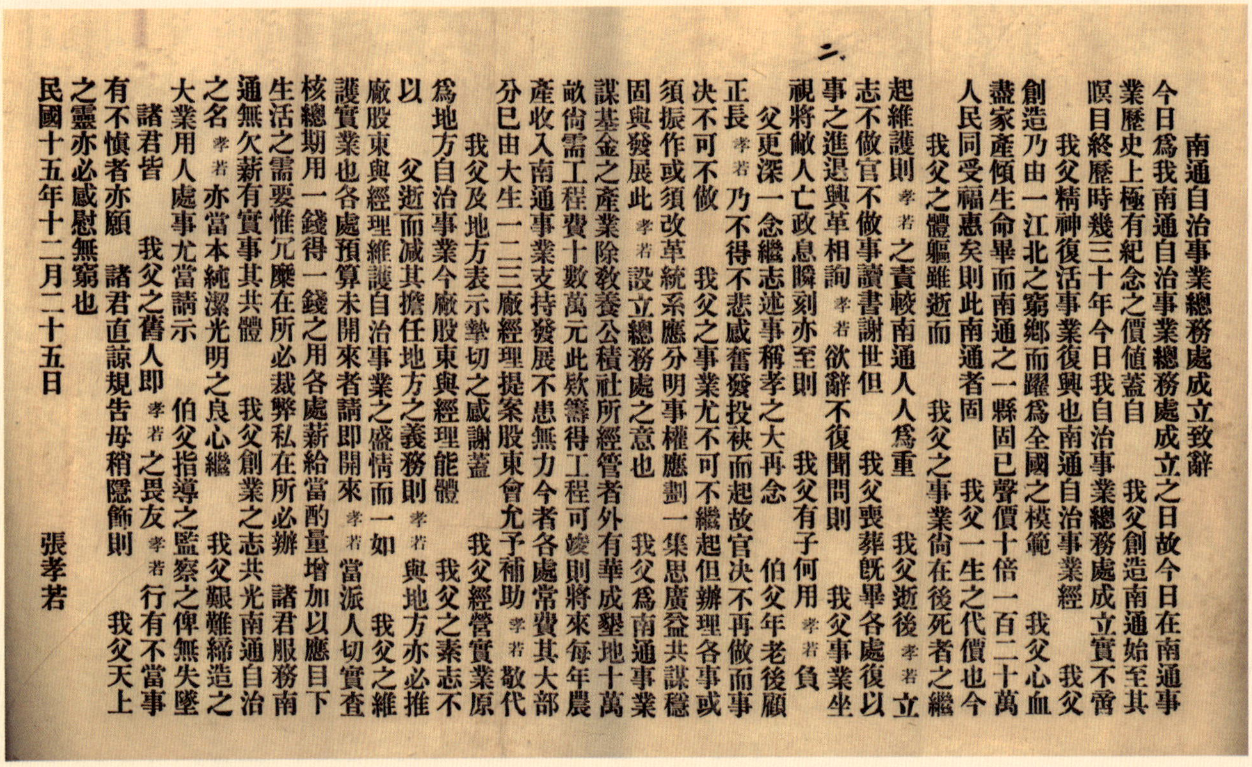

二、

南通自治事業總務處成立致辭

今日爲我南通自治事業總務處成立之日故今日在南通事業歷史上極有紀念之價値蓋自　我父創造南通始至其瞑目終歷時幾三十年今日我自治事業總務處成立實不啻　我父精神復活事業復興也南通自治事業總務處經　我父創造乃由一江北之窮鄉而躍爲全國之模範　我父心血盡家產傾生命畢而南通之一縣固已聲價十倍一百二十萬人民同受福惠矣則此南通者固　我父一生之代價也今　我父之體軀雖逝而　我父之事業尚在後死者之繼起維護則孝若之責較南通人人爲重　我父逝後孝若立志不做官不做事讀書謝世但　我父喪葬既畢各處復以事之進退興革相詢孝若欲辭不復聞問則　我父事業坐視將傚人亡政息瞬刻亦至則　我父有子何用孝若負　父更深一念繼志述事稱孝之大再念　伯父年老後顧正長孝若乃不得不悲感奮發投袂而起故官決不再做而事決不可不做　我父之事業尤不可不繼起但辦理各事或須振作或須改革統系應分明事權應劃一集思廣益共謀穩固與發展此孝若設立總務處之意也　我父爲南通事業謀基金之產業除教養公積社所經管者外有華成墾地十萬畝倘需工程費十數萬元此欵籌得工程可竣則將來每年農產收入南通事業支持發展不患無力今者各處常費其大部分已由大生一二三廠經理提案股東會允予補助孝若敬代　我父及地方表示摯切之感謝蓋　我父經營實業原爲地方自治事業今廠股東與經理能體　我父之素志不以　父逝而減其擔任地方之義務則孝若與地方亦必推廠股東與經理維護自治事業之盛情而一如　我父之維護實業也各處預算未開來者請即開來孝若當派人切實查核總期用一錢得一錢之用各處薪給當酌量增加以應目下生活之需要惟冗糜在所必裁弊私在所必辦　諸君服務南通無欠薪有實事其共體　我父創業之志共光南通自治之名孝若亦當本純潔光明之良心繼　我父艱難締造之大業用人處事尤當請示　伯父指導之監察之俾無失墜　諸君皆　我父之舊人即孝若之畏友孝若行有不當事有不愼者亦願　諸君直諒規告毋稍隱飾則　我父天上之靈亦必感慰無窮也

民國十五年十二月二十五日　　張孝若

1926年12月25日，张孝若在南通自治事业总务处成立会上的致辞。

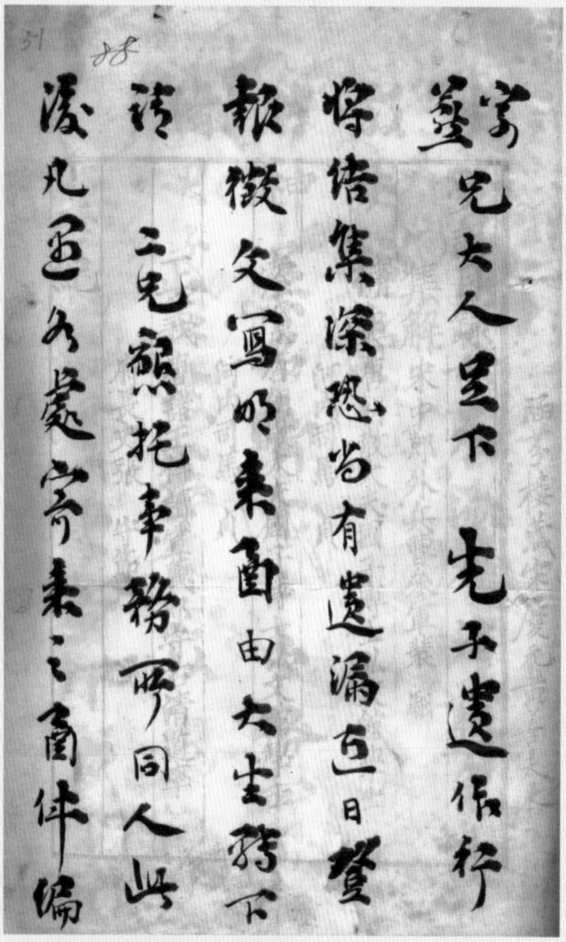

寄尘兄大人足下 先子遗作行
将结集深恐尚有遗漏近日登
报征文写件来函由大生转下
请 二兄转托事务所同人此
后凡遇各处寄来之函件编

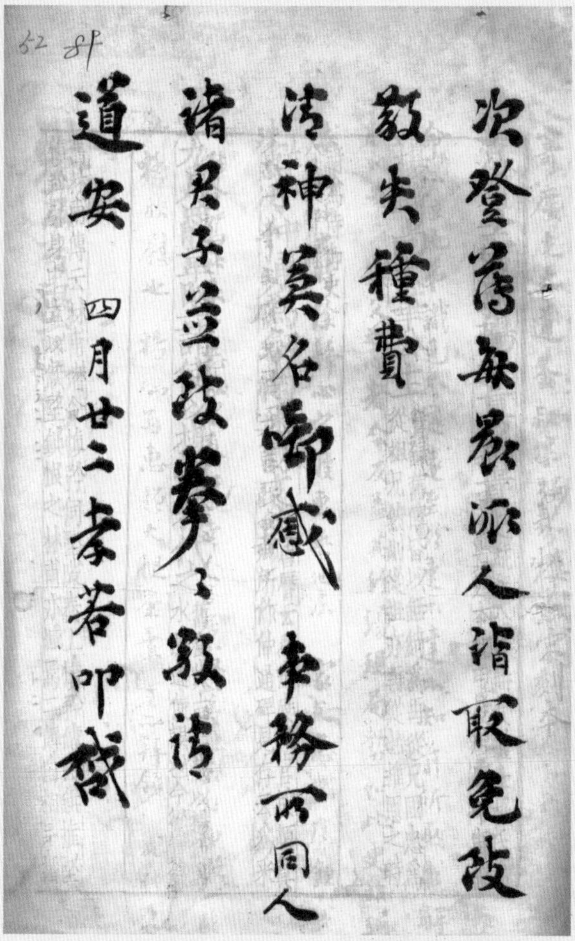

次登簿无论何人皆取免致
散失种种费
清神莫名感感 事务所同人
诸君子并致拳拳之敬请
道安 四月廿二孝若叩启

张孝若致吴寄尘、沈燕谋关于编辑张謇文集的函

吴寄尘

保管单位：南通市档案馆

内容及评价：

吴寄尘（1873～1935），名兆曾，字缙云，中年改字寄尘、季诚，别号味秋，江苏丹徒人。其舅林兰荪为大生纱厂股东，1907年被选为大生分厂董事，1908年被实业公司股东会选为查账员、大生纱厂驻沪事务所所长。1911年林兰荪病逝前张謇请他推荐接任者，林推荐吴寄尘，张謇允之。吴寄尘接任后，直至1935年逝世，一直服务于大生企业。

吴寄尘效力大生企业时期，经历了大生企业的发展、巅峰，也目睹其逐步走向黯淡，是大生企业重要的管理者。他在企业运行过程中形成的档案，是民国南通经济、社会变迁的见证。

吴寄尘肖像

全文：

东北义勇军救护队致吴寄尘函

1931年12月3日

寄尘先生大鉴：

日前敝队派交际员叶慎徵来前接洽，承蒙赐见。所云捐助棉被一节，候接洽后赐复云云。刻敝队定本月六日派员专运药品物件等赴平，但北地严寒，受伤战士需用是项棉被颇急。素仰先生热心党国，善慈为怀，敬恳迅予捐助，以便早日运平。不胜迫切感盼之至。专肃。敬颂

公安

东北义勇军救护队启

十二月三日

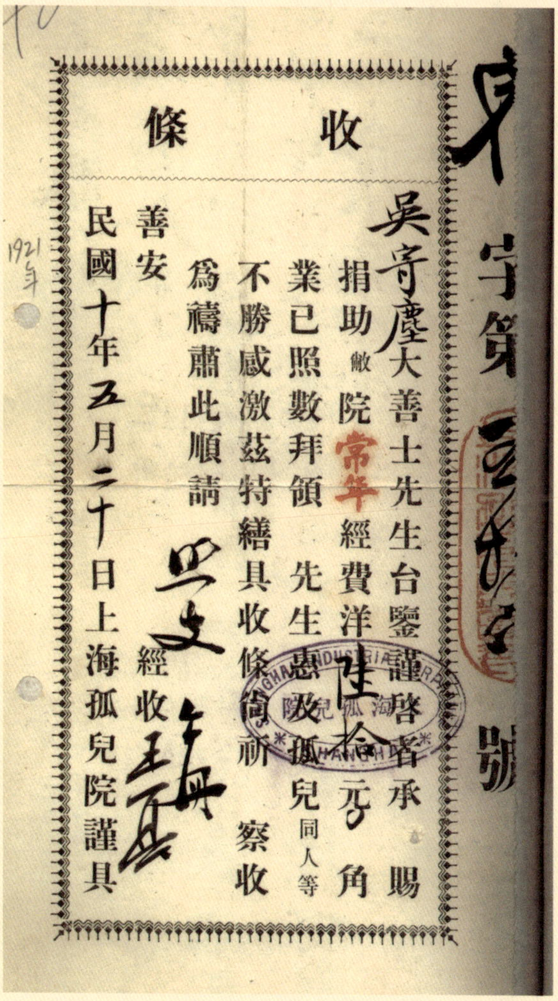

收條

吳寄塵大善士先生台鑒謹啓者承賜
捐助敝院常年經費洋陸拾元　角
業已照數拜領　先生惠及孤兒同人等
不勝感激茲特繕具收條尚祈　察收
爲禱肅此順請
善安
民國十年五月二十日上海孤兒院謹具　經收王

1921年5月20日，上海孤儿院收到捐助款后致吴寄尘的收条。

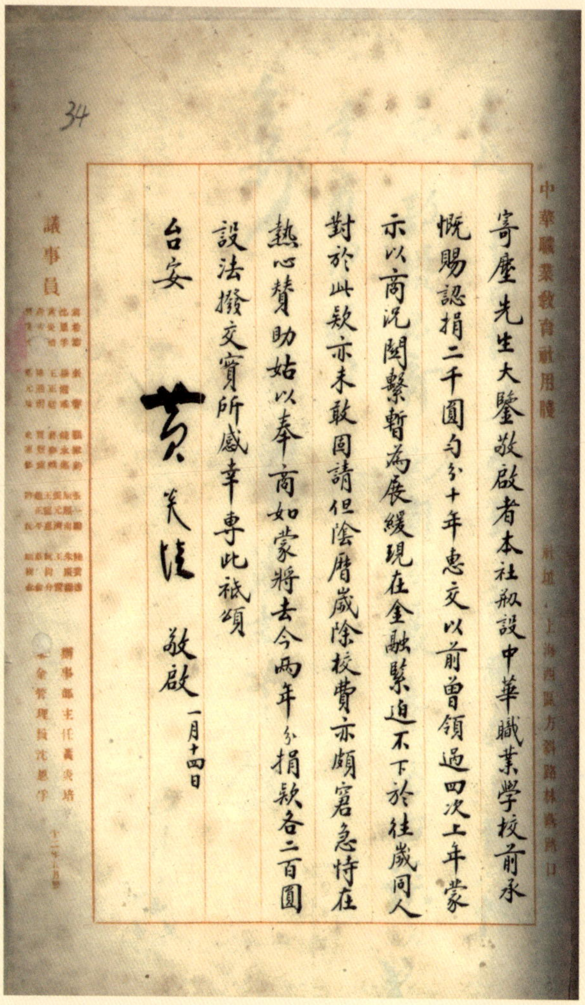

中華職業教育社用牋

寄塵先生大鑒敬啟者本社創設中華職業學校前承
慨賜認捐二千圓分十年惠交以前曾領過四次上年蒙
示以商況阻繫暫為展緩現在金融緊迫不下於往歲同人
對於此款亦未敢固請但陰曆歲除校費亦頗窘急恃在
熱心贊助姑以奉商如蒙將去今兩年分捐款各二百圓
設法撥交實所感幸專此祇頌
台安
黄炎培　敬啟　一月十四日

黄炎培致吴寄尘请求拨付中华职业学校认捐款的函

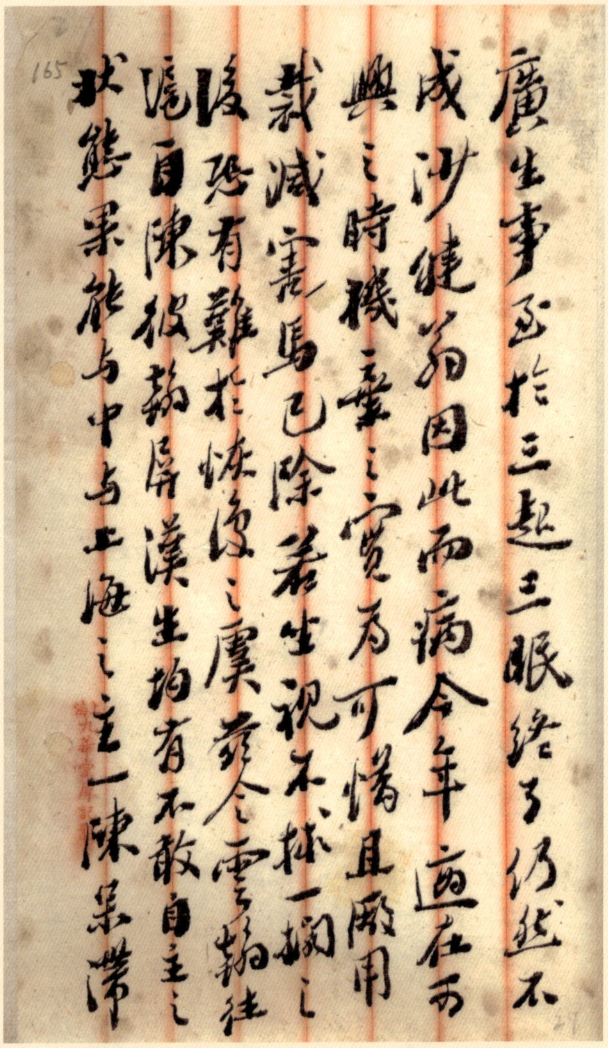

165

廣生事丞於三起三眠絡子仍然不
成沙繩箔因此而病今年適在可
興之時機蠶之實為可惜且既用
蠶減害焉已除蓄生視不捄一捆之
後恐有難於恢復之虞該令雲翰往
滬自陳彼翁屏漢生均有不敢自主之
狀態果能與中與上海之主一陳某滯

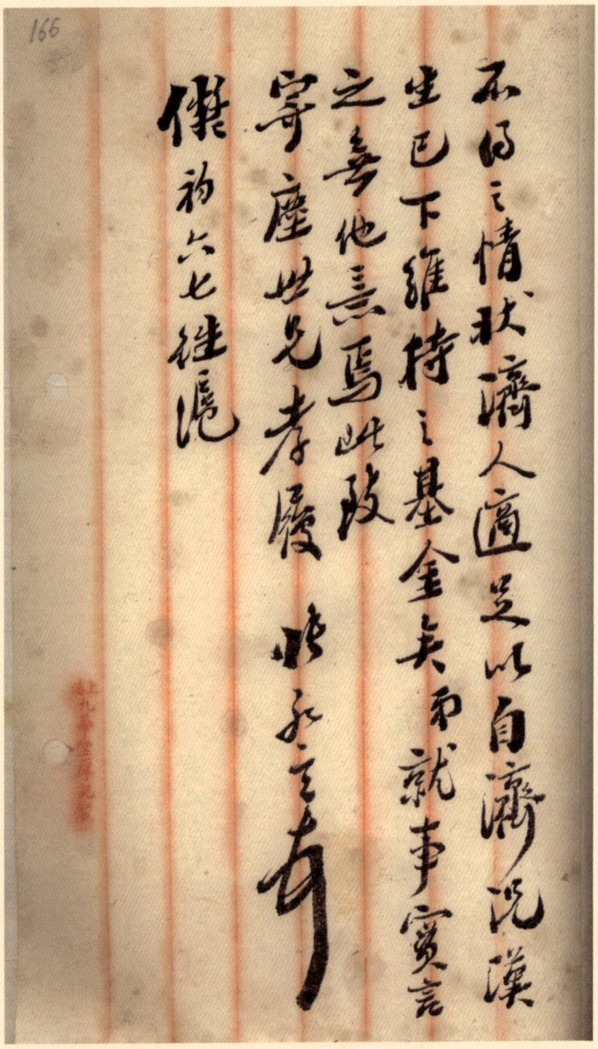

166

不得之情狀濟人適足以自濟況漢
生已下維持之基金矣而就事實言
之無他意焉此致
寄塵世兄孝履
謇
僕初六七往滬

张謇致吴寄尘函

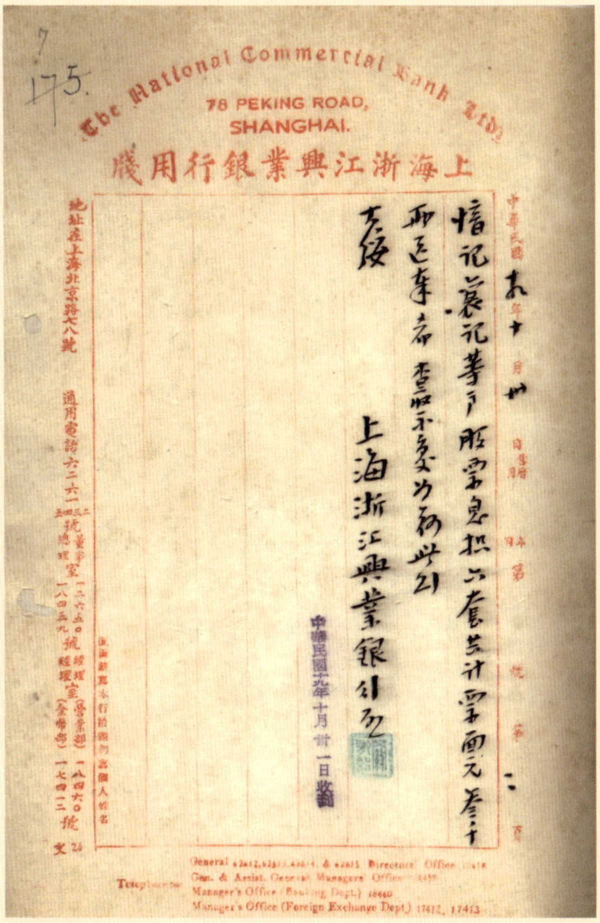
The National Commercial Bank Ltd.
78 PEKING ROAD,
SHANGHAI.
上海浙江興業銀行用牋
中華民國十九年十月卅一日收訖

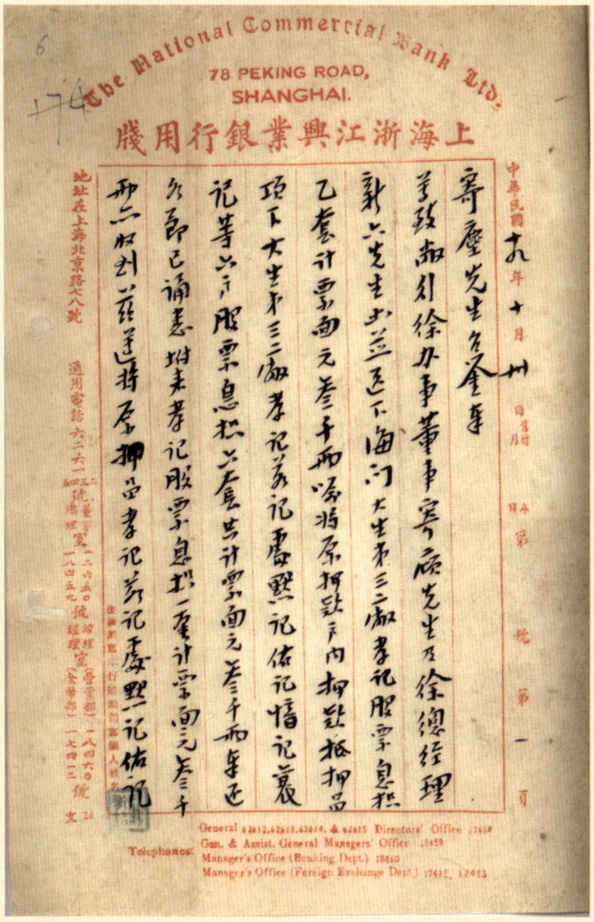
The National Commercial Bank Ltd.
78 PEKING ROAD,
SHANGHAI.
上海浙江興業銀行用牋

1930年10月31日上海浙江兴业银行致吴寄尘关于收到孝记股票息折事的函

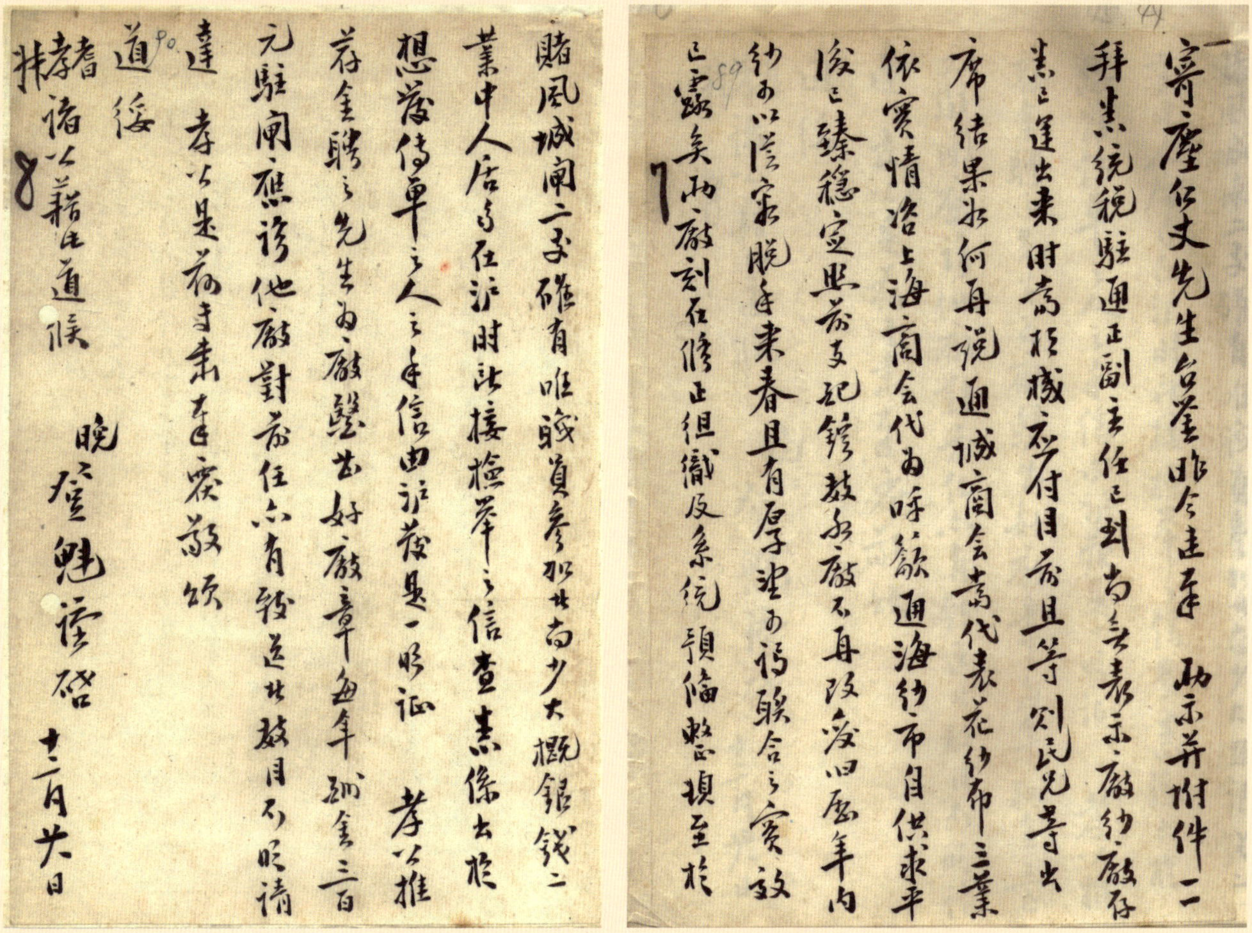

寄塵仁丈先生台鑒：昨今連奉　兩示并附件二
拜悉。統稅駐通正副主任已到，尚無表示。敝紗、敝存
紫已運出，來時商於稅處不付，目前且等。劉民先等出
席結果如何，再說。通城商會商代表花紗布三業
依實情洽上海商會代為呼籲。通海紗布自供求平
後已臻穩定，此前支配辦法敝不再攻。沒回應年內
紗市以沉寂，晚年來春且有厚望。可否聯合之實效
已露矣。兩敝刻在修正組織及系統，頗臨整頓，至於
賠風城閘二字確有唯賤負參加，此尚少大概銀錢二
業中人居多，在訴時取接檢舉之信，查悉係出於
想薦傳單之人之手，信由訴發，是一明證。孝公推
薦金聘之先生為敝鹽出好，敝章每年酬金三百
元，駐閘總該他敝對前任亦有致送，此數目不明，請
達　孝公是荷。專肅，奉覆，敬頌
道綏
孝翁諸公均此道候
晚　登魁　謹啓
十二月廿日

李升伯致吴寄尘函

特来克

保管单位：南通市港闸区档案馆

内容及评价：

亨利克·特来克（1890～1919），荷兰人，其父名奈格，为荷兰著名水利专家。清朝末年至民国初年，南通江岸坍塌，沿岸农田受灾严重，农户倾家荡产，流离失所。面对严重灾情，张謇一方面联合士绅向政府呈文，请求协调长江两岸地方政府加强治理，另一方面与张詧发动南通地方人士成立南通保坍会，邀请了荷兰、美国、比利时等国的水利专家，商讨治水策略。1916年聘请了年仅26岁的荷兰水利工程师特来克来通主持筑楗保坍工程，担任驻会工程师，南通保坍会会长张詧与特来克签订了聘约书。特来克到南通后，经调查研究，正式提出沿江保坍报告，计划用塘柴木垫沉石法，自天生港至姚港筑楗12条。当年6月开始动工，水楗建成后，果然收到了“分杀水势”的效果，遏制了江水对堤岸的冲刷，稳定了南通江岸线。1919年8月特来克在垦区因公病逝，为了纪念这位为南通水利工程作出巨大贡献的国际友人，南通人民将他的塑像矗立在濠河之滨，他的墓园也得到精心的保护。

南通市港闸区档案馆馆藏的特来克档案主要是特来克与南通保坍会保坍护岸工作方面的文字、图表等材料，有南通保坍会会长张詧与特来克签订的聘约书中文版和英文版、特来克南通保坍计划报告书、特来克设计的水楗图等。这些档案不仅是南通水利史上的重要记录，是研究特来克与南通水利事业的第一手资料，而且是中荷两国人民传统友谊的重要见证，具有重要的历史价值。

特来克肖像

全文：

特来克南通保坍计划报告书

1916年4月25日

谨陈者：

鄙人承聘滥竽工程，即由欧洲来华。抵通后，曾将历任工程师保坍计划之报告书浏览，惟欲研究工程上适当计划，非从沿江上下游实地考察，诚难一时解决。现就南通左近察看，并参证贵会前绘成之各种测量图，于天、芦、任、姚一方面略有把握。

前次在沪，于巡江司处见新测之长江下游水道图，于南通保坍计划颇有关系，足资参考，深为欣幸。惜现尚未完成，须俟数日始告竣耳。

长江水流，江阴上下情形不同。江阴以上，潮水所不及，只有落水之关系；若江阴以下则近海口，潮汐往来，息息相关。所附长江航路图乃最新者，恐阅者不甚分明，将正流填青色为标帜，两青线间水深均在三丈以外。

凡河流直线者少，大都曲折成“之”字形者多。于曲流之处，而欲逆其方向使即时改流，则于经济上关系殊大，南通恐有所不能。惟因势而转移之，使渐易其方向，则施工较易，可以办到者也。缘河流譬如批弹子，弹子触边时，角小则回力小，角大则回力亦大也。长江现在情形颇为难治，以水流不受一定范围也。膏腴之地而任水力冲刷付诸东流，在各国断无听其自然之事。鄙见以为急宜设法使就范围，盖施工之繁费，究不敌坍削田亩之损失巨也。而或谓此坍则彼必涨，以彼补此，楚得楚失，不知新涨之地而欲施工企于被坍者之原状，亦可易耶！非但此也，长江流向与航路极有关系，长江问题与他处河流不同，非若黄河之低高于岸，但能障之使不横决，便为了事也。

长江问题，将直流处各岸保筑完固，而将无关系之支流堵塞，使之流趋于一定为最要义，但中国经济是否能办到，则成为一问题也。欧洲此等情形亦有之，但须合数地有利害共同关系者统筹全局而为之，往往以彼处淤出之地之利益，办理此处保护之堤工，缘不如此，则一涨一坍，此之所害或即成彼之所利，争执将不免也。

属定天、姚间一方面计划，并绘图说明。查天、姚间之坍削悉由暗潮之冲刷，此就坍削最烈之处观其断面即了然也。附件第三堤岸下段为极有力之落潮抽去，至潮涨又将堤岸上段冲激倒卸泥土入水，仍成自然之斜度，欲保护使不坍削，非在低水位以下作成一二百密达长之保护物不可。不过水愈深则施工愈费，不如在低水以下六密达至八密达作一保护物为得计，俟保护物筑成后，筑石梗使岸与保护物联络。但此保护物果否能一面阻止水流之冲击力，一面为自身之基础不为水流冲击所摇动乎，自宜细为研究。鄙人对此研究之余附图说明之（附件第五）。

此项工程拟仿荷兰及黄浦成法，纯以柴排为之。现将柴排定一概算，约每方密达银一元五角（参观附件第一）。柴排以塘柴编成（附件第四），择适当地点沉下。因江水含有浊泥，即利用此浊泥淤垫塘柴之中，使日渐巩固。一可以御冲激之潮流，一可藉为基础而堆石于其上。照现在物价及南通情形计之，每座保护物约一万五千二百元（附件第二）。

荷兰近海之河流，凡堤工极险、堤脚易被海流冲刷者，均用柴排保护，其费虽较巨，然效果甚大。至天、姚间究需保护物几座，亦宜预定。拟自姚港至天生港用十二座，中间距离七百五十密达（附件第六），以每座一万五千二百元计算，共十八万二千四百元。

就现在情形言之，图上自三十至四十九断面为最险，所筑保护物应较他处须大。至工成后，水流移易方向冲激他处，则非现时所可预计。且工成后，亦须时时驻人照料，非谓工成即可置诸不理，盖恐冲击日久，或有罅隙，如敌军之乘间袭后，因而全功尽隳也。若不能养工，反不如不筑为妙，盖筑而冲毁，则断埂乱石足为航路之害，而水流回落冲刷反烈也。此不过就天、芦、任、姚间言之，至与他处关系若何，俟日后察看继报。

中华民国五年四月二十五日
南通保坍会工程师特来克具

附件清单：

第一 一万方米达柴排价值之估计

第二 水楗材料及价值估计

第三 通境坍削最烈处之断面（断面第四十四、第四十五）

第四 柴排摄影

第五 水楗图样

第六 天、芦、任、姚平面图及拟筑水楗位置

柴排一万方米达价值之估计（以洋一元为单位）

柴材

塘柴 拾叁万伍千捆，每捆七分，合大洋玖千肆百伍拾元

木梗 肆千捆，每捆一角五分，每捆十根，合大洋陆百元

铅丝 十七号，肆千捌百磅，每磅二角，合大洋玖百陆拾元

麻绳 二股，拾伍万柒千伍百尺，每三百尺合四角，合大洋贰百拾元

麻绳 二十七股，贰千贰百伍拾尺，每百尺一元一角五分，合大洋贰拾陆元

乱石 壹千伍百捌拾吨，每吨容积八方米达，合二千二百四十磅，价六角五分，合大洋壹千零贰拾柒元

芦柴 壹千伍百担，每担一百三十磅，价五角，合大洋柒百伍拾元

共计大洋：壹万叁仟零贰拾叁元

备用物：下列各项俱按一月计算

码头船　拾只，每只五十元，船中用物及人数俱全（下同），合大洋伍百元

抛锚船　叁只，每只十元，合大洋叁拾元

小船　　壹只，每只十五元，合大洋拾伍元

小轮船　壹只，每月用十六次，每次十元，合大洋壹百陆拾元

杂用　　如锚绳等，合大洋壹百贰拾伍元

共计大洋：捌百叁拾元

工资：

工头 贰名，一百二十元者一名，三十元者一名，合大洋壹百伍拾元

扎排工人 拾贰名，每名十五元，该工人由上海浚浦局雇来，合大洋壹百捌拾元

小工 伍拾名，每名七元五角，本地人，合大洋叁百柒拾伍元

小工 贰拾名，每名十元，上海人，合大洋贰百元

扎长龙小工 肆名，每名十五元，合大洋陆拾元

妥当更夫 壹名，每名十元，合大洋拾元

共计大洋：玖百柒拾伍元

总共计大洋：壹万肆千捌百贰拾捌元

每方米达合洋壹元肆角捌分

水楗材料估计：

		每 排	每 楗	十二楗总数
		八百方米达	六千四百方米达	七万六千八百方米达
塘 柴	以捆计	10800	86400	1036800
木 梗	以捆计	320	2560	30720
十七号铅丝	以磅计	384	3072	36864
二股麻绳	以尺计	12600	100800	1209600
二十七股麻绳	以尺计	180	1440	17280
碎 石	以吨计	126	1011	12134
芦 柴	以担计	120	960	11520

水楗价值估计：

柴排八块，每块四十米达，长二十米达，宽合六千四百方米达，以每方米达一元五角计算，合洋玖千陆百元。

碎石五千五百立方米达，以每吨二十四立方尺算，合八千吨，每吨七角计算，合洋伍千陆百元。

每楗合洋壹万伍千贰百元，十二楗共合洋拾捌万贰千肆百元。

通州江岸潮灾报告书

3

The Shore Protection Institute of Nan-Tungchow, in the Province of Kiangsu, the Republic of China, do hereby engage Mr Hendrick de Rijike of Holland to be resident Engineer for carrying out the construction work along the Nan-Tungchow shore and with mutual agreement the two parties enter into the following contract.

(1) Duty

The Engineer is given the authority to decide the relative importance of the different schemes for the protection of the Nan-Tungchow shore, such as the construction of cribs, sea-walls, etc. and to carry out such schemes with the sanction and co-operation of the President of the Institute.

(a) The Engineer is given power to supervise and direct the works set forth in the above article and whatever work that falls within the scope of the Institute, the Engineer shall be required to give his assistance thereto.

(b) The Engineer shall be responsible for all the construction works he undertakes to do.

(2) Salary

(a) The salary of the Engineer shall be $6,400 Mex. (Mexican dollars six thousand four hundred) per year payable in twelve equal instalments on the last day of each month. The Engineer provides his own food and pays his personal travelling expenses.

4

(2)

(b) The salary commences on the date the Engineer reaches Shanghai.

(3) Term.

(a) This contract is valid for one year counting from the date the Engineer reaches Shanghai.

(b) This contract may be extended on its expiration with mutual agreement.

This contract is in English and Chinese and they are four copies of each set, one set for the Institute, one for the Engineer, one for the Magistrate of Tungchow and one for the Dutch Consulate.

張謇
陳葆初代簽

President of the Shore Protection
Institute of Nan-Tungchow.

Engineer.

Shanghai, April 1916., the fifth year of the Republic of China.

1916年4月南通保坍会聘特来克为驻会工程师的英文聘书

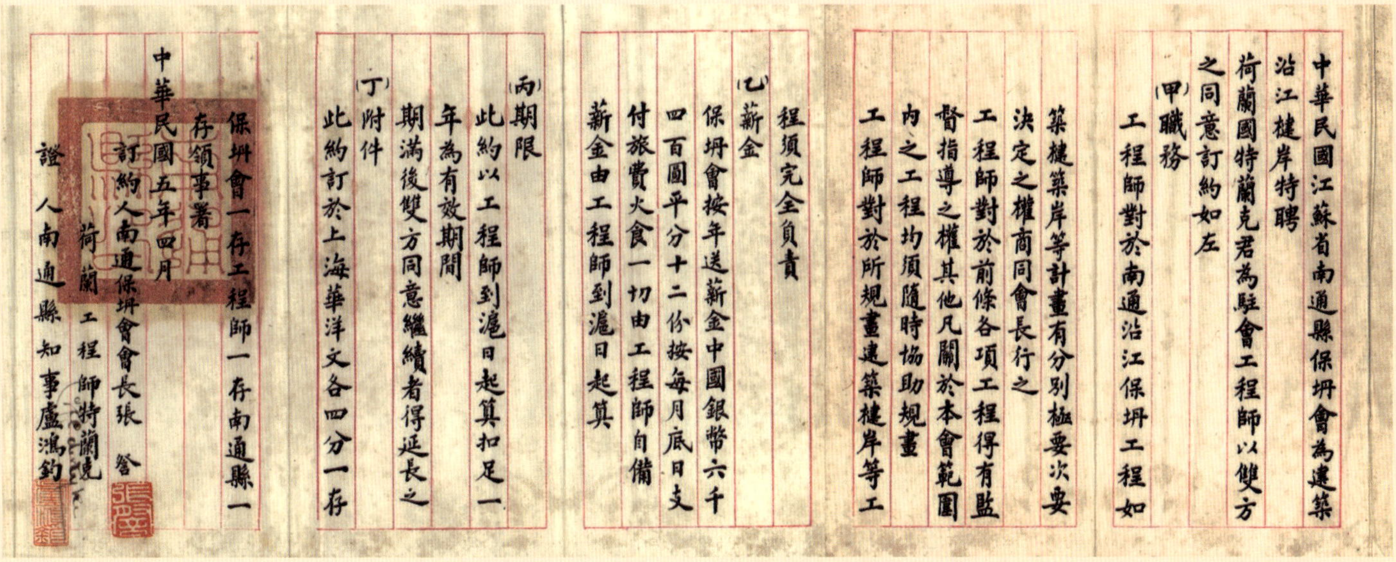

中華民國江蘇省南通縣保坍會為建築
沿江撻岸特聘
荷蘭國特蘭克君為駐會工程師以雙方
之同意訂約如左
(甲)職務
工程師對於南通沿江保坍工程如
築撻築岸等計畫有分別極要次要
決定之權商同會長行之
工程師對於前條各項工程得有監
督指導之權其他凡關於本會範圍
內之工程均須隨時協助規畫
工程師對於所規畫建築撻岸等工
程須完全負責
(乙)薪金
保坍會按年送薪金中國銀幣六千
四百圓平分十二份按每月底日支
付旅費火食一切由工程師自備
薪金由工程師到滬日起算
(丙)期限
此約以工程師到滬日起算扣足一
年為有效期間
期滿後雙方同意繼續者得延長之
(丁)附件
此約訂於上海華洋文各四分一存
保坍會一存工程師一存南通縣一
存領事署
中華民國五年四月
訂約人南通保坍會會長張 詧
荷蘭工程師特蘭克
證人南通縣知事盧鴻鈞

1916年4月南通保坍会聘特来克为驻会工程师的聘书

韩国钧

保管单位：南通市档案馆

内容及评价：

韩国钧（1857～1942），字紫石，亦作止石，晚年自号止叟，江苏海安人。1879年江南乡试中举。清末为吉林省民政使，北洋政府时期任江苏民政长、安徽巡按使、江苏省省长并一度兼督军。1925年退居故里。

1941年2月，日军侵入海安镇，韩国钧至北徐家庄避难，日伪威逼其出任伪职，当即遭到痛斥："老朽是中国人，宁死不当一天亡国奴。""吾八十老翁，死何足惧！"自此之后忧愤成疾。在病情危笃时，嘱咐家人："抗日胜利之日，移家海安，始为予开吊，违者不孝。"1942年与世长辞，终年85岁。

南通市档案馆所存韩国钧档案主要有：韩国钧为沪战以后收容难民请陈葆初给予捐助的信函（1937年或1938年），韩国钧关于《名山藏》一书的手札（1925年），《止叟年谱》（1941年），关于泰源公司缴纳会费的信函（1936年），关于江苏省水利建设公债案信函八件（1930年代前期）。

这些散见于南通市档案馆民国档案和大生档案里的韩国钧亲笔信函，反映了他归隐后致力于地方实业和水利建设、热心帮助受战争影响流离失所民众等方面的一些活动。

韩国钧肖像

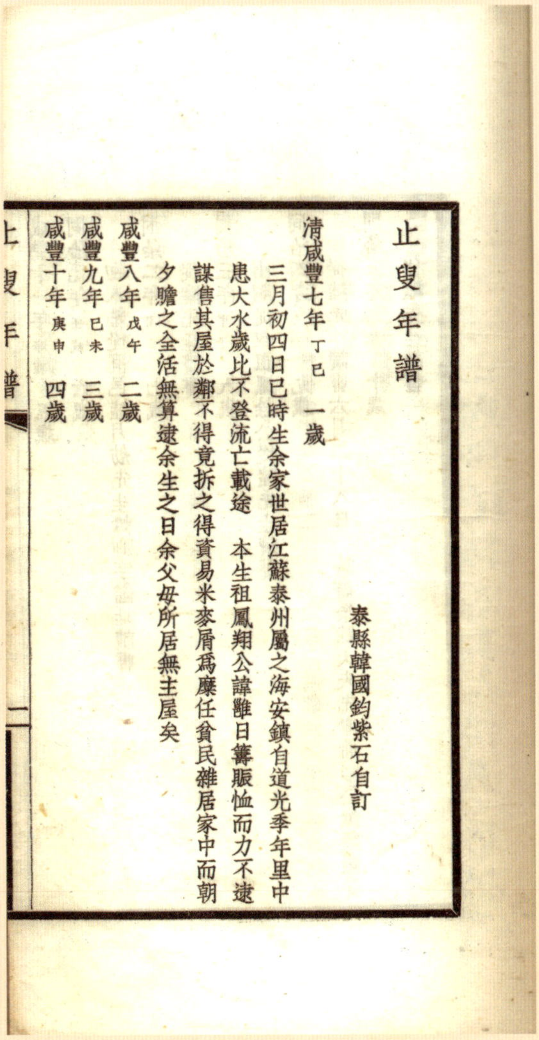

止叟年譜

泰縣韓國鈞紫石自訂

清咸豐七年丁巳　一歲

三月初四日巳時生余家世居江蘇泰州屬之海安鎮自道光季年里中患大水歲比不登流亡載途　本生祖鳳翔公諱雖日籌賑恤而力不逮謀售其屋於鄰不得竟折之得資易米麥屑爲糜任貧民雜居家中而朝夕贍之全活無算逮余生之日余父母所居無主屋矣

咸豐八年戊午　二歲

咸豐九年己未　三歲

咸豐十年庚申　四歲

止叟年譜　一

《止叟年谱》内页

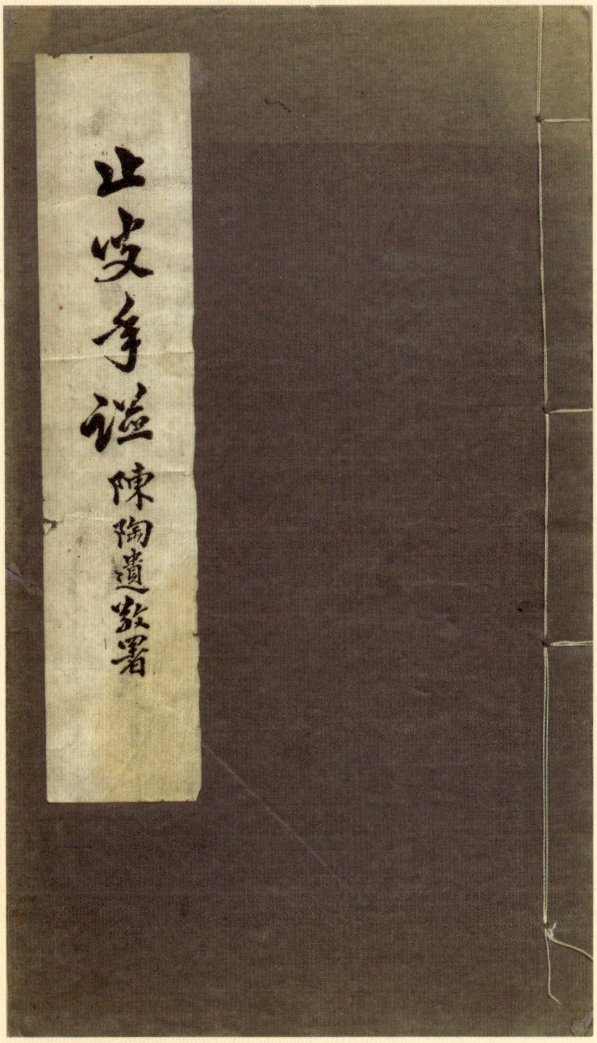

《止叟年谱》封面

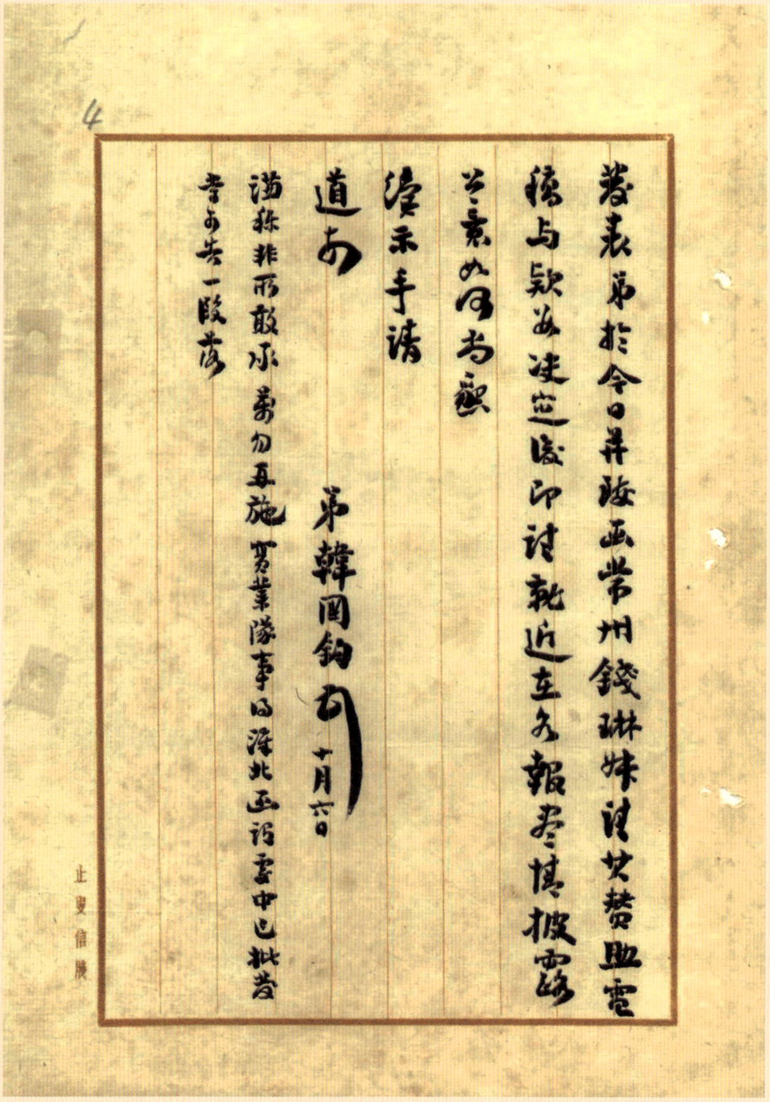

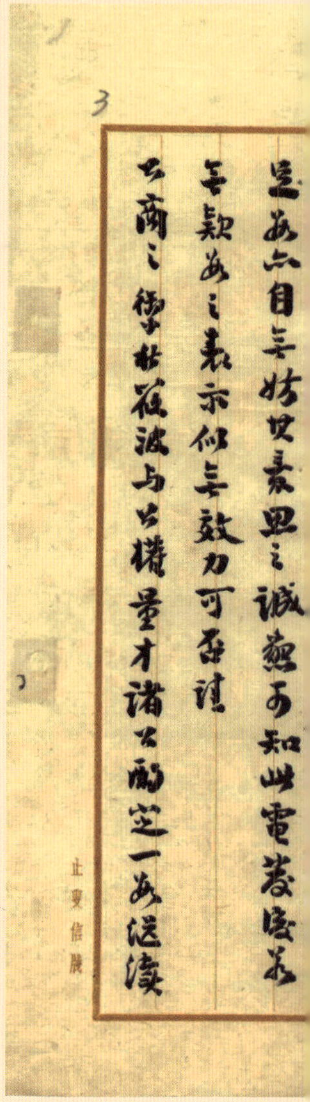

韩国钧关于江苏省水利建设公债案信函

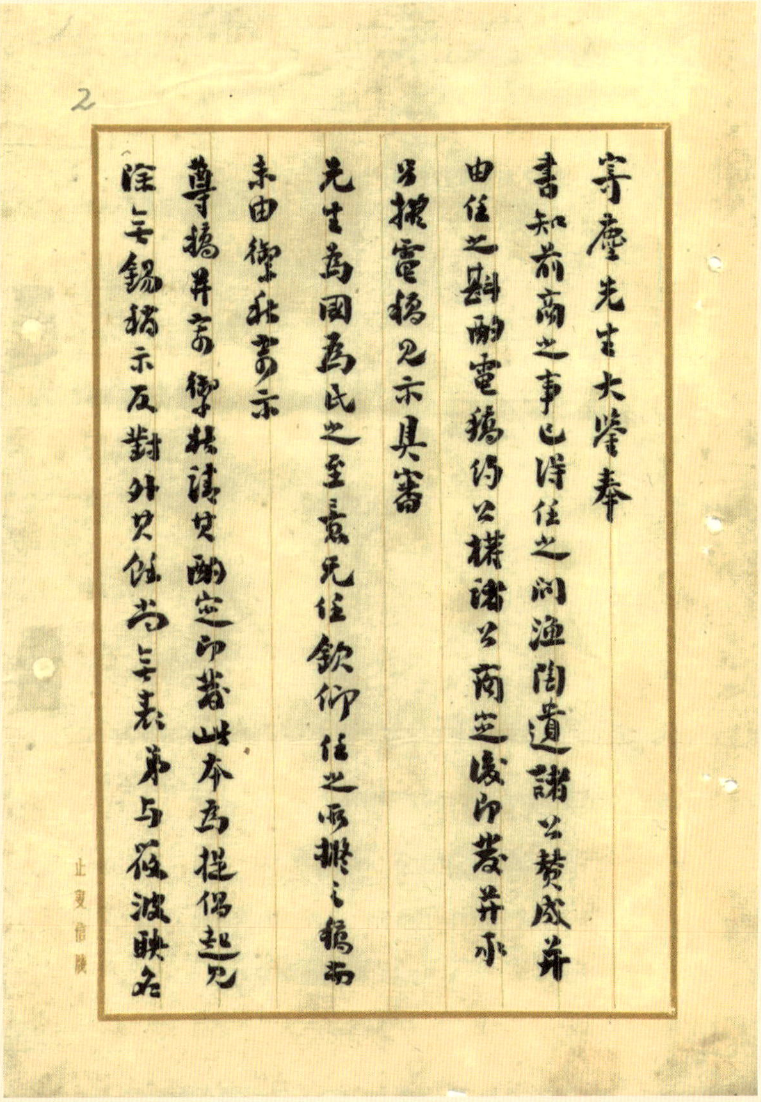

2

寄廑先生大鉴奉
书知前商之事已得任之同渔陶遺諸公赞成并
由任之斟酌電稿仍公構諸公商定後即發并亦
另撰電稿見示具審
先生爲國爲民之至意凡任欽仰任之所擬之稿尚
未由渠那寄示
尊稿并寄渠林請其酌定即發此本爲提倡起見
注無錫稿示反對外交任尚無表示弟與筱波映光

止庵信牋

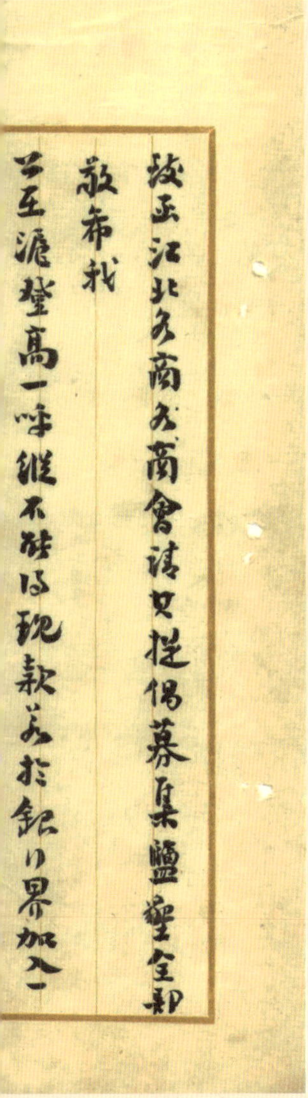

故亟江北各商各商會請其提倡募集鹽墾全部
敬布我
工至滬墾高一呼繼不能以現款交於銀行界加入一

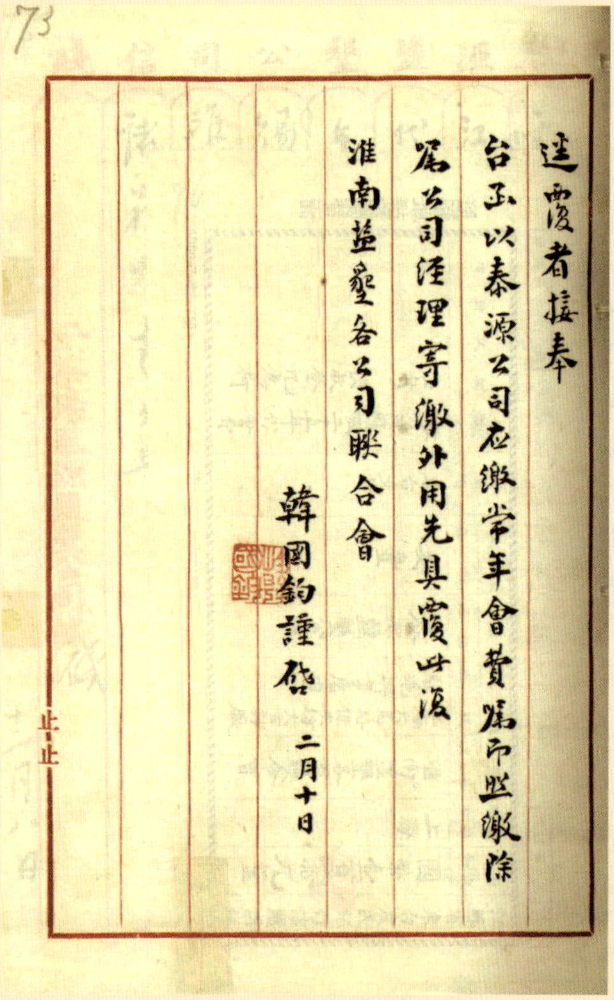
逕覆者接奉
台函以泰源公司應繳常年會費屬予照繳除
屬公司經理寄繳外用先具覆此復
淮南鹽墾各公司聯合會
韓國鈞謹啓 二月十日

1936年韩国钧关于泰源公司缴纳会费的信函

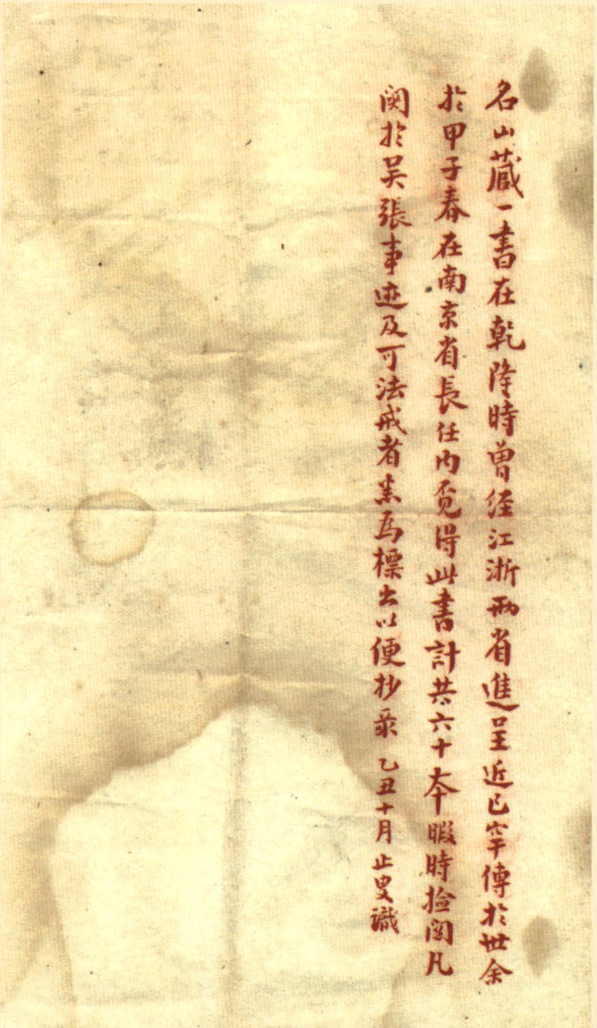
名山藏一書在乾隆時曾經江浙兩省進呈近已罕傳於世余
於甲子春在南京省長任內覓得此書計共六十本暇時檢閱凡
關於吳張事迹及可法戒者采焉標出以便抄錄 乙丑十月 止叟識

1925年韩国钧关于《名山藏》一书的手札

管惟炎

保管单位：如东县档案馆

内容及评价：

管惟炎（1928～2003），江苏如东人，著名物理学家，中科院院士，在学术上以低温物理和超导研究知名。1960年，任职于中国科学院物理研究所，1980年当选为中国科学院院士（学部委员）。1981年至1984年任中国科学院物理所所长。1984年至1987年任中国科技大学校长。

如东县档案馆保存的管惟炎档案，由其夫人郑宗爽女士于2011年7月无偿捐赠故里，系管惟炎1946年至2003年间形成，总数1000多件，包括手迹、期刊、图书、实物等。主要有：1946年在东北参加革命时随身携带的物理课本，留学苏联期间的课堂笔记、实验记录、授课讲稿等，各大学特聘教授的证书，国宴邀请书，参加各种会议的会议证、胸牌卡片，还有国内外知名科学家如门德尔森、杨振宁、吴健雄、蔡建华的来信和贺卡等。

管惟炎档案内容丰富，完整地见证了他从一个热血青年到知名物理学家的成长历程。

管惟炎在办公室

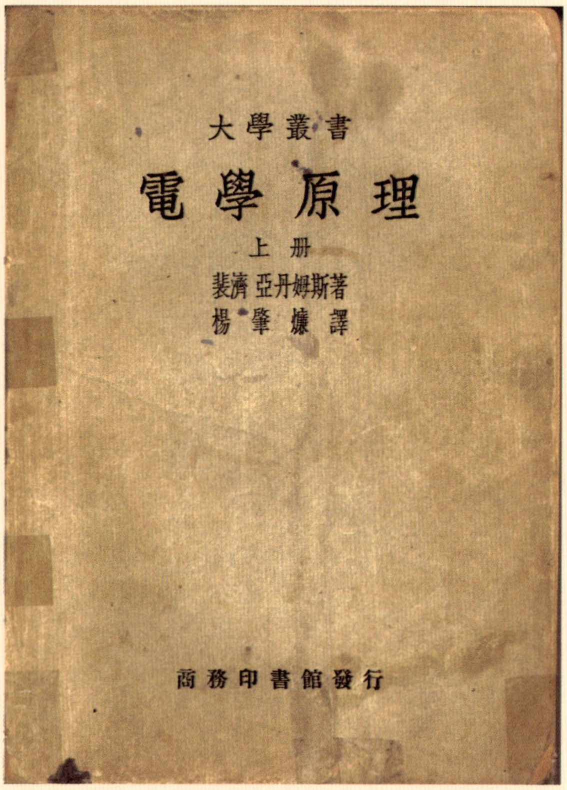

管惟炎1946年所用物理教材《电学原理》封面

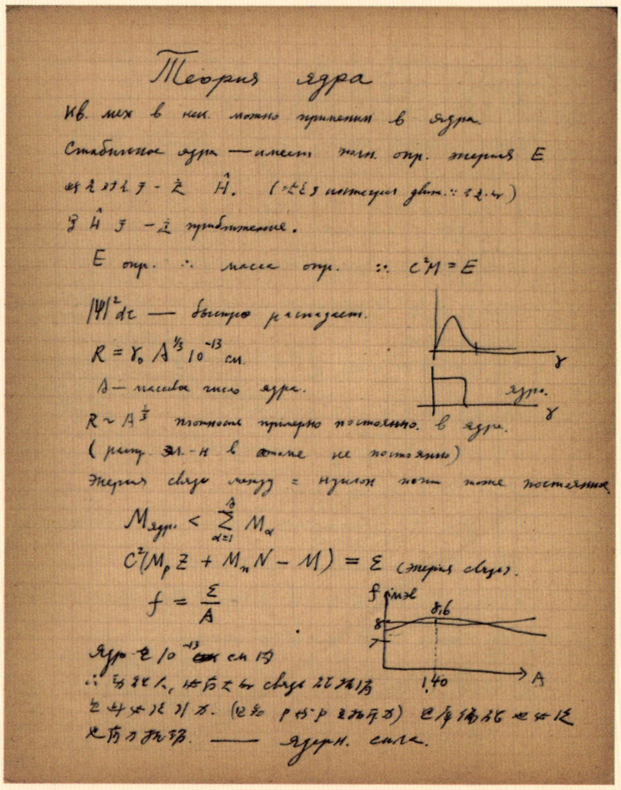

管惟炎1955年俄文笔记

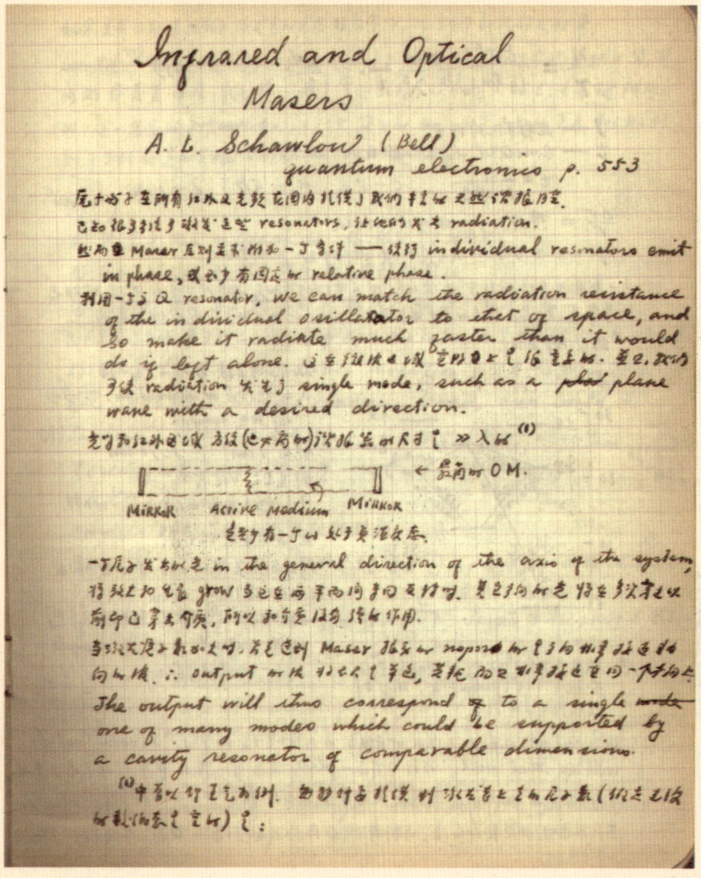

管惟炎1962年英文笔记

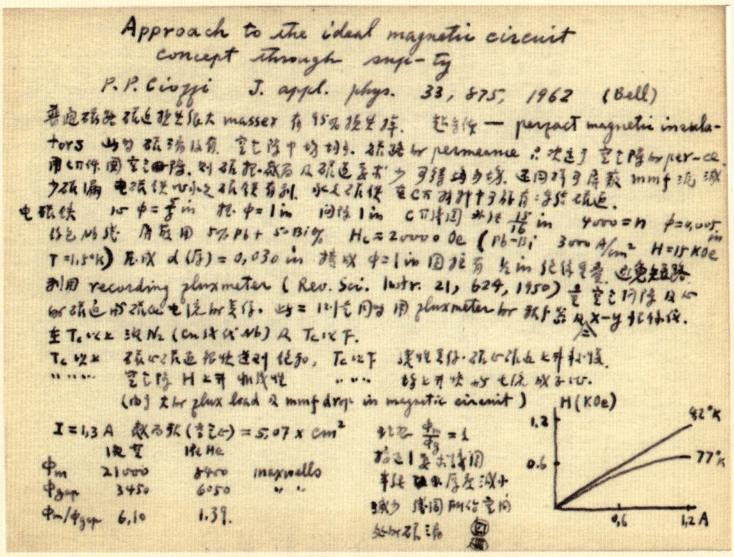
Approach to the ideal magnetic circuit
concept through supe-ty
P. P. Cioffi J. appl. phys. 33, 875, 1962 (Bell)

管惟炎1975年关于《超导磁场线圈》的读书卡片

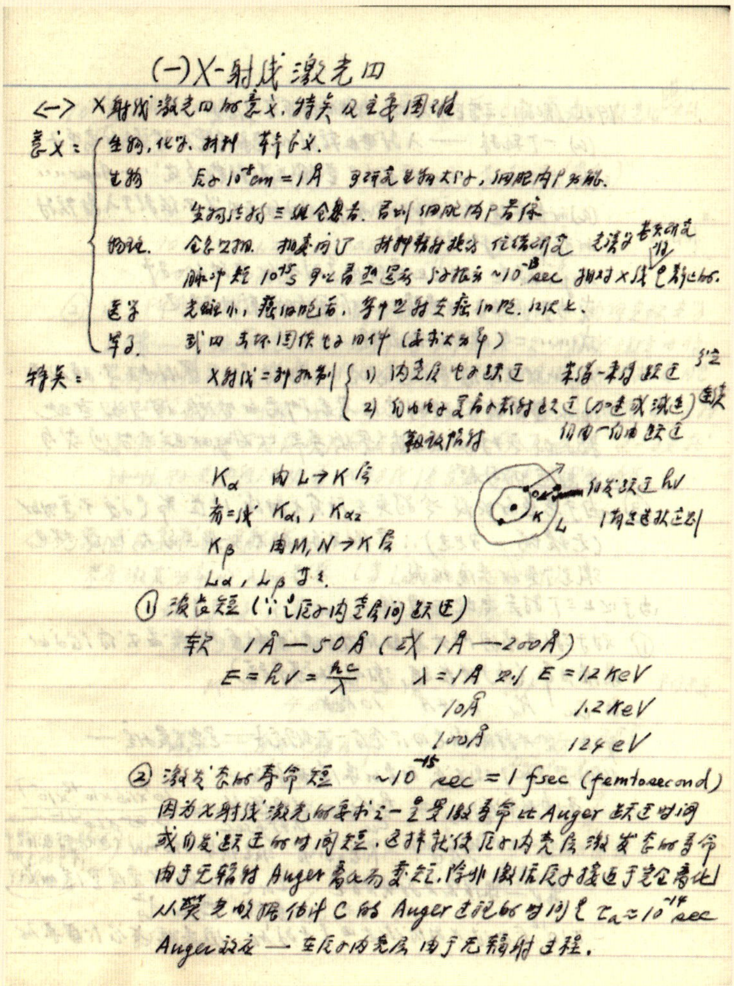
(一)X-射线激光四
<一> X射线激光的意义，特点及主要困难
K_α 由L→K层
K_β 由M, N→K层
$L\alpha$，$L\beta$ 等等.
软 1Å—50Å（或 1Å—200Å）
$E = h\nu = \frac{hc}{\lambda}$ λ=1Å 则 E = 12 keV
10Å 1.2 keV
100Å 124 eV
② 激发态的寿命短 $\sim 10^{-15}$ sec = 1 fsec (femtosecond)

管惟炎1975年中文笔记

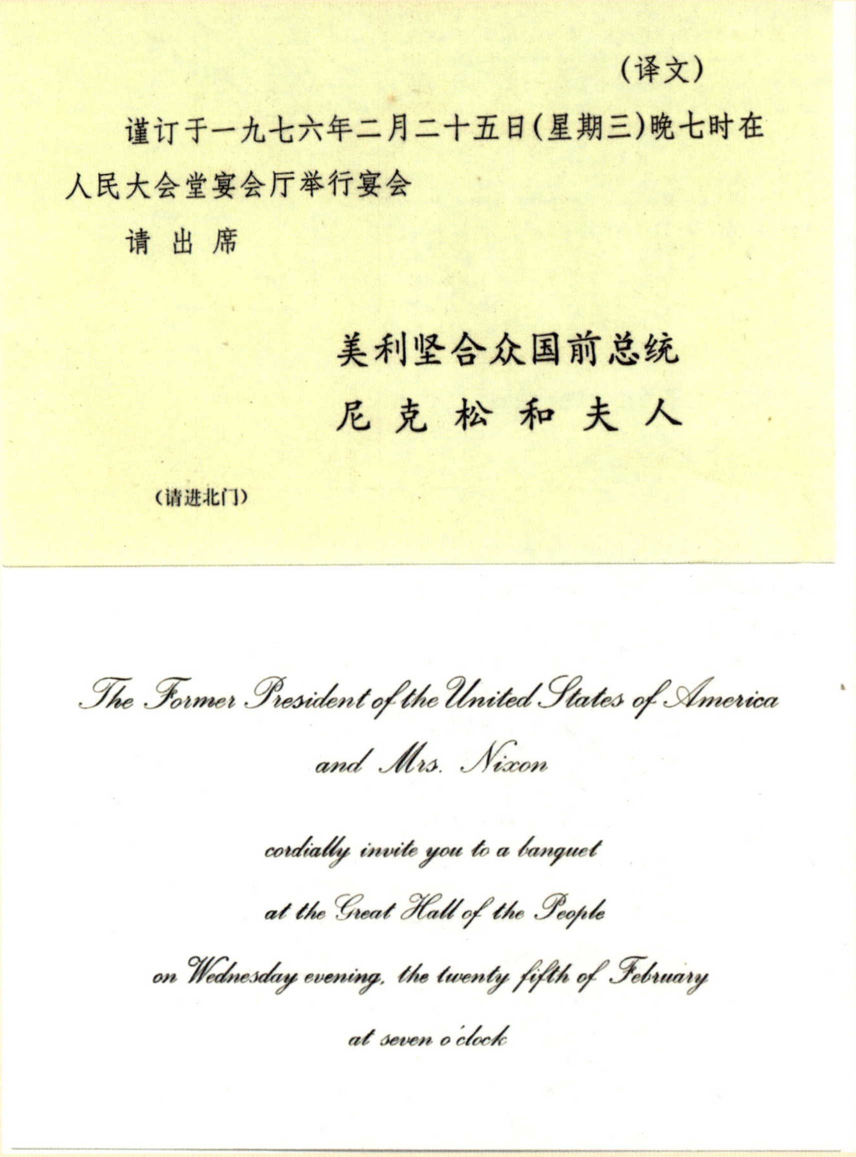

（译文）

谨订于一九七六年二月二十五日(星期三)晚七时在人民大会堂宴会厅举行宴会

请 出 席

美利坚合众国前总统

尼 克 松 和 夫 人

（请进北门）

The Former President of the United States of America

and Mrs. Nixon

cordially invite you to a banquet

at the Great Hall of the People

on Wednesday evening, the twenty fifth of February

at seven o'clock

1976年2月25日尼克松及夫人邀请管惟炎出席宴会的函

StonyBrook

Institute for Theoretical Physics
State University of New York at Stony Brook
Stony Brook, NY 11794
telephone: (516) 246- 6701

October 21, 1982

Vice President S. T. Tsien
Academia Sinica
Peking, People's Republic of China

Dear Vice President Tsien:

During the past few months we have explored the possibility of instituting the pilot project drafted by one of us (Marshak), a copy of which is enclosed. So far we have succeeded in getting preliminary commitments from U.S. universities to support a total of approximately five visiting scholars in condensed matter physics/quantum electronics, with a stipend of $12,000(U.S. dollars) per year per scholar. While the total number still falls short of the number 10 that we originally planned, we thought the discussions on this side of the Pacific have progressed far enough for us to inquire how you react to the general outline of the pilot project. That is the reason that we are writing you now.

We envisage continuing efforts to obtain additional commitments from good research centers in condensed matter physics and quantum electronics. We also would work on raising additional money to pay for travel expenses for the visiting scholars to meetings in the United States, as outlined in the draft pilot project. If the project gets going, we hope China will bear the round trip travel expenses of the visiting scholars from China to the American institutions.

A crucial element in the envisaged project is the selection of the visiting scholars. We suggest that a Committee be formed in China under the leadership of Guan Wei-yen, Huang Kun, Xie Xi-de and Zhou Kuang-zhow to select the candidates and to supervise the contact between the candidates and the host institutions in America. A coordinating committee would be formed in America to handle all affairs in the United States connected with the project.

We hope that the first group of visiting scholars would arrive in the United States in September 1983. Some time either before or after that, we hope a small Chinese delegation would come to the United States to meet with the American coordinating committee to discuss the possibilities of improvement and expansion of the project for the future.

Yours sincerely,

杨振宁等建议我国每年派5名访问学者
对方资助 $1200/年 (固体物理和量子电子学)

R. E. Marshak

R. E. Marshak

C. N. Yang

C. N. Yang

CNY:ct

1982年杨振宁写给管惟炎的信

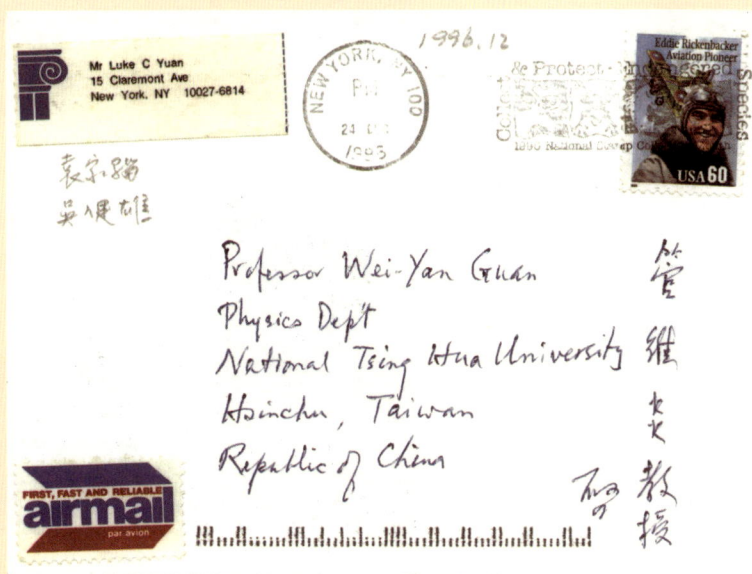

1996年袁家骝、吴健雄夫妇来信的信封

严志达

保管单位：南通市档案馆

内容及评价：

严志达（1917～1999），江苏南通人，数学家，1941年毕业于西南联合大学数学系，1949年在斯特拉斯堡大学获法国国家科学博士学位，曾任南开大学教授，1993年当选为中国科学院院士。主要从事微分几何、李群拓扑的理论研究。在大学期间，与国际数学大师、著名教育家陈省身教授合作，发表了关于积分几何运动基本公式的论文，被数学界称为“陈—严公式”，至今仍被广泛应用。是世界上最早算出特殊单李群的贝蒂数的数学家。将微分几何理论用于齿轮啮合理论中，阐明了许多重要概念，推导出诱导曲率公式，对我国机械工业的发展起了良好的推动作用。

本全宗档案共有10件，主要有照片、证书、奖牌、笔记、手稿等，记录了严志达从事李群李代数、微分几何、特殊李群的拓扑、实半单李代数的分类理论、微分几何理论应用于齿轮啮合理论的研究情况，反映了严志达刻苦钻研、勇攀科学高峰的崇高精神。

1990年的严志达

严志达夫妇和陈省身夫妇

严志达夫妇和陈省身夫妇等在一起

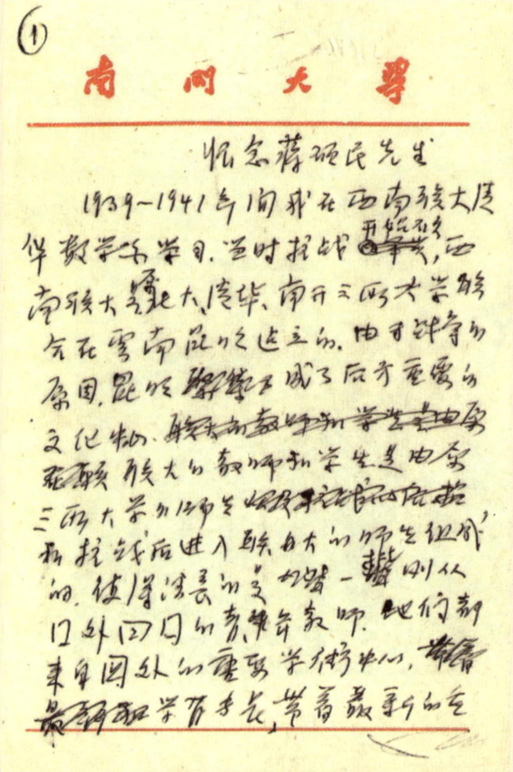
①
南开大学
怀念蒋硕民先生

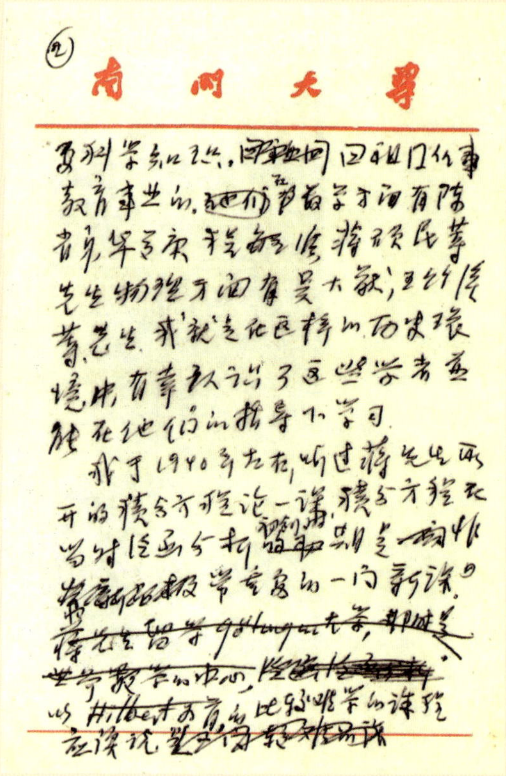
②
南开大学

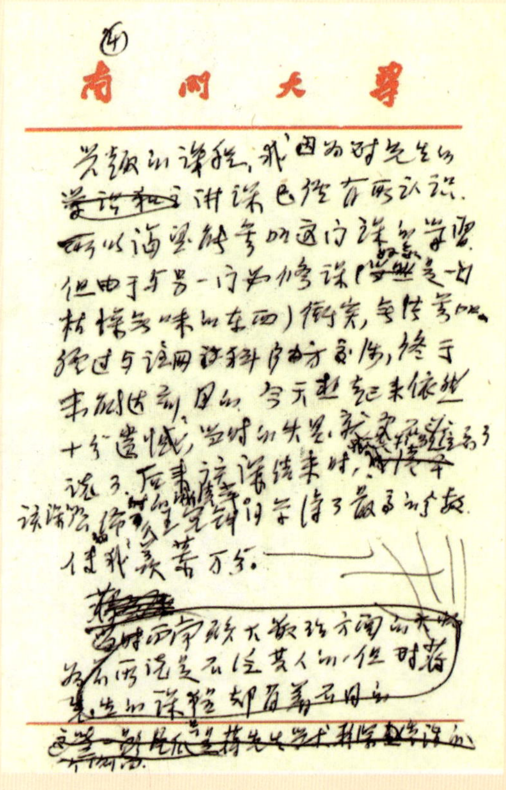
④
南开大学

严志达手稿《怀念蒋硕民先生》

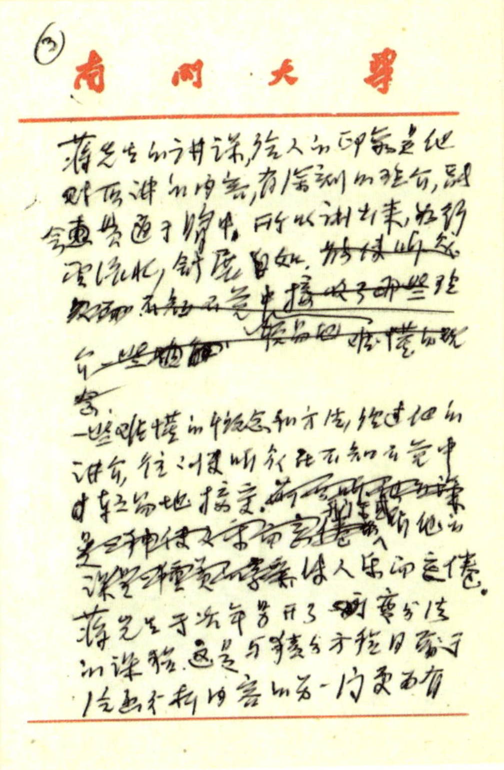

③

南开大学

蒋先生的讲课，给人的印象是他对所讲的内容，有深刻的理解，融会贯通于胸中，所以讲出来，如行云流水，舒展自如。一些难懂的概念和方法，经过他的讲解，往往使听众在不知不觉中轻易地接受。他的课使人乐而忘倦。

蒋先生于次年开了一门变分法的课程。这是与中数分方程相衔接的内容的另一门更为有

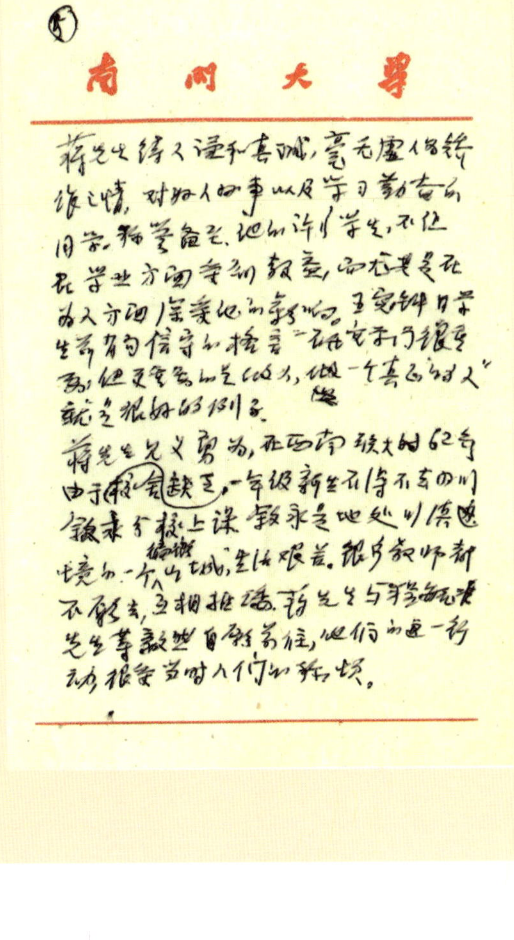

⑤

南开大学

蒋先生待人谦和真诚，毫无虚伪矫饰之情，对待人和事以及学习勤奋的同学，都赞扬之。他的许多学生，不但在学业方面受到教益，而尤其是在为人方面深受他的影响。王宪钟同学生前常向信守的格言"诚实而谦逊"，又是何其的重要，他做一个真正的人，就是很好的例子。

蒋先生见义勇为，在西南联大时，由于校舍缺乏，一年级新生不得不在四川叙永分校上课。叙永是地处川滇边境的一个偏僻山城，生活艰苦，很多教师都不愿去，互相推诿。蒋先生与杨武之先生等毅然自愿前往，他们的这一行动很受当时人们的称颂。

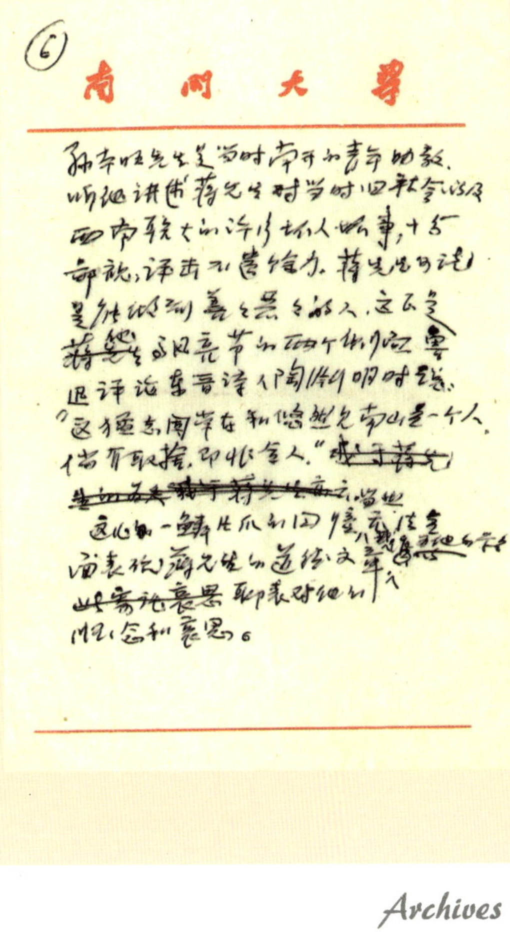

⑥

南开大学

孙本旺先生是当时南开的青年助教，听他讲述蒋先生对当时旧社会以及西南联大的许多坏人坏事，十分鄙视，评击不遗余力。蒋先生可说是能明辨善恶的人。这正是蒋先生的风范节的两个侧面。鲁迅评论东晋诗人陶渊明时说："这猛志固常在和悠然见南山的是一个人，倘有取舍，即非全人。"

这些如一鳞片爪的回忆，不能全面表征蒋先生的道德文章，但聊表对他的怀念和哀思。

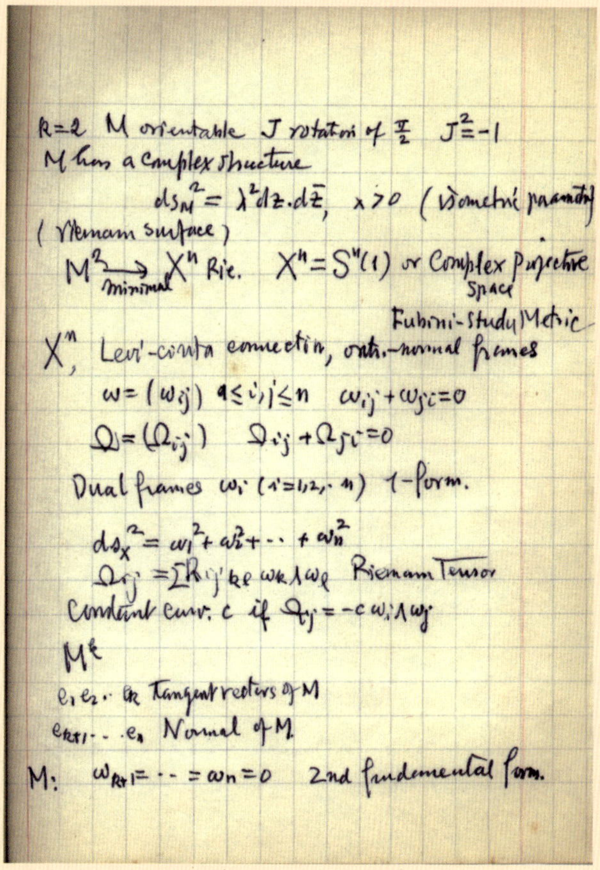

$k=2$ M orientable J rotation of $\frac{\pi}{2}$ $J^2=-1$

M has a complex structure

$ds_M^2 = \lambda^2 dz\cdot d\bar{z}$, $\lambda>0$ (isometric parameter)

(Riemann surface)

$M^2 \xrightarrow[\text{minimal}]{} X^n$ Rie. $X^n = S^n(1)$ or Complex Projective Space

Fubini-Study Metric

X^n, Levi-Civita connection, orth.-normal frames

$\omega = (\omega_{ij})$ $1\le i,j\le n$ $\omega_{ij}+\omega_{ji}=0$

$\Omega = (\Omega_{ij})$ $\Omega_{ij}+\Omega_{ji}=0$

Dual frames ω_i $(i=1,2,\cdots n)$ 1-form.

$ds_X^2 = \omega_1^2+\omega_2^2+\cdots+\omega_n^2$

$\Omega_{ij} = \sum R_{ijkl}\,\omega_k\wedge\omega_l$ Riemann Tensor

Constant curv. c if $\Omega_{ij} = -c\,\omega_i\wedge\omega_j$

M^k

$e_1 e_2 \cdots e_k$ Tangent vectors of M

$e_{k+1} \cdots e_n$ Normal of M

M: $\omega_{k+1} = \cdots = \omega_n = 0$ 2nd fundamental form.

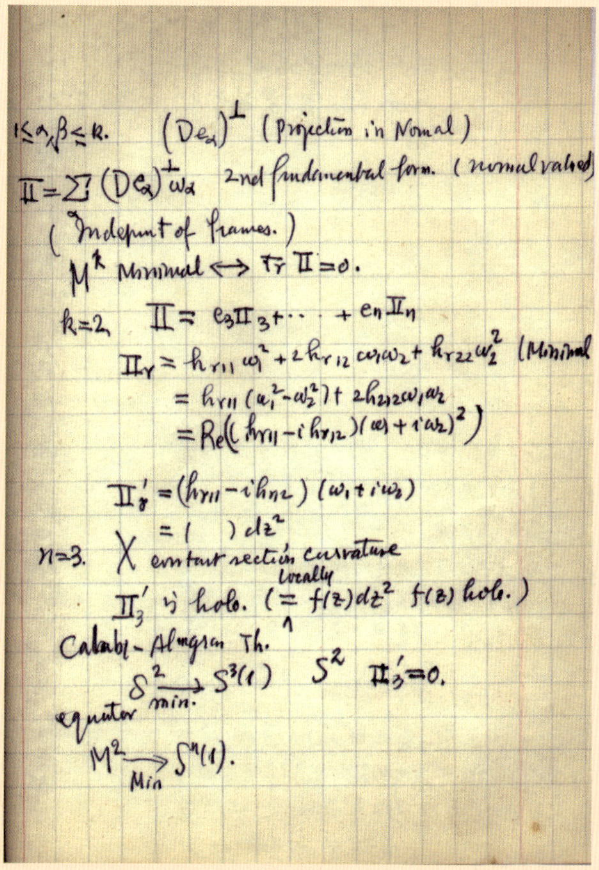

$1\le\alpha,\beta\le k.$ $(De_\alpha)^\perp$ (Projection in Normal)

$\mathrm{II} = \sum (De_\alpha)^\perp \omega_\alpha$ 2nd fundamental form. (normal valued)

(Independent of frames.)

M^k Minimal $\Leftrightarrow$ $\mathrm{Tr}\,\mathrm{II}=0.$

$k=2$, $\mathrm{II} = e_3\mathrm{II}_3 + \cdots + e_n\mathrm{II}_n$

$\mathrm{II}_r = h_{r11}\omega_1^2 + 2h_{r12}\omega_1\omega_2 + h_{r22}\omega_2^2$ (Minimal

$= h_{r11}(\omega_1^2-\omega_2^2) + 2h_{r12}\omega_1\omega_2$

$= \mathrm{Re}((h_{r11}-ih_{r12})(\omega_1+i\omega_2)^2)$

$\mathrm{II}'_r = (h_{r11}-ih_{r12})(\omega_1+i\omega_2)$

$= (\quad)dz^2$

$n=3.$ X constant section curvature

II'_3 is holo. ($\overset{\text{locally}}{=} f(z)dz^2$ $f(z)$ holo.)

Calabi-Almgren Th.

$S^2 \xrightarrow[\text{min.}]{} S^3(1)$ S^2 $\mathrm{II}'_3=0.$

equator

$M^2 \xrightarrow[\text{Min}]{} S^n(1).$

严志达院士的笔记

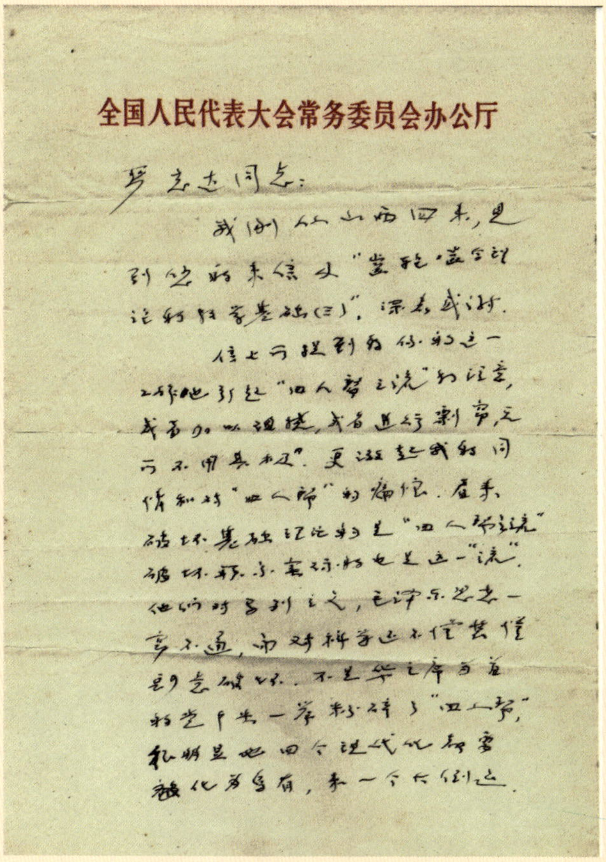
全国人民代表大会常务委员会办公厅

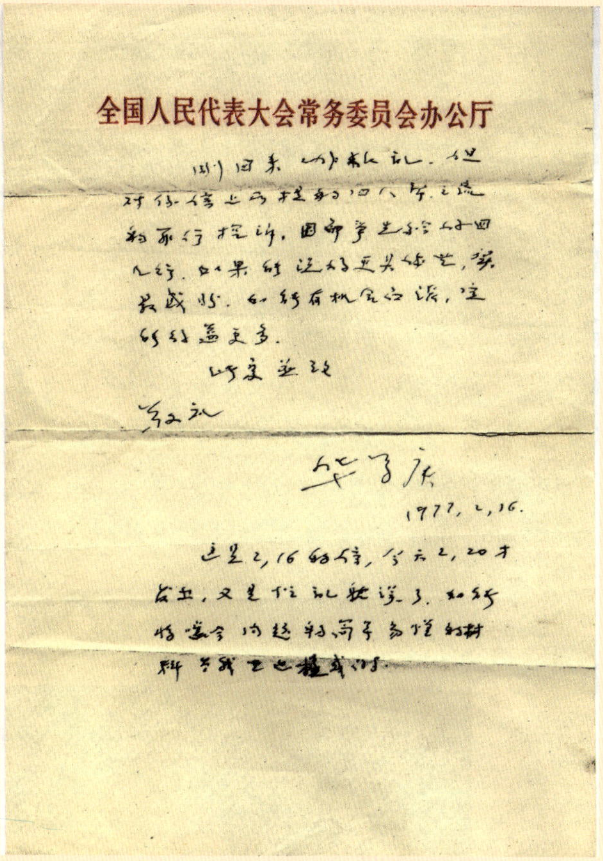
全国人民代表大会常务委员会办公厅

1977, 2, 16.

1977年2月16日华罗庚给严志达院士的信

魏建功

保管单位：南通市档案馆

内容及评价：

魏建功（1901～1980），江苏海安人，著名语言文字学家、教育家，北京大学中文系古典文献专业的奠基人。1925年毕业于北京大学中文系，曾在北京大学、燕京大学、北京师范大学、西南联合大学等高校任教。毕生主要致力于汉语言的教学和研究工作，在声韵学方面有很深的造诣，他撰写的《古音系研究》在汉语言语音的研究上占有重要的地位。“五四运动”后，他积极参加新文化运动，并从事民俗学和民间文学的搜集、整理和研究工作。1945年，魏建功作为“台湾国语推广运动委员会”主任委员，为台湾地区倡导国语竭尽全力，使台湾地区成为我国最早普及汉语国语的省份。解放后，他为汉字改革和语文教育的普及作出了重大贡献，他主持编纂的《新华字典》，是新中国成立以后影响最为广泛和深远的汉语字典。1959年，他受国家委托在北京大学创办古典文献专业，为培养古籍整理的专业人才付出了心血。

魏建功档案共有10件，主要有照片、著作、文集等，记录了魏建功从事汉语教学和研究、培养古典文献专业人才等方面作出的贡献，具有重要的研究价值。

魏建功工作照

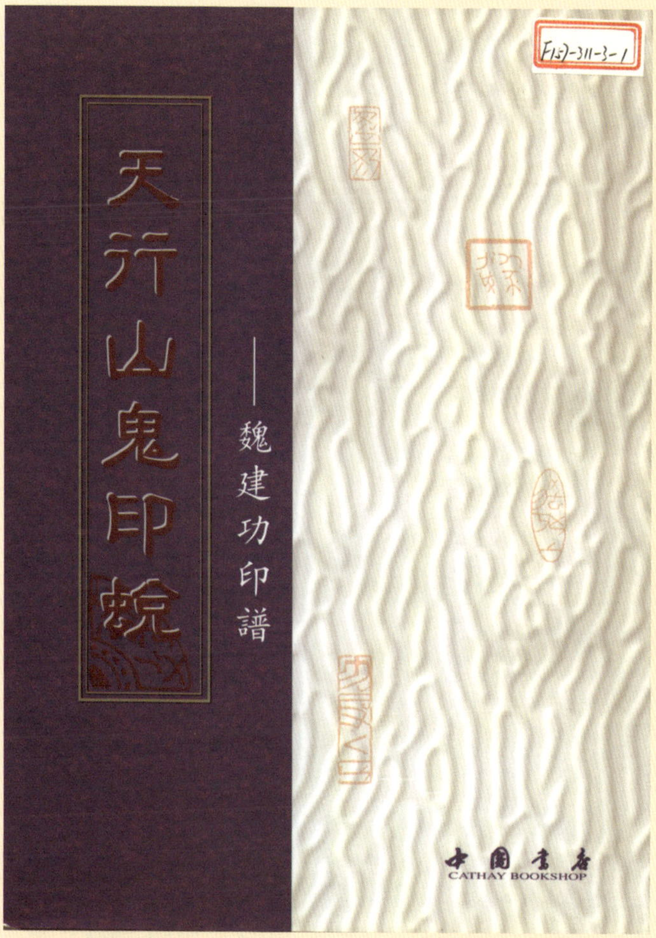

魏建功印谱《天行山鬼印蜕》

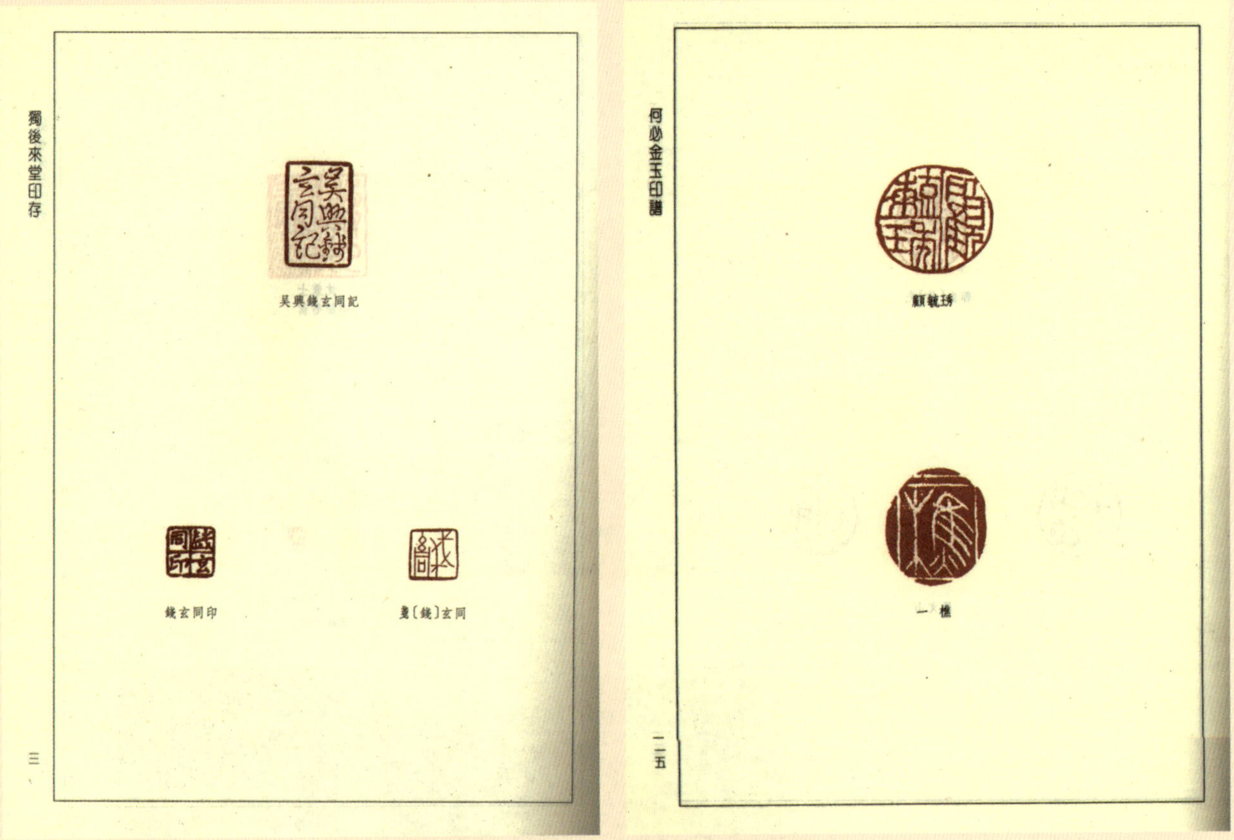

魏建功印谱《天行山鬼印蜕》

麦文果

保管单位：南通市第一人民医院

内容及评价：

麦文果（1906～1997），美国人。1935年作为医学传教士到中国，1937年夏来到南通基督医院。1937年8月17日，日机轰炸南通，南通基督医院病房楼被炸，大部分医疗设备被毁，共有包括医师、护士、工友、病员和避难者在内的24人罹难。当时在现场的仅有的两名美籍医护人员，麦文果和傅汝爱，立即组织了员工抢救伤员和受困人员，并处理了善后事宜。此后麦文果独自留守南通，看管教会财产。1938年3月17日，日军占领南通。很快，为躲避战火，免遭屠杀和强奸，200名左右南通城内外的老百姓（绝大部分是妇女）涌进了教会开办的崇英女中，一个难民营形成了，麦文果成为难民营的管理者。日军的烧杀使受伤的平民越来越多，4月间，麦文果收治了400多名伤病员。难民营通常居住着500多名难民，到年底平均每月376人；救助了700个家庭的3000人，平均每月2607人。1938年3月至年底，麦文果收治住院病人89个，门诊病人3471个，并提供医疗服务总计17050人次。

麦文果是南通抗战初期的亲历者和见证者，她留下的书信和文章，是当年历史的真实记录。她的义举，散发出人性的光辉。

麦文果肖像

全文：

一艘搁浅的船重新起航

1939年1月

麦文果

当我还在美国时，我心目中的中国是个比美国稍大但有四倍人口的国家，它有如此古老的文化，以至于美国人看起来像是刚刚开化而已。那里的人都是黑发细眼，在无穷尽的麻烦中不停地挣扎受苦。来到中国之后，我发现这些都是真的，另外还要加上眼下的战争带来的许多恐怖。所有这些使我一次又一次地自问“仅仅一个人能做些什么？”

“当你困惑和气馁时，”我记起在华盛顿大学时，我的社会福利工作老师在班上说过的这些话，“记住，你不必为每一个上帝的子民负责。”看起来我们必须学会决定哪些责任是自己应当承担的，并且尽力把这些工作做好。而且要相信，别人同样也会承担他们的责任。这种想法有助于澄澈我们的思想，让我们免于陷入恐惧而束手无策，刺激我们投身行动。

战争开始时，我觉得自己做不了什么大事来帮助中国，但是实际上我发现，即使是一个人，还是能在某一地方有所作用的。今天所讲的这个故事，主要是关于日军占领南通后的情况以及基督红十字会的运作，用这个题目是有来历的。那是受到基督红十字会一名最年轻员工的启发。那是1938年12月31日，我们正回顾当年的工作，当时他说：“我们在南通的工作，就好比一艘船搁浅了，尽管河床干涸，还是努力让它起航，并继续在干枯的土地上行驶。”

1937年夏天北方的战斗打响时，我们知道风浪要来了。8月15日①上海事变爆发后，仅仅过了两天，雨点般的炸弹把毁灭和死亡泼撒到南通基督教会的属地上，将基督徒们驱赶到远远的西边的乡村各地。我们的工作如同一艘船被撞成碎片，搁浅到陆地上。

接下来的六个月里，我从事少量的护理工作，周日为非基督徒做礼拜，教英语课，还有自己的中文学习。一个人独自住在一幢空空荡荡的房子里，夜深人静的时候，四下清寂，甚至讨厌起自己夜晚上楼的脚步声，不过那是另一个故事了。

3月，日军占领了南通。5月，游击战开始了，战争在两天之内就往我的门前送来了十七个重伤的老百姓，隔天还有二百多名难民逃离被焚毁的房屋，到这里来寻求庇护和食物。危急关头，由于已经没法通过南京获得资金，我手里只剩下7美元。我给了一个以前的护校学生30美分，这个学生家里贫困潦倒，先买点米对付几天。

这时搁浅的船突然间启动了，虽然依旧滴水全无，还是困在血污斑斑的焦干的河床上。

当时南通没有有钱的基督徒了，我们又必须想办法筹钱。南通那些不信教的仁慈的士绅找到了我，希望能够成立一个组织，在这个组织名下贡献他们的精力和钱财，并由我来调配。他们建议把这个组织称为“南通基督红十字会”，选我做会长。他们的目标是，按照章程上说的，“遵循我主耶稣基督的精神帮助穷人”，因此在会名中使用“基督”看来是恰当的。在三十个全职工作人员中，只有五位基督徒，其中三位是本地教会的成员，一位是由我亲自施洗的。后来有少数逃难到乡下的基督徒回到城里，

---

① 原文有误，应为8月13日。

但后来他们并没有协助我们的工作。

基督红十字会分成如下三个委员会，并在过去几个月中获得了如下数量的款项：

	$13,373.68
赈济部	$10,809.16
医务部	2,094.63
儿童部	
小学	417.68
主日学校	52.21

最多时难民营里住了五百多人，过去八个月里月平均人数是376人。现在有来自700个家庭的3000人接受物资救济，八个月里的月平均人数是2607人，他们都是些什么人呢？我们的统计表显示这些家庭可以划分如下：

农民	198 户
稍有田亩但无法获得租金者	170 户
小店主和摊贩，寡妇和老年人	202 户
塾师	30 户
长期贫困徘徊于犯罪边缘的人	100 户

我们得知，那些农民后来重造了自己的房屋并种下了新一季的作物。当夏季小麦成熟时，希望他们能摆脱领救济的状况。其他人的未来看起来没什么保障。我们担心这几个月的生活已经耗尽了他们微薄的积蓄，而战争的继续将把他们带入绝望。

战争的爆发迫使医务工作开展起来。89个病人包括：

枪伤	25	霍乱	2	疟疾	1
土匪烧伤	5	白喉	3	骨折	2
土匪殴伤	3	结核	2	小手术和其他	25
刀伤	1	精神病	2		
产妇生产	12	性病	5		

预防传染病流行而接种的人数：

霍乱疫苗	719
白喉接种	148
天花	53

学校第一个学期接收了一百一十个难民孩子。第二个学期增加到一百四十二人。这些孩子已经通过期末考试并期待将来能有进一步深造的机会。

周日的主日课堂与学校活动有序进行。在节假日我们举行慈善布施和其他活动。圣诞节、7月4日、秋季的某一日，我们都和小伙伴们度过愉快的一天。现在大家都在期待复活节。7到12月份平均有八十二人参加主日学校。其中许多孩子是第一次接触到基督教的知识。

同一时期里，针对难民和工作人员的定期布道也在进行。一个人完成了洗礼，还有三个人开始接受基督。

一个牧师曾经用下面的例子来说明什么是祈祷：男孩向他爸爸恳求，“爸爸，你知道下周棒球季就要开始了，我的小弟弟得有副手套才能参加棒球队。他的储蓄罐里有23美分，我前两周节约下了30美分，下周还能攒15美分。那就有68美分。可是，爸爸，商店橱窗里的棒球手套要89美分。你觉得你能帮帮我们么？”

过去好几个月里我们靠本地资源支撑，现在更多地方被入侵，经济愈加恶化。我们已经向大生纱厂、天生港发电厂请求帮助，但恐怕这些还不够。所以我们现在祈求我们善良的天父能够打动我们的美国兄弟们的心，向我们伸出援手，让我们在南通的事业能够再得以维持一年。要不了二百个人，就可以筹集一千美元，而在这里每个美元可以作六美元用。

NOVEMBER, 1937 5

WORLD CALL

The Nantungchow Bombing

By MISS VINCOE MUSHRUSH*

Vincoe Mushrush

ON THE morning of August 17, the day of the bombing of the Christian Hospital at Nantungchow, Mr. Li had come as usual to give me my lesson in Chinese. We heard the droning of planes from time to time but paid no special attention to them. At ten o'clock we stopped for rest and Mr. Li was reading English to me. Suddenly we heard a noise louder than usual and looked out from the front porch to see eight planes flying southeast in formation.

Mr. Li asked if he could bring his children out to our house because his home is near the center of the city and supposedly in greater danger. I walked over to ask Miss Fry's permission and found the hospital folk greatly excited. Miss Fry was telling them to stand by their work and not run away from the patients. I returned home and on the way met Mr. Li at the junction of Poplar Lane and the Ta Ma Lu and told him he could bring the children over to our house if he wished to do so.

After reaching home I was sitting on the couch in the living room with a bit of sewing when suddenly I heard the planes again and then the explosion at almost the same time. I heard the window panes shattering over my head. I looked out and saw the smoke but could not tell where the bomb had fallen.

My first thought was that Miss Fry would have trouble quieting the nurses and that wounded people would be coming into the hospital so I ran and jumped into my uniform. I fastened the buttons on the way. Suddenly I heard Yu Sze Fu yell, "The hospital is burning!" I ran as hard as I could. Poplar Lane was strewn with tree limbs. I climbed over them and through them, skinning my legs, but still running. The northwest end of the hospital was in flames. I broke through the hedge and came around on the south side. All the people were huddled at the gate house. One patient with a tubercular spine was on the ground near the building. I lifted him up and dragged him some little distance. Then I saw a student nurse whose back was injured and I pulled her along. One man jumped from the second story. Pastor Cheo and some others who had ventured back with me helped me catch him and keep him from injury.

On the roof of the second story, watching the flames crawling closer and closer, lay a helpless little boy in a cast, crying with a most piteous cry. I asked him to jump but he could not move farther and, then too, he was too scared to try. A servant brought a ladder, mounted and tried to get him but feared the crumbling building between the ladder and the child. Of course I had to go up and get him or else I could never have slept again with that cry in my ears. I was not even scorched.

Most of the patients had been rescued. I think that most of the dead were from the bombs rather than from the burning building. These included five patients, three student nurses, seven or eight servants and Dr. Ling and Miss Shen from the laboratory. Wang Tao Wei has a fatal skull injury and one of the student's elbows was blasted away so that her arm had to be amputated.

The fire and police corps were immediately at work. Patients who did not go home were transferred to the Nantung hospital. The outside food and drug supply house and the nurses' home were saved from the flames.

Along the road were three or four dead bodies—passers-by. The home south of the hospital was destroyed with six people killed. It is believed that two bombs fell on the hospital, one on the operating room and one on the west wing. One also fell in the north yard and destroyed the kitchen.

There was one bomb that fell in the road and one east of the new gymnasium, laying it flat. Dr. Hsu's house was totally destroyed. After I had run past it half a dozen times, Yu Sze Fu told me to see how Burches' house was destroyed. It didn't burn but it is almost as flat as one can imagine anything. It looks much like a tornado wreck. We got out what we could including Mr. Burch's coin collection, but practically everything is completely destroyed.

Dr. Hsu and family and three nurses are in Jukao with Dr. Heizinger. Most of the nurses have returned home by one way or another. Eight people are with us and we all live in the nurses' dormitory for we fear our two story home might be thought too attractive a target. Pastor Cheo and Mr. Chien left for Wuhu. Pastor Cheo stood by us marvelously and we had to urge him to take his wife and children to safety.

I shall not write any more. It is night and we like to keep candles out as much as possible. All electric wires are broken.

*Missionary nurse assigned to Nantungchow hospital by the United Society.

麦文果1937年11月在《世界召唤》上发表的《轰炸南通州》一文

THE INDIANAPOLIS SUNDAY STAR, OCTOBER 3, 1937

TERROR OF DEATH FROM AIR IN CHINA MARKS HOOSIER'S ACCOUNT OF BOMBING

The United Christian Missionary Society's Hospital at Nantunchow, China, is shown at top before the bombing by Japanese war planes. Below is the gymnasium nearby, which was demolished. Middle, below, is Miss Vincoe Mushrush, a United Christian Missionary Society nurse at the Nantunchow hospital, and (right), Miss Nancy Fry, a nurse shown with a Chinese boy patient of the hospital. Dr. Ling (inset), a woman surgeon, was operating on a patient at the time of the bombing.

The horror and devastation of aerial bombing attacks in the Sino-Japanese conflict in China was revealed by Miss Nancy Fry, formerly of Bedford, one of the staff of the United Christian Missionary Society, whose vivid eye-witness description of the bombing of the society's hospital and a gymnasium at Nantunchow has been received at the society's headquarters here.

Miss Fry went to Kuling, where some of the society's workers have sought refuge from the conflict centering around Nantunchow.

"The staff of the hospital, caring for 44 patients, saw eight planes fly overhead and pass on to the cotton mills, where several bombs were dropped," she said. "Workers began removing the bed patients hurriedly from the second floor to the first. A Chinese surgeon finished sewing up a shoulder he had been working on and Dr. Ling, a woman, began work on a painter who fell from the roof of the Tsong Ing Girls' School, supported by the United Christian Missionary Society. The planes came tearing back 25 minutes later and six or seven bombs were loosed in the vicinity of the hospital, one striking in the center rear section, killing the workers mentioned and five patients.

Caught by Bombs.

"One faithful little nurse was close enough to be injured severely, losing her arm. Another nurse, four masons and two laundrymen were caught by a second bomb which struck the side of the kitchen.

"Fire started immediately in the hospital and the way out of the surgical ward was shut off from the patients in the front of it. The patient who had just been operated was shocked to consciousness and slid down a sheet rope to safety. A boy with a tubercular hip in a cast crawled from his burning ward where his little companions had mercifully had an instant end. Miss Vincoe Mushrush scaled a ladder and rescued him. I was just starting down the hallway to the surgical ward to get those patients carried down and surely would have been caught if I had been but a few yards further down the hallway.

"A bomb hit directly the house occupied by Mr. and Mrs. A. C. A. Burch who had left it two days before.

No Help From Outside.

"Telegraphic messages to the American Embassy in Nanking, mission headquarters and the hospital superintendent in Kuling were all so delayed that no help could be given from the outside. Local police and district officials gave all aid possible and when Dr. George L. Hagman arrived, provided a launch to take myself and some of the nurses to Chinkiang where we boarded the train for Nanking.

"In the stations there remain Miss Winona Wilkison and Miss Grace Young at Hofei, where, although they have been advised to get out, they hope to be able to continue with their school and hospital work which has not yet been interrupted. Dr. Brady and Miss Minnie Vautrin and Miss Grace Bauer are still carrying on in Nanking. All seems quiet in the Chuchow district and in Wuhu."

The news letter, in which Miss Fry's description was included, adds:

Group Scattered Badly.

"Our group is badly scattered. All, more or less temporarily, are located in Japan, Manila, Shanghai, Hankow, Peitaho, Hofei, Nanking, Nantung and Kuling," the letter set out. "Some have been evacuated from their stations and others have not been able to return from their vacations.

"As our last letter went out we were hoping that hostilities between Japan and China would be confined to North China. But our hopes were soon blasted when trouble started in Shanghai and the Japanese evacuated all their nationals from the Yangtze valley. The Chinese, in turn, atempted to protect Nanking and central China by blocking the river at a point midway between Nanking and Shanghai. With the military using the telephone and telegraph lines it has taken as long as two weeks to deliver messages by cable and wire."

Lewis Smith, professor in the University of Nanking, commenting on political affairs, said in the news letter: "If Japan is allowed to proceed, all the peace machinery that mankind has built up in centuries has been thrown into discard and any nation is at the mercy of superior armaments. American authorities fear a recrudescence of antiforeign feeling in China. But we have seen no sign of it, except the Chinese resenting that America and Britain have allowed the Japanese to use the International Settlement in Shanghai as a base of military operations against China.

"There is a very real danger that our one remaining exit through South China may be cut off any day and Americans have been urged to leave China as soon as possible. The China Mission is trying to decide what it shall do about evacuation. The problem varies with each missionary and family."

School "Carries On."

"In Kuling," Prof. Smith continued, "only twice have Japanese planes come close enough to alarm us. Over 200 Americans are yet on the hill, also many Britishers, Germans and Russians, besides Chinese. The American school opened Sept. 10 and although the number of students has dwindled considerably they expect to carry on as long as possible. The Lewis Smythes, Dr. L. F. Bradys, James McCallums and Dr. George L. Hagmans all have children enrolled in the school.

"In Nanking people were encouraged to go back to their country homes that the city authorities might better meet the emergencies. Half the stores closed their doors, schools were not allowed to open, Ginling College and Nanking University closed for at least the first semester, and probably a good half of Nanking's population evacuated.

Raids Day and Night.

"A handful of our missionaries were there during three weeks when there were air raids day and night. Considering the number of bombs dropped, damage has been slight. Several buildings were destroyed in and around the Central University. Another set of bombs struck about 300 yards from the American Church Mission compound where McCallum's residence is, in a densely-populated section of the city and it presented a ghastly sight with 100 or more killed and many injured. New raids were made in which Japanese planes were not lost.

"The first floor gymnasium of the community building, with reinforced concrete floors provides a good hideout for protection from shrapnel and antiaircraft shells. Across the street the basement of the five-story Indiana Women's building, built by women of the Christian churches of Indiana, provides a concentration point in times of danger. Gas masks with chemicals have been prepared and are ready for use. Because it became so difficult to round up and count the many children of our workers as well as to look after the needs of outsiders when alarms were sounded, the mothers and children were removed to Hofei, where we hope they will be less disturbed."

美国《印第安纳波利斯星期日星报》对南通基督医院被炸的报道

难民营所在地崇英女中

建置

海安縣

即古寧海縣方輿紀要載晉安帝義熙中分廣陵立海陵郡統五縣寧
五縣之一隋以如皋縣幷入唐始省入海陵又新唐書載唐景龍二年
陵置海安縣開元十年復入唐書志無寧海縣蓋已省入海陵析置
縣當即寧海縣地泰州志刊謬

海安鎮

泰州東一百二十里明初徐達攻江北駐軍海安尋進圍泰州使孫興
鎮於此以斷賊援軍蓋控扼之要地也府志
海防考云鎮居如皋泰州之中東可以控禦狼山通州海門之入西可

《通州张氏宗谱》

保管单位：南通市通州区档案馆

内容及评价：

张謇(1853～1926)，字季直，号啬庵。张謇一生坚持“天地之大德曰生”、“强国富民”的信念，创实业，办教育，兴慈善事业，推行地方自治，经营南通，希望通过自己的实践，描绘“新世界的雏形”，以一条全新之路来示范全国。毛泽东评价说：“中国的民族工业……讲到轻工业，不能忘记张謇”。

1903年，张謇主持修撰《通州张氏宗谱》。《宗谱》共有39卷，主要包括序、纂修名氏、宗祠图、世系表、世德录、家训录、祭田录、张謇应试的乡试硃卷以及参加恩科考试的殿试策等。1928年，张謇的三哥张詧主持对《宗谱》做了续编。

据《宗谱》记载，张謇第一世祖张建因躲避兵乱，从江南常熟土筑山渡江迁移到通州金沙场，定居在后来叫做“三姓街”的地方。四世祖张蓉等堂兄弟十人，建“十张家园”于金西，明正德年间始建家庙。张謇的祖父张朝彦在清嘉庆年间迁往西亭，父亲张彭年后又侨居海门长乐镇（今海门市常乐镇）。《通州张氏宗谱》反映了自第一世张建到第十八世张劭武约600年间通州张氏家族的沿袭情况，是后人研究社会学、家族学十分珍贵而难得的历史文献和资料。

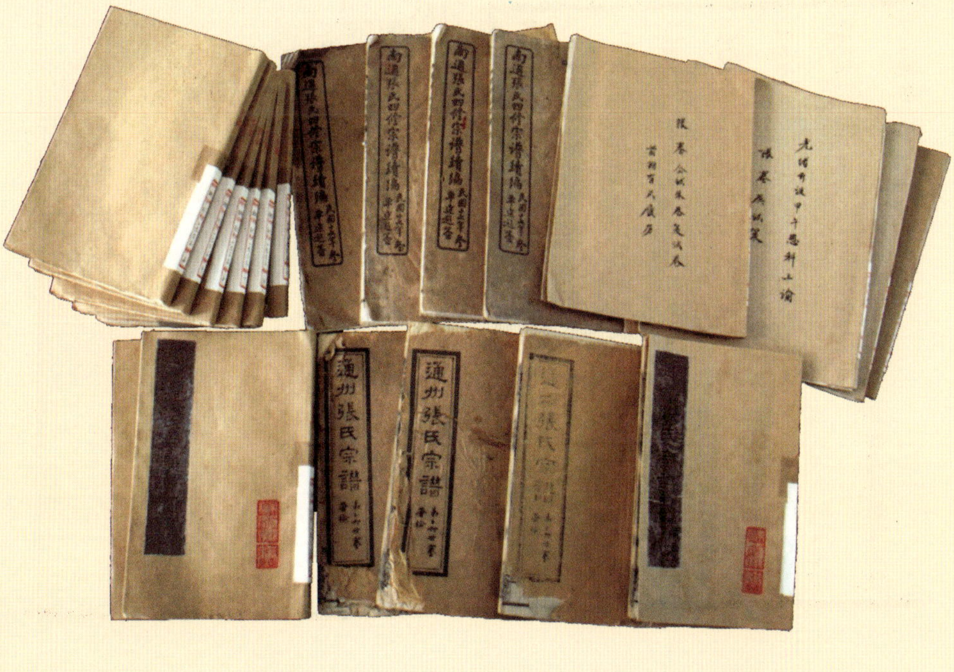

通州区档案馆保存的《通州张氏宗谱》

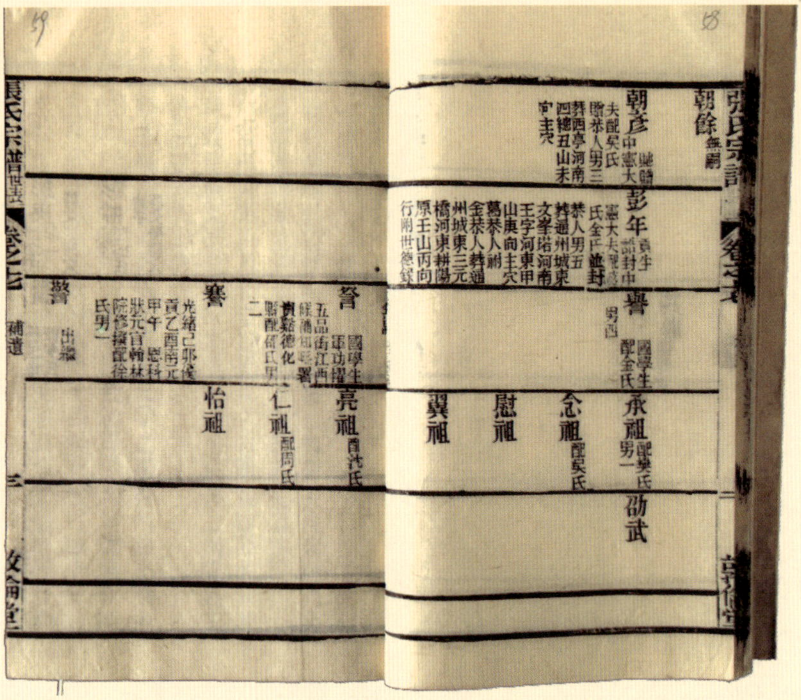

朝餘 無嗣
朝彥
彭年
詧
承祖
念祖
慰祖
翼祖
劭武
謇
亮祖
仁祖
怡祖

世系表之十四世（张謇的祖父张朝彦）、十五世（张謇的父亲张彭年）、十六世（张謇、张詧等）

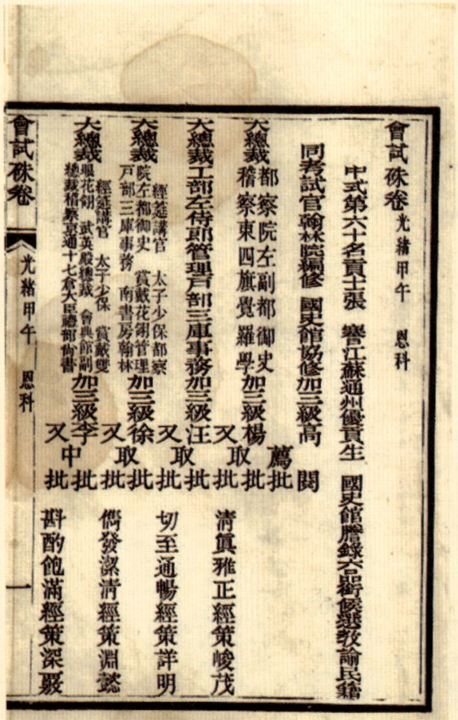

會試硃卷 光緒甲午 恩科
中式第六十名貢士張謇 江蘇通州優貢生 國史館謄錄六品銜候選教諭民籍
同考試官翰林院編修 國史館協修加三級高 閱
薦批
大總裁都察院左副都御史稽察東四旗覺羅學加三級楊 又取批 清真雅正經策峻茂
大總裁工部左侍郎管理戶部三庫事務加三級汪 又取批 切至通暢經策詳明
大總裁經筵講官太子少保都察院左都御史賞戴花翎管理戶部三庫事務南書房翰林加三級徐 又取批 儁發深清經策淵懿
大總裁經筵講官太子少保賞戴雙眼花翎武英殿總裁會典館副總裁稽察京通十七倉大臣禮部尚書加三級李 又中批 斟酌飽滿經策深聚
會試硃卷 光緒甲午 恩科 一

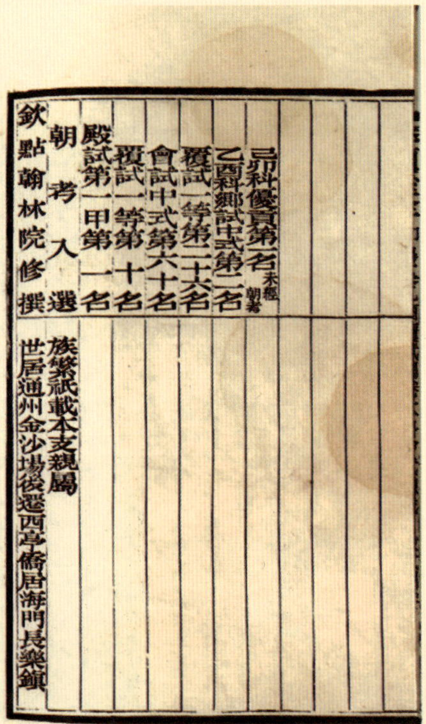

己卯科優貢第一名 朝考未經
乙酉科鄉試中式第二名
覆試一等第二十六名
會試中式第六十名
覆試一等第十名
殿試第一甲第一名
朝考入選
欽點翰林院修撰
族繁祇載本支親屬
世居通州金沙場後遷西亭僑居海門長樂鎮

张謇在《会试硃卷》中自开的履历籍贯

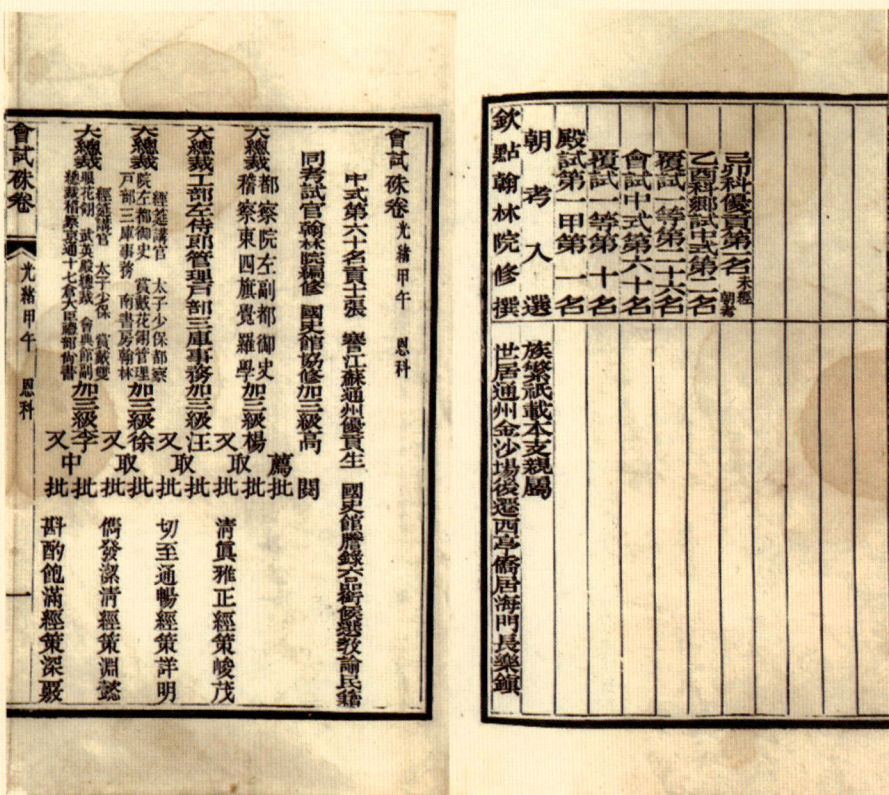

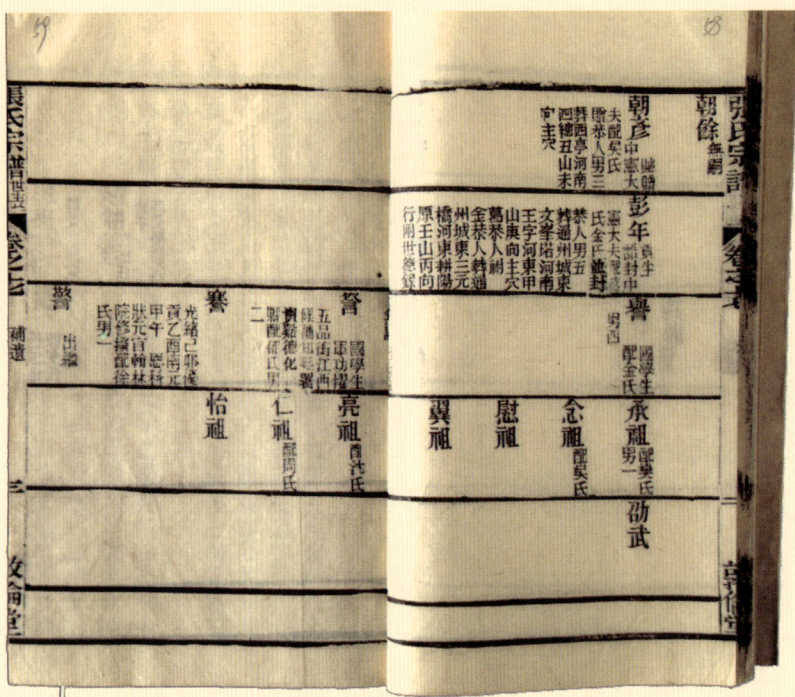

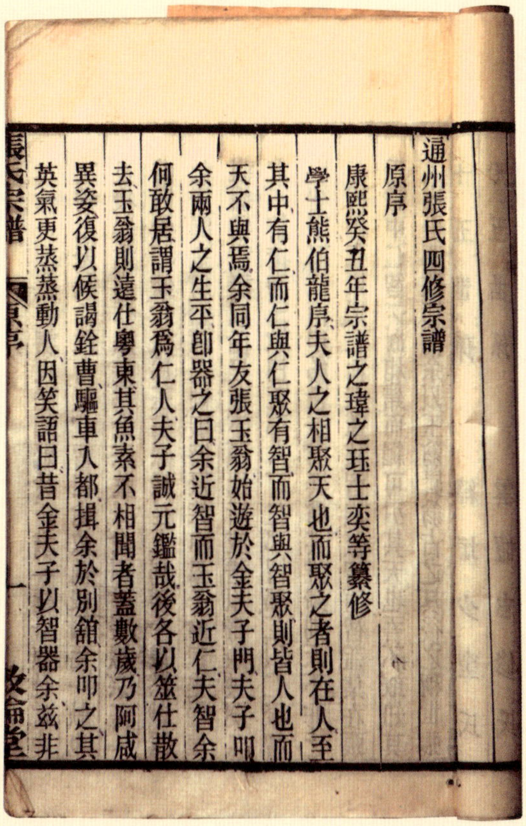
通州張氏四修宗譜
原序
康熙癸丑年宗譜之瑋之珏士奕等纂修
學士熊伯龍序夫人之相聚天也而聚之者則在人至
其中有仁而仁與仁聚有智而智與智聚則皆人也而
天不與焉余同年友張玉翁始遊於金夫子門夫子叩
余兩人之生平卽器之曰余近智而玉翁近仁夫智余
何敢居謂玉翁爲仁人夫子誠元鑑哉後各以筮仕散
去玉翁則遠仕粤東其魚素不相聞者蓋數歲乃阿咸
異姿復以候謁銓曹驅車入都揖余於別館余叩之其
英氣更蒸蒸動人因笑語曰昔金夫子以智器余茲非
張氏宗譜 卷一 原序 一 敦倫堂

《通州张氏宗谱》原序

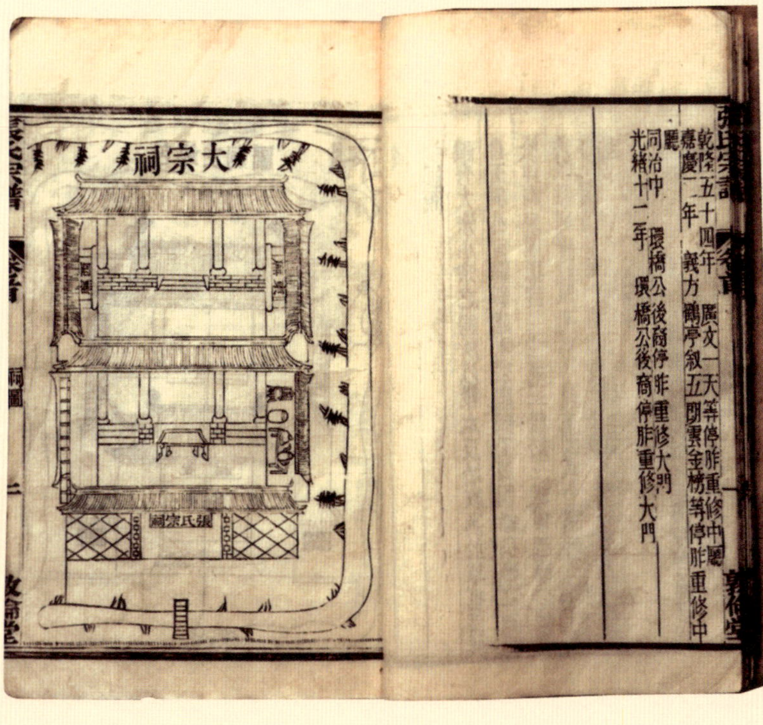

大宗祠

《海陵丛刻》

保管单位：海安县档案馆

内容及评价：

海安历史悠久，是江海文化的源头，海安及周边数县古称海阳，汉时改称海陵，自古是苏中和里下河地区入江通海的重要枢纽，历来人文荟萃，市场繁荣，文化昌盛。《海陵丛刻》是一部汇集海陵地方宋、元、明、清16家著述，内容极为丰富庞杂，涉及多方面知识的地方百科丛书，依种类分序排列，共23种67册。计有：《退庵笔记》6册、《梓里旧闻》2册、《退庵钱谱》3册、《海陵集》4册、《林东城文集》2册、《小学骈支》4册、《运气辩》2册、《依旧草文集》7册、《敬止集》2册、《庭闻州世说》2册、《微尚录存》1册、《春秋长历集证》4册、《海安考古录》3册、《绘事微言》2册、《陆莞泉医书》6册、《柴墟文集》4册、《东皋诗集》1册、《发幽录》1册、《双虹堂诗选》4册、《先我集》4册、《保越录》1册、《北辕录》1册、《袁景宁集》1册。

《海陵丛刻》的编纂刊印始于1919年冬，历时十余年完成，为研究苏北海陵地区的历史、文化、水工、医学等，提供了宝贵的资料。

《海陵丛刻》全集

全文：

《海陵丛刻》第十三种《海安考古录》康序

康发祥

国朝顾亭林作京东考古录，又山东考古录，朱竹垞作日下旧闻，周栎园作闽中小记等书，或纪京都，或纪省城，博采广搜，扩人睹记。海安乃泰州之一邑耳，其景光较京都省城为最狭，其记载较京都省城为更难。盖京都省城山川、人民、物产、金石，如入波斯宝藏，采掇甚便。区区一邑，艰于闻见，父老无传，妇竖不道，若非穷搜冥索，何能辑有成书。王丈叶衢，年登耄耋，不乐仕进，闭户著书，凡有闻见，即书片纸，藏弆箧中，日久成轶，如陶九成辍耕一书，盖收藏于敝瓮中之败叶为之也。其书厘为四卷，分为十一门，建置、水利、祠祀、古迹、人物、禁令、艺文等，罔不赅备。其著作视顾亭林、朱竹垞诸君之考古，余不敢遽为轩轾而较，邗上焦理堂北湖小志一书，亦岂多让乎。寄余览竟，即为之序说如此。

同治二年，岁次癸亥，秋九月，重阳节后三日，伯山康发祥並书，时年七十有六。

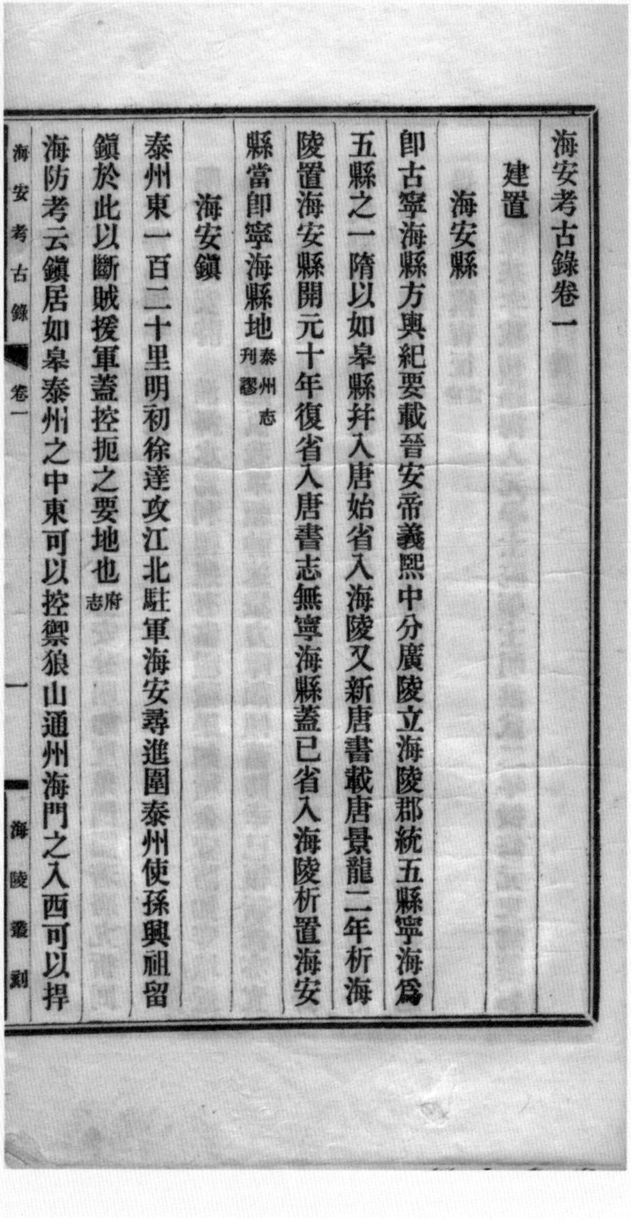
海安考古錄卷一
建置
海安縣
卽古寧海縣方輿紀要載晉安帝義熙中分廣陵立海陵郡統五縣寧海爲
五縣之一隋以如皋縣并入唐始省入海陵又新唐書載唐景龍二年析海
陵置海安縣開元十年復省入唐書志無寧海縣蓋已省入海陵析置海安
縣當卽寧海縣地泰州志刊謬
海安鎮
泰州東一百二十里明初徐達攻江北駐軍海安尋進圍泰州使孫興祖留
鎮於此以斷賊援軍蓋控扼之要地也府志
海防考云鎮居如皋泰州之中東可以控禦狼山通州海門之入西可以捍
海安考古錄 卷一 一 海陵叢刻

《海安考古录》系《海陵丛刻》第十三种，清朝中叶王叶衢编纂、徐怀玉绘图，是反映海安历史变迁的一部重要著作。

全文：

《海安考古录》沈序

沈潆

古之工志略者百家，皆出于先世父兄闻见积累以得之，若司马、班、范、刘、李以降可睹矣。其有草野搜罗乡耆遗者，辛苦摭拾而补志略所未备者，则不在此数。然及其至也，缙绅先生侈然论古，一切卑近若不足为而问之。以目睫之事于其山川里居人民城郭，有日与谘询而不知其毫末者，至于谈乡曲学问，渊源本末，则诸公歉然，各有所避让，此非其大惑也，自以为有则皆乌有也。王君叶衢先生，居三塘，历有年，所被沐父兄之教，凡自小学以入太学，敬宗收族，莫不得其大纲。早年事帖，括中道辍书，年益长而悔之，乃始采前言往行，以资闻见。而泰邑文献凋零，微言就绝一时，年少气锐，方共诋论，以为不切于事。每至耕锄之余，琴书之暇，有触于心，必默志而私求之。家罕书籍，博采古今记载，手口俱瘁，汇成三塘考古录若干卷，其间建置沿革，里居人物，本末条贯，洽闻殚见，有老师宿儒所不能道者，而一一以详载之。质敏而志专，学劬而识诣，穷坐辋川别墅，莳花艺竹，未尝出户。限之外而网罗旧闻如指诸掌，譬之东方生三冬，文史可以足用，陆贾贾山辈掇拾秦汉近事以资口辩，而时人谓其知务此类是也。三塘自国初时，巍科显仕甲于一郡，近者风气蒸蒸日上，事迹载州志者本略。又以修志时纷纷聚讼，迄无完书转贻邗谬之，诮此书出而州志之大略已可概见，谓非补拾阙疑之深心也哉。先生年近八旬，精神矍铄，耳目聪明，灯下犹能作楷，所刻璧合珠联，已风行海角。近又刊亡友徐香谷诗，表微阐幽，无意不备，余为之深嘉重叹，不独喜三塘古迹之有据，而由今以往，使人人不惮烦于考核，而熟复其用心行事，将见草野之怀珍，不让台阁之结绶，而士品民心人伦风俗之大似，不无少。补云。

咸丰庚申仲春学晚沈潆谨序。

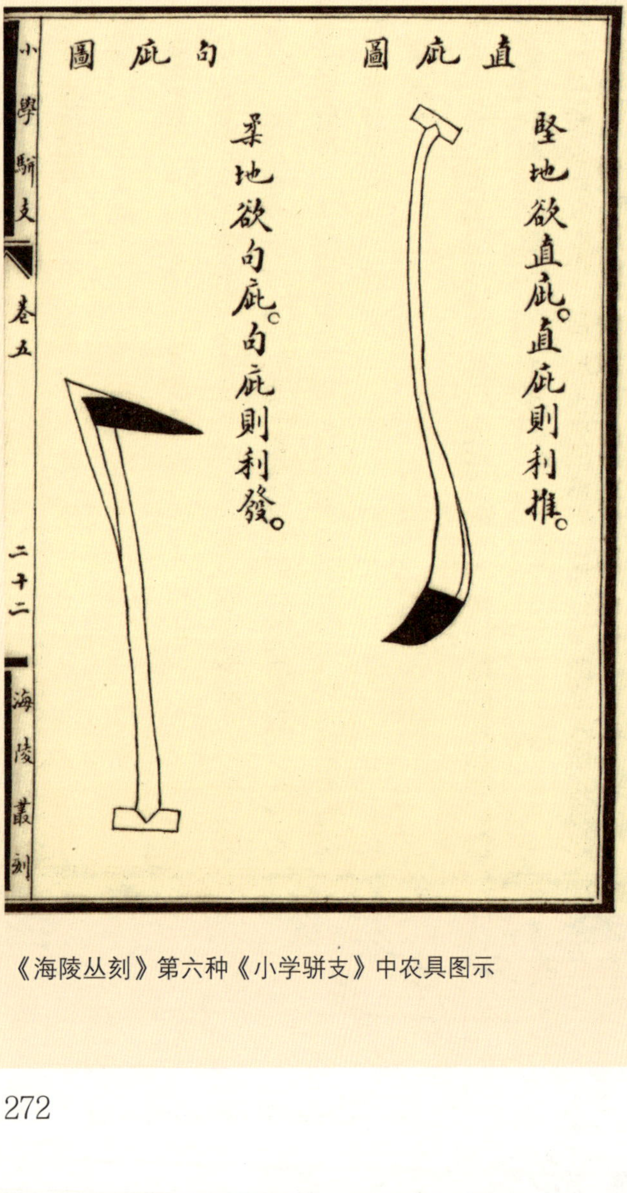

《海陵丛刻》第六种《小学骈支》中农具图示

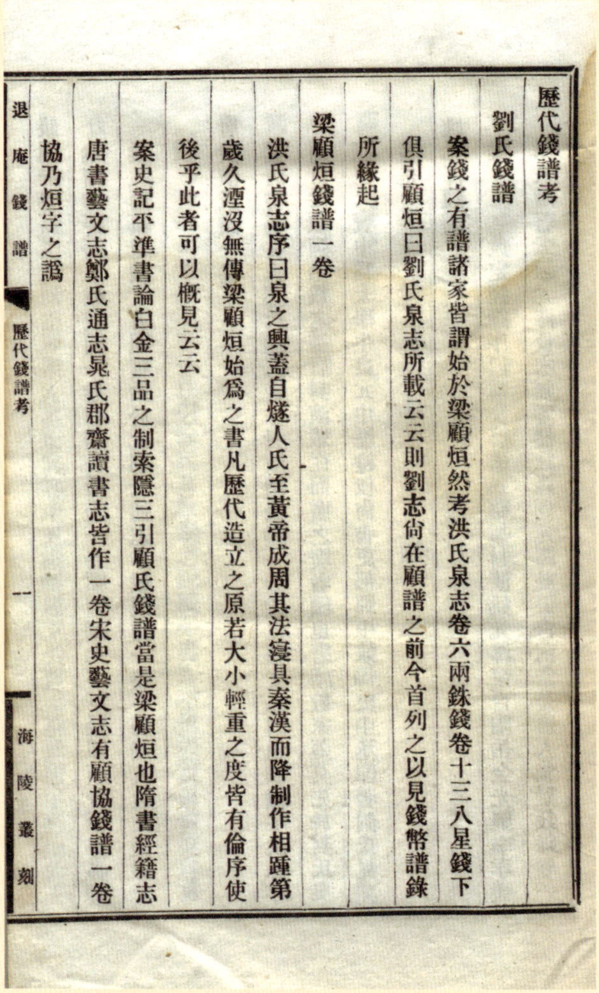

歷代錢譜考

劉氏錢譜

案錢之有譜諸家皆謂始於梁顧烜然考洪氏泉志卷六兩銖錢卷十三八星錢下俱引顧烜曰劉氏泉志所載云云則劉志尚在顧譜之前今首列之以見錢幣譜錄所緣起

梁顧烜錢譜一卷

洪氏泉志序曰泉之興蓋自燧人氏至黃帝成周其法寖具秦漢而降制作相踵第歲久湮沒無傳梁顧烜始爲之書凡歷代造立之原若大小輕重之度皆有倫序使後乎此者可以概見云云

案史記平準書論白金三品之制索隱三引顧氏錢譜當是梁顧烜也隋書經籍志唐書藝文志鄭氏通志晁氏郡齋讀書志皆作一卷宋史藝文志有顧協錢譜一卷協乃烜字之譌

退庵錢譜　歷代錢譜考　一　海陵叢刻

《历代钱谱考》系《海陵丛刻》第三种，清代夏荃撰写的钱币图书。

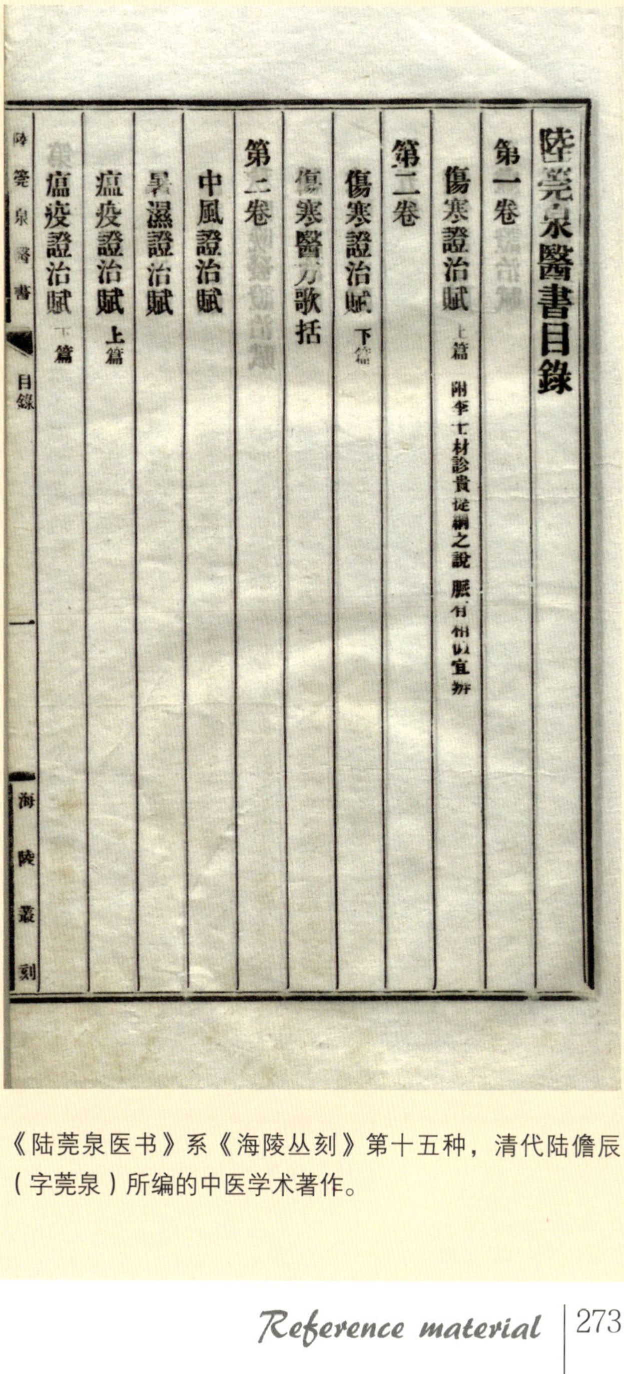

陸莞泉醫書目錄

第一卷

傷寒證治賦上篇 附李士材診貴從綱之說 脈有相似宜辨

第二卷

傷寒證治賦下篇

傷寒醫方歌括

中風證治賦

第三卷

暑濕證治賦

瘟疫證治賦上篇

瘟疫證治賦下篇

陸莞泉醫書　目錄　一　海陵叢刻

《陆莞泉医书》系《海陵丛刻》第十五种，清代陆儋辰（字莞泉）所编的中医学术著作。

《如皋县志》

保管单位：如皋市档案馆

内容及评价：

民国时期编修的《如皋县志》，因主纂为沙元炳，又被称为沙修《如皋县志》。沙修县志纂修于1915年，计18册20卷。1933年，前3册计5卷得以刊印，后15卷未能印刷。其独特之处就是：除前3册计5卷印刷之外，后15册15卷均为原稿，其中文字皆由当时编纂人员以蝇头小楷誊写，装订成册。

《如皋县志》计20卷18册。其卷首：志序5、编纂崖略1、纂修题名1、星野1，设有全县分区图样并附图说。卷1：区域。卷2~3：建置。卷4：民赋。卷5：典礼、防卫、邮置。卷6~9：食货、学校、秩官、选举。卷10~14：人物。卷15~17：烈女。卷18~19：艺文。卷20：祥祲。卷末有旧志序8及跋1。《如皋县志》反映了如皋悠远的发展历史和丰厚的文化底蕴。

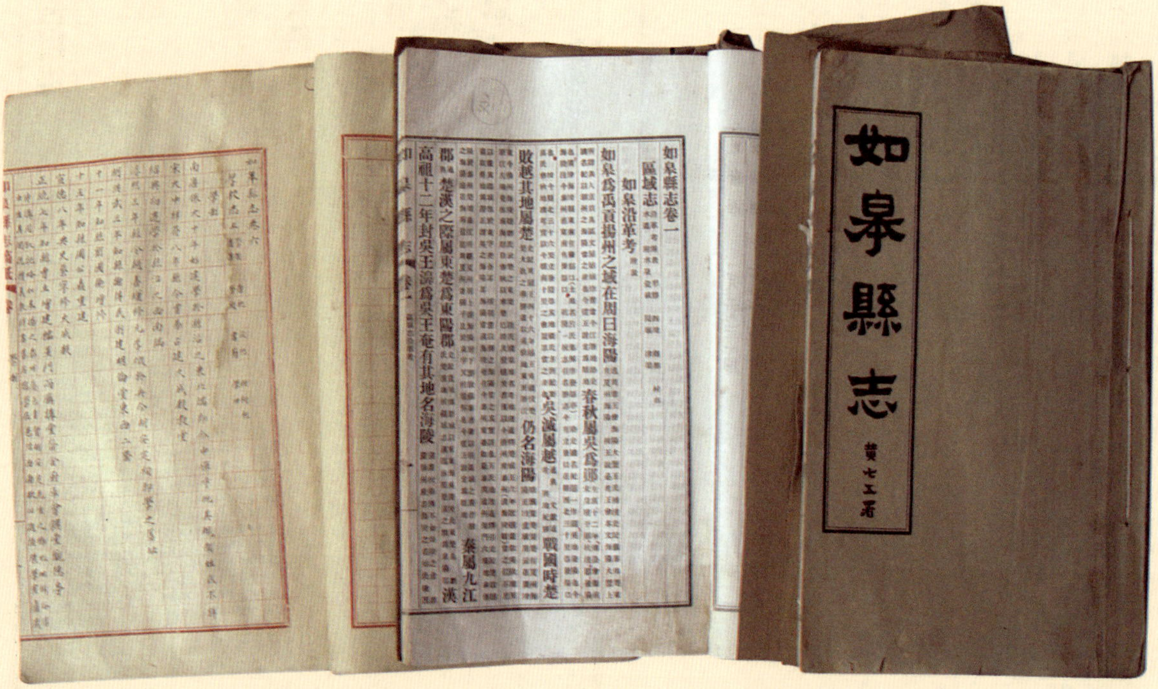

沙修《如皋县志》前五卷为印刷版，从第六卷开始一直未能刊印，为当时编纂人员以蝇头小楷誊写而成。

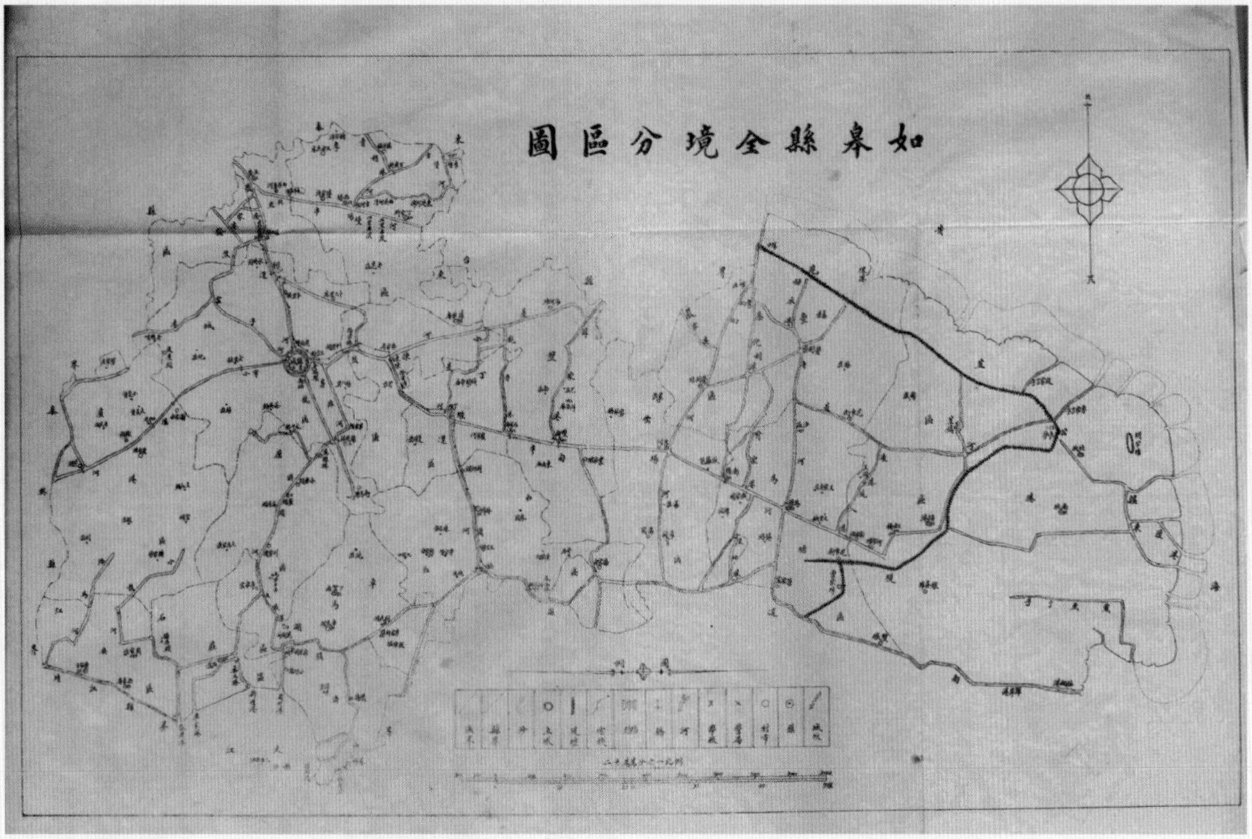

《如皋县志》卷首中“如皋县全境分区图”

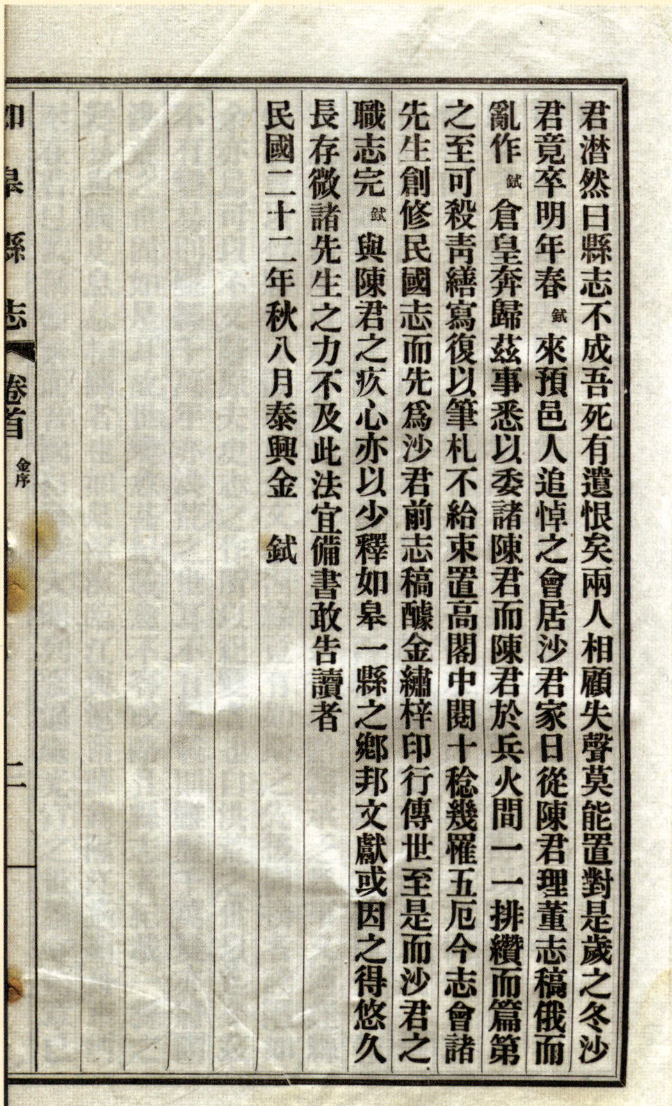

要惜也先是志局設立沙君招致一時知名之士素心晨夕商學論文卒卒數年間總纂泰興沈君海秋溘然先逝其他共事諸君强半或亡或去時鉽方自彭澤歸來沙君亟引鉽及其同里陳君相助爲理鉽與沙沈二君皆布衣昆弟之交平生相同出處而於陳君又夙有相知之雅以是不敢辭屬草未定而沙君又病病久且亟猶時時倚枕衡量文字一日鉽偕陳君入視沙

君潛然曰縣志不成吾死有遺恨矣兩人相顧失聲莫能置對是歲之冬沙君竟卒明年春鉽來預邑人追悼之會居沙君家日從陳君理董志稿俄而亂作鉽倉皇奔歸茲事悉以委諸陳君而陳君於兵火間一一排纘而篇第之至可殺青繕寫復以筆札不給束置高閣中閱十稔幾罹五厄今志會諸先生創修民國志而先爲沙君前志稿醵金繡梓印行傳世至是而沙君之職志完鉽與陳君之疚心亦以少釋如皋一縣之鄉邦文獻或因之得悠久長存微諸先生之力不及此法宜備書敢告讀者

民國二十二年秋八月泰興金鉽

如皋縣志　卷首　金序　二

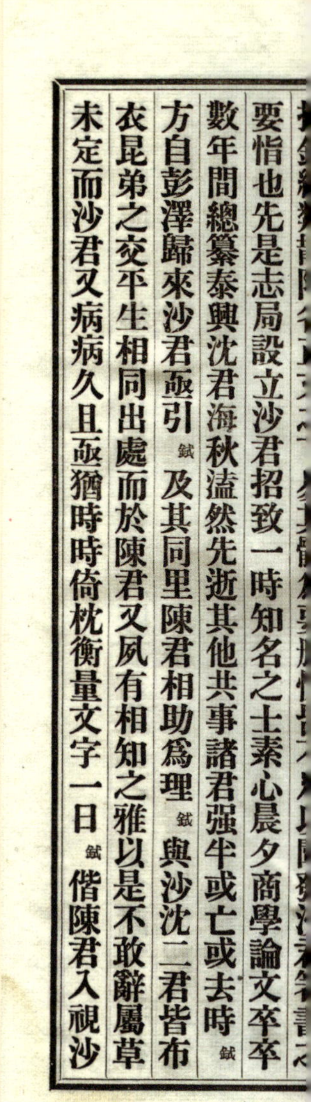

《如皋县志》序

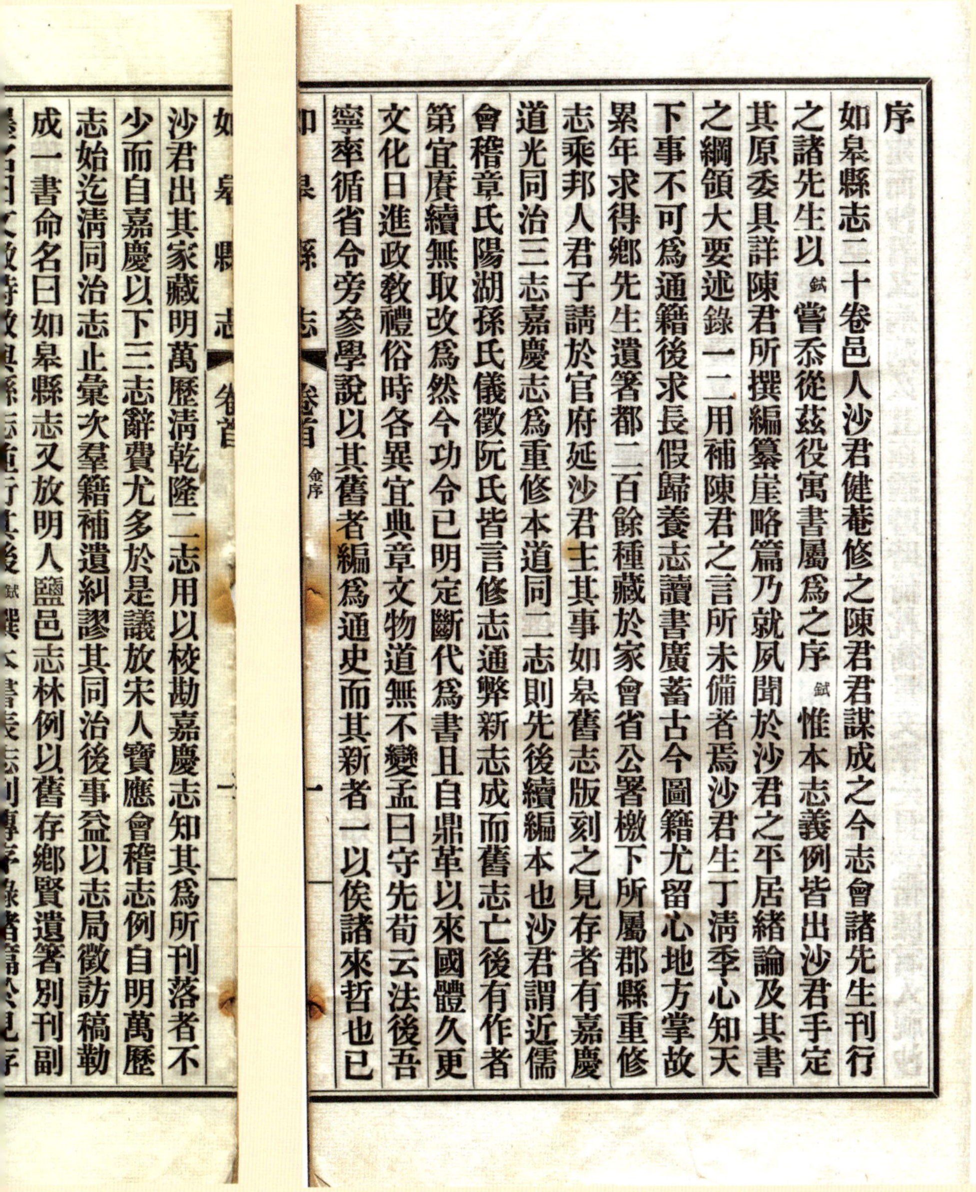

序

如皋縣志二十卷邑人沙君健菴修之陳君君謀成之今志會諸先生刊行之諸先生以（鉽）嘗忝從茲役寓書屬爲之序（鉽）惟本志義例皆出沙君手定其原委具詳陳君所撰編纂崖略篇乃就夙聞於沙君之平居緒論及其書之綱領大要述錄一二用補陳君之言所未備者焉沙君生丁清季心知天下事不可爲通籍後求長假歸養志讀書廣蓄古今圖籍尤留心地方掌故累年求得鄉先生遺箸都二百餘種藏於家會省公署檄下所屬郡縣重修志乘邦人君子請於官府延沙君主其事如皋舊志版刻之見存者有嘉慶道光同治三志嘉慶志爲重修本道同二志則先後續編本也沙君謂近儒會稽章氏陽湖孫氏儀徵阮氏皆言修志通弊新志成而舊志亡後有作者第宜賡續無取改爲然今功令已明定斷代爲書且自鼎革以來國體久更文化日進政教禮俗時各異宜典章文物道無不變孟曰守先荀云法後吾寧率循省令旁參學說以其舊者編爲通史而其新者一以俟諸來哲也已

如皋縣志　卷首　金序　一

如皋縣志　卷首

沙君出其家藏明萬歷清乾隆二志用以校勘嘉慶志知其爲所刊落者不少而自嘉慶以下三志辭費尤多於是議放宋人寶應會稽志例自明萬歷志始迄淸同治志止彙次羣籍補遺糾謬其同治後事益以志局徵訪稿勒成一書命名曰如皋縣志又放明人鹽邑志林例以舊存鄉賢遺箸別刊副

民国如皋老报纸

保管单位：如皋市档案馆

内容及评价：

如皋市档案馆保存有1931～1949年间部分地方报纸，是研究该时期如皋历史的重要参考材料，主要有：

一、《皋声报》

1946年7月创刊，系国民党如皋县政府机关报。日刊，初为4开4版，1948年扩为对开4版，发行数500份。1949年1月如皋城解放前夕停刊。现馆藏计7册，350份，是老报纸中数量最多的一种。

二、《如皋民报》

1932年11月创刊，属私人创办的地方报。对开4版，日刊，发行数1500份。1938年3月，日军侵占如皋城前夕停刊。现馆藏计1册35份，时间自1935～1938年。

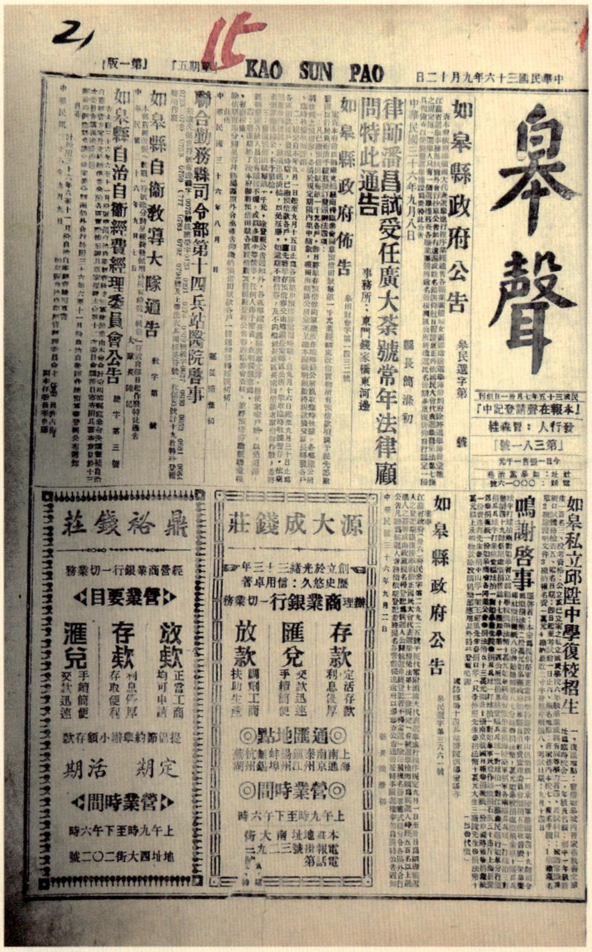

《皋声报》

三、《皋报》

1928年冬创刊，初名《如皋报》，系国民党如皋县党部机关报。对开4版，周刊，发行数1500份。1930年1月，改名为《皋报》，对开4版，日刊，发行数1000份。1938年3月，因日军入侵停刊。现馆藏计2册52份，自1931～1936年。

日寇侵占东三省后，该报曾设专栏《怒吼》，为反日救国宣传特刊，反映了如皋人民抗日斗争的史实，为研究如皋人民斗争史提供了重要史实依据。

四、《如皋日报》

一为1934年11月创刊，国民党如皋县党政机关报。4开2版，日印行600份。1938年3月，日军占领如皋即停办。现馆藏计1份，由陈立夫亲为题写报名。

一为日军侵占如皋后，1938年秋由汪伪如皋县政府宣传部创刊，先称《新皋报》，4开2版，3日刊，后改为4开4版，日刊，发行数1500份。1941年5月更名《如皋日报》。1945年9月，新四军收复如皋城前夕停刊。现馆藏计210份，时间自1939～1944年。

如皋報

怒吼

反日宣傳特刊
救國

人民與軍隊之合作

怒吼謠

歡送將主席北上收回失地

《如皋报》

全文：

怒吼谣

沐如

怒吼！怒吼！
不怕跳梁小丑，
奋其神威，
杀敌致果，
来同日本鬼儿斗。
倭奴呀！倭奴呀！
你是银样镴枪头，
你经受得住——
我锐利的牙，如钩的爪，
海阔样的口？
咤叱风云，万众一心，
杀他个片甲不存，
鸡犬同尽，
方才罢手！

（选自1931年11月29日《如皋报》第四版）

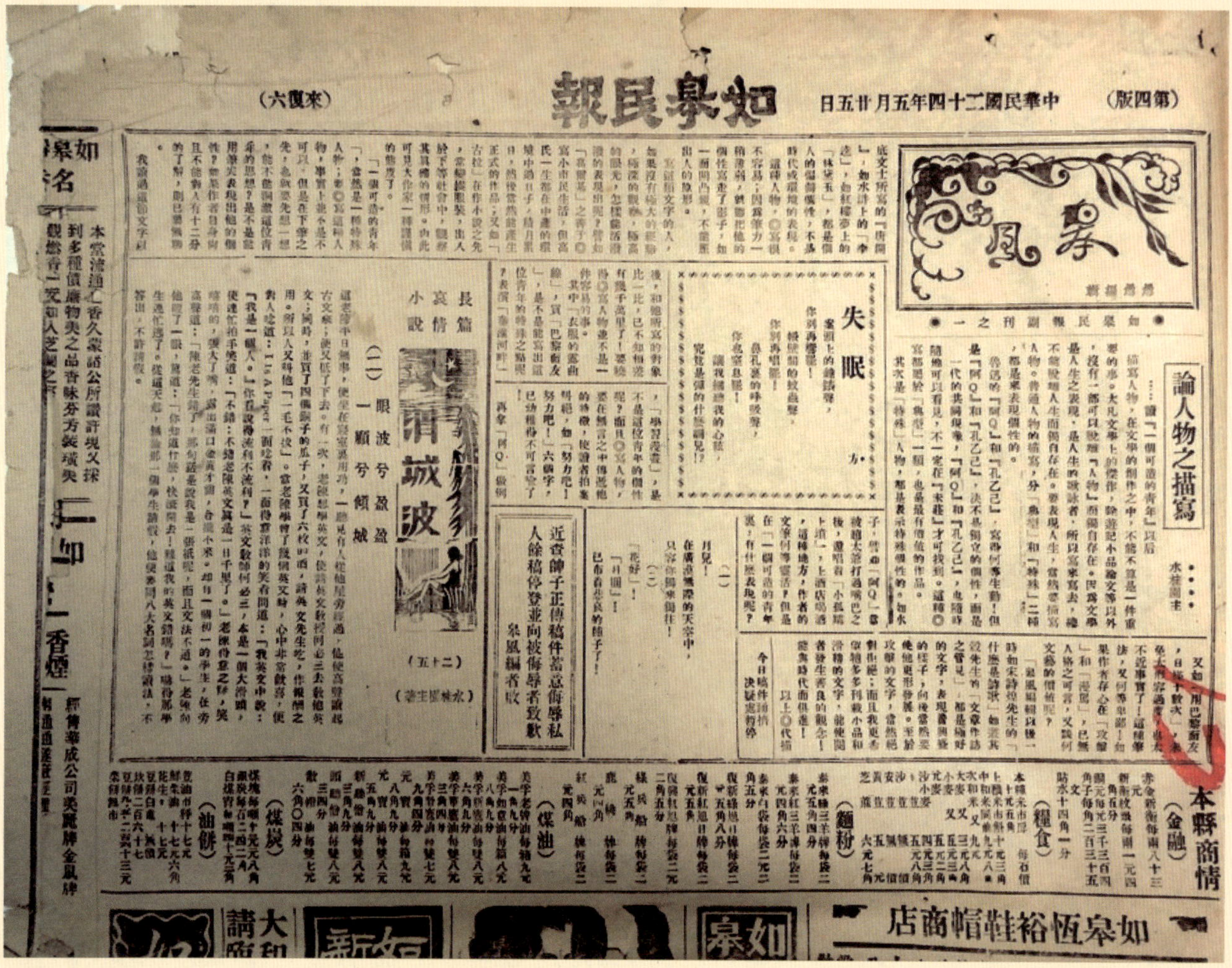
(第四版) 中華民國二十四年五月廿五日 如皋民報 (六復來)

皋風 如皋民報副刊之一

論人物之描寫

……讀「一個可憐的青年」以後

描寫人物，在文學的創作之中，不能不算是一件重要的事。大凡文學上的傑作，除遊記小品論文等以外，沒有一部可以脫離『人物』而獨自存在。因爲文學是人生之表現，是人生的歌詠者，所以寫來寫去，總不能脫離人生而獨自存在。要表現人生，當然要描寫人物。普通人物的描寫，分『典型』和『特殊』二種，都是來表現個性的。

魯迅的『阿Q』和『孔乙己』，寫得何等生動！但是『阿Q』和『孔乙己』，決不是個性的個性，而是一代的共同現象，『阿Q』和『孔乙己』，也隨時隨地可以看見，不一定在『未莊』才可找到。這種◎寫都是於『典型』一類，也是最有價值的作品。其次是『特殊』人物，都是表示特殊個性的。

失眠

方·

案頭上的鐘錶聲，
你別再響罷！
牆壁間的蚊蟲聲，
你別再唱罷！
鼻孔裏的呼吸聲，
你也寧息罷！
讓我摸索我的心弦，
究竟是彈的什麼調兒!?

長篇哀情小說

滑城波

近查韓子正傳稿件蓄意侮辱私人餘稿停登並向被侮辱者致歉 皋風編者啟

本縣商情

(金融) (糧食) (麵粉) (煤油) (煤炭) (油餅)

如皋恆裕鞋帽商店

《如皋民报》

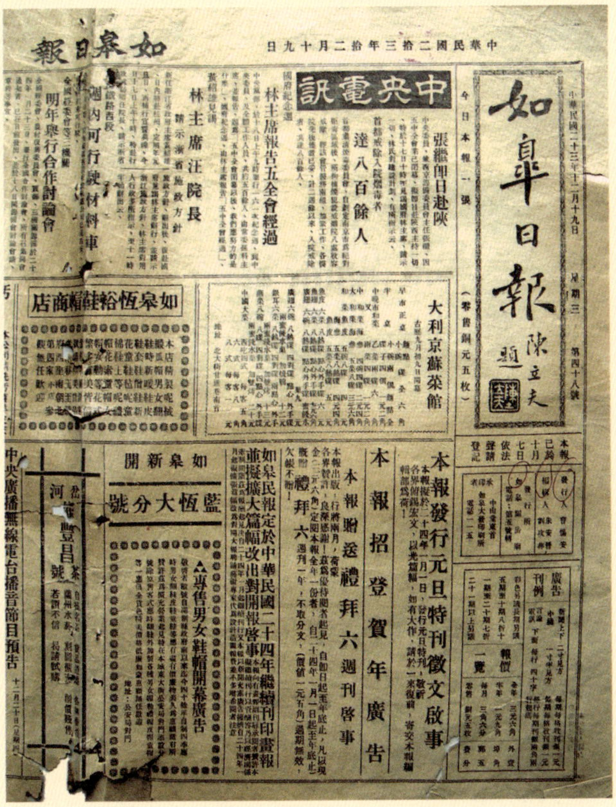
如皋日報
中華民國二拾三年拾二月十九日
中央電訊
張繼即日赴陝
達八百餘人
林主席報告五全會經過
林主席汪院長
明年舉行合作討論會
如皋恆裕鞋帽商店
大利京蘇菜館
本報發行元旦特刊徵文啟事
本報招登賀年廣告
本報贈送禮拜六週刊啟事
如皋民報定於中華民國二十四年繼續刊印畫報並擴大篇幅改出對開報啟事
如皋新開
藍恆大分號
中央廣播無線電台播音節目預告

《如皋日报》

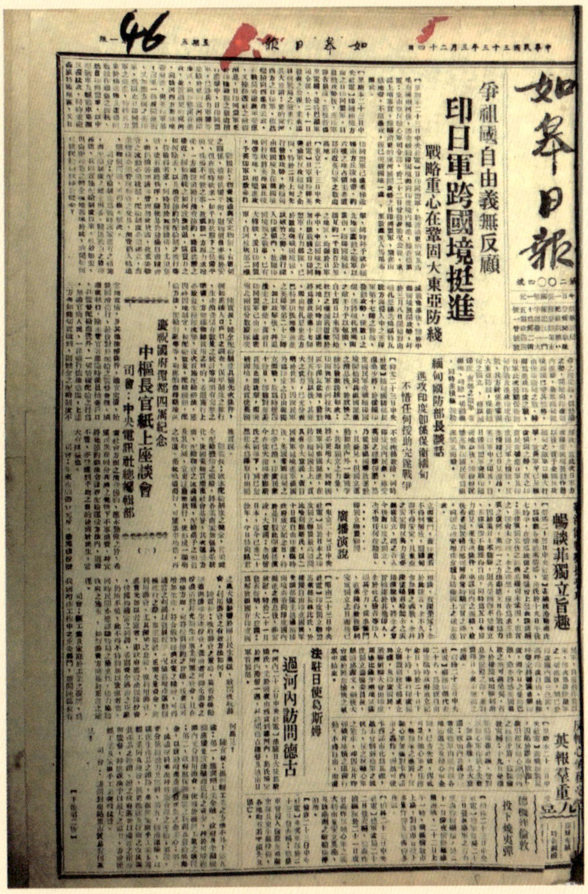
如皋日報
爭祖國自由義無反顧
印日軍跨國境挺進
戰略重心在鞏固大東亞防綫
暢談菲獨立旨趣
慶祝國府還都四週紀念
中樞長官紙上座談會
廣播演說
過河內訪問德古

汪伪如皋县政府宣传部刊印的《如皋日报》

后记

早在《江苏省明清以来档案精品选》（当时称《江苏档案精品集》）酝酿阶段，本书执行编辑造访江苏省档案局利用部时，获悉了相关消息，并就草案进行了探讨。回通向领导汇报后，未雨绸缪开展了准备工作。

江苏省档案局在2011年全省档案局馆长会议上，提出了编辑《江苏档案精品集》的工作要求，并于2011年5月印发《关于编辑出版〈江苏档案精品集〉的通知》。南通市档案局为切实做好这项工作，于2011年8月17日发文（通档发〔2011〕31号）成立了《江苏档案精品集（南通卷）》（下称《南通卷》）编纂委员会，苏远明任编委会主任，许建华任编委会副主任，编委会成员有：韦圣霞、陈力、周光银、卫健、宋建平、樊祥标、查玉华、张新丽、吴建忠、朱江。

随后市档案局立即组织相关人员开始档案查阅甄选编辑工作，该项工作是沿着两条线展开的。一条线是由执行编辑对南通市档案馆的馆藏进行摸底，初步梳理了入选标准，同时提出了具体入选的档案，由相关同志分工研读档案并撰写书稿。另外一条线是执行编辑利用各种方式，去南通所辖的县（市、区）档案馆，与有关领导和专家研讨该馆哪些档案可以入选《南通卷》，以及在《南通卷》里呈现的形式。这两条线几乎是齐头并进的，其间有无数的交流与沟通，也就是在相互的切磋中，形成了本书的雏形。

2012年3月16日，《江苏档案精品集》（丛书）编纂业务会在南京召开。2012年4月12日，南通市档案局组织各有关单位主要撰稿人在市档案局召开第一次《南通卷》撰稿人座谈会，与会人员有朱江、朱慧、林小立、陈天扬、周丽君、谢国志、王巧云、钱晓慧、陈刚、宁莉燕，各单位交流编纂工作情况，市档案局传达省局会议精神，解读编辑大纲，总结并部署下一步工作。2012年7月11日，编纂工作接近收官阶段，南通市档案局召集主要撰稿人在市档案局召开了第二次《南通卷》撰稿人座谈会，与会人员有朱江、朱慧、林小立、陈天扬、周丽君、谢国志、王巧云、徐洁、钱晓慧、陈刚、宁莉燕，会上各单位交流编纂工作完成情况，讨论对已编纂完成部分的修改工作，并部署收尾阶段工作。

所有撰稿人的初稿汇总后，由本书执行编辑进行编辑。编辑工作依对象分两个方面。涉及南通市档案馆部分，先对初步入选的内容进行斟酌，根据实际情况有所增删；随后对“内容及评价”进行审核与校订，并尽可能统一行文风格；选定最终扫描的档案，加文字说明；选定公布的档案原文，并进行文字处理。南通市档案馆之外的部分，由相关撰稿人各自负责拟写，执行编辑主要做文字的把关工作。

2012年9月13日，本书文字稿交省档案局利用部，12月20日提交档案扫描图片。书稿的形成过程是枯燥的，也是艰苦的，甚至还要面对许多预想不到的困难和干扰。然而热心人更多，其间，张謇研究中心的张廷栖、赵鹏、戴致君、陈炅等前辈，对于本书原文公布提供了很多的便利和帮助；曹晓红、朱光洲、朱军红、王薇、蔡筱筱、钱飒、孟优优等人，在档案的扫描方面助了一臂之力。

2013年3月29日，副主编许建华与朱江在省档案局利用部，与相关同志一起就《南通卷》的修改进行了面对面的交流，并达成共识。回通后，执行编辑对原有部分内容进行了较大范围的修订，新入选的档案内容的介绍则由陈春华承担。

2013年8月13日，省档案局在南京召开《江苏省明清以来档案精品选》审稿会。根据会议精神和针对《南通卷》所提意见，南通市档案局特地召开第三次撰稿人会议，出席会议者为朱江、朱慧、陈春华、陈天扬、周丽君、王巧云、徐洁、钱晓慧、陈刚、韩亚楠。与会人员对《南通卷》整体进行了评议，并根据执行编辑的意见，就各自内容的修改发表意见。会后，与会人员根据分工，在很短的时间内对书稿进行校订，并由执行编辑汇总，交省档案局。

本书的出版凝聚了南通档案人的大量心血，在本书编委会的领导下，以下人员参与了编写工作，分工如下：

朱江编写：大生纱厂创办初期的档案、淮海实业银行、有斐馆、天生港电厂、南通绣织总局、民国南通县政府、民国南通警察局、张謇、吴寄尘、麦文果；朱慧编写：通海垦牧公司、大有晋盐垦公司、大丰盐垦公司、大豫盐垦公司、伪南通县自治会、张詧、张孝若、韩国钧；林小立编写：大生沪事务所、大达内河轮船公司、南通县商会、南通保坍会、南通沙田局、中央合作金库南通支库、严志达、魏建功；陈春华编写：南通师范学校、翰墨林印书局、南通博物苑、南通女子师范学校、军山气象台；陆桂枫编写：大生第二纺织公司、大生第三纺织公司、伪苏北地区清乡主任公署；王巧云编写：海安县委工作通报、海安县支前献粮工作文件、海陵丛刻；周丽君编写：中国共产党江苏如皋县委印、如皋县县政府通告、如皋县志、民国如皋老报纸；徐洁编写：如东支前民工证件、管惟炎；谢国志编写：通州张氏宗谱；钱晓慧编写：民国海门县地籍原图、民国海门老照片；陈刚编写：新四军东南警卫团名册、江允昇烈士手书；陈国瑞编写：特来克；宁莉燕编写：南通州基督医院老照片。

在《南通卷》编辑过程中，江苏省档案局的薛春刚、方毓宁、刘鸿浩一直关心这项工作，给予了精心的指导，朱子文对本书进行了审读，为本书顺利问世作出了贡献。

编　者

2013年9月

图书在版编目（CIP）数据

江苏省明清以来档案精品选·南通卷／江苏档案精品选编纂委员会编. --南京：江苏人民出版社，2013.10

ISBN 978-7-214-10840-1

Ⅰ.①江… Ⅱ.①江… Ⅲ.①档案资料—汇编—南通市 Ⅳ.①K295.3

中国版本图书馆CIP数据核字（2013）第240127号

书　　名	江苏省明清以来档案精品选·南通卷
编　　者	江苏档案精品选编纂委员会
责任编辑	韩鑫　朱超　石路
责任监制	王列丹
出版发行	凤凰出版传媒股份有限公司 江苏人民出版社
出版社地址	南京市湖南路1号A楼，邮编：210009
出版社网址	http://www.jspph.com http://jspph.taobao.com
经　　销	凤凰出版传媒股份有限公司
照　　排	江苏凤凰制版有限公司
印　　刷	江苏凤凰新华印务有限公司
开　　本	880毫米 × 1230毫米　1/16
总 印 张	227.5　插页56
总 字 数	1800千字
版　　次	2013年10月第1版　2013年10月第1次印刷
标准书号	ISBN 978-7-214-10840-1
总 定 价	1500.00元（全14卷）